Johanna Mierendorff
Kindheit und Wohlfahrtsstaat

Kindheiten – Neue Folge

Herausgegeben von Michael-Sebastian Honig

Die Reihe „Kindheiten" (hrsg. von Imbke Behnken und Jürgen Zinnecker) hat seit Anfang der 1990er Jahre der neu entstehenden interdisziplinären Kindheitsforschung einen publizistischen Ort verschafft. Mit insgesamt 31 Bänden haben die beiden Herausgeber entscheidend dazu beigetragen, eine sozial- und kulturwissenschaftliche Perspektive auf Kinder und Kindheit einzunehmen und als theoretisch und empirisch produktives Forschungsfeld zu etablieren.

Die Reihe „Kindheiten – Neue Folge" führt diese Tradition fort. Gegenüber den 1990er Jahren haben sich die Forschungsfragen verändert und an Universitäten und Fachhochschulen sind kinderwissenschaftliche Studiengänge entstanden. Der neue Blick auf Kinder in unserer Gesellschaft muss nicht mehr durchgesetzt, er muss vermittelt, differenziert und kritisiert werden. Die Reihe „Kindheiten – Neue Folge" wird dabei ein zentraler Ort für Debatten der Kindheitsforschung bleiben.

Johanna Mierendorff

Kindheit und Wohlfahrtsstaat

Entstehung, Wandel und Kontinuität des Musters moderner Kindheit

Juventa Verlag Weinheim und München 2010

Die Autorin

Johanna Mierendorff, Dr. phil., Jg. 1966, ist Professorin für Sozialpädagogik an der Martin-Luther-Universität Halle-Wittenberg.
Ihre Arbeitsschwerpunkte sind Kindheitsforschung, Wohlfahrtsstaatsforschung, Kinder- und Jugendhilfeforschung.

Bibliografische Information der Deutschen Nationalbibliothek

Die Deutsche Nationalbibliothek verzeichnet diese Publikation in der Deutschen Nationalbibliografie; detaillierte bibliografische Daten sind im Internet über http://dnb.d-nb.de abrufbar.

Umschlaggestaltung: Atelier Warminski, 63654 Büdingen
Umschlagabbildung: Paul Wendt, Leipzig
Druck nach Typoskript
Printed in Germany

ISBN 978-3-7799-1549-2

Vorwort

Hartmut, Konrad und Karl in Dankbarkeit

Über Jahre an einer umfassenden Schrift zu arbeiten, das ist ein Prozess ganz eigener Art. Es ist eine Zeit des sich Versenkens, der Höhen und Tiefen, der Euphorie und der Zweifel. So ist es am Ende einer solchen intensiven Phase des Denkens und Schreibens Zeit, all denen zu danken, die über die Jahre hinweg zur Seite standen.

Zuallererst sei all denen warmer Dank gesagt, die mir an den Universitäten Hildesheim und Halle die Habilitation ermöglicht haben – Meike Sophia Baader und Thomas Olk, Pia Schmid, Wolfgang Schroer und Reinhard Hörster haben mir Räume eröffnet, in denen ich in Ruhe Gedanken entwickeln und diese in unterschiedlichen disziplinären Zusammenhängen diskutieren und überprüfen konnte.

Am Europäischen Zentrum in Wien habe ich eine intensive Arbeitsphase verlebt, in der mir der theoretische Durchbruch gelungen ist – vor allem Renate Kränzl-Nagl hat mich ermutigt, nach Wien zu kommen. Über viele Jahre haben wir in abendlichen Telefonaten Gedanken ausgetauscht.

Meinen Dank möchte ich auch Michael-Sebastian Honig aussprechen. Vor einigen Jahren hat er mit seiner Kritik an dem von Renate Kränzl-Nagl, Thomas Olk und mir herausgegebenen ersten Band zu einem wohlfahrtsstaatstheoretischen Zugang in der Kindheitsforschung meinen Ehrgeiz zu intensiven tiefer gehenden Auseinandersetzungen mit dieser Thematik angestachelt und dann durch das Werben für die seit 1991 erscheinende Juventa-Reihe „Kindheiten“ maßgeblich den Abschluss dieser Arbeit vorangetrieben – es ist mir eine große Freude, mich in die Riege der dort publizierenden, von mir sehr geschätzten „KindheitssoziologInnen der ersten und zweiten Generation“ einreihen zu dürfen.

Helga Zeiher, Jens Qvortrup, Hartmut Kupfer und Anna Hein haben meine Arbeit in den vergangenen Jahren in einer ganz eigenen, besonderen Weise unterstützt und begleitet – mit scharfer, manchmal grundlegender Kritik wie auch mit freundschaftlichen Ermunterungen gaben sie mir die Sicherheit, auf dem richtigen Weg und mit einem wichtigen Thema beschäftigt zu sein.

Und zu guter Letzt geht mein herzlicher Dank an Anna von Garnier, die mit Professionalität und Einfühlungsvermögen, einem klaren Blick und Fröhlichkeit dem Manuskript eine gelungene Form gegeben hat.

Ich freue mich auf die kommenden Jahre der kindheitssoziologischen Auseinandersetzungen und Dispute!

Inhalt

Einleitung 9

I. Kindheit und Wohlfahrtsstaat

1. Kindheit – eine theoretische Grundlegung 15
   1.1 Kindheit – Begriff und erkenntnistheoretische Perspektive 15
   1.2 Das Muster moderner Kindheit 22
   1.3 Ein Fazit: Die Funktion des Musters moderner Kindheit 31

2. Wohlfahrtsstaat – eine theoretische Grundlegung 33
   2.1 Theorien des Wohlfahrtsstaates 33
   2.2 Modelle über die Bedeutung und Funktionsweisen des Wohlfahrtsstaates 44
   2.3 Bedingungen und Grenzen politischer Regulierung des Sozialen 49
   2.4 Eine erste theoretische Annäherung an das Verhältnis zwischen Wohlfahrtsstaat und Kindheit 54

3. Das Verhältnis von Kindheit und Wohlfahrtsstaat 57
   3.1 Das Interesse des Wohlfahrtsstaates an Kindheit 58
   3.2 Herausforderungen des Wohlfahrtsstaates in Bezug auf Kindheit 61
   3.3 Die gemischte Wohlfahrtsproduktion als Herausforderung kindbezogener wohlfahrtsstaatlicher Regulierung 66
   3.4 Fazit 68

II. Homogenisierung und Stabilisierung des Musters moderner Kindheit im Wohlfahrtsstaat – Eine Analyse jugendrechtlicher Regulierungen im 20. Jahrhundert

4. Methodische und methodologische Grundlegung 71
   4.1 Gegenstand der Analyse: das Jugendrecht im Wandel der Zeit 71
   4.2 Methodisches Vorgehen 75

5. Kinder- und Jugendhilfe 81
   5.1 Das Reichsjugendwohlfahrtsgesetz von 1922 82
   5.2 Die Entwicklungen zwischen 1930 und 1945 91
   5.3 Die Novelle des Reichsjugendwohlfahrtsgesetzes von 1953 95
   5.4 Das Jugendwohlfahrtsgesetz von 1961 103
   5.5 Das Kinder- und Jugendhilfegesetz von 1990 115
   5.6 Exkurs: Kindertagesbetreuung im Spiegel der Zeiten – vom Notausgleich zum gesellschaftspolitischen Anliegen 134
   5.7 Eine abschließende Betrachtung zur Entwicklung des Kinder- und Jugendhilferechts im Wohlfahrtsstaat 146

6. Der gesamte Kinder- und Jugendschutz 157
6.1 Phase 1: Nachkriegsjahre – Kinder- und Jugendschutz als Normalisierung der Lebensweisen und -verhältnisse (1949 bis 1960er) 160
6.2 Phase 2: Die 1980er – Reaktionen auf den sozialen Wandel und Erhalt der gesellschaftlichen Akzeptanz des Jugendschutzes 182
6.3 Phase 3: Vom Jugendschutz zum umfassenden Kinder- und Jugendschutz (seit 1990) 194
6.4 Vom Jugendschutz zum Kinder- und Jugendschutz: ein Prozess der erheblichen Ausdifferenzierung 207

7. Jugendstrafe 213
7.1 Zentrale Reformen und Novellen um das Jugendstrafrecht 214
7.2 Die Einführung eines gesonderten Jugendstrafrechts in der Weimarer Republik: Das Jugendgerichtsgesetz von 1923 215
7.3 Die Jugendstrafrechtsreform im Nationalsozialismus: Das RJGG von 1943 217
7.4 Die Novelle des Jugendgerichtsgesetzes von 1953 220
7.5 Die Novelle des Jugendgerichtsgesetzes von 1990 224
7.6 Die Entwicklungen im Jugendstrafrecht seit 1990 230
7.7 Von „sühnender Strafe“ über „Erziehung durch Strafe“ zur „Spezialprävention im Jugendalter“ 232

8. Wohlfahrtsstaatliche Regulierungen – Kontinuität und Wandel...........235
8.1 Modi und Ansatzstellen der Regulierung im Zeitverlauf 235
8.2 Der Anteil der wohlfahrtsstaatlichen Regulierungen am Erziehungsprojekt der Moderne – ein Fazit............................245

III. Wandel und Kontinuität von Kindheit – die Kindheitsforschung und der Wohlfahrtsstaat

9. Kindheit im Wohlfahrtsstaat – Konstanz und Wandel 251

10. And what now? Perspektiven für eine wohlfahrtsstaatstheoretische Kindheitsforschung 265

Literatur..269

Verzeichnis der verwendeten Quellen 300

Verzeichnis der verwendeten Abkürzungen 303

Einleitung

Dass politische Entscheidungen in einem erheblichen Maße Bedeutung für das moderne Kindsein haben, ist gemeinhin bekannt. Nicht umsonst gilt Kindheit als die am stärksten regulierte Phase im Lebenslauf. In der Regel werden das Verbot der Kinderarbeit sowie die Durchsetzung der Schulpflicht als initiierende politische Entscheidungen interpretiert, die am Beginn des sich zögerlich, aber dennoch stetig entwickelnden Wohlfahrtsstaates im 19. Jahrhundert mit dazu beigetragen haben, dass sich Kindheit in ihrer modernen Ausformung als ein zentrales Element der Gesellschaft herausgebildet hat.

Weitgehend unerforscht ist jedoch, wie der Wohlfahrtsstaat mit seinen sich im Laufe des 20. Jahrhunderts ausdifferenzierenden politischen Regulierungen dazu beitrug und nach wie vor dazu beiträgt, das Muster moderner Kindheit, das sich in den Dimensionen der Familialisierung, Scholarisierung/Pädagogisierung und De-Kommodifizierung beschreiben lässt, für alle Bevölkerungsgruppen zu etablieren und aufrecht zu erhalten. In der vorgelegten Untersuchung wird ein theoretisches Konzept entwickelt, mit dem dieses Verhältnis zwischen Kindheit und Wohlfahrtsstaat erkennbar gemacht werden kann. Es wird herausgearbeitet, auf welche Art und Weise der Wohlfahrtsstaat dazu beigetragen hat, spezifische Normen in Bezug auf Kindheit gegen Widerstände durchzusetzen und wie er damit das kulturelle und strukturelle Muster moderner Kindheit über Krisen hinweg erhalten und gefestigt hat.

Seit den 1980er Jahren wird vor dem Hintergrund rapiden sozialen Wandels in der sozialwissenschaftlichen Kindheitsforschung die Frage nach Erosionen im Kindheitsmuster der Moderne gestellt, sogar vom „Ende der Kindheit" war die Rede (Postman 1982). Dass von einem Ende moderner Kindheit keineswegs gesprochen werden kann, wie gerade der Wohlfahrtsstaat zum Erhalt dieses gesellschaftlich hoch funktionalen Elements moderner Sozialstruktur beiträgt, wird in der hier vorgelegten Untersuchung herausgearbeitet. Wenn auch der Wohlfahrtsstaat in diesem bis heute andauernden Prozess der Erhaltung der Strukturen, die für die Kindheit der Moderne charakteristisch sind, keinesfalls die einzige oder bedeutendste Rolle spielt, so kann doch aufgezeigt werden, dass er im Konzert der gesellschaftlichen Akteure mit seinen politischen Instrumenten der rechtlichen Regulierung von Verhalten und Prozessabläufen eine gewichtige Stimme hat und damit gleichsam integrierend und erhaltend, aber auch verändernd wirkt.

Die Geschichte politischer und rechtlicher Regulierungen in Bezug auf Kindheit kann hier keinesfalls umfassend dargestellt werden. Vielmehr werden exemplarisch drei klassische wohlfahrtsstaatliche Regulierungsbereiche der Bedingungen von Kindheit herausgegriffen und in Bezug auf Wandel und Kontinuität der politischen Regulierungen untersucht:

- der Bereich der Unterstützung und Kontrolle privater und öffentlicher Erziehung, (Kinder- und Jugendhilfe),
- der Bereich des Kinder- und Jugendschutzes,
- der Bereich der Kriminalstrafe.

In diesen drei Bereichen spiegeln sich die Dimensionen des Musters moderner Kindheit auf vielfältige Weise wieder. Anhand von historischen Dokumenten aus dem Zeitraum zwischen 1900 und 2005 werden in diesen Regulierungsbereichen die sich wandelnden normativen, für Kinder wie Erwachsene verbindlichen Setzungen analysiert.

Die vorliegende Arbeit setzt auf zwei Ebenen an. Zum einen wird die Frage verfolgt, in welchem Verhältnis der Wohlfahrtsstaat zu Kindheit steht (Teil I). Zum anderen wird der Frage nachgegangen, auf welche Art und Weise der Wohlfahrtsstaat mit Hilfe sich im Zeitverlauf immer stärker ausdifferenzierender Regulierungen und durch Ausweitung der Regulierungsaufgaben zur Gestalt, zur Kontinuität und zum Wandel von Kindheit beigetragen hat (Teil II).

Im *ersten Teil* wird der theoretische Bezugsrahmen geklärt, mit dem das Verhältnis zwischen Kindheit und Wohlfahrtsstaat dann gefasst werden kann. „Kindheit" wie „Wohlfahrtsstaat" sind normativ aufgeladene soziale und begriffliche Konstruktionen. In den Kapiteln 1 und 2 werden diese Begriffe entfaltet. Kindheit (Kap. 1) wird als Teil der generationalen Ordnung der modernen Gesellschaft bestimmt. Der Wohlfahrtsstaat wird als Gesellschaftsprogramm begriffen (Kap. 2). Politische Regulierungsversuche vollziehen sich innerhalb dieser Programmatik. Kindheit wie Wohlfahrtsstaat werden als Voraussetzung der heutigen sozialen Ordnung gesehen. In Kapitel 3 wird dann ein theoretisches Modell des Verhältnisses von Wohlfahrtsstaat und Kindheit entwickelt. Es geht um die Frage, wie Wohlfahrtsstaat und Kindheit überhaupt aufeinander bezogen sein können. Es wird gezeigt, dass wohlfahrtsstaatliche Regulierungen sich vor allem auf verschiedenartige konkrete Bedingungen der Kindheit richten, dass sie sich aber nicht außerhalb der gesellschaftlich vorherrschenden allgemeinen Annahmen über Kindheit und die generationale Ordnung bewegen.

Im *zweiten Teil* der Arbeit geht es dann ganz konkret um die Frage, wie im Verlauf des 20. Jahrhunderts das wohlfahrtsstaatliche Regulierungsgeschehen Bedingungen der Kindheit geprägt haben. Nachdem in Kapitel 4 das methodische Vorgehen dargelegt und die Wahl des Untersuchungsgegenstandes – das Kinder- und Jugendrecht – begründet ist, wird in den folgenden drei Kapiteln eine systematische Analyse der jugendrechtlichen Reformen und Novellen vorgelegt. Das Kinder- und Jugendrecht (Kapitel 5), der gesetzliche Kinder- und Jugendschutz (Kapitel 6) sowie das Jugendstrafrecht (Kapitel 7) werden entlang des Reformgeschehens darauf hin untersucht, wie über Normsetzungen auf die einzelnen Dimensionen des Musters moderner Kindheit eingewirkt und nicht nur konkrete Bedingungen, sondern auch ein normativer

Orientierungsrahmen für Kinder und Erwachsene gleichermaßen geschaffen wurden und werden. In Kapitel 8 werden dann die Ergebnisse der detaillierten Analyse zusammengeführt. Es wird nachvollzogen, wie sich in allen drei Bereichen wohlfahrtstaatlicher Aktivität die Modi und Bezugspunkte der Regulierungen über die Zeit hinweg entwickelt und verändert haben. Gefragt wird nach übergreifenden Entwicklungslinien in allen Bereichen. Kapitel 8 mündet dann in eine Einschätzung der historischen und aktuellen Bedeutung wohlfahrtsstaatlicher Regulierungen für das Erziehungsprojekt der Moderne und damit inhärent für das Muster moderner Kindheit.

Im *dritten Teil* dieser Arbeit wird dann noch einmal Bezug genommen auf den Ausgangspunkt der Arbeit, insbesondere auf das in den ersten Kapiteln entfaltete theoretische Modell des Verhältnisses von Wohlfahrtsstaat und Kindheit. Zuerst wird in Kapitel 9 resümiert, dass sich das Strukturmuster moderner Kindheit in seiner grundsätzlichen Gestalt bis heute erhalten hat und dass der Wohlfahrtsstaat hierzu durch sein Beharren auf dem stabilen Ordnungsmuster und gleichzeitig durch die relativ flexible Integration sich verändernder kultureller Konzepte von Kindheit dazu beigetragen hat. Das im ersten Teil der Arbeit entwickelte theoretische Modell des Verhältnisses zwischen Wohlfahrtsstaat und Kindheit wird bestätigt. Abschließend werden dann in Kapitel 10 Perspektiven für eine wohlfahrtsstaatstheoretische Kindheitsforschung entworfen, um den Wandel von Kindheit im Wohlfahrtsstaat systematisch zu erforschen. So kann es gelingen, die Brüche, Ambivalenzen und Irritationen der Moderne, die sich auch im relativ konstanten Muster moderner Kindheit spiegeln, ernst zu nehmen und die Konsequenzen für Kinder und Kindheit einzuschätzen.

Teil I

Kindheit und Wohlfahrtsstaat

1. Kindheit – eine theoretische Grundlegung

Abendgespräche
Karl, was ist für Dich Kindheit?
Kindheit? Babyzittern, weicher sein, kleiner sein, jünger sein.

Dieses Kapitel verfolgt zwei Ziele. Zum einen soll der Untersuchungsgegenstand Kindheit näher bestimmt werden, um später der Frage nach dem Verhältnis zwischen Wohlfahrtsstaat und Kindheit nachgehen zu können. Der in dieser Arbeit verwendete Begriff der Kindheit wird geklärt und die hier angelegte Perspektive auf diesen Gegenstand begründet. Zum anderen wird mit der Begriffs- und Perspektivenbestimmung gleichzeitig eine erste Annäherung an das Verhältnis zwischen Kindheit und Wohlfahrtsstaat vollzogen. Hier kann jedoch nur sehr knapp argumentiert und nicht tiefer in die einzelnen theoretischen und historischen Auseinandersetzungen zum Thema Kindheit eingestiegen werden. Es wird also weder eine Sozialgeschichte der Kindheit oder eine Begriffsgeschichte nachgezeichnet noch eine wissenssoziologische Auseinandersetzung mit den Wissenschaften über Kind und Kindheit geführt. Es geht lediglich darum, das in dieser Arbeit verwendete heuristische Modell von Kindheit herzuleiten und zu begründen.

1.1 Kindheit – Begriff und erkenntnistheoretische Perspektive

Kindheit ist ein Begriff, der in den Wissenschaftsdisziplinen, die sich im weitesten Sinne mit Kindern beschäftigen, in sehr unterschiedlicher, jeweils spezifischer Form gefasst wird. Aus biographie- oder entwicklungspsychologischer Perspektive wird Kindheit als der individuelle Lebensabschnitt gesehen, der besonders prägend für die eigene Biographie ist; aus erziehungswissenschaftlicher Perspektive als Lebensphase, in der bestimmte Kompetenzen, Qualifikationen und Eigenschaften erworben werden sollen, die Konsequenzen für den Lebenslauf als Ganzes haben; aus juristischer Perspektive als Altersphase, der spezifische juristische Attribute wie Unmündigkeit, Geschäftsunfähigkeit, Religions-Unmündigkeit, Schulpflicht etc. zugeordnet sind, oder aber aus soziologischer Perspektive als Zusammenhang gesellschaftlicher Bedingungen, in denen Kinder leben. Auf welche Art und Weise Kindheit gefasst wird, ist der jeweiligen Disziplin inhärent, die diese als ihren Gegenstand bestimmt und damit Kindheit konstituiert.

Die jeweiligen disziplinären Bestimmungen sind kulturell und historisch entstanden und geprägt. Das heißt, ihre Erklärungsversuche und Modellbildungen verändern sich über die Zeit. So hat sich zum Beispiel die Perspektive auf Kinder als handelnde Subjekte erst im Laufe des 20. Jahrhunderts in allen Disziplinen durchgesetzt, obwohl in der pädagogischen Theorie die Subjekthaftigkeit des kindlichen Individuums seit den Werken Rousseaus ein zentraler konzeptioneller Bezugspunkt pädagogischen Handelns ist (vgl. Schäfer 2005, S. 42ff.). Auch das Entstehen der einzelnen Disziplinen, die Kindheit und Kinder zum Forschungsgegenstand machen, deren inhärente Logiken sowie der Vollzug von Paradigmenwechseln sind historisch bedingt. Für die Entstehung der kindheitssoziologischen Perspektive hat Helga Zeiher (1996) gezeigt, dass Kindheit erst dann als gesellschaftlich konstituiert begriffen wurde, als sich Krisen der Moderne deutlich abzeichneten und erkennbar wurde, dass auch das Kindheitsmuster der Moderne weniger als zuvor der Realität des Lebens der Kinder entsprach (Hengst u. a. 1981; Preuss-Lausitz u. a. 1983). Mit der Feststellung der Historizität wurde die Aufmerksamkeit der Kindheitsforschung auf die gesellschaftlichen Bedingungen von Kindheit aus makrosoziologischer Perspektive gelenkt (Qvortrup u.a. 1994). Wenn auch erst einige Jahre später, so wurde damit auch Wohlfahrtsstaatlichkeit (zum Begriff s. u.) als eine zentrale Dimension westlicher Gesellschaften in ihrer Bedeutung für Kindheit mit in die Untersuchung von Kindheit einbezogen (vgl. hierzu Kränzl-Nagl/Mierendorff/Olk 2003b).

In dieser Arbeit wird Kindheit in einer kindheitssoziologischen Perspektive untersucht, wie sie seit den frühen 1980er Jahren in Konzepten der „New Sociology of Childhood" entwickelt worden ist (Alanen 1992; James/Prout 1990; Qvortrup u. a. 1994). Im Folgenden werde ich drei theoretische Grundannahmen explizieren, die dem hier verwendeten Kindheitsbegriff zugrunde liegen:[1]

- Kindheit als historisch gewordenes soziales Konstrukt.
- Kindheit als Ausdruck der generationalen Ordnung der Gesellschaft.
- Kindheit als zentrales sozialstrukturelles Element in modernen Gesellschaften.

1.1.1 Kindheit als soziales Konstrukt – Historizität von Kindheit

Es waren historische Arbeiten, insbesondere die von Philippe Ariès (1960/1994) und Lloyd de Mause (1974), deren Rezeption auch in Deutschland kindheits-

1 Sicherlich wäre es möglich, diesem Anliegen eine diskursive Auseinandersetzung mit den historisch und disziplinär unterschiedlichen Begriffsgeschichten und -verwendungen von Kindheit vorausgehen zu lassen (exemplarisch für unterschiedliche Herangehensweisen Ariès 1960/1994; de Mause 1974; Hardach-Pincke/Hardach 1981; Seiler 1984; Fend 1988; Golden 1990; Baader 1996; Honig 1998a und 2002, Amberg 2004; Hendrick 2009). Eine solche interdisziplinär systematisch und historisch vergleichende Herangehensweise könnte bereits erste Hinweise auf das Verhältnis von Kindheit und Wohlfahrtsstaat liefern. Dies soll und kann an dieser Stelle nicht stattfinden.

historische Studien anregten (z. B. Hardach-Pincke/Hardach 1981) und die in den 1970er Jahren den Boden für die Entwicklung kindheitssoziologischen Denkens bereiteten. Dass Kindheit als ein gesellschaftliches Konstrukt, als wandelbares Sozialmuster und damit in seiner Historizität zu begreifen sei, stellt inzwischen einen sozialwissenschaftlichen Gemeinplatz dar. Kindheit wird heute in allen kindbezogenen Disziplinen als kulturell immer wieder neu hervorgebracht gesehen (vgl. Honig 1998a, S. 14 und 28)[2]. „Kindheit“ beziehungsweise „Kind“ wird so als soziale Zuschreibung verstanden, die aus der dauerhaften Wahrnehmung des Geborenwerdens und Sterbens und des relativen Überdauerns basaler kultureller Formen entsteht, ungeachtet der Besonderheit und Endlichkeit des einzelnen Menschenlebens.[3] Solche Zuschreibung setzt kulturspezifische Interpretationen voraus und geschieht in kulturspezifischen Weisen[4]. Historisch und kulturell ist auch unterschiedlich, welche Bedeutung diese für die Ordnung einer Gesellschaft erlangt. Doch immer ist eine Differenz zwischen Alten (Erwachsenen) und Jungen (Kindern) zugrundegelegt, ein je bestimmtes und zu bestimmendes Verhältnis zwischen den Generationen.

Die Einsicht in die Historizität der Kindheit ist eine Grundvoraussetzung für makrosoziologische Untersuchungen und Konzeptbildungen der gesellschaftlichen Bedingungen von Kindheit (Qvortrup u. a. 1994). Wenn in dieser Arbeit der Frage nachgegangen werden soll, ob und in welcher Art und Weise der Wohlfahrtsstaat Bedeutung für die Konstanz oder aber die Veränderung des Musters moderner Kindheit hat, dann kann es nicht das Ziel sein, ein universelles, zu jedem historischen Zeitpunkt und an jedem Ort anwendbares Konzept über das Verhältnis von Wohlfahrtsstaat und Kindheit zu entwickeln. Dieses Verhältnis ist ein historisch Gewordenes, das von einem bestimmten Standpunkt aus – nämlich aus der heutigen deutschen Gegenwartsperspektive – darzustellen und zu interpretieren sein wird.

Damit rückt die Frage in den Mittelpunkt, warum überhaupt ein Verhältnis zwischen Kindheit und Wohlfahrtsstaat angenommen werden kann, was dieses Verhältnis ausmacht, wie es sich konstituiert und immer wieder

---

2 Hierzu auch Gloger-Tippelt/Tippelt 1986; James/Prout 1990; Scholz 1994; Qvortrup u. a. 1994; Honig 1998a, S. 14ff.; Bühler-Niederberger 2005a; Kränzl-Nagl/Mierendorff 2007; Wicki 2008.

3 Eine wissenssoziologische Auseinandersetzung mit der sich erst historisch allmählich vollziehenden Unterscheidung zwischen „Kind“ und „Kindheit“ führt Honig 2009b.

4 Nicht nur historische, sondern vor allem auch eine ethnographisch-kulturvergleichende Kindheitsforschung liefert Hinweise auf die kulturspezifische Herausbildung des Verhältnisses zwischen Alten (Erwachsenen) und Jungen (Kindern). Nach Alfred Schäfer (2002, S. 426) lehrt die Problematik eurozentristischer interkultureller Vergleiche, dass das Verhältnis zwischen Jungen und Alten einer Gesellschaft nicht unbedingt durch die Vorstellung von Erziehung geprägt sein muss, dass also dem Verhältnis zwischen Erwachsenen und Kindern in verschiedenen Kulturen unterschiedliche (kaum vergleichbare und kaum nachvollziehbare) Logiken zugrunde liegen. Interessanterweise auch dann, wenn durchaus moderne und westliche Elemente wie eine allgemeine Schulpflicht in nicht westlichen Kulturen etabliert scheinen (vgl. Schäfer 2002, S. 419).

reproduziert. Die permanente Veränderung der Kindheit stellt einen komplexen Prozess dar, in den unterschiedlichste Akteure involviert sind, wobei diese Akteure zu den historischen Begebenheiten in jeweils besonderer Beziehung stehen. Der Wandel von Kindheit kann also keinesfalls eindimensional begriffen werden, weder als einzelne Konsequenz von Mentalitätsveränderungen, als Konsequenz veränderten Verhaltens von Kindern, als Konsequenz veränderter Produktionsbedingungen noch als Konsequenz einer sich entwickelnden Wohlfahrtsstaatlichkeit. Vielmehr muss der Wandel als komplexer Prozess in den je besonderen kulturellen, ökonomischen, institutionellen und politischen Bedingungen und Machtverhältnissen der interessierenden historischen Periode gesehen werden.[5]

Es kann also auch bei der Untersuchung des Verhältnisses von Kindheit und Wohlfahrtsstaat nicht von einem monokausalen Zusammenhang ausgegangen werden. Wichtig ist, zu zeigen, dass der Wohlfahrtsstaat nicht generell etwas mit Kindheit zu tun haben muss, dass er aber zum jetzigen historischen Zeitpunkt in westlichen Gesellschaften durchaus etwas damit zu tun hat, und dies in besonderer Weise. Kindheit hat als soziales Phänomen bereits vor dem Wohlfahrtsstaat bestanden, was historische und kulturvergleichende Arbeiten[6] zeigen, und Kindheiten in gegenwärtigen Wohlfahrtsstaaten haben sehr unterschiedliche Ausformungen – Kindheit in der Bundesrepublik Deutschland besteht im besonderen Wohlfahrtsstaat dieses Landes.

1.1.2 Kindheit als Ausdruck der generationalen Ordnung

Das gesellschaftliche Verhältnis der Generationen steht im Zentrum des Kindheitskonzepts, das die Vertreter der „New Childhood Studies“ ausgearbeitet haben (insbesondere Qvortrup 1994 und 2009; Alanen 2005 und 2009; dazu Hengst und Zeiher 2005b). Kindheit wird als eine Einheit, besser als ein Pol in der generationalen Ordnung einer Gesellschaft verstanden. Jens Qvortrup (2009) spricht von einer generationalen Struktur, Leena Alanen (2009) von einem Teil des kulturalisierten und (heutzutage stark) institutionalisierten Verhältnisses[7] zwischen Kindern und Erwachsenen. Im Begriff der Ordnung

5 Hierfür ein Beispiel: Philippe Ariès begründete und deutete die Tatsache, dass Kindheit seit dem ausgehenden 15. Jahrhundert immer stärker zum *Gegenstand der gesellschaftlichen und politischen Reflexion* geworden ist, mit einem Mentalitätswandel im französischen Adel und der sich herausbildenden Vorstellung der Erziehbarkeit des Menschen (s. auch Honig 1998, S. 18). Sebastian Müller (1979) wendete gegen diese These ein, dass eine solche Fokussierung auf den Mentalitätswandel außer Acht lasse, dass in diesem Prozess die veränderten Reproduktionsbedingungen des Adels eine zentrale Rolle spielten. Ähnlich argumentiert Doris Bühler-Niederberger (2005a) in ihrer Rekonstruktion der sozialen Neu-„Ordnung der Verhältnisse“ seit dem 17. Jahrhundert, wenn sie zeigt, dass unterschiedliche ökonomische und machtpolitische Kalküle die Idee der Erziehung und dann die Idee der Kontrolle der Ergebnisse von Erziehung und der Sozialdisziplinierung forciert haben.

6 Folgende historische Arbeiten können hierfür exemplarisch genannt werden: Kuczynski 1968; Golden 1990, Amberg 2004, Baader 1996; Cohen/Rutter 2008.

7 Zum Institutionenbegriff siehe Honig (2003, S. 89f.) sowie Zeiher (2009a, b).

drückt sich sowohl der permanente Prozess des Ordnens des Sozialen im Zeitverlauf aus (Bühler-Niederberger 2005a) wie auch die epochal relativ stabilen Bezugsnormen, die sich in den Zuschreibungen zu Kindheit, also in der jeweiligen Gestalt des Kindheitsmusters, finden lassen.

Leena Alanen (2005) hebt – unter Bezugnahme auf und in Abgrenzung von Max Weber, Karl Mannheim und Karl Marx – vor allem den zwingenden Aspekt der Relationalität hervor. Kindheit könne konzeptionell nicht für sich gedacht und erklärt werden, sondern stets nur im Verhältnis zu „adulthood" („Erwachsenheit", ein im Deutschen wenig gebräuchlicher Begriff). Überzeugend erscheint mir eine solche Sichtweise vor allem deshalb, weil hier gerade nicht von einem einseitigen, deterministischen Einwirken gesellschaftlicher Bedingungen, also der Erwachsenengesellschaft auf Kindheit, ausgegangen wird, sondern von einem nicht trennbaren, sich wechselseitig voraussetzenden Verhältnis. Die generationale Ordnung ist als eine Einheit zu verstehen, als andauernder Zusammenhang, deren Pole Kindheit und Erwachsenheit sind. Es muss folglich von Formulierungen Abstand genommen werden, dass, wenn Kindheit sich verändere, sich auch die Gesellschaft wandele – so kann zum Beispiel nicht einseitig von der Reaktion der Institution Schule auf veränderte Kindheit gesprochen werden. In der permanenten Konstituierung der generationalen Ordnung von Kindheit und von Erwachsenheit vollzieht sich vielmehr ein permanenter Prozess der Abgrenzung und der Aufeinanderbezugnahme, durch den insgesamt Wandel hervorgebracht wird[8].

Ein solches relationales Generationenkonzept hat Konsequenzen für die Forschung (vgl. Lange/Mierendorff 2009). Zum einen ist die analytische Fokussierung auf Kinder und Kindheit als Untersuchungsgegenstand in empirischen Studien zwar notwendig, um die konkreten Phänomene in den Griff zu nehmen, als Interpretationsfolie muss jedoch immer die generationale Ordnung in ihrer Komplexität angelegt werden. Zum anderen ist der Formulierung von Fragestellungen Beachtung zu schenken: Es stellt sich eben nicht die Frage, wie auftauchende gesellschaftliche, ökonomische oder politische Situationen auf Kindheit einwirken, sondern wie diese innerhalb der bestehenden Ordnung in der Praxis „bearbeitet" werden, wie also in dieser Praxis Kindheit und Erwachsenheit sich zueinander in Relation setzen. Helga Zeiher (2005a) hat dies am Beispiel des Eindringens ökonomischer Logiken

---

8 Heinz Hengst (2003, 2005, 2009) hält es für unzureichend, das Konzept der generationalen Ordnung als zentralen Zugang in der Kindheitssoziologie in der gegenwärtigen Spätmoderne zu nehmen, und schlägt ergänzend das Konzept der Zeitgenossenschaft vor. Über den Zugang zur generationalen Ordnung bleibe die Kindheitssoziologie in traditionellen soziologischen Dichotomien verhaftet und produziere auf diese Weise die Differenz zwischen Kindern und Erwachsenen stets aufs Neue (ähnlich auch Hein 2007). Aspekte der Annäherung in den Lebensbedingungen und Handlungsvollzügen von Kindern und Erwachsenen (etwa im Umgang mit Medien) blieben damit unberücksichtigt. So vielversprechend hinsichtlich mancher Aspekte derzeitigen sozialen Wandels dieser Zugang ist, so falsch wäre er, wenn er als Ersatz des Konzepts generationaler Ordnung gedacht wäre (was der Autor auch keineswegs beabsichtigt!).

in den (in der Ideologie der Moderne hiervon distanzierten) Familienalltag deutlich gemacht.

Für die vorliegende Untersuchung bedeutet dies: Nicht das Einwirken von wohlfahrtsstaatlichen Politiken wie der Jugend-, Sozial- und Familienpolitik auf Kindheit ist zu untersuchen, sondern die Prozesse der Konstituierung des Verhältnisses zwischen Kindheit und Wohlfahrtsstaat. Über einen relationalen Zugang kann zum einen die Prozesshaftigkeit der Hervorbringung von Kindheitsmustern und des Sich-Gestaltens der generationalen Ordnung, zum anderen aber auch die Bedeutung von Kindheit als permanentem gesellschaftlichem Struktursegment für die Gesellschaft sichtbar gemacht werden. Da Prozesse im Fokus sind, ist sozialer Wandel immer mitgedacht.[9]

Das beobachtbare Muster von Kindheit ist ein Ergebnis der konkreten kulturellen Ausformung des Verhältnisses zwischen Kindern und Erwachsenen und wird in alltäglichen Handlungspraxen immer wieder hervorgebracht (vgl. Kelle 2005, Alanen 2005). Solche Praxen vollziehen sich unter Kindern, zwischen Eltern und Kindern, zwischen Professionellen und Kindern, unter Professionellen und in – in der vorliegenden Arbeit untersuchten – politischen Diskursen, Entscheidungsfindungen, Entscheidungen und deren Umsetzungen, also auch in Gesetzgebungsprozessen.

1.1.3 Kindheit als gesellschaftliche Struktur

Aus den beiden vorangegangenen Abschnitten sollte deutlich geworden sein, dass Kindheit als ein Pol der generationalen Ordnung ein wesentlicher Bestandteil der Sozialstruktur und der gesellschaftlichen Ordnung ist und sich als solche verändert und immer wieder neu konstituiert. Jens Qvortrup (2005, 2009) spricht von Kindheit als struktureller Form, an anderen Stellen von Kindheit als Segment der Sozialstruktur. Zu einem elementaren Bestandteil der Sozialstruktur werde Kindheit durch die Funktionen, die sie innerhalb der Gesellschaft innehat, etwa die Funktion, Kultur und Wissen zu reproduzieren. Da wohl in allen Gesellschaften eine wie auch immer geartete Trennung von Kindheit und Erwachsenheit beobachtet werden kann[10], betont Qvortrup die Permanenz von Kindheit als Strukturelement von Gesellschaften.

9 Hier grenzt sich Leena Alanen stark von Jens Qvortrup ab, dessen Konzeptionalisierung der Kindheit als permanenter sozialer Struktur Statik und Determinismus vorwirft (Alanen 2005, S. 87; siehe auch Prout 2004). Meines Erachtens schließen sich strukturtheoretische und prozessorientierte Ansätze aber nicht zwangsläufig aus – es sind verschiedene Seiten eines Erkenntnisprozesses: auf der einen Seite werden die bestehenden Bedingungen als zu einem bestimmten historischen Zeitpunkt dominant angesehen und dieser strukturelle Ist-Zustand wird beschrieben, um so spezifische Verhältnisse aufzudecken. Auf der anderen Seite wird von permanenten sozialen Wandlungsprozessen (über einen langen Zeitraum hinweg) ausgegangen und deren „Mechanismen" werden untersucht. Eine der zentralen Fragen ist hierbei die des beobachteten Zeitraums.

10 Hierauf weisen die unterschiedlichsten Formen von Initialisierungsriten hin (vgl. Schäfer 2005, S. 30ff.; 2002, S. 429).

Andere Autoren wenden dagegen ein, dies sei deterministisch (Alanen 2005, s. oben) oder es ignoriere, dass es unterschiedliche gelebte Kindheiten gäbe (Prout 2004).

Die Debatte, ob von „Kindheit" oder von „Kindheiten" zu sprechen sei, die sich in jüngster Zeit entwickelt hat (vgl. Zinnecker 1996; Prout 2004; Qvortrup 2005b), sollte freilich nicht um das „ob", sondern um das „wann angemessen" geführt werden. Jens Qvortrup (2005b) betont zu Recht, Kindheit als Teil der Sozialstruktur zu betrachten bedeute, die kindheitsspezifischen Phänomene unabhängig von Klasse, Geschlecht und Ethnie in den Blick zu nehmen, also die Phänomene, die für jedes Kind allein aufgrund seines Alters relevant sind. Wie diese sich dann für das einzelne Kind konkret ausgestalten, entstehe in spezifischen Interaktionen des Merkmals Generation mit anderen sozialen Merkmalen wie Klasse, Geschlecht und Ethnie. Auch wenn es regionale Unterschiede in den Ausformungen gibt, wenn Einzelschicksale von Kindern angeführt werden können, wenn Gruppen von Kindern sich der eigentlichen Logik des Kindseins entziehen und auch wenn eine andere konzeptionelle Perspektive Kindheit in einem neuen Licht erscheinen lässt, ist doch davon auszugehen, dass sich unter anderem in der Sprache, in rechtlichen Regulierungen, in den institutionellen Selbstverständnissen der Kindereinrichtungen eine spezifische Struktur von Kindheit herausarbeiten und gesellschaftstheoretisch erklären lässt. Die vorliegende Untersuchung hat es mit solchen strukturellen Merkmalen von Kindheit zu tun.[11]

Kindheitssoziologen nehmen an, dass die derzeitige generationale Ordnung eines der fundamentalen Strukturelemente für die bestehende Gesellschaft und vor allem für eine kapitalistisch organisierte Industrieökonomie am Übergang in eine wissensbasierte Dienstleistungsgesellschaft ist (Qvortrup 2005; Qvortrup u. a. 1994; Wintersberger 1998a, b, 2005). Als eine solche soziale Ordnung kann sie als ebenso zentrales Segment der Sozialstruktur angesehen werden wie auch Klasse, Geschlecht und Ethnie. In dieser zentralen Bedeutung von Kindheit liegt mit großer Wahrscheinlichkeit der Unterschied zu anderen oder vergangenen Kulturen oder Gesellschaften.[12]

11 Die vorliegende Studie setzt also nicht an einem Verständnis von Kindheit an, das Kindheit aus einer lebenslauftheoretischen Ansatz heraus als eine Periode im Leben eines Menschen begreift, in der Kindheit individuell durchschritten und überwunden wird (bspw. Aristoteles analysiert in Amberg 2004; Huinink/Grundmann 1993; Groh-Samberg/Grundmann 2006).

12 Möglicherweise hatte die generationale Ordnung in ihrer heutigen extremen Differenz von Erwachsenen und Kindern nicht in allen Gesellschaften diese hohe Bedeutung, wie sie sie in westlichen Industrie- und Dienstleistungsgesellschaften hat. Aussagen wie die von Benedict (1938), dass noch nie eine so große Distanz zwischen Erwachsenen und Kindern wie in der westlichen Welt bestanden habe, oder aber auch die große lebenszeitliche Ausdehnung der Lebensphasen Kindheit und Jugend, weisen auf einen solchen Umstand hin.

1.2 Das Muster moderner Kindheit

Wie bereits gesagt, hat das Muster moderner Kindheit eine spezifische Form, die sich von anderen historischen Kindheitsmustern, aber auch in unterschiedlichen gegenwärtigen Kulturen und Gesellschaften unterscheidet. Als spezifisch für die Moderne wurden die besondere Distanz zwischen Erwachsenen und Kindern, die Etikettierung von Kindern als sich Entwickelnde und Unmündige und die Verschulung von Kindheit genannt. Im Folgenden soll dieses Muster deutlicher beschrieben werden. Jede Form der Generalisierung fordert Widerspruch heraus; denn ein Muster ist durch Einzelbeobachtungen immer zu widerlegen, wie die bereits erwähnte Auseinandersetzung um die Frage „Kindheit" oder „Kindheiten" zeigt.

Wenngleich ich mit dieser Beschreibung den deutschen Fall vor Augen habe, lässt sich aus Forschungsarbeiten aus dem europäischen Raum entnehmen, dass sich die vier im Folgenden herausgearbeiteten Dimensionen durchaus als Elemente westlicher Kindheit in modernen Industriegesellschaften bezeichnen lassen (vgl. Qvortrup u.a. 1994; Wilk 1994; Wicki 2008). Allerdings lassen sich in den einzelnen Ländern unterschiedliche Ausformungen der einzelnen Dimensionen sowie unterschiedliche Beziehungen dieser zueinander feststellen (Jensen u. a. 2004, Vol I und II; James/James 2008). Thomas Olk und Helmut Wintersberger (2007) machen für die derzeitig erkennbaren unterschiedlichen Ausformungen auch die wohlfahrtsstaatliche Verfasstheit der einzelnen Staaten verantwortlich.

Das, was wir Kindheitsmuster der Moderne nennen, hat sich in einem langen Prozess der sozioökonomischen Transformationen der Neuzeit seit dem Übergang vom Feudalismus zum Kapitalismus herausgebildet. Es hat sich im 20. Jahrhundert als normatives Muster allgemein durchgesetzt, das die kulturellen und politischen Diskurse über Kinder und Kindheit ebenso sehr bestimmt wie die Entwicklung der Institutionen, die die kindbezogenen Aufgaben der Gesellschaft realisieren, die sich aus diesem Kindheitsmuster ergeben und die durch dieses diskursiv begründet werden. Bei diesen Institutionen handelt es sich vor allem um die Schule und die Familie, hinzu kommen Betreuungseinrichtungen, weitere Einrichtungen der Kinder- und Jugendhilfe sowie vielfältige rechtliche Regelungen. Sowohl über kulturelle und politische Diskurse wie über die praktisch-politische Entwicklung der kindbezogenen Institutionen wirken die im vorherrschenden Kindheitsmodell transportierten Vorstellungen über Kinder und Kindheit nicht zuletzt auch in der kinderbezogenen Wohlfahrtspolitik – auf diese wie durch diese – auf die Lebensbedingungen von Kindern.

Soziale Muster pflegen sich zu verfestigen und können die Gesellschaft überdauern, aus der sie hervorgegangen sind. Das trifft auch auf das Muster der modernen Kindheit zu. Oben habe ich bereits darauf hingewiesen, dass die Kindheitssoziologie ihren Anfang nahm, als in den 1970er Jahren soziale und technische Umbrüche der Alltagsbedingungen der Bevölkerung übergreifende Krisen der Moderne erkennbar machten, in denen sich auch Lebensbedingungen und Lebensweisen der Kinder veränderten. Unter dem Eindruck dieser Situation haben sich insbesondere deutsche KindheitssoziologInnen von Beginn an vornehmlich mit dem Wandel der Kindheit beschäftigt: mit der sukzessiven Durchsetzung des Kindheitsmusters der Moderne und mit gleichzeitig einsetzenden Erosionen dieses Musters. Die daraus resultierenden Verwerfungen und Brüche innerhalb der Lebensbedingungen und Lebensweisen der Kinder und zwischen diesen und den herrschenden Vorstellungen über Kinder und Kindheit – dem Kindheitsmuster der Moderne – standen im Zentrum des Interesses (z. B. Kaufmann 1980; Hengst 1981; Preuss-Lausitz u. a. 1983; du Bois-Reymond u. a. 1994; Zeiher/Zeiher 1994). Angesichts des rasanten gesellschaftlichen Wandels seit den 1990er Jahren hat auch diese Debatte einen neuen Schub erhalten. Frühe Diagnosen der Realitätsferne des überkommenen Kindheitsmusters werden weiterentwickelt (z. B. Hengst 2005), neue Aspekte werden bearbeitet (z. B. Zeiher u. a. 2007). Zugleich wird deutlich, dass wir es keinesfalls allein mit Erosionen zu tun haben, sondern auch Prozesse der Durchsetzung fortschreiten, etwa verstärkte Institutionalisierungsprozesse (z. B. Kelle/Tervooren 2008). Auch im sozialen Wandel des Verhältnisses von Kindheit und Wohlfahrtsstaat treten solche Verwerfungen, Brüche und Widersprüche auf, die in der hier vorgelegten Arbeit zu untersuchen sein werden.

Im Folgenden soll das Strukturmuster moderner Kindheit beschrieben und erklärt werden. Es werden vier Dimensionen benannt, von denen angenommen wird, dass diese relativ stabile, gesellschaftliche Wandlungstendenzen bisher überdauernde und allgemeine Strukturmerkmale sind. Es geht hier also keinesfalls um Etikettierungen und Labels, mit denen Kindheit (teils aus einer romantischen Verklärung eigener „besserer" Kindheit) beschrieben wird (vgl. hierzu Kränzl-Nagl 1998b; Kränz-Nagl/Mierendorff 2007, S. 5 und 13). Vielmehr geht es um Merkmale, die Kindheit als Element der Sozialstruktur in ihrem Wesen ausmachen und die die Differenz zur Erwachsenheit konstituieren. Während also Etikettierungen wie etwa „Medienkindheit", „Cyberkindheit" oder „Konsumkindheit" keinesfalls Merkmale sind, die vor allem Kindheit ausmachen (vgl. Hengst 2005, 2009), sondern das Leben in einer Medien- und Konsumgesellschaft, die also keine Differenz zur Erwachsenheit beschreiben, zielen die in dieser Arbeit formulierten vier Dimensionen auf etwas anderes: sie fassen in ihrem Zusammenspiel die institutionalisierte Differenz zur Erwachsenheit – bürokratisch formuliert stellen sie als Ganzes so etwas wie Alleinstellungsmerkmale dar. Das Kindheitsmuster der Moderne und seine historische Entwicklung wird also an den folgenden vier Dimensionen beschrieben:

- Institutionalisierte Altershierarchie
- Scholarisierung / Pädagogisierung
- De-Kommodifizierung
- Familialisierung

Diese Dimensionen sind zentrale Wesensmerkmale von moderner Kindheit, wie sie erstmals Philippe Ariès (1960/1994) mit den Begriffen der „Familialisierung“ und „Scholarisierung“ formuliert hat (vgl. Zinnecker 2000, Zeiher 2009b). Erziehungswissenschaftliche, historische und sozialwissenschaftliche Kindheitsforschung greifen auf diese Formulierungen bisher immer wieder zurück und bestätigen diese in immer neuen wissenschaftlichen Auseinandersetzungen (siehe Fußnoten 1 und 2). Die Dimensionen der „Institutionalisierten Altershierarchie“ und der „De-Kommodifizierung“ sind weniger explizit formuliert und theoretisch ausgearbeitet, aber stets in der Auseinandersetzung mit Scholarisierung und Familialisierung benannt worden. So wird im Zusammenhang mit der Scholarisierung von Kindheit das Kinderarbeitsverbot genannt – ich möchte diese Dimension allerdings weniger auf ein einzelnes Ereignis zurückführen, nämlich das „Arbeitsverbot“, sondern vielmehr auf das sehr viel umfassendere Konzept der De-Kommodifizierung als zentrale wohlfahrtsstaatliche Kategorie, wie es Gøsta Esping-Anderson (1990) theoretisch ausgearbeitet hat (s. u.). In Bezug auf die Dimension der „Institutionalisierten Altershierarchie“ werde ich auf das von Martin Kohli (1985) ausgearbeitete Konzept der Strukturierung und Institutionalisierung des Lebenslaufs durch Altersnormen zurückgreifen und die Bedeutung dieses Institutionalisierungsprozesses für die Konstitution des Musters moderner Kindheit herausarbeiten (vgl. auch Mierendorff/Olk 2002, S. 118).

Institutionalisierte Altershierarchie

Die erste Dimension moderner Kindheit, die in allen westlichen hochindustrialisierten Gesellschaften festgestellt werden kann, ist die institutionalisierte, rechtlich regulierte Chronologisierung der Kindheit (Zeiher 2009a, b), in der das hierarchische Verhältnis zwischen Kindern und Erwachsenen fixiert ist. Es kann davon ausgegangen werden, dass jede Gesellschaft in irgendeiner Weise mit der anthropologischen Tatsache der Entwicklung umgeht und Formen der Strukturierung dieses Phänomens hervorbringt (Mierendorff/Olk 2002, S. 118f.). Charakteristisch für das Muster moderner Kindheit ist, dass hier die Altersstrukturierung hochgradig differenziert und rechtlich reguliert ist (Kohli 1985) und auch in kulturellen Praktiken zum Ausdruck kommt. Martin Kohli hat mit dem Konzept des Lebenslaufs auf die „Regulierung des sequentiellen Ablaufs des Lebens“ (Kohli 1985, S. 3) und deren Bedeutung für „die Strukturierung der lebensweltlichen Horizonte bzw. Wissensbestände, innerhalb derer die Individuen sich orientieren und ihre Handlungen planen“ (ebenda, S. 3) aufmerksam gemacht. Bernhard Nauck bezeichnet Kindheit als die am stärksten normierte Altersphase im Lebenslauf (Nauck 1995, S. 16). In den altersgebundenen Regulierungen ist das Machtverhältnis zwischen Kindern und Erwachsenen fixiert, wir haben es also mit einer Altershierarchisierung zu tun. Harry Hendrick prägte in diesem Zusammenhang den Begriff des „ageism“ (Hendrick 1994; auch Honig 2002, S. 322).

Altersbezogene kulturelle Praktiken können zum Beispiel religiöse Übergangsriten in das Erwachsenenalter wie Firmung und Einsegnung (vgl. Lenzen 1985, S. 240) oder aber auch Höflichkeitsriten gegenüber Hochbetagten sein. Rechtsstaatliche Regelungen der Altershierarchie findet man in allen Mündigkeits- und Teilmündigkeitsregelungen des BGB (Volljährigkeit, Geschäftsfähigkeit und Teilgeschäftsfähigkeit, Religionsmündigkeit, Mitentscheidungsrecht bei Sorgerechtsverfahren etc.), aber auch im Jugendstrafrecht und in den unterschiedlichen Regelungen zum Jugendschutz (Arbeitserlaubnis, Medienzugang, Abgabe von legalen Suchtmitteln). Man findet diese auch in den Altersregelungen für den Zugang zu Institutionen, vor allem zu den – zudem in sich differenziert altersgestuften – Schulen. So habe ich als erwachsener Analphabet nicht die Möglichkeit, eine Grundschule zu besuchen, um meine Bildungslücken zu schließen, sondern muss eine Institution der Erwachsenenbildung in Anspruch nehmen und mich zuvor als Analphabet „outen“. Schulanfänger werden hingegen nicht als Analphabeten etikettiert.

Kindheit ist kulturell, sozial und politisch als Phase der Minderjährigkeit konstruiert, die durch ausdifferenzierte Altersregeln genau bestimmt ist. Diese im historischen Vergleich heute sehr lange Phase der Unmündigkeit ist Voraussetzung und Folge der sehr langen Schulbildung; beides bedeutet strukturelle Disziplinierung. Denn die Altersregelungen wie der Pflichtschulbesuch beschränken Handlungsspielräume von Kindern. Ilona Ostner betont, dass aus einer individualisierungstheoretischen Perspektive der Status von Kindern durch den Mangel an Wahlfreiheit charakterisiert ist (Ostner 2007, S. 46; auch 2004 und 2009).

Scholarisierung/Pädagogisierung

Die zweite Dimension des Musters moderner Kindheit, die Scholarisierung, ist unmittelbar im Kontext der ersten zu verstehen. Kindheit ist in der Moderne als Schutz-, Schon- und Lernraum für alle Kinder konstruiert, in dem das als gesellschaftlich notwendig erachtete Wissen und Verhalten erworben werden kann, soll und muss. Dieses Bildungsmoratorium (Zinnecker 2000, S. 36; Honig 2002, S. 323f.; Zeiher 2009) ist in Schulen institutionalisiert und wird einerseits durch die altersregulierte allgemeine Schulpflicht und andererseits durch das ebenfalls altersregulierte Verbot von Kinderarbeit durchgesetzt. Der Prozess der allgemeinen Durchsetzung des durch Schule organisierten Bildungsmoratoriums geschah historisch allmählich, war notwendig wegen des Qualifikationsbedarfs der sich entfaltenden Bürokratien und der anwachsenden Industrie und wurde ideologisch, pädagogisch-inhaltlich und pädagogisch-praktisch von einem einflussreichen und durchsetzungsfähigen Teil der bürgerlichen Gesellschaft, nämlich dem Klerus und dem sich entfaltenden Bildungsbürgertum, getragen und realisiert (Bühler-Niederberger 2005a, S. 28ff.; von Friedeburg 1989). Die pädagogische Voraussetzung war, dass angenommen und begründet wurde, dass Erziehung der Kinder durch Erwachsene steuerbar, Wissen lehrbar und das Ergebnis des Lernens kontrollierbar ist – eine Annahme, die abendländischem Denken selbstverständlich ist, aber durchaus nicht in allen Gesellschaften das Verhältnis zwischen Jungen und Alten prägt (vgl. Schäfer 2002, S. 426).

Die Idee, dass eine basale Schulbildung für alle Kinder in einem frühen Alter unabhängig von Klasse und Schicht zur Verfügung gestellt werden müsse, wurde im Laufe des 20. Jahrhunderts vorangetrieben. Der Erwerb von formalem Wissen sowie die soziale Disziplinierung durch einen geordneten Schulalltag wurden und werden als eine der Grundbedingungen für die Entwicklung der sich weiter ausdifferenzierenden Industrie- und Dienstleistungsgesellschaft gesehen. Fortschreitende Scholarisierung war immer zugleich *fortschreitende Pädagogisierung* der Kindheit. Beides breitete sich zunehmend aus und griff auch über die Institution Schule hinaus, in besonderem Maße seit den 1970er Jahren, und formte kindliche Lebenswelten mehr und mehr im vorschulischen Alter und in der außerschulischen Alltagszeit (vgl. Zeiher 1996; Kränzl-Nagl/Mierendorff 2007). Deutlich wird an dieser Ausdehnung, dass Erziehungskindheit mehr ist als die bloße Durchsetzung der Schulpflicht. Denn es geht hier nicht allein um den Umstand, dass Kinder die Schule besuchen – dies tun sie vermutlich derzeit rund um die Welt in allen Nationen (Pilotti 1999). Mit dem Begriff der Scholarisierung ist vielmehr gemeint, dass sich dieses Muster erstens als die primäre Seinsweise und Zuschreibung eines jungen Menschen durchgesetzt hat, zweitens, dass diese Seinsweise in höchstem Masse reguliert ist und drittens, dass diese Seinsweise weit in alle anderen Lebensbereiche wie die der Freizeit und des Familienalltags sowie in die eigene Lebensplanung hineinreicht.

Die Schule ist der Ort, an dem Altersregulierungen am differenziertesten und am strengsten in das Leben der Kinder eingreifen. Die Schulpflicht ist der Bezugspunkt für professionelles und für elterliches Handeln und nicht zuletzt für das Leben der Kinder selbst. Ein Votum der Kinder oder ihrer Eltern gegen die Schule in Form von Schulverweigerung ist als ein Verstoß gegen ein Gesetz kriminalisiert und setzt den staatlichen Kontrollapparat in Gang. Darüber hinaus hat die Lebenslaufforschung (Groh-Samberg/Grundmann 2006; auch Lange/Lauterbach/Becker 2003 und Lauterbach/Lange 1998) insbesondere für Deutschland gezeigt, dass der eingeschlagene Schulweg in höchstem Maße die weitere Berufskarriere und die Position im System der sozialen Ungleichheit bestimmt.

Während Scholarisierungsprozesse die Macht der von Erwachsenen bestimmten Gesellschaft über Kinder historisch zunehmend verstärkten, förderte die zunehmende Pädagogisierung die Wahrnehmung der Kinder als unreif und als defizient gegenüber den Erwachsenen. Pädagogische Theorien haben zwar schon seit der Aufklärung das Subjekt im Erziehungsprozess vorausgesetzt, Kritik am Bild des defizienten Kindes wurde in den kindbezogenen Wissenschaften jedoch erst zu einem Zeitpunkt formuliert, als Individualisierungsprozesse in der Gesellschaft insgesamt hervortraten, nämlich zunehmend seit den späten 1960er Jahren. Es war ein erster starker Bruch in den Annahmen über Kindheit, als in den 1970er Jahren Entwicklungspsychologen und Sozialisationstheoretiker Theorien vom Kind als selbstbestimmt produktiv handelndes Subjekt entwarfen (exemplarisch Hurrelmann 1983). Die damals sich neu konstituierende Kindheitssoziologie begann ihre Konzeptionalisierung von Kind und Kindheit mit Abgrenzungen gegen Auffassungen vom Kind als sich Entwickelndem, Lernendem und zu Sozialisierendem. Sie forderte zum einen, die Fähigkeit der Kinder zu eigenständigem Handeln (agency) in den Mittelpunkt der Forschungen zu stellen (Alanen 1992; James/Prout 1990; kritisch Baader 2004) und zum anderen, die Kinder als gleichberechtigte Bevölkerungsgruppe anzuerkennen (Qvortrup 1994). Diese Thematik bestimmt nach wie vor das kindheitssoziologische Denken. So fordert zum Beispiel Tom Cockburn (1998/2005) ein vehementes Umdenken in der Konstruktion von Kindern und Kindheit, das davon ausgeht, dass alle Menschen in interdependenten sozialen Beziehungen stehen. Er plädiert für die Herstellung gleichberechtigter Partizipationsmöglichkeiten für alle Bürger unabhängig von Alter, Geschlecht und Herkunft bei gleichzeitiger Anerkennung von Unterschieden.

Eine weitere Kritik an dem etablierten Diskurs über Schulkindheit folgt einer etwas anders gelagerten Argumentation: kritisiert wird die individualistische und primär zukunftsgerichtete Deutung des kindlichen Lernens. Während die Lernleistung von Kindern hinsichtlich der eigenen Biographie und damit späterer Integrationschancen in den Arbeitsmarkt hoch bewertet wird, werde hingegen die Bedeutung der permanenten Produktion von Wissen ausgeblendet und nicht als kulturell, ökonomisch und politisch notwendig für die generationale Reproduktion der Gesellschaft honoriert. So seien derzeit in politischen und fachlichen Diskursen Begründungen vorherrschend, dic allein die zukünftige Position des erwachsenen Bürgers vor Augen haben. Das Recht auf Bildung gilt als Grundrecht – bereits Thomas H. Marshall geht in seiner an der britischen Bürgerrechtsentwicklung orientierten Konzeption von „citizenship and social class“ davon aus, dass Bildung ein soziales Recht aller Menschen sei – also auch ein Recht der Kinder – und dass die Erfüllung dieses Rechts im Kindesalter historisch die Voraussetzung für die Durchsetzung politischer und bürgerlicher Rechte über alle Klassen hinweg gewesen sei (Marshall 1949/1964; kritisch zur Positionierung der Kinder in diesem Konzept Olk 2007; Olk/Wintersberger 2007). Solchen individualrechtlichen Begründungen setzt Jens Qvortrup (2000) entgegen, dass Schularbeit die in der Moderne gesellschaftlich systemnotwendige Arbeit der Kinder ist: Im Generationenzusammenhang betrachtet, leisteten Kinder durch den systematischen Erwerb von Wissen Arbeit, die einen unerlässlichen Platz in der diachronen Arbeitsteilung der Gesellschaft habe (s. auch Wintersberger 1998a, b).

Inwieweit durch die in den beiden vorangegangenen Abschnitten dargestellten Kritiken an der Dimension der umfassenden Scholarisierung und Pädagogisierung von Kindheit sowie an der Konzeptionierung von Kindern als bloß Lernende das Muster moderner Kindheit in Frage gestellt wird oder aber ob sich bloß eine Neujustierung des Verhältnisses zwischen Lehrenden und Lernenden, also zwischen Erwachsenen und Kindern im Lernprozess vollzogen hat, wird im zweiten Teil dieser Arbeit zu prüfen sein.

De-Kommodifizierung

Scholarisierung ging in der Moderne mit Verboten der Kinderarbeit einher (Zinnecker 2000). Die Phase der Kindheit ist in Deutschland und Westeuropa weitgehend von der Notwendigkeit, erwerbstätig zu werden, freigestellt. Der Schutz-, Schon- und Lernraum Kindheit bedeutet für alle Kinder, dass sie nicht selbst zu ihrem Lebensunterhalt beitragen können und somit abhängig sind von Unterstützungen durch andere. Das sind die Familie und/oder der Wohlfahrtsstaat; Kinder sind im umfassenden Sinne Sozialleistungsempfänger. Gøsta Esping-Andersen (1990) spricht von De-Kommodifizierung, wenn soziale Sicherheit vom Arbeitsmarkt verlagert wird bzw. die Marktabhängigkeit (von Arbeitnehmern) und Sozialleistungsempfängern verringert wird. Dieses Konzept ist auf die Situation von Kindern zu übertragen.

Arbeitsverbot und Sozialleistungen für Kinder stehen in einem engen Zusammenhang. Anders als Menschen im hohen Alter, das bei Gøsta Esping-Andersen (1990) ebenfalls als de-kommodifizierte Phase im Lebenslauf betrachtet wird, ist Kindern Erwerbsarbeit verboten. Kindheit der Moderne ist ein Zustand der ökonomischen Abhängigkeit. Diese ist mehr oder weniger sozialstaatlich institutionalisiert. Kinder erhalten sozialstaatliche Leistungen wie Schulgeldfreiheit, Lernmittelsubventionierung in Einrichtungen der Erziehung und Bildung, öffentliche Finanzierung von Kindertagesstätten, Familienlastenausgleich (Kindergeld, Steuerfreibeträge, Familienzuschläge im öffentlichen Dienst), Mitversicherung der Familienangehörigen in den Krankenkassen, Sozialleistungen für Kinder im Rahmen der Arbeitslosenversicherung und des Sozialgeldes, Leistungen nach dem KJHG und anderes. Da im gegenwärtigen Deutschland staatliche Sozialleistungen (außer im Falle von Sozialgeldbezug[13]) keinesfalls die Lebenshaltungskosten eines Kindes decken, ist ein ausreichender Arbeitslohn der Eltern Voraussetzung für die De-Kommodifizierung des Kindes im Familienzusammenhang.

De-Kommodifizierung der Kindheit, also das Konzept eines umfassenden Schutzraumes, wird allerdings von einigen WissenschaftlerInnen durch die steigenden Kinderarmutsraten als gefährdet angesehen (vgl. UNICEF 2005; Kamermann et al. 2003). Es zeigt sich, dass seit den 1980er Jahren insbesondere in der BRD weder das Einkommen der Eltern noch staatliche Unterstützungsleistungen den Lebensunterhalt decken (vgl. Bradshaw/Finch 2003). Armutsstudien haben deutlich gemacht, das ältere Kinder derzeit nicht allein aus Spaß oder der Anerkennung wegen neben der Schule Geld verdienen,

---

13 Wohlfahrtsverbände verweisen seit Jahren darauf, dass weder die alten Sozialhilfesätze noch das derzeitige Sozialgeld die Existenz der Kinder sichern (siehe die Homepages des DPWVs, Kinderschutzbunds sowie des Deutschen Kinderhilfswerks – siehe insbesondere die Kinderreporte 2007, 2005, 2006 des Deutsches Kinderhilfswerks).

sondern weil der Lohn eine wesentliche Funktion für das Familieneinkommen und die eigene Lebenssituation hat. Zu nennen wäre hier zum Beispiel die Finanzierung von Klassenfahrten und notwendigen Konsumartikeln, um in die Gruppe der Gleichaltrigen integriert zu bleiben (vgl. Ridge 2007, S. 168ff.). Die Arbeit von Kindern hat hier eine wichtige Integrationsfunktion. Auch diese Entwicklung wird für die These der Erosion des Kindheitsmusters der Moderne herangezogen und bleibt zu prüfen.

Familialisierung

Eine weitere Dimension des Musters moderner Kindheit kann unter dem Begriff der Familialisierung gefasst werden. Diese Dimension ist schwer zu fassen und umschließt mehrere Ebenen. Gemeint ist als erstes, dass das Kind im moralischen, normativen und rechtlichen Sinne eher dem Privaten als dem Öffentlichen zugeordnet wird. Verstanden wird darunter aber auch, dass sich das Leben der Kinder weniger im öffentlichen Raum (Straße, Institutionen und Räume des Erwachsenenalltags) vollzieht, als vielmehr im Binnenraum der Familie oder aber in häuslichen Arrangements (vgl. Ariès 1960/1994; Behnken/Zinnecker 1987; Zinnecker 1990; Honig 1993, S. 214; Zeiher 2009). Da in Deutschland (und in weiten Teilen Europas) lange Zeit vor allem die Familie das Private verkörperte, ist in der Kindheitsforschung weniger die Rede von der Privatisierung als vielmehr von der Familialisierung der Kindheit. Auch wenn sich Kindheit zunehmend weniger allein im Binnenraum der Familie vollzieht, bleibt diese doch der Bezugspunkt über den Verlauf des Aufwachsens hinweg. Besuchen Kinder die Schule, den Kindergarten, die Kinderfreizeiteinrichtung oder ein Krankenhaus, bleiben Eltern ideell und rechtlich für deren Versorgung, Entwicklung, Bildungskarriere und Gesundheitszustand zuständig. Umgekehrt nehmen auch Institutionen, die für die Kinder da sind, mehr oder weniger offensichtlich Bezug auf die Familie und deren Recht, die Kinder zu pflegen und zu erziehen. In der Bundesrepublik Deutschland ist im Grundgesetzes (Artikel 6) die grundsätzliche Primärverantwortung der Familie für eine gelingende Sozialisation festgehalten.[14] Nur im Falle des Sorgerechtsentzugs bei offensichtlicher Vernachlässigung der Sorgepflicht übernimmt eine staatlich eingesetzte Person die gesamte oder anteilige Verantwortung für das Kind. Dass eine solch strenge Bezugnahme auf die Familie durchaus nicht in allen Ländern der westlichen Welt vorherrschend ist, zeigt einmal mehr, dass Kindheitsmuster ausgesprochen stark von kulturellen Selbstverständnissen abhängen (vgl. als Gegensatz zu Deutschland Finnland: Alanen/Sauli/Strandel 2004, S. 201; auch Alanen 1996).

Auch in Bezug auf das Phänomen der Familialisierung werden von mehreren AutorInnen Tendenzen der Erosion festgestellt. FamilienforscherInnen haben

---

14 Die Familialisierung bzw. die Subsumtion von Kindern unter die Familie hat lange Zeit dazu geführt, dass Kindheit und Kinder sowohl in Gesellschaft und im Wohlfahrtsstaat als auch in der Wohlfahrtsstaatforschung und der Soziologie lange Zeit unsichtbar blieben (vgl. Qvortrup u. a. 1994; Sgritta 1994; Kränzl-Nagl/Mierendorff/Olk 2003a).

seit den 1980er Jahren darauf hingewiesen, dass es zwar nicht, wie anfangs angenommen, zu einer Erosion der Familie kommt, dass diese als Institution sich aber in einem tief greifenden Wandel befindet. „Der dominante Familientypus der Industriegesellschaft, die Versorgerehe, in der der männliche Haushaltsvorstand auf Dauer die ökonomische Basis seiner Ehefrau und seiner Kinder sichern konnte, wird in einer zukünftigen postindustriellen Gesellschaft kein Ehe- und Familienmodell mehr darstellen, das die Bevölkerung in so großer Mehrheit leben kann wie noch in den 1960er und 1970er Jahren. Diese tief greifenden Veränderungen deuten aber nicht, wie viele meinen, auf ein Ende von Ehe und Familie hin, sondern stellen eine Transformation von Ehe und Familie hin zu einer neuen ökonomischen Basis dar." (Bertram 1997, S. 165f.; vgl. auch Nave-Herz 1998, zuerst 1988). Jacques Commaille (2000, S. 214) spricht in diesem Zusammenhang von einer „doppelten Defamilialisation": „By defamilialization is meant the process of the weakening of the status of the family as a dominant type of organisation of the private life of individuals which also implies the question of the organisation, the structuring of society as a whole". Da, wie Commaille ausführt, Paare sich zunehmend als eine Gruppe freiwillig zusammengeschlossener Individuen verstehen und nicht mehr als Familie, stellt sich die Frage, ob dies Auswirkungen auf die Position von Kindern in Familie und Gesellschaft hat. Ilona Ostner (2007), weist darauf hin, dass Kinder dieses Selbstverständnis nicht entwickeln können – ob Kinder bei ihren Eltern bleiben oder nicht, liegt kaum in der Entscheidungsmacht des einzelnen Kindes (siehe auch Jensen 2003).

Auch die zunehmende Müttererwerbstätigkeit und die damit einhergehende Knappheit an Familienzeit werden als Hinweis für das Aufbrechen des bislang starken Musters deutscher Familialisierung gedeutet. Helga Zeiher (2004) geht davon aus, dass der deutschen Gesellschaft gegenwärtig die Zeit für Sorgearbeit und damit Zeit für Kinder ausgehe, weil die einstige Verschränkung von Gender- und Generationenordnung (Ernährer-Hausfrau-Familienmodell und Sorge für Kinder in der Familie) einseitig aufgebrochen sei: das Gendermodell habe sich verändert, aber für die Kindersorge fehle noch ein neues funktionierendes Modell. Symptom dieser Krise des überkommenen Kindheitsmusters seien die niedrigen Geburtenzahlen. Ein neues Muster erfordere sowohl ausreichend gute Möglichkeiten der Auslagerung von Sorgezeit aus der Familie als auch neue Zeitmuster für die Verteilung der Lebensarbeitszeit, die Zeitphasen für private Sorgearbeit lassen.

Ein weiterer Hinweis auf eine Erosion des Musters der Familialisierung könnte in den politischen Bekundungen des Willens zu mehr öffentlicher Verantwortung für die Bildung und Entwicklung und den verstärkten staatlichen Schutz der Kinder gesehen werden (vgl. 12. Kinder- und Jugendbericht, BMFSFJ 2005a). Diese beobachtbare Tendenz greift allerdings nicht in allen Bereichen um sich; in Bezug auf die materielle Versorgung der Kinder ist dies eher ein Zeichen dafür, dass Eltern wieder stärker in die Pflicht genommen werden (alleinerziehende Mütter, nicht anwesende Väter, arbeitslose Eltern).

Dies interpretieren Michael-Sebastian Honig und Ilona Ostner (2001) als eine Neujustierung von Kindheit zwischen Markt, Staat und Familie, wobei hier Familialisierung begrenzt auf den Bereich Existenzsicherung bezogen wird (zur Gegenläufigkeit von Familialisierung und De-Familialisierung bereits Mierendorff 2002).

Der Familialisierung wirken auch Gesetzgebungen in den letzten beiden Jahrzehnten entgegen. Kindern werden im Rahmen der Rechtsprechung zunehmend mehr Rechte auch gegenüber den Eltern zugestanden; so das Recht auf gewaltfreie Erziehung (BGB 2000), der Rechtsanspruch auf einen Kindergartenplatz (KJHG i.d.F. von 1996) oder das Recht auf Beistandschaft in Gerichtsverfahren (FGG i.d.F. von 1998[15]).[16]

Alles in allem sind hier sehr unterschiedliche und gegenläufige Phänomene beobachtbar, die sowohl die Konzeption als auch die Faktizität von Familialisierung teils in Frage stellen, teils deren Fortbestehen bestätigen. Es lassen sich also keine eindeutigen Aussagen über ein Schwinden der Primärverantwortung der Familie machen und auch nicht darüber, ob die Realität noch der Vorstellung entspricht, dass Kindheit sich im Binnenraum der Familie vollziehen soll. Angedeutet sei hier nur, dass Familialisierung nicht allein am Grad der Ausstattung mit Kindertagesstätten festzumachen ist, sondern dass es eher darauf ankommt, in welcher Weise Institutionen sich auf die Familie beziehen. Wie auch in Bezug auf die vorangegangenen Dimensionen bleibt dies im Weiteren zu prüfen.

1.3 Ein Fazit: Die Funktion des Musters moderner Kindheit

Das hier durch die Dimensionen Altershierarchie, Scholarisierung, De-Kommodifizierung und Familialisierung charakterisierte Kindheitsmuster ist ein integraler Bestandteil der bestehenden Gesellschaftsordnung, nicht zuletzt deren Wirtschaftsform. Es hat die Grundzüge des Kindheitsmusters, die sich in der Moderne in allen westlichen Industriegesellschaften herausgebildet haben; und es hat seine besonderen Erscheinungsformen in der deutschen Gesellschaftsentwicklung erhalten. Kindheit als Phase des geschützten

15 Geändert mit Wirkung vom 1. Juli 1998 durch Art. 2 des *Gesetzes zur Abschaffung der gesetzlichen Amtspflegschaft und Neuordnung des Rechts der Beistandschaft* vom 4.12.1997, BGBl. I Seite 2846.

16 „This was the period in which there was a huge upheaval in legislation concerning the family committed in particular to equality between man and women, between children whatever their origin (illegitimate or legitimate, the liberalization of divorce and the recognition of other ways of forming a couple other than by marriage, the legalization of abortion etc. These concrete and very real changes in the legal-political regulation of the family attest to the concern of the political world not only to adapt to the 'evolution of moral standards' but also perhaps following processes influence that it would be appropriate to look at closer detail, in response to the new demands of the 'Market'" (Commaille 2000, S. 205).

Lernens wird als höchst relevant für den Erwerb von Wissen und Kompetenzen erachtet und ist so als Schutz-, Schon- und Vorbereitungsraum konstituiert, damit sich dies realisieren kann. Gerade in dieser Konstitution ist Kindheit als ein Pol der generationalen Ordnung höchst gesellschaftsrelevant. Die Gewichtsverschiebungen zu hoch-technologisierter Güterproduktion und zur Produktion von Dienstleistungen und Wissen sowie zur Individualisierung der Arbeits- und Lebensgestaltung lassen gegenwärtig Kindheit noch stärker als zuvor als Phase des von Erwachsenen gesteuerten intensiven Lernens wichtig erscheinen. Deshalb richtet sich heute politische Aufmerksamkeit in sehr hohem Maß auf die Lebensbedingungen und Lebensweisen der Kinder, die Gestaltung von Kindheit hat in Bildungs- Sozial- und Familienpolitik hohe Priorität.

Das nach wie vor vorherrschende Kindheitsmuster der Moderne ist den Brüchen und Umbrüchen, Ambivalenzen und Entgrenzungen ausgesetzt, die die gegenwärtige „spätmoderne" Gesellschaftsentwicklung kennzeichnen. Nicht nur die überkommenen Strukturmuster und Konzepte der Moderne, sondern auch deren verschiedene Erosionserscheinungen machen gegenwärtige Kindheit aus. Ich möchte die in den folgenden Kapiteln zu bearbeitende These aufstellen, dass die Brüche, Dilemmata und Widersprüche im Muster der Kindheit heute die zentralen Herausforderungen für die wohlfahrtsstaatliche Regulierung von Kindheit sind.

2. Wohlfahrtsstaat – eine theoretische Grundlegung

Im vorangegangenen Kapitel wurden zum einen der Begriff der Kindheit theoretisch bestimmt und die Perspektive darauf eingegrenzt. Zum anderen sind erste Annahmen über das Verhältnis von Kindheit und Wohlfahrtsstaat formuliert worden. In diesem Kapitel soll nun dieser „Annäherungsversuch“ aus einer wohlfahrtsstaatstheoretischen Perspektive fortgesetzt werden. Hierfür wird nun der Begriff des Wohlfahrtsstaates entfaltet, die Perspektive auf den Untersuchungsgegenstand bestimmt und somit ebenfalls eingegrenzt. Es soll geklärt werden auf welcher theoretischen Ebene ein solches Verhältnis zwischen Wohlfahrtsstaat und Kindheit gesucht werden kann.

Das Kapitel gliedert sich in eine grundlegende Auseinandersetzung mit dem Begriff des Wohlfahrtsstaates und in eine Auseinandersetzung mit den wissenschaftlichen Zugängen zu dessen Erforschung. In einem zweiten Schritt wird aus einer makrotheoretischen Perspektive die gesellschaftliche Bedeutung des Wohlfahrtsstaates bestimmt. In einem dritten Abschnitt wird der Frage nach den Möglichkeiten und Grenzen politischer Regulierung des Sozialen nachgegangen. Auf diese drei Abschnitte aufbauend wird anschließend eine weitere konzeptionelle Annäherung an das Verhältnis Kindheit und Wohlfahrtsstaat vorgenommen.

2.1 Theorien des Wohlfahrtsstaates

2.1.1 Historische Parallelen der Forschungszugänge in der Wohlfahrtsstaats- und Kindheitsforschung

Christoph Conrad arbeitet in einer Analyse der sich wandelnden sozialwissenschaftlichen Ansätze komparativer Wohlfahrtsstaatsforschung aus einer historischen Perspektive heraus, dass nicht nur unterschiedliche wohlfahrtsstaatliche Arrangements in den verschiedenen Gesellschaften die theoretischen Zugänge zum Wohlfahrtsstaat lange Zeit mitbestimmt haben. Vielmehr wandeln sich in allen Wohlfahrtsstaaten und deren darauf bezogener Forschung auch die Vorstellungen, was unter dem Begriff des Wohlfahrtsstaates verstanden wird (Conrad 1996, S. 155[1]) – im historischen Prozess der Entstehung und des Bestehens des Wohlfahrtsstaates wandeln sich sowohl die

1 O'Brien und Penna (1998) kommen in einer umfassenden vergleichenden Analyse zu der Erkenntnis, dass sich auch der Begriff der Wohlfahrt in den verschiedenen westlichen Gesellschaften und Ökonomien in großer Unterschiedlichkeit herausgebildet und

Motive seiner Erforschung, die beobachteten Gegenstände und Einheiten als auch die Ideen und Strategien der Wohlfahrtsstaatsforschung (hierzu auch Kaufmann 2003a). Das ist erst einmal nicht weiter bemerkenswert, unterliegt doch jegliche (sozial)wissenschaftliche Forschung solchen historischen Wandlungsprozessen (oder wie Thomas Kuhn sich ausdrückt solchen „wissenschaftlichen Revolutionen", 1967). Interessant ist diese Feststellung insofern, als dass im Vergleich zu der sich wandelnden soziologischen Kindheitsforschung bzw. zu der sich erst relativ spät in den 1980er Jahren etablierenden neuen Soziologie der Kindheit (vgl. Qvortrup u.a. 1994; Zeiher 1996; James/Prout 1990; Kränzl-Nagl/Mierendorff 2007, S. 8) anscheinend ein ähnlicher zeitlicher Verlauf des Verwerfens von Zugängen und des in den Blick-Nehmens neuer Gegenstände (vgl. Lessenich 2000) beobachtet werden kann. In beiden Forschungsbereichen kam es spätestens ab Mitte der 1970er Jahre aus der Feststellung und Formulierung der Krise (Dollinger 2004; Link 2005, S. 6) heraus – der Krise des Wohlfahrtsstaates auf der einen Seite (exempl. Flora 1986; Evers/Nowotny 1987; retrospektiv Kaufmann 2001, S. 93ff.) und der angenommenen Erosion der Kindheit auf der anderen Seite (exempl. Hengst 1981; Postman 1982/1987; Preuss-Lausitz u. a. 1983; retrospektiv Zeiher 1996 sowie Hengst 2008a) – zu veränderten theoretischen Zugängen an den Gegenstand sowie sehr grundlegend zu veränderten Beobachtungsgegenständen an sich. Das bedeutet keinesfalls, dass die alten methodologischen und erkenntnistheoretischen Zugänge und Erklärungsmodelle verschüttet wurden, dass aber parallel zu diesen sich andere Zugänge herausbildeten, zum Teil als dominant herauskristallisierten und damit auch die alten relativierten. In der Kindheitsforschung kann man auf den oben angeführten Paradigmenwechsel verweisen (Historizität und Kontextualität von Kindheit; Kindheit als soziales Konstrukt und als Element der Sozialstruktur sowie die akteurstheoretische Wende). Für die Wohlfahrtsstaatsforschung spricht Lessenich (2000) von einer komparatistischen Wende in den 1980er Jahren, in Folge derer die Varianten von Wohlfahrtsstaaten und ihre Entstehungs- und Bedingungszusammenhänge (vgl. Alber 1982; Esping-Andersen 1990; Castles 1993; Kaufmann 2001, S. 96 sowie 2003b) in den Blick genommen wurden. In Folge des Perspektivwechsels wurde die Interpretation des Staats als der dominante Akteur der Steuerung von Gesellschaften zunehmend in Frage gestellt. Der Wohlfahrtsstaat wurde als nur ein Akteur neben anderen kollektiven Akteuren im Prozess der Produktion von Wohlfahrt gefasst (Zapf 1981[2]; Evers/Wintersberger 1990; Kaufmann 1994; Evers/Olk 1996; retrospektiv Lessenich 2000, S. 49f.).

---

im Laufe der heterogenen, nationalen, regionalen und politischen Entwicklungen auf sehr unterschiedliche Weise entwickelt hat. Die Autorinnen sehen einen engen Zusammenhang zwischen der historischen Fassung dieses Begriffs und der wohlfahrtsstaatlichen Entwicklung.

2 Grundlegend zum Konzept der Wohlfahrtsproduktion Zapf (1981), auch Kaufmann (1994); zum Begriff des Wohlfahrtspluralismus zuerst Evers/Wintersberger (1990), später Evers/Olk (1996).

Insgesamt kann in beiden Forschungsbereichen eine Entwicklung weg von der Annahme und Interpretation statischer Zustände beobachtet werden, hin zu dem Versuch, die Prozesshaftigkeit von Phänomenen im Sinne von Norbert Elias (1997) zu formulieren und zu erklären. Hierbei hatte in beiden Bereichen eine Erweiterung der Perspektive um eine historische Dimension, die auf die Historizität von Phänomenen verwies, einen wesentlichen Beitrag geleistet[3]. Aus einer wissenssoziologischen Perspektive rückte die permanente diskursive Reproduktion von beobachtbaren Phänomenen in den Mittelpunkt der Betrachtung[4]. Darüber hinaus hielt in beiden Forschungsbereichen – wie insgesamt in der Soziologie – eine handlungstheoretische Orientierung Einzug, die subjektive, aber auch kollektive Akteure in der permanenten sozialen Reproduktion „sozialer Wirklichkeit" berücksichtigte (vgl. Berger/Luckmann 1969/1980). Der (Wohlfahrts)Staat wurde nicht mehr als dominantes Steuerungssubjekt untersucht (Kaufmann 2001, S. 92) – und die Gruppe der Kinder beispielsweise wurde in einer sozialisationstheoretisch ausgerichteten Soziologie nicht mehr nur noch als Objekt von gesellschaftlichen und politischen Steuerungsprozessen betrachtet (beispielsweise Hurrelmann 2002; Bilden 1991).

Diese zeitlichen (und inhaltlichen) Parallelen in Bezug auf die methodologischen und gegenstandtheoretischen Veränderungen beider Forschungsbereiche weisen darauf hin, dass der Wohlfahrtsstaat in die gleichen sozialen und gesellschaftlichen Wandlungsprozesse involviert ist wie Kindheit – wenn auch in unterschiedlicher Weise und Vermitteltheit. Die Krisensemantiken beider Forschungsbereiche haben ihren Ursprung in der gleichen historischen Zeit und aus einer ähnlich gelagerten Wahrnehmung gesellschaftlicher Wandlungsprozesse. Dies ist eine wesentliche Grundannahme, die der weiteren Klärung des Verhältnisses zwischen Wohlfahrtsstaat und Kindheit zugrunde gelegt wird.

2.1.2 Sozialstaat, Wohlfahrtsstaat, Wohlfahrtsstaatlichkeit – Begriffsbestimmungen

Zwei grundlegende begriffliche und inhaltliche Entscheidungen seien der weiteren Entfaltung des wohlfahrtsstaatstheoretischen Zuganges vorangestellt: Ich werde erstens den Begriff des Wohlfahrtsstaates und nicht den des Sozialstaates verwenden und zweitens unter dem Begriff Wohlfahrtsstaat nicht die Summe seiner Regulierungen fassen, sondern eine bestimmte Form der Wohlfahrtsstaatlichkeit. Beide Begriffsverwendungen sind in der bundesrepublikanischen Forschungstradition begründungsbedürftig.

---

3 Für die Kindheitsforschung kann exemplarisch Ariès (1960/1994) genannt werden, für die Wohlfahrtsstaatsforschung bzw. Sozialpolitikforschung Alber (1982) und Tennstedt (1981).

4 Vgl. Alanen (2005) sowie Lessenich (2003c); zum Begriff des Wohlfahrtspluralismus zuerst Evers/Wintersberger (1990), später Evers/Olk (1996).

Der so genannte „Deutsche Fall“ war lange Zeit in der deutschen wie internationalen Wohlfahrtsstaatsforschung überwiegend bewusst mit dem Begriff des Sozialstaats gefasst worden, um zum einen die verfassungsrechtlich kodierte Sozialstaatlichkeit als Besonderheit hervorzuheben und sich zum anderen von einem autoritären sozialistischen Versorgungsstaat abzugrenzen (so Alber 1993, S. 636; Ritter 1991, S. 161). Mit der komparatistischen Wende in der Wohlfahrtsstaatsforschung hat sich auch eine Diskussion um die Begriffe Sozialstaat – Wohlfahrtsstaat und Wohlfahrtsstaatlichkeit vollzogen. Die deutsche, unter Bedingungen des Kalten Krieges entstandene Unterscheidung Sozialstaat – Wohlfahrtsstaat im Sinne von Versorgungsgraden – subsidiäre Verantwortungsübernahme versus umfassende Versorgung und Bevormundung durch den Staat – ist wenig trennscharf im internationalen Vergleich (Kaufmann 2003b, S. 16). Insofern begründet Kaufmann die Verwendung des Begriffs des Wohlfahrtsstaats vor allem inhaltlich und nicht normativ und unterscheidet zwischen Sozialpolitik, Sozialstaat, Wohlfahrtsstaat und Wohlfahrtsstaatlichkeit: „Während unter ‚Sozialpolitik‘ gewissermaßen die Summe *punktueller* Eingriffe des Staates in die gesellschaftlichen Verhältnisse, und zwar regelmäßig aufgrund der ‚Diagnose sozialer Probleme‘ zu verstehen ist und der ‚Sozialstaat‘ dem entsprechend als jenes institutionelle Ensemble gelten kann, das für diese Eingriffe zuständig ist bzw. diese ermöglicht, geht es bei der Rede vom Wohlfahrtsstaat um mehr.“ (Kaufmann 1989, S. 94, Hervorh. im Orig.). Der Wohlfahrtsstaat wird im Gegensatz dazu als Modus „politisch veranstalteter Vergesellschaftung“ verstanden (ebenda, S. 94), also als Ausdruck einer spezifischen historisch gewordenen Organisation und normativen Ordnung des Politischen und Gesellschaftlichen unter kapitalistischen Wirtschaftsbedingungen. „In der gebotenen Kürze formuliert erscheint der Wohlfahrtsstaat als eine bestimmte Form gesellschaftlicher Organisation, die gekennzeichnet ist durch die *Verbindung von demokratischer Staatsform und privatkapitalistischer Wirtschaftsform mit einem ausgebauten, zentralstaatlich regulierten Sozialsektor, auf dessen Leistungen ein staatlich verbürgter Anspruch nach rechtlich definierten Bedarfskriterien für jedermann besteht*“ (Kaufmann 1989, S. 94, Hervorh. im Orig.). In diesem Sinne bezeichnet auch Christoph Conrad die wohlfahrtsstaatliche Entwicklung als „Verwirklichung des Wohlfahrtsstaates als Gesellschaftstypus“ (Conrad 1996, S. 161).[5] „Wohlfahrtsstaat meint hier nicht nur das ‚skandinavische Modell‘ des (aus deutscher Sicht so genannten) ‚Versorgungsstaates‘, sondern eine […] Konfiguration, die den deutschen Fall einschließt“ (Kaufmann 2003b, S. 16; bereits 1989).

Um Missverständnissen an dieser Stelle vorzubeugen, sei betont, dass von der Etablierung sozialpolitischer Elemente in die Politik bereits seit dem 18. und

5 Jens Alber betrachtet den Wohlfahrtsstaat als „einen bestimmten Typus der Staatstätigkeit. Er kennzeichnet Länder, in denen der Staat eine aktive Rolle in der Steuerung wirtschaftlicher und gesellschaftlicher Abläufe übernimmt und einen beträchtlichen Teil seiner Ressourcen sozialpolitischen Zwecken widmet …“ (1993, S. 636).

insbesondere seit dem 19. Jahrhundert gesprochen werden kann[6]. So sind beispielsweise im Preußischen Staat 1842 Gesetze „über die Verpflichtung zur Armenpflege" und „über die Aufnahme neu anziehender Personen" sowie 1839 ein erstes Regulativ zum Kinderarbeitsschutz eingeführt worden (Ritter 1991, S. 48; Sachße/Tennstedt 1998). Solche Elemente sind allerdings – und das ist das Zentrale – nicht im Kontext einer umfassenden Wohlfahrtsstaatlichkeit verhandelt und etabliert worden. Mit diesem Begriff wird eine kulturell und historisch typische Programmatik, eine Konfiguration gefasst, die eine spezifische Idee der Staatlichkeit, nämlich der Wohlfahrtsstaatlichkeit ausdrückt: „Wir unterscheiden ferner zwischen (Sozial- bzw.) *Wohlfahrtsstaat* als objektsprachlicher Bezeichnung und (Sozial- bzw.) *Wohlfahrtsstaatlichkeit* als theoretischem Begriff zur Kennzeichnung der spezifischen Programmatik." (Kaufmann 2003b, S. 16, Hervorh. im Orig.). Die bundesrepublikanische Programmatik kann mit den Begriffen der Rechtstaatlichkeit, Sozialstaatlichkeit, Demokratie und Anerkennung einer marktwirtschaftlichen Ordnung ausgedrückt werden kann (Kaufmann 2003b, S. 257; Ritter 1991, S. 161). Als solche normativen Kodierungen sind diese auch in der bundesrepublikanischen Verfassung verankert: Demokratische Grundordnung, Sozialstaatsprinzip und Rechtsstaatlichkeit (Art. 20, Abs. 1 und Art. 28, Abs. 1) (Zacher 1987; auch Lessenich 2000, S. 40f.). Der vorangegangenen Argumentation folgend bezeichnet Lessenich dann auch erst die Bundesrepublik Deutschland und nicht bereits ihre Vorgänger als etablierten bzw. konsolidierten Wohlfahrtsstaat: „Von einer Tendenz zur Ausdehnung wohlfahrtsstaatlicher Strukturen und Interventionsformen lässt sich praktisch für das gesamte 20. Jahrhundert sprechen, doch ist der entscheidende Entwicklungsschub auf die Jahre (und Jahrzehnte) nach dem Zweiten Weltkrieg zu datieren" (Lessenich 2000, S. 51).

2.1.3 Eine kulturale Perspektive auf den Wohlfahrtsstaat

Im Weiteren möchte ich den bisher entfalteten klassischen Wohlfahrtsstaatsbegriff um eine „kulturale Perspektive" erweitern, die den Begriff des Wohlfahrtsstaates und der Wohlfahrtsstaatlichkeit weiter fasst als die bisherigen Zugänge. Wohlfahrtsstaatlichkeit wird hier in Bezug gesetzt zu einer gegenwärtigen, beobachtbaren und normativ befürworteten „Kultur" der Anerkennung und Ermöglichung pluraler Orientierungen.

Frank Nullmeier entwickelt in seiner *Politische(n) Theorie des Sozialstaats* (2000) ein Sozialstaatsverständnis[7] ganz eigener Art. In kontroverser Auseinandersetzung mit zentralen Annahmen der Kritischen Theorie (Bedeutung des Rechts für die gesellschaftliche Steuerung, Kommunikation als Medium gesellschaftlicher Veränderung und einer demokratischen Auseinander-

6 Hinweise hierauf finden sich auch in Tennstedt 1981, S. 13f.; Alber 1982; Sachße/Tennstedt 1998; Kaufmann 2003a, S. 7ff. und 2003b, S. 251f.

7 Frank Nullmeier spricht explizit nicht vom Wohlfahrtsstaat, sondern vom Sozialstaat – meines Erachtens um die normative Besonderheit der bundesrepublikanischen Verfasstheit herauszuarbeiten.

setzung) macht er die Kultur des Wettkampfes und der Anerkennung zu einem zentralen, aber unterbelichteten bzw. tabuisierten Topos des Sozialstaates und formuliert hieraus die Notwendigkeit eines kulturalen Verständnisses des Sozialstaates. Dieses Verständnis setzt explizit nicht an vorrangig gleichheits-, verteilungs- oder gerechtigkeitstheoretischen Paradigmen (vgl. Lessenich 2003) an und umfasst deutlich mehr „als die Summe der Felder bisheriger Sozialpolitik" (vgl. Nullmeier 2003). Nullmeier setzt an einer Idee der Gestaltung der Bedingungen (und Voraussetzungen) des Sozialen in ausdifferenzierten und pluralen Gesellschaften an. In Auseinandersetzung mit und Weiterentwicklung der honnethschen Anerkennungstheorie entfaltet er einen theoretischen Zugang, der soziale Anerkennung nicht an der Zugehörigkeit von Gruppen in ihrem teils ausschließenden Charakter misst, sondern vielmehr an der Ermöglichung von Vergleich und Differenz in einem pluralen Gemeinwesen ansetzt – Vergleich und Differenz setzt er als basale (wenn auch oft moralisch diskreditierte) Motivation für gesellschaftliche Entwicklung und Veränderung voraus. Die Gestaltungsaufgabe eines modernen Sozialstaates, in dem die Pluralität und Diversität von Orientierungen nicht nur Empirie, sondern auch normatives Grundverständnis der eigenen gesellschaftlichen Verfasstheit ist (oder besser sein sollte), sieht er in der Ermöglichung von Strukturen, in denen wechselseitige Anerkennung trotz unterschiedlichster kultureller und normativer Orientierungen ermöglicht wird[8] (Nullmeier 2000, auch 2003). Was also ist der Sozialstaat im Sinne Frank Nullmeiers? „Der Typus der Wertschätzung, der diese Anforderungen [Befähigung wechselseitiger Wertschätzung, J.M.] zu erfüllen vermag – er soll *‚reflektierte Wertschätzung'* heißen – wird im weiteren ebenso zu diskutieren sein wie der Typus des politischen Gemeinwesens, der bei höchster Entfaltung von Pluralität unter Individuen wie Kulturen die *Bedingungen* einer allgemeinen und wechselseitigen sozialen Wertschätzung zum Gegenstand politischer Gestaltung macht. Ein solches politisches Gemeinwesen soll Sozialstaat heißen" (Nullmeier 2000, S. 360, Hervorh. im Orig.). Zentral für meine Argumentation ist, dass Fragen der Redistribution, des generellen Zugangs zu wohlfahrtsstaatlichen Leistungen oder der Anerkennung von Rechten aus der Perspektive der Ermöglichung von Pluralität diskutiert und nicht als Voraussetzung für gesellschaftliche (oder politische) Teilhabe gesehen werden, also nicht zum Ausgangspunkt gemacht werden, wie es beispielsweise bei Thomas H. Marshall geschieht (1950/1964, kritisch hierzu Olk 2009, S. 135f.).

---

8 Die bewusste Normativität des Ansatzes liegt also in der Betonung des Wertes der wechselseitigen und reflexiven Wertschätzung und damit in der Formulierung der Relevanz einer der zentralen Werte westlicher Gesellschaften. In Bezug auf Kinder ist eine solche Normativität beispielsweise im § 1 des KJHG, Abs. 2 in der Anerkennung individueller Unterschiede formuliert. Mit einer solchen normativen Zuspitzung der Offenheit gegenüber Orientierungen unterstellt Nullmeier dennoch keineswegs eine absolute Beliebigkeit in der Auseinandersetzung mit diesen. Vielmehr werden eben alle jene Orientierungen normativ nicht akzeptiert, die Pluralität und Orientierungen zurückweisen, die nicht denjenigen der eigenen Gruppe entsprechen. Auch in der Bekämpfung solcher antipluralistischen Orientierungen sieht der Autor seine wohlfahrtsstaatliche Aufgabe.

Der Aspekt der Ermöglichung von Pluralität als basale (wenn auch nur mögliche) Bestimmung des derzeitigen, westlich modernen Wohlfahrtsstaates ist das Interessante, schaut man aus einer kindheitssoziologischen Perspektive auf das Verhältnis zwischen Wohlfahrtsstaat und Kindheit. Indem Frank Nullmeier nicht den wie auch immer definierten erwachsenen „Wirtschaftsbürger" zum Ausgangspunkt seiner Theorie macht, dem gerechte gesellschaftliche und politische Teilhabe zum Beispiel durch Umverteilung und Recht ermöglicht werden soll und von dem alle anderen Positionen im Wohlfahrtsstaat abgeleitet werden[9], gerät auf einer generellen Ebene der Bürger unabhängig von Herkunft, Geschlecht und Alter in seinen unterschiedlichsten religiösen, weltanschaulichen und kulturellen Orientierungen in den Blick. Für mich ist dabei insbesondere beachtenswert, dass hier Erwachsene wie Kinder erst einmal unabhängig von ihrem Status im Erwerbssystem sowie unabhängig von ihrer Position in der generationalen Ordnung einer Gesellschaft in den Blick genommen werden können. Es kann so der Frage nachgegangen werden, inwieweit in wohlfahrtsstaatlichen Regulierungen der Gruppe der Kinder solche pluralen Orientierungen ermöglicht werden – aus einer horizontalen Perspektive Unterschiede zwischen Kindern wie auch aus einer vertikalen Perspektive Unterschiede zwischen Kindern und Erwachsenen. Einer solchen Frage liegt die implizite Annahme zugrunde, dass Kindern solche freien Orientierungen mit Blick auf einen gelingenden Sozialisations-, Bildungs- und Erziehungsprozess nur in eingeschränktem Maße ermöglicht werden. Kindheit konstituiert sich – wie oben ausgeführt – in der Differenz zum Erwachsensein. Und in dieser Differenz ist enthalten, dass Orientierungen von Kindern an bestimmten Kulturmustern – nämlich denen der Erwachsenen – zurückgewiesen werden: als Beispiel kann die institutionalisierte Bekämpfung von Schulverweigerung oder aber einer existenzsichernden Erwerbsarbeit angeführt werden.

Wenn die Ermöglichung pluraler Orientierungen zum Gegenstand wohlfahrtsstaatlichen Handelns und dessen Analyse gemacht wird, ist das ein Gegenstand, der erst einmal über Altersgrenzen, Grenzen des Kognitiven, Grenzen des kulturellen Selbstverständnisses und Grenzen der Zuweisung des Status Kind hinausweist. Eine solche normative kulturale Bestimmung des Wohlfahrtsstaates und seiner Zielstellungen ermöglicht es mir erstens, das Verhältnis von Wohlfahrtsstaat und Kindheit vorläufig sehr offen zu betrachten und nicht schon per se in Bezug auf Kinder aus der Perspektive der Schaffung von Grundbedingungen der Sozialisation und Erziehung, Bildung und Entwicklung zu fassen. Als zweites gelingt es mit diesem Ansatz, die Bedeutung des Wohlfahrtsstaates für die Gestaltung des Sozialen in Bezug auf Kindheit deutlicher herauszuarbeiten. Und so ermöglicht es mir dieser Ansatz, insgesamt der Frage nachzugehen, inwieweit der Wohlfahrtsstaat in gewisser Weise

9 So zum Beispiel nicht erwerbstätige Gesellschaftsmitglieder, in Haushalt und privater Erziehung produktive Gesellschaftsmitglieder (vgl. Ostner 1978) oder aber eben auch Kinder als anders Produktive als Erwachsene (vgl. Qvortrup 1995; Olk/Mierendorff 1998).

gerade durch die Nicht-Ermöglichung pluraler Orientierungen (bezogen auf die Differenz Erwachsene – Kinder) in den permanenten Prozess der Herstellung von Kindheit, dem „Generationing“ involviert ist. Wieweit wird die Differenz zwischen Kindern und Erwachsenen in den wohlfahrtsstaatlichen Regulierungen gerade über die Zurückweisung von Orientierungen und Kinderkulturen hergestellt, die nicht den kulturellen und normativen Annahmen von Kindheit entsprechen?

2.1.4 Der Wohlfahrtsstaat in seiner Bedeutung für die Gestaltung des Sozialen

Aus den vorangegangenen beiden Abschnitten wird ersichtlich, dass dem Wohlfahrtsstaat in seiner spezifischen Wohlfahrtsstaatlichkeit eine bedeutsame Rolle in der Gestaltung des Sozialen beigemessen werden kann. Mit den Begriffen der Rechtsstaatlichkeit, der Sozialstaatlichkeit sowie der Anerkennung der demokratischen Grundordnung unter marktwirtschaftlichen Bedingungen ist nicht allein eine wie auch immer geartete staatliche Programmatik erkennbar, im Rahmen derer sich Gesetzgebungsprozesse und politische Regulierungen vollziehen. Vielmehr sind dies rechtliche, teils verfassungsrechtlich kodierte Wert- und Normsetzungen, die in einer generellen Weise als Strukturmaximen für kollektives wie individuelles Handeln verstanden werden können. Ohne dies an dieser Stelle umfassend auszuführen, sei exemplarisch darauf verwiesen, dass beispielsweise das Verhältnis zwischen Kindern und ihren Eltern oder Sorgeberechtigten nicht in erster Linie, aber auch über das Zivilrecht bestimmt ist. So sind im Bürgerlichen Gesetzbuch bekanntermaßen ganz allgemein und generell Sorgerechtsverhältnisse kodiert oder aber das Gebot für Eltern und andere Sorgeberechtigte, Kindern eine Erziehung ohne Gewaltanwendung angedeihen zu lassen, verankert. Über die Einhaltung dieser „Verhältnisse“ wacht der Staat (GG Art. 6 sowie SGB VIII, § 1, Abs. 2) – wird diese Ordnung grundlegend missachtet, greift der Staat in das Missverhältnis ein. Das kulturell gewordene Verhältnis zwischen Eltern und Kindern vollzieht sich nicht außerhalb dieser Rechtsordnung.

Erkennbar wird diese Gestaltungsfunktion auch in den Ergebnissen vergleichender Wohlfahrtsstaatsforschung. So arbeitet Franz-Xaver Kaufmann (2003b) in einem historisch-komparativen Vergleich ausgewählter westlicher Wohlfahrtsstaaten und der UdSSR die Bedingungen für die Entstehung ihrer wohlfahrtsstaatlichen Arrangements heraus. Eine Voraussetzung für die unterschiedlichen Entwicklungen von Wohlfahrtsstaaten seit dem 19. Jahrhundert sieht er in den unterschiedlichen kulturellen, religiösen und politischen Traditionen der zu vergleichenden Gesellschaften. Darüber leitet er den Bezug des Wohlfahrtsstaates zum Sozialen und umgekehrt die Bedeutung des sich entwickelnden Wohlfahrtsstaates für die Gestaltung des Sozialen in den jeweiligen modernen Gesellschaften her (Kaufmann 2003b).

Adalbert Evers und Helga Nowotny setzen sich in den 1980er Jahren vor dem Hintergrund der ökonomischen Krise und der damit zusammenhängenden Krisenrhetoriken bezüglich der Wirksamkeit von Sozialpolitik mit der Gestaltbarkeit der Gesellschaft durch Sozialpolitik auseinander. Angesichts der seit Mitte der 1970er Jahre in Politik wie Sozialpolitikforschung wahrgenommenen und formulierten Krise des Wohlfahrtsstaates formulieren sie die These der Gestaltbarkeit des Sozialen als Wissensform, die politischem Handeln zugrundeliegt und damit zum Gestaltungsprinzip wird. Die Gestaltbarkeit von Gesellschaften wird nicht als eindimensionaler, zentralistischer Steuerungsprozess begriffen (Evers/Nowotny 1987, S. 86), sondern als permanenter gesellschaftlicher Normalisierungsprozess, der vor allem durch politische Semantiken, die Aushandlung und Etablierung von Programmen und durch Institutionalisierungsformen vorangetrieben wird. In diesem Prozess, so die Autoren, sei aber nicht der Staat die alleinige oder dominante Kraft. Die Gestalt des Sozialen im Allgemeinen wie auch die Wohlfahrt der Bürger im Besonderen wird in diesem Prozess von unterschiedlichen gesellschaftlichen Akteuren hervorgebracht.[10] Die „Gestaltbarkeit von Gesellschaft zum Gestaltungsprinzip" zu erheben, ist das Grundprinzip politischer Regulierung in komplexen, unsicheren Gesellschaften (ebenda, S. 86). In der gesellschaftlichen Unsicherheit und Kontingenz drückt sich dieses Gestaltungsprinzip selbst aus (ebenda S. 86).

Stephan Lessenich sieht nicht den Umstand der Gestaltbarkeit des Sozialen durch den Wohlfahrtsstaat als schwierig an, sondern betrachtet vielmehr den derzeitigen Stand einer soziologischen Annäherung an die Bedeutung des Wohlfahrtsstaates für die Gestaltung des Sozialen skeptisch. So fordert er im Anschluss an eine Systematisierung unterschiedlicher Generationen von theoretischen Erklärungsmodellen für wohlfahrtsstaatliche Entwicklungen, dass „... der Wohlfahrtsstaat als soziologische Kategorie thematisiert werden [müsse] ... Der Wohlfahrtsstaat müsste dann vorrangig in seiner sozial konstitutiven, d. h. Gesellschaftlichkeit hervorbringenden und immer neu herzustellenden, soziale Beziehungen organisierenden Funktion interessieren. Eine solch relationale Perspektive auf den Wohlfahrtsstaat als ein Arrangement der politischen Regulierung sozialer Beziehungen, als politisch institutionalisierter Regulierungsmodus, wäre im Kern ein Programm der systematischen Rückbindung der

10 Aus einer solchen Perspektive wird der Staat in Ansätzen zur gemischten Wohlfahrtsproduktion (vgl. Kaufmann 1994) oder zum Wohlfahrtspluralismus (vgl. Evers/Olk 1996) explizit als nur ein kollektiver „Akteur" neben anderen im Wohlfahrtsstaat gesehen. Während Franz-Xaver Kaufmann aber die Rolle des Staates in dem Konzept der gemischten Wohlfahrtsproduktion aus einer systemtheoretischen Perspektive als eine besondere im Sinne der „Gewährleistung sozialer Rechte und der Schaffung funktionsfähiger Strukturen der Leistungserbringung" heraushebt (Kaufmann 1994, S. 377), entwickeln Evers und Wintersberger (1990) sowie später Evers und Olk (1996) – allerdings nicht aus der Perspektive des Produktionsprozesses, sondern aus der Perspektive des Endproduktes „Wohlfahrtsmix" – das Konzept des Wohlfahrtspluralismus, in dem die Produzenten der Wohlfahrt (Markt, Staat, intermediärer Sektor und informeller Sektor) (idealerweise) gleichberechtigt nebeneinander wirken.

Wohlfahrtsstaatsforschung an Grundgedanken und Basiskategorien der klassisch-modernen Gesellschaftstheorie" (Lessenich 2000, S. 69. Einfüg J. M.). Acht Jahre später legt er über eine wissenstheoretisch angelegte Auseinandersetzung mit den sozialinvestiven und aktivierenden Politiken seit den 1990er Jahren eine Analyse vor, aus der der Schluss gezogen werden kann, dass zwar nicht von einer zielgenauen „Steuerung des Sozialen" gesprochen werden kann, dass wohlfahrtsstaatliche Diskurse und politische Entscheidungen aber durchaus eine gestaltende Kraft in der Entstehung neuer Wissensformen haben (Lessenich 2008). In der besagten Studie wird die Figur des „aktiven Bürgers" als Ausdruck und Voraussetzung des politisch regulierten wohlfahrtsstaatlichen Umbaus herausgearbeitet (ebenda 2008; vgl. hierzu auch Link 2005).

Alles in allem gehe ich in dieser Arbeit von der großen Bedeutung des Wohlfahrtsstaates für die Gestaltung des Sozialen aus – die vorliegende Arbeit versteht sich als ein Baustein in der Erforschung dieser Bedeutung in Bezug auf das Phänomen, insbesondere das Muster moderner Kindheit.

2.1.5 Zwischenfazit

Bevor ich mich im nächsten Schritt mit der gesellschaftlichen Bedeutung des Wohlfahrtsstaates auseinandersetze, werden die bisherigen Standortbestimmungen noch einmal zusammengefasst und konkretisiert.

Der Wohlfahrtsstaat wird also in seiner Programmatik und nicht in der Summe einzelner Politiken gefasst. Dies ist insofern zentral, als dass ich in den späteren Ausführungen zwar eine analytische Reduktion auf einzelne kinder- und jugendpolitische Felder, insbesondere das Kinder- und Jugendrecht vornehmen werde, aber dennoch das Verhältnis zwischen Wohlfahrtsstaat und dem Strukturmuster Kindheit als komplexes Verhältnis zu fassen suche, das nicht durch Einzelpolitiken bestimmt ist, sondern sich in der spezifischen Wohlfahrtsstaatlichkeit vollzieht. Bisherige Annäherungen an wohlfahrtsstaatliche Regulierungen in Bezug auf Kindheit sind mangels eines theoretischen Rahmens eher aus der Perspektive einzelner Politiken verhandelt worden.[11] Kränzl-Nagl/Riepl/Wintersberger (1998), Engelbert/Kaufmann (2003), Lüscher (2003) und Mierendorff/Olk (2003) haben erste Entwürfe vorgelegt, die eine breitere Kinderwohlfahrtspolitik beschreiben und Politik für Kinder nicht auf einzelne Politiken reduzieren. Aber auch diese Zugänge sind für mein Forschungsvorhaben nur bedingt verwendbar, da sie teils von der Summe der Regulierungen ausgehen, teils eine spezifische Vorstellung wohlfahrtsstaatlicher Ziele bereits voraussetzen und weniger das Verhältnis zwischen Kindheit und Wohlfahrtsstaat an sich in den Blick nehmen, um dies erst einmal zu bestimmen. Die Notwendigkeit eines umfassend reflektierten und konzertierten politischen Handelns in Bezug auf die Bevölkerungsgruppe der

11 In Bezug auf die Regulierung kindlicher Lebenslagen können Olk/Mierendorff (1998) genannt werden; vgl. auch die Beiträge in Kränzl-Nagl/Mierendorff/Olk 2003 sowie Sünker/Swiderek 2002).

Kinder wird in diesen Ansätzen eher aus (durchaus nachvollziehbaren und reflektierten) normativen Vorstellungen von „guter Kindheit" begründet (Sozialisationsbedingungen, Verteilungsgerechtigkeit, Citizenship).

Als weiteres setze ich den Wohlfahrtsstaat in seiner Bedeutung für die Gestaltung des Sozialen voraus; ebenso habe ich Kindheit in Kapitel 1 als einen Pol der generationalen Ordnung und diese wiederum als ein wesentliches Ordnungskriterium des Sozialen gefasst. Wird der Wohlfahrtsstaat als ein „Gestalter" des Sozialen gefasst und Kindheit als Teil einer bestehenden sozialen Ordnung, dann kann die These eines Verhältnisses zwischen Wohlfahrtsstaat und dem Strukturmuster modernder Kindheit bereits an dieser Stelle angenommen werden.

Als drittes ermöglicht die zeitlich parallele akteurstheoretische und wissenssoziologische Wende in der Soziologie – in Wohlfahrtsstaats- wie Kindheitsforschung – die beiden Gegenstände Wohlfahrtsstaat und Kindheit auf ganz bestimmte Weise aufeinander zu beziehen und damit das im vorangegangenen Abschnitt angesprochene Verhältnis zwischen diesen zu konkretisieren: Das Verhältnis zwischen Wohlfahrtsstaat und Kindheit wird nicht nur als ein einseitiges Wirkungsverhältnis bestimmt – in dem der Wohlfahrtsstaat als Steuerungssubjekt das Steuerungsobjekt Kindheit prägt. Vielmehr wird das Verhältnis als ein interdependentes gefasst, das sich als ein solches erst im Zeitverlauf historisch herausgebildet hat.

Mit dieser Fassung des Wohlfahrtsstaatsbegriffes kann ich meinen Fokus und gleichzeitig meinen Gegenstandsbereich weiter eingrenzen. Weder Kindheit – wie bereits im ersten Kapitel herausgearbeitet – noch den Wohlfahrtsstaat behandele ich losgelöst von historischen Kontexten, aber auch nicht in der Komplexität historischer Entstehungsbedingungen. Der Logik der vorangegangenen Definition des Wohlfahrtsstaates folgend betrachte ich als weiteres nicht allgemein *den* Staat, sondern ich schaue auf den bundesdeutschen Wohlfahrtsstaat in seiner spezifischen bestehenden Programmatik. Ich setze also in beiden Fällen bei den in der Gegenwart bestehenden, aber keinesfalls statischen Phänomenen an, ohne deren (langwierige) Entstehungsgeschichte erklären zu wollen. Gleichzeitig gehe ich aber davon aus, dass diese historischen Entstehungsbedingungen und -prozesse zentral sowohl für die heutige Gestalt moderner Kindheit wie auch für die Gestalt des Wohlfahrtsstaates sind sowie dass beide gemeinsame gesellschaftliche und historische Bezugspunkte haben. In diesem Sinne behaupte ich an keiner Stelle der vorliegenden Arbeit – und dies setzt unmittelbar an der Argumentation des vorangegangenen Abschnittes an –, dass sich Kindheit nur oder vor allem durch *den* Staat beziehungsweise durch *den* bundesrepublikanischen Wohlfahrtsstaat konstituiert.[12]

12 Vor allem historisch-erziehungswissenschaftliche Auseinandersetzungen mit Kindheit in anderen Epochen und in anderen Kulturen machen deutlich, dass sich Kindheiten in sehr unterschiedlichen Wirtschafts- und Gesellschaftsformen herausgebildet haben (vgl. hierzu die Arbeit über Kindheit im klassischen Athen von Golden (1990) oder von Cohen und Rutter (2008) zu Kindheit im klassischen Griechenland und Italien, zu

Aber ich nehme an, dass sich die Herausbildung des spezifischen Strukturmusters moderner Kindheit innerhalb wohlfahrtsstaatlicher Entwicklung vollzogen hat und nach wie vor in seiner Veränderung vollzieht.[13]

2.2 Modelle über die Bedeutung und Funktionsweisen des Wohlfahrtsstaates

2.2.1 Begründungen der Entstehung und Funktion des Wohlfahrtsstaates

Nachdem ich bestimmt habe, was ich unter den Begriffen *Wohlfahrtsstaat* und *Wohlfahrtsstaatlichkeit* verstehen werde, werde ich nun darauf eingehen, wie dessen Entstehung und gesellschaftliche Funktion konzeptionell und theoretisch begründet wird – dies setzt an der zuvor formulierten grundlegenden Annahme an, dass der Wohlfahrtsstaat auch in seiner Bedeutung für die Gestaltung des Sozialen begriffen werden kann. Ich ziele dabei nicht auf eine umfassende Analyse der historischen Ausgangsbedingungen des Wohlfahrtsstaates[14] oder auf eine konkrete Analyse ob und wie die Anfänge wohlfahrtsstaatlicher Regulierungen im oben genannten Sinne mit der Entstehung des Musters moderner Kindheit zusammen hängen könnten[15]. Dies wäre eine interessante und erforschenswerte Frage. Wie bereits oben formuliert, setze ich in meiner Untersuchung am Verhältnis zwischen Wohlfahrtsstaat und Kindheit im 20. Jahrhundert an. Die Auseinandersetzung mit Begründungsansätzen für die Entstehung und Funktion des Wohlfahrtsstaates ist insofern relevant, als dass ich hierüber die Bedeutung des Wohlfahrtsstaates für die Gestaltung des Sozialen konkretisieren kann.

Weite Verbreitung findet in der wohlfahrtsstaatstheoretischen, vor allem in der historisch und juristisch angelegten Literatur die These, dass der Wohlfahrtsstaat mit seinen wohlfahrtsstaatlichen Politiken (im Sinne von „social policies“ als konkrete politische Operationen, Kaufmann 2003b, S. 16) „eine

---

Kindheit im Spätmittelalter von Orme (2001), zu Kindheit im Ancien Regime von Ariès (1960/1994) oder zum romantischen Kindheitsbildern bei Baader (1996)). Luhmann (2005) setzt sich dagegen kritisch mit der Frage auseinander, ob es überhaupt in allen Gesellschaften den Begriff des Kindes als einen Differenzbegriff gegeben habe, da dieser explizit an die Annahme der Erziehung gekoppelt sei – letztendlich lässt er diese Frage allerdings offen. Offen bleibt also, über was wir eigentlich sprechen, wenn wir historisch auf „Kindheiten“ vergangener Epochen zu schauen glauben.

13 Damit treffe ich als weiteres keine Aussage darüber, dass andere Formen moderner Kindheiten in anderen industrialisierten Gesellschaften – wie beispielsweise Brasilien – nicht existieren. Jedoch stelle ich die These auf, dass diesen ein anderes Muster zugrundeliegt, wenn es vermutlich auch Parallelen zu anderen modernen Staaten gibt (vgl. hierzu Liebel 2005). Kindheit in Brasilien vollzieht sich nicht in einer Staatsform, der die Wohlfahrtsstaatlichkeit der Bundesrepublik Deutschland zugeschrieben werden kann.

14 Hierzu ausführlich aus unterschiedlichen Perspektiven Alber (1982); Ritter (1991); Sachße/Tennstedt (1998); Kaufmann (2001).

15 Eine solche Analyse steht derzeit noch aus.

Antwort auf den steigenden Bedarf nach einer Regulierung der im Gefolge von Industrialisierung und Urbanisierung immer komplizierter gewordenen sozialen und wirtschaftlichen Verhältnisse, auf die geringere Bedeutung traditioneller Formen der Daseinsvorsorge vor allem in der Familie und auf die Zuspitzung von Klassengegensätzen" ist (Ritter 2001, S. 20). Als Gegenstand wohlfahrtsstaatlicher Regulierung hat sich dieser Auffassung zufolge die gefährdete Wohlfahrt einzelner Bürger oder aber ganzer Gruppen herausgebildet, die es in welcher Art auch immer zu fördern beziehungsweise zu erhalten gilt. Die Antwort auf diese historische Entwicklung, also auf die wahrgenommenen Problemlagen, deren kulturelle und politische Deutungen sowie die Entscheidung, welche Gruppen in Regulierungsmaßnahmen einbezogen werden sollten, fiel in den einzelnen Staaten bekanntermaßen sehr unterschiedlich aus. Dies hat zu unterschiedlichen wohlfahrtsstaatlichen Typen (vgl. Esping-Andersen 1990) oder wie Castles (1993) es ausdrückt, zu unterschiedlichen „Familien von Wohlfahrtsstaaten" geführt. Vor allem variieren die Antworten auf die Lebenslagen von Kindern: unterschiedlich ist insbesondere, wie die Gruppe der Kinder in diesen „Antworten" positioniert ist (vgl. Olk/Wintersberger 2007).

An einer solchen, an einzelnen Krisenphänomenen und Politiken ansetzenden Deutung der Entstehung und Funktion von Wohlfahrtsstaaten ist von verschiedenen Seiten Kritik geübt worden. So kritisiert Kaufmann, dass in der Sozialpolitikforschung der komplexe Entstehungsprozess häufig auf sukzessiv aufeinander folgende krisenhafte Einzelphänomene und die wohlfahrtsstaatlichen Antworten darauf reduziert werde und dabei die historischen kulturellen und ökonomischen Bedingungen, unter denen bestimmte Entwicklungen überhaupt erst als Krise benannt und Lösungsvorschläge gesellschaftlich und politisch verhandelt wurden, ausgeblendet bleiben (Kaufmann 2003b, S. 34). Nur unter Berücksichtigung der „Unterschiede in den historischen Grundlagen" (ebenda S. 34) seien die unterschiedlichen Ausformungen von Wohlfahrtsstaaten zu verstehen.

Eingeschränkt auf das Gebiet einer vom Arbeitsmarkt abgeleiteten Sozialpolitik kritisieren auch Gero Lenhardt und Claus Offe (1977) im Rahmen der ersten deutschsprachigen Auseinandersetzungen um eine soziologische Theorie der Sozialpolitik (Ferber/Kaufmann 1977) diejenigen Erklärungsmodelle, in denen die Entstehung und das Bestehen von Sozialpolitik allein als Reaktion auf die Wahrnehmung gesellschaftlicher Missstände gedeutet wird. Aus einer strukturfunktionalistischen Perspektive heraus vertreten sie den Standpunkt, dass Sozialpolitik nicht auf ein Programm oder auf das institutionalisierte Resultat unterschiedlicher Regulierungsprozesse reduziert werden könne. Vielmehr müssen diese in ihrer Funktion für die Ökonomie einer Gesellschaft analysiert werden. Offe und Lenhardt stellen die These auf, dass die Herausbildung einer kapitalistisch organisierten Ökonomie zu wohlfahrtsstaatlichen Arrangements führt, die auf die Erhaltung der Arbeitskraft und damit auf die Erhaltung kapitalistischer Wirtschaftsstrukturen zielen.[16]

Franz-Xaver Kaufmann, der die kulturelle Dimension der Entstehung wohlfahrtsstaatlicher Systeme stärker als Lenhardt und Offe berücksichtigt, kritisiert, dass ein Teil sozialwissenschaftlicher und historischer Erklärungsversuche „die staatlichen Interventionen in ökonomische und soziale Zusammenhänge ausschließlich unter dem Aspekt *ihrer institutionellen Ergebnisse* betrachten. Vielfach wird der Begriff *‚welfare state'* sogar mit der Gesamtheit dieser institutionellen Ergebnisse in eins gesetzt. Darin liegt insofern eine Verengung, als damit weder die Motive, d. h. die Zusammenhänge zwischen sozialen Problemlagen, ihrer soziokulturellen Definition und den politischen Auseinandersetzungen, noch die gesellschaftlichen Wirkungen von Sozialpolitik, d. h. der Zusammenhang zwischen den getroffenen Maßnahmen und ihren Folgen andererseits berücksichtigt werden" (Kaufmann 2003b, S. 29, Hervorh. im Orig.). Kaufmann formuliert somit die Notwendigkeit, von langfristigen gesamtgesellschaftlichen Prozessen und nicht von situativen Krisenerscheinungen auszugehen. Erst die Analyse solcher Prozesse ermögliche eine Annäherung an die Erklärung für die Herausbildung spezifischer politischer Arrangements, die wir Wohlfahrtsstaaten nennen. In einem anderen, stärker systemtheoretisch argumentierenden Aufsatz sieht Kaufmann die Bedeutung und Legitimation des Wohlfahrtsstaates in der Regulierung des Humanvermögens, die auf die Erhaltung aller Teilsysteme (Familie, Politik Religion und Kultur) zielt. Die Funktion wohlfahrtsstaatlicher Regulierungen liegt unter anderem auch in der Erhaltung und Produktion von Wissen und Kompetenzen, die die Voraussetzung für das Fortbestehen aller dieser Teilbereiche sind (Kaufmann 1994, S. 371f.). Damit weist er weiter als der von Lenhardt und Offe vorgestellte Erklärungsansatz, der sich eher auf den Erhalt der ökonomischen Wirtschaftsstruktur bezieht.

---

16 An einer strukturfunktionalistischen Verengung auf ökonomische Funktionen ist insbesondere aus institutionentheoretischer Perspektive Kritik geübt worden (vgl. Vobruba 1978; Meyer/Rowan 1977). Ohne dass die Funktionalität einzelner Systeme oder Organisationen komplett zurückgewiesen werden, ist betont worden, dass Institutionen und Organisationen nicht allein politischer Steuerung folgen, sondern ihren eigenen, selbst erhaltenden und selbst legitimierenden Logiken folgen – die Notwendigkeit zur permanenten Legitimation der vorhandenen Organisationstrukturen, die sich innerhalb der Organisationen selbst vollzieht (vgl. Meyer/Rowan 1977), trägt dazu bei, dass Institutionen- und Organisationsentwicklung außerhalb ihrer systemfunktionalen Beschreibung liegen können. Zum anderen wirken innerhalb von Organisationen tief verwurzelte kulturelle Deutungsmuster (vgl. Dobbin 1994), die eine große Bedeutung für die Problemantworten haben und die sich so politischer Steuerung entziehen. Solche Legitimationsprozesse und Deutungsmuster führen zu Entwicklungen in den Organisationen, die ihrer eigenen Logik folgen und in keiner Beziehung zu ihrer funktionalen Bestimmung für Wirtschaft oder Gesellschaft stehen. Entstehung und Entwicklung des Wohlfahrstaates und seiner Politiken wird aus dieser Perspektive als ein kontingenter Prozess verstanden, der in seiner kulturellen und gesellschaftlichen Verfasstheit und nicht allein in seiner Systemfunktionalität gedeutet werden muss.

Auch wenn beide Ansätze normativ aus unterschiedlichen theoretischen und weltanschaulichen Traditionen heraus sprechen, können sie gleichermaßen als makrotheoretische, struktur-funktional argumentierende Ansätze bezeichnet werden, die das kulturelle, gesellschaftliche, ökonomische und institutionelle Fortbestehen sowie die Veränderungen einer Gesellschaft als komplexen sozialen Zusammenhang in den Blick nehmen und hierbei die Bedeutung des Wohlfahrtsstaat zu bestimmen versuchen. Dem Wohlfahrtsstaat wird eine wichtige erhaltende und ordnende Funktion in westlichen industrialisierten, kapitalistisch organisierten Gesellschaften zugeschrieben.

Abschließend sei darauf hingewiesen, dass mit der Annahme der Funktionalität insbesondere in den neueren Arbeiten von Franz-Xaver Kaufmann (1994 und 2000) und Claus Offe (1998) keineswegs eine einseitige, vorhersehbare, exakt zu steuernde Wirkungsrichtung oder aber eine folgerichtige vorhersehbare Entwicklung von Gesellschaften und Wohlfahrtsstaaten gefasst ist. Dies wird durch die These untermauert, dass das sich erst in einem langen historischen Prozess herauskristallisierende komplexe wohlfahrtsstaatliche Institutionensystem an sich selbstbezüglich ist und damit selbstreferentiell zum Erhalt des Wohlfahrtsstaates beiträgt, da es am eigenen Fortbestehen, an der Aufrechterhaltung seiner Regulierungsmechanismen und seiner eigenen institutionellen Bereiche interessiert ist (Kaufmann 1994, S. 370; Lenhardt/Offe 1977, S. 116). Aus wissenssoziologischer Perspektive wird immer wieder darauf verwiesen, dass ein Phänomen erst durch diskursive Verhandlungen als soziales Problem und durch die institutionalisierten Problemantworten des Wohlfahrtsstaates als solches erst konstituiert wird (Kaufmann 2003b, S. 38; Dollinger 2004; Link 2005).

2.2.2 Dimensionen wohlfahrtsstaatlichen Handelns: Strukturbezogene Regulierungsaufgaben im Wohlfahrtsstaat

Gero Lenhardt, Claus Offe und Franz-Xaver Kaufmann formulieren – wie eben aufgezeigt – in ihren Ansätzen zur Funktion des Wohlfahrtsstaates Regulierungsaufgaben, die dieser in seiner Programmatik abbildet. Mit Regulierungsaufgaben sind strukturelle Notwendigkeiten beziehungsweise auf die Struktur einer Gesellschaft bezogene Bezugspunkte gefasst, die sich aus den übergeordneten normativen Ordnungsprinzipien wohlfahrtsstaatlicher Programmatik (Rechtsstaatlichkeit, Sozialstaatlichkeit und demokratischen Grundordnung unter Anerkennung der sozialen Marktwirtschaft) ergeben. Diese Regulierungsaufgaben werden im Weiteren *strukturbezogene Regulierungsaufgaben des Wohlfahrtsstaates* genannt. Strukturbezogene Regulierungsaufgaben deshalb, weil sie nicht auf kleinteilige, schnell wechselnde, beliebige und/oder kurzfristige Regelungsbedarfe, sondern auf die Struktur von Gesellschaft und Ökonomie sowie auf die Struktur einzelner bedeutender sozialstruktureller Elemente der Gesellschaft zielen. Als weiteres werden solche strukturbezogenen Regulierungsaufgaben trotz ihrer relativen Stabilität in ihrer Kontingenz begriffen; damit wird zum einen deren Veränderbarkeit in einem langfristigen und weitläufigen historischen Prozess (vgl. auch Kapitel 2.3; Mayntz 1987, S. 93), zum anderen aber auch die Offenheit der „Ergebnisse“ bei der Bearbeitung der Herausforderungen verstanden. Wenn ich also von „strukturbezogenen Regulierungsaufgaben“ spreche, gehe ich keinesfalls von einem statischen Gesellschaftsmodell aus, in dem alles auf die Stabilisierung eines angenommenen Normalitätsverhältnisses zielt. Vielmehr gehe ich von einem permanenten und vor allem kontingenten sozialen Wandel aus, in dem dennoch immer wieder relativ stabile Strukturen des Sozialen, des Politischen und des Ökonomischen hergestellt werden (sollen).

Gero Lenhardt und Claus Offe leiten aus der oben bereits dargestellten These der ökonomischen Notwendigkeit der Erhaltung der Arbeitskraft ab, dass Sozialpolitik zum Systemerhalt beiträgt und drei Strukturaufgaben überdauernd zu lösen habe:

a) die Erhaltung der Arbeitsmotivation,
b) die Produktion und Reproduktion der Arbeitskraft und
c) die Regulierung der Anzahl der Arbeitskräfte.
(Lenhardt/Offe 1977, S. 103f.).

Franz-Xaver Kaufmann (1994) weist die Fokussierung auf die ökonomische Struktur einer kapitalistisch strukturierten Gesellschaft keineswegs zurück, nimmt aber explizit nicht allein das Verhältnis von Sozialpolitik und Ökonomie in den Blick, sondern den Wohlfahrtsstaat in seinem Verhältnis zur kapitalistisch organisierten Gesellschaft und deren Kultur. Aus dieser sehr breiten kulturellen Perspektive wird dem Wohlfahrtsstaat eine zentrale Bedeutung für die Erhaltung des Humanvermögens einer Gesellschaft zugeschrieben. Diese Bedeutung fasst der Autor im Sinne von „Regulierung“ der Qualität und Quantität der Akteure, also der Mitglieder einer Gesellschaft. Der Begriff des „Vermögens“ wird sowohl als individuelle Kompetenz als auch als Ressourcenbestand definiert (und keinesfalls auf eine ökonomistische Definition von Kapital reduziert!). Unterschieden wird zwischen Arbeitsvermögen und Vitalvermögen – es geht also nicht wie bei Lenhardt und Offe vor allem um das Arbeitsvermögen. Damit geraten konzeptionell vor allem auch Kinder nicht allein in einem vom erwachsenen Arbeitnehmer abgeleiteten Status in den Fokus, sondern in einem Status als Personen eigenen Rechts, den sie als Mitglieder einer Gesellschaft (auch verfassungsrechtlich) von Geburt an innehaben. In der Regulierung des Humankapitals sieht Kaufmann eine Grundbedingungen für die Erhaltung aller Teilsysteme der Gesellschaft (und deren Handlungsbereiche), zu denen er Familie, Politik, Religion und Kultur zählt. Als weitere Strukturaufgaben bezeichnet er die Herstellung von Rechtsstaatlichkeit, die Herstellung von Sozialstaatlichkeit (Wohlfahrt der Bürger) und die Schaffung von Bedingungen für das unschädliche Zusammenspiel einzelner Funktionssysteme der Gesellschaft (Kaufmann 1994, S. 371).

2.3 Bedingungen und Grenzen politischer Regulierung des Sozialen

Wenn im vorangegangenen Abschnitt die Aussage zugrunde gelegt wurde, dass eine der zentralen strukturbezogenen Regulierungsaufgaben des Wohlfahrtsstaates in der Erhaltung des „Humanvermögens" besteht, dann stellt sich die Frage, ob „Kindheit" überhaupt das Ziel solcher Regulierungsaufgaben sein kann. Im Folgenden wird eine grundsätzliche Auseinandersetzung mit Fragen der gesellschaftlichen Regulierbarkeit, deren Grenzen und „Mitteln" geführt.

2.3.1 Annahme der Regulierbarkeit

Wenn ich im vorangegangenen Kapitel von strukturbezogenen Regulierungsaufgaben gesprochen habe, denen sich der Wohlfahrtsstaat permanent gegenübergestellt sieht, liegt es nahe, nach den theoretischen Erklärungen zu fragen, in denen diese Aufgaben als „bearbeitbar" gefasst werden können. Vor allem die gesellschafstheoretisch orientierten Sozialwissenschaften, die in einer generelleren Terminologie von Staatsfunktionen[17] sprechen, haben, um einen solchen Zusammenhang zu klären, Modelle politischer Regulierung entwickelt, gleichzeitig aber auch nach den generellen und situativen Grenzen politischer Steuerung sowie Grenzen der Regulierbarkeit von Systemen gefragt (Mayntz 1987, 1991). Politik wird hier als Steuerungsmodus moderner Gesellschaften gefasst.

Diesen Ansätzen liegt die Annahme zugrunde, dass politische Systeme von der eigenen bedingten Steuerungsfähigkeit ausgehen und umgekehrt die bedingte Steuerbarkeit der Gesellschaft voraussetzen (vgl. Mayntz 1987, S. 91ff.). Das bedeutet, dass solche Grundannahmen dem Handeln kollektiver Akteure – und der Staat wird als ein solcher bezeichnet – zugrunde liegt, dass diese Akteure also über „eine Vorstellung der Wirkungsbeziehungen zwischen Steuerungsaktivitäten und -ergebnissen" verfügen (ebenda, S. 94, vgl. auch Evers/Nowotny 1987). Bernd Dollinger (2007) fasst solche Wirksamkeitsannahmen in Organisationen und politischen Systemen als das paradigmatische Wissen über die eigenen Reaktionsweisen auf gesellschaftliche Krisen und damit als Voraussetzung der Identität und Handlungsfähigkeit moderner Organisationen. Insbesondere die Studien von Frank Dobbin über die Konsequenzen regulativer sozial- und arbeitsmarktpolitischer Strategien haben darauf verwiesen, dass solche Regulierungsversuche deutliche, wenn auch nicht in jeder Hinsicht offensichtliche Wirkungen zeigen: Es wurde auf einer breiten empirischen Basis nachgezeichnet, wie die Verabschiedung nationaler Gesetze in den USA hinsichtlich Beschäftigungssicherheit, Gesundheit und dem Schutz von Arbeitnehmern in den frühen 1970er Jahren sukzessive Profit- und

17 Renate Mayntz spricht von drei großen Staatsfunktionen: Ordnungsfunktion, Wohlfahrtssicherungsfunktion und Gestaltungsfunktion (Mayntz 1987, S. 89).

auch Non-Profit-Organisationen sowie Unternehmen anregte, Fragen der Antidiskriminierung, der Arbeitsplatzsicherheit, der Gesundheit in die eigene Unternehmensführung und -philosophie zu integrieren. Interessant ist dabei vor allem, dass dies über die Zeit hinweg nicht etwa als staatlicher Eingriff, sondern vielmehr als eigene Effizienzstrategie („human ressources management") gedeutet wurde (Dobbin/Sutton 1998, S. 470ff.). Bezogen auf das vorherrschende Theoriedefizit zu solchen Wirkungsmechanismen sprechen die Autoren von „collective amnesia about the state's role in shaping private enterprises" (ebenda, S. 472), die es lange Zeit verhindert habe, dass eine Theorie des Staates in der Organisationssoziologie entwickelt werden konnte.

2.3.2 Der Steuerungsbegriff bei Renate Mayntz

In den weiteren Ausführungen werde ich mich mit dem von Renate Mayntz entwickelten Steuerungsbegriff auseinandersetzen und grundlegende Annahmen auf die Frage nach den Möglichkeiten und Grenzen politischer Regulierung[18] übertragen. Dieser setzt sich explizit von einer Gleichsetzung politischer Steuerung mit Formen der Handlungskoordination (zum Beispiel als Grundbedingungen für evolutionäre Herausbildung von Gemeinschaften) oder der sozialen Kontrolle ab (Mayntz 1987, S. 92). Damit soll vermieden werden, dass unterschiedliche Gegenstandsebenen miteinander vermengt werden. Denn Gesellschaften verändern sich keinesfalls vor allem aufgrund politischer Steuerung (vgl. Elias 1997; Müller/Schmid 1995). Politische Steuerung wird ausschließlich als ein Faktor in sozialen Wandlungsprozessen moderner ausdifferenzierter Gesellschaften gesehen (Mayntz 1995, S. 144).

Renate Mayntz entwickelt einen Steuerungsbegriff, der zwischen dem „Steuerungssubjekt", als einem handlungsfähigen sozialen Kollektiv, und dem „Steuerungsobjekt" unterscheidet. *Beobachtungsgegenstand* ist das Steuerungsobjekt, damit ist bewusst eine hochselektive Perspektive gewählt, die gleichzeitig aber durchaus die Beobachtung von komplexen Prozessen, das heißt das Zusammenwirken unterschiedlichster (personaler wie kollektiver) Akteure in einem komplexen Steuerungsprozess zulässt – allein die *Forschungsperspektive* ist, dem Erkenntnisinteresse geschuldet, auf das Steuerungssubjekt (Staat) gerichtet. Mayntz setzt als weiteres voraus, das das zu steuernde Objekt, „selbst ein System ist" und eine „autonome Existenz" besitzt. Das bedeutet, dass das quasi autonome Steuerungsobjekt sich auch „in Abwesenheit des Steuerungseingriffs selbsttätig weiter" entwickelt (Mayntz 1987, S. 94). Durch „die Steuerung soll

18 Renate Mayntz verwendet nicht den Begriff der Regulierung, sondern den der Steuerung. Um die von Mayntz entwickelte Argumentation sinngemäß darstellen zu können, werde ich in diesem Abschnitt vorläufig den Begriff der Steuerung verwenden. Da es mir aber insgesamt nicht um eine systemtheoretische Begründung der Steuerungsmöglichkeiten von Organisationen geht, sondern um die Frage nach dem Verhältnis von Wohlfahrtsstaat und Kindheit, werde ich im Weiteren auf den Begriff der Regulierung zurückgreifen, der genutzt wird, wenn es um das Human-, Arbeits- und Vitalvermögen einer Gesellschaft geht (genauer dazu S. 56).

seine *autonome Dynamik gezielt* geändert werden, sei es, daß eine bestimmte Struktur entgegen bestehenden Veränderungstendenzen bewahrt, ein spontaner Wandlungsprozeß eingelenkt oder auch eine aus sich heraus stabile Struktur verändert werden soll." (ebenda, S. 94, Hervorh. im Orig.; auch Voigt 1986, S. 15). Wichtig ist die an diese theoretische Grundlegung anschließende Schlussfolgerung, dass dieser Steuerungsbegriff auf der einen Seite von „lediglich punktuelle(n) Eingriffe(n)" unterschieden, auf der anderen Seite vor allem aber auch „von der Erschaffung, dem Aufbau oder der Konstruktion sozialer Gebilde" abgegrenzt wird.

Eine solche Begrenzung des Steuerungsbegriffs (insbesondere drei der letztgenannten Aspekte) ist für meine weiteren Ausführungen von zentraler Bedeutung: Zum einen wird darin deutlich, dass Kindheit als soziales Gebilde – oder wie ich es formuliert habe, als Strukturmuster – nicht direktes Ziel von staatlichen Steuerungsintentionen sein kann. Objekt von politischer Steuerung können also nur konkrete Regulierungsbereiche sein (wie das Erziehungssystem, das Strafsystem, das Jugendhilfesystem. Zum anderen wird aber auch die bereits in Abschnitt 2.1.5. formulierte Annahme unterstützt, dass Kindheit auch unabhängig von staatlichen bzw. wohlfahrtsstaatlichen Steuerungsversuchen besteht und sich verändert.

2.3.3 Grenzen der Steuerung

Nicht erst die wahrgenommene Krise des Wohlfahrtsstaates seit Mitte der 1970er Jahre (Mayntz 1987, S. 90; vgl. auch Evers/Nowotny 1987) hat Fragen nach der Steuerbarkeit der Gesellschaft, vor allem aber nach den Grenzen der Steuerbarkeit von ausdifferenzierten Gesellschaften und einzelnen gesellschaftlichen Systemen aufgeworfen (Kaufmann 1994). Es sind nicht allein die finanziellen Engpässe im „ausufernden" Wohlfahrtsstaat, die solche Zweifel hervorbringen: Vielmehr ist es die generelle Frage nach der Steuerbarkeit von komplexen Gebilden, wie Gesellschaften dies sind. Insgesamt wird von der Ausdifferenzierung gesellschaftlicher Teilbereiche, der Verselbständigung der Institutionen, der Erhöhung der Regelungsdichte und von einer Verregelung der Gesellschaft ausgegangen, auf die die Wohlfahrtsstaatsforschung insbesondere auch mit ihrer Frage nach den Grenzen der Steuerbarkeit und auch der Steuerungsnotwendigkeit reagiert hat (vgl. Evers/Nowotny 1987). Systemtheoretiker wie Helmut Willke (1983) weisen eine konkrete direkte und intentionale Steuerbarkeit von Gesellschaften und deren Teilsystemen mit dem Argument der Geschlossenheit des Teilsystems Politik und des Teilsystems Recht in hoch differenzierten Gesellschaften zurück. Der Autor Willke nimmt hier vor allem das Recht als Instrument der politischen Steuerung in den Blick. Er führt die politische Nicht-Steuerbarkeit von Systemen auf die autopoietischen und selbstreferentiellen Eigenschaften von Teilsystemen in ausdifferenzierten Gesellschaften zurück. Renate Mayntz (1987) weist solche generellen Annahmen der Unmöglichkeit politischer Steuerung mit Verweis auf einen handlungstheoretischen Zugang zurück (so auch Penski

1986, S. 45). Zum einen argumentiert sie, dass von Allmachtsphantasien einer umfassenden Steuerbarkeit niemand ausgegangen sei, also nie eine reale Vorstellung von umfassender und zielgenauer politischer Steuerbarkeit von Gesellschaften bestanden habe. Dies – so die Autorin – könne lediglich als polarisierende argumentative Figur betrachtet werden. „Politische Steuerung beansprucht allenfalls, in selbstreproduktive Prozesse bewahrend oder lenkend einzugreifen, falls ihr (erwünschtes) Funktionieren gefährdet erscheint oder falls ihre Funktionsweise problematische Folgen hat“ (Mayntz 1987, S. 101).

Über die Verknüpfung einer systemtheoretischen mit einer handlungstheoretischen Perspektive zeigt Renate Mayntz auf, dass solche Systeme keinesfalls so geschlossen sind wie dies teilweise dargestellt wird[19]. Zum einen wird Kommunikation von konkret handelnden Subjekten hervorgebracht, die sich z. T. in sehr unterschiedlichen Systemen bewegen (Mayntz 1987, S. 102, auch 1995, S. 144f.). So sind Teilsysteme nicht allein aufgrund ihrer autopoietischen Eigenschaften teilweise resistent gegen politische Steuerung, sondern auch aufgrund von „Handlungsstrategien erkennbarer Akteure“ (Mayntz 1987, S. 102). Mit solchen Strategien ist erstens der Grad der kollektiven Organisiertheit in Teilsystemen (zum Beispiel Gewerkschaften, Arbeitgeberverbände, Wohlfahrtsverbände, Kinderschutz- oder Kinderrechtsorganisationen, Familienverbände), zweitens Rationalität von Organisationen und drittens Koalitionsbildung zwischen Organisationen und/oder dem Staat gemeint. Renate Mayntz sieht also einen „positive[n] Zusammenhang zwischen Selbstorganisationsfähigkeit, organisierter Verhandlungsfähigkeit und Steuerbarkeit eines gesellschaftlichen Teilsystems“ (ebenda, S. 104).

Eine für die weiteren Ausarbeitungen zentrale These ist, dass nicht alle Systeme den Charakter der hochgradigen Organisiertheit aufweisen wie es zum Beispiel in Bezug auf die Organisiertheit von ArbeitnehmerInnen in Interessenverbänden (Gewerkschaften) oder aber in Bezug auf das öffentliche Bildungssystem beobachtet werden kann. Die Regelungsfelder der Kinder- und Jugendpolitik oder Familienpolitik sind hochgradig fragmentiert und offen (Mayntz 1987, S. 105, ähnlich auch Engelbert/Kaufmann 2003, S. 66f.). Darüber hinaus „oszillieren“ informelle Gruppen und lockere Geflechte von Bekannten „zwischen Latenz und Aktivismus und konstituieren sich lediglich fallweise als kollektive Akteure, um sich dann erneut zu verflüchtigen“ (Mayntz 1987, S. 105). Zusammenschlüsse von Eltern können als solche lockeren Geflechte angesehen werden, die sich manchmal für die relativ kurze Zeit des Aufwachsens meist jüngerer Kinder in Interessengemeinschaften zusammenfinden, um zum Beispiel für den eigenen Nachwuchs geeignete Bedingungen des Aufwachsens, des Spielens oder Lernens einzufordern oder herzustellen (wie beispielsweise Elterninitiativen zur Verbesserung der Wohnumwelten, Elternvertretungen in Kindertagesstätten und Schulen). Der Grad

19 Hiermit kritisiert die Autorin vor allem die von Willke (1983), Penski (1986) oder Voigt (1986) in Bezug auf die Steuerungsfrage vorgeschlagenen Zugänge.

der Organisiertheit solcher Formen ist eher gering. Hoch fragmentierte Bereiche gelten als schwieriger zu steuern. Unschlüssig ist sich Renate Mayntz, ob ein hoher Organisationsgrad in jedem Falle ein Zeichen für bessere Steuerbarkeit ist – denn bei starker Entwicklung von organisiertem Widerstand kann dies auch ein Zeichen für Resistenz gegen Steuerung (Vetomacht) sein (ebenda, S. 106, auch 1991, vgl. hierzu auch Dobbin/Sutton 1998). Zusammengefasst kann in Anlehnung an David Knoke und Edward O. Laumann (1982) der „Zentralisierungsgrad, vorgängig existierende (oder fehlende) Kommunikationsbeziehungen und die Polarisierung oder Normalverteilung bestimmter Präferenzen" als steuerungsrelevante Merkmale der Binnenstruktur von Politiksektoren bezeichnet werden". Richard W. Scott und John W. Meyer (1982) fassen außerdem den Grad der Technizität und den Grad der Professionalität als relevante Merkmale. Mit dem Merkmal der Professionalität, aber auch des Zentralisierungsgrades können das Bildungssystem und das System der Jugendhilfe miteinander verglichen werden. Das Bildungssystem ist in einem weit höheren Maße zentralisiert und professionalisiert als das System der Jugendhilfe. Sollten sich solche basalen Unterschiede zwischen den „Institutionen von Kindheit" bestätigen, dann ist anzunehmen, dass die Regulierung der Bedingungen von Kindheit an sich einen diffusen Prozess darstellt. Wohlfahrtsstaatliche Regulierungen beziehen sich in ihrer institutionenbezogenen Konkretheit also sowohl auf organisierte als auch auf fragmentierte Bereiche. „Zusammengefaßt läßt sich also argumentieren, daß die unbestreitbaren Steuerbarkeitsprobleme weniger mit den grundsätzlichen autopoietischen Charakter sozialer Teilsysteme als (1) mit der besonderen Dynamik komplexstrukturierter Gesellschaften und (2) mit der Widerstandsfähigkeit durchorganisierter Regelungsfelder zusammenhängen – daß aber gerade die organisierte Handlungsfähigkeit gesellschaftlicher Akteure *unter bestimmten Voraussetzungen* eine politische Steuerung wie auch die Lösung der aus der sozialen Komplexität erwachsenden Realprobleme *begünstigen* kann" (Mayntz 1987, S. 106, Hervorh. im Orig.; auch 1991).

Im Folgenden werde ich trotz der ausführlichen Auseinandersetzung mit der von Renate Mayntz entwickelten Begrifflichkeit nicht den Begriff der „Steuerung" verwenden, der sich, wie bereits in Fußnote 18 ausgeführt, vor allem auf die Steuerung von Organisationen und Teilsystemen richtet. 20 Jahre später hat sich in der Wohlfahrtsstaatsforschung der Begriff der Regulierung durchgesetzt (exemplarisch Lessenich 2000, S. 69; Kaufmann 2005, S. 185ff., Schütter 2006). Da es mir darüber hinaus auf der einen Seite um Kindheit als soziales Gebilde geht und auf der anderen Seite um die Gestaltung der Bedingungen, die Kindheit konstituieren, werde ich, wie in der Wohlfahrtsstaatsforschung üblich, den Begriff der Regulierung verwenden. Hierin drückt sich eher der komplexe, teils diffuse Vorgang der versuchten Einflussnahme auf die Bedingungen der Kindheit aus.

2.4 Eine erste theoretische Annäherung an das Verhältnis zwischen Wohlfahrtsstaat und Kindheit

In diesem abschließenden Abschnitt möchte ich die Ergebnisse des zweiten Kapitels noch einmal zusammenfassen und in Beziehung zu den Erkenntnissen des ersten Kapitels, das sich mit dem Strukturmuster Kindheit beschäftigte, setzen. So sollen erste Annahmen über das Verhältnis Kindheit und Wohlfahrtsstaat an dieser Stelle konkretisiert werden.

Ordnungsprinzip

Der Wohlfahrtsstaat wird als Prinzip der Ordnung des Sozialen, Politischen, Ökonomischen und Gesellschaftlichen betrachtet. Es wird angenommen, dass Kindheit als Teil des Sozialen einen Bereich darstellt, der Teil dieses Ordnungsprozesses ist. Das Verhältnis zwischen Kindheit und Wohlfahrtsstaat wird über dieses Ordnungsprinzip bestimmt.

Regulierung

Die Ordnung des Sozialen realisiert sich u.a. über politische Regulierungsprozesse im Wohlfahrtsstaat, denen die Annahme der bedingten Gestaltbarkeit einzelner gesellschaftlicher Teilsysteme, Institutionen und Organisationen zugrunde liegt. Regulierung wird nicht als direkte monokausale Einwirkung mit erwartbaren Ergebnissen gefasst, sondern als permanenter Versuch der Einflussnahme auf bestehende eigenlogische und mehr oder weniger autonom bestehende Bereiche der Gesellschaft – der Ausgang solcher versuchten Einflussnahme ist stets offen. Da sich Kindheit als ein soziales Gebilde direkter politischer Steuerung entzieht, gehe ich davon aus, dass sich das Verhältnis zwischen Wohlfahrtsstaat und Kindheit vor allem über den permanenten Versuch der politischen Einflussnahme auf die relevanten Institutionen und Bedingungen konstituiert, die moderne Kindheit ausmachen.

Kulturelle Perspektive

Da sowohl Kindheit als auch der Wohlfahrtsstaat in einer ausdifferenzierten Gesellschaft als relativ „eigenständige" Elemente betrachtet werden, die aber aufeinander bezogen sind, ist es notwendig, eine verbindende kulturtheoretische Perspektive auf dieses Verhältnis einzunehmen. Das heißt, dass das Verhältnis zwischen Kindheit und Wohlfahrtsstaat auch in seiner kulturellen und historischen Dimension verstanden werden muss, dass also kulturelle Deutungsmuster und historische Entwicklungen für beide relevant und verbindend sind, auch wenn bestimmte Eigenlogiken beider Bereiche vorausgesetzt werden. Eine solche Perspektive führt dazu, dass das Verhältnis zwischen Kindheit und Wohlfahrtsstaat nicht einseitig entweder aus seiner Funktion für die Ökonomie oder für die Gesellschaft oder für einzelne Teilbereiche wie beispielsweise der Wohlfahrtsstaat abgeleitet und betrachtet werden kann. Das Verhältnis bestimmt sich erst in der Gesamtheit der Kindheit hervorbringenden gesellschaftlichen Bedingungen, unter denen der Wohlfahrtsstaat ein Teil ist (ausführlich Kapitel 3.3).

Grenzen des gewählten Zugangs

Abschließend sei darauf hingewiesen, dass in dem hier entwickelten Zugang eine starke Begrenzung liegt und dass bestimmte Phänomene des Entstehens und sich Veränderns von Kindheit ausgeblendet bleiben. Diese werden lediglich mitgedacht, sind aber nicht Gegenstand der Untersuchung. Bewusst wird ein eingeschränkter Zugang über wohlfahrtsstaatliche Regulierungen gewählt: Konkrete Implementationsmechanismen, Implementationsvorgänge, administrativ-verwaltende Strukturen, die in der Wohlfahrtsstaatsforschung ebenfalls einbezogen werden und die auch für das Muster moderner Kindheit von Relevanz sind, kommen hier nicht in den Blick.[20]

Ausgeblendet werden als weiteres auch die konkreten subjektiven Akteure, die Teil des Regulierungsprozesses sind – weder Kinder, noch Eltern, noch Professionelle, die in den Organisationen der Kindheit tätig sind, werden befragt oder in ihren konkreten alltags- und biographiebezogenen Handlungen direkt einbezogen (vgl. Kelle/Tervooren 2008). Ebenso bleiben Eltern als Vermittler zwischen wohlfahrtsstaatlichen Leistungen und Kindern als Empfänger von staatlichen Leistungen und Objekte staatlichen Handelns ausgeblendet (vgl. Engelbert/Kaufmann 2003). Trotz allem sind die folgenden Ausführungen durch das Bewusstsein geprägt, dass gerade in dem dauerhaften alltäglichen „Doing Generation“ (Kelle 2005) in den Interaktionen unter Kindern sowie zwischen Kindern und Erwachsenen oder aber zwischen Eltern und Mitarbeitern in Verwaltungen oder kindbezogenen Institutionen und Organisationen sich Regulierungen manifestieren oder aber auch als überholt darstellen. Diese Erkenntnisse fließen nur indirekt, nicht aber in Form einer eigenen empirischen Überprüfung ein.

---

20 Die Relevanz solcher Mechanismen könnte exemplarisch beispielsweise an der administrativen oder institutionellen Auslegung des Kinder- und Jugendhilfegesetzes und seiner Anwendung in der pädagogischen und sozialarbeiterischen Praxis deutlich gemacht werden. So wäre die Anwendung oder Nicht-Anwendung oder die Interpretation der einzelnen Bestimmungen im KJHG ein interessanter Untersuchungsgegenstand. In Bezug auf Bestimmungen der Anhörung oder Mitbestimmung von Kindern, die eine zentrale Wende in der Kinder- und Jugendhilfe seit der Einführung des KJHG 1990/1991 darstellen, liegen bereits Studien vor, die nachweisen, dass in Sorgerechtsverfahren selten von dieser „Möglichkeit“ gebraucht gemacht wird. Der Anspruch der Kinder wird häufig ignoriert (siehe Lohmann u. a. 2001).

3. Das Verhältnis von Kindheit und Wohlfahrtsstaat

In den vorangegangenen beiden Kapiteln ist herausgearbeitet worden, welche Bedeutung Kindheit beziehungsweise das Muster moderner Kindheit sowie der ausdifferenzierte Wohlfahrtsstaat für eine moderne Ökonomie und Gesellschaft haben. Aus einer makrotheoretischen Perspektive ist beiden „Phänomenen" ein hoher Stellenwert, eine zentrale gesellschaftliche Funktion beigemessen worden – Kindheit und Wohlfahrtsstaat sind als zentrale Ordnungsprinzipien westlicher, moderner Industriegesellschaften am Übergang in eine wissensbasierte Dienstleistungsgesellschaft bestimmt. Beide Phänomene sind bisher getrennt voneinander behandelt worden, auch wenn bereits in Kapitel 2 in der Bestimmung des theoretischen Zugangs erste grundlegende Bezüge zwischen Kindheit und Wohlfahrtsstaat herausgearbeitet und damit der Ausgangspunkt für die weitere Argumentation vorbereitet wurden. So sind Parallelen in der wissenschaftlichen Behandlung, das heißt in der Entwicklung neuer Zugänge sowie gleiche historische Bedingungen im Prozess der Ausdifferenzierung als modernes Phänomen festgestellt worden. Beide Phänomene sind des Weiteren als soziale Konstrukte, vor allem als basale Ordnungsmuster des Sozialen bestimmt worden – der Wohlfahrtsstaat als Programmatik und Kindheit als Kulturmuster sowie als Strukturelement moderner Gesellschaften.

Im folgenden Kapitel soll es nun darum gehen, das Verhältnis zwischen Kindheit und Wohlfahrtsstaat theoretisch modellhaft zu fassen und dieses Modell entlang einzelner Regulierungsmechanismen zu konkretisieren. Dies ist die theoretische Grundlegung für die im zweiten Teil der Studie verfolgte Fragen, erstens auf welche Art und Weise der deutsche Wohlfahrtsstaat seit der ersten umfassenden und konzertierten Jugendpolitik und Jugendrechtsentwicklung[1] zu Beginn des 20. Jahrhunderts das Muster moderner Kindheit mit geprägt hat, und zweitens welche Bedeutung die wohlfahrtsstaatlichen Regulierungen der Bedingungen von Kindheit für den Wandel und die Kontinuität von Kindheit hatten.

Zunächst wird jedoch zuerst geklärt, welches Interesse der Wohlfahrtsstaat überhaupt an Kindheit hat und warum die Versorgung, Betreuung, Erziehung und Bildung der nachwachsenden Generation nicht gänzlich den privaten

1 Zu Beginn des 20. Jahrhunderts waren die Begriffe der „Kinderpolitik" und eines „Kinderrechts" nicht gebräuchlich. Die auf die nachwachsende Generation gerichtete Politik und das hieraus entspringende Recht wurden mit dem Begriff der „Jugend" charakterisiert. Warum es über das 20. Jahrhundert hinweg eine Begriffsverschiebung hin zu „Kinder- und Jugendpolitik" sowie zu „Kinder- und Jugendrecht" gegeben hat und was dieser Wandel bedeutet, wird Gegenstand der Analysen im Teil II dieser Arbeit sein.

Organisationsformen überlassen werden konnte. Zudem wird in Fortführung des in Kapitel 2 entworfenen Zuganges zum Wohlfahrtsstaat herausgearbeitet, welche konkreten strukturbezogenen Regulierungsaufgaben der Wohlfahrtsstaat in Bezug auf Kindheit zu erfüllen hat. Abschließend komme ich noch einmal auf die bereits in Kapitel 2 formulierte These zurück, dass der Wohlfahrtsstaat nur einer von mehreren Akteuren in der politischen und gesellschaftlichen Gestaltung von Kindheit und der Erzeugung der Wohlfahrt von Kindern ist.

3.1 Das Interesse des Wohlfahrtsstaates an Kindheit

Kindheit wurde aus einer makrotheoretischen Perspektive neben Klasse, Geschlecht und Ethnie als eines der zentralen Elemente einer modernen Sozialstruktur und als Kulturmuster der Moderne bezeichnet. Als weiteres wurde Kindheit aus einer generationalen Perspektive als Teil der generationalen Ordnung gefasst. Die bestehende generationale Ordnung mit einem Höchstmaß an regulierter Differenz zwischen Erwachsenen und Kindern wurde als sinnvoll und funktional für die Weitergabe von Wissen und Kulturtechniken in einer ausdifferenzierten Gesellschaft angenommen (für Politik, Ökonomie, Kultur und Familie). Und es wurde herausgestellt, dass Kindheit zum jetzigen Zeitpunkt einen der zentralen kulturellen Werte westlicher Gesellschaften darstellt, dessen Schutz eine hohe Priorität genießt.

Der Wohlfahrtsstaat war unter dem Begriff der Wohlfahrtsstaatlichkeit als eine spezifische Programmatik und als Ordnungsprinzip des Sozialen, Politischen und Ökonomischen gefasst worden. Kindheit als Teil des Sozialen und gleichzeitig selbst als relevantes soziales Ordnungsprinzip im Sinne der generationalen Ordnung wurde als ein wichtiger Gegenstand in diesem wohlfahrtsstaatlichen Ordnungsprozess benannt. Der sich hier vollziehende Ordnungsprozess wurde abschließend als *wohlfahrtsstaatliche Regulierung der Bedingungen von Kindheit* bezeichnet, die sich über die politische Einflussnahme auf die Bedingungen und Institutionen der Kindheit realisiert.

Ausgehend von dieser ersten theoretischen Konkretisierung des Verhältnisses zwischen Wohlfahrtsstaat und Kindheit, die über das Konzept sozialer Ordnungsprozesse entwickelt wurde, werde ich nun das Interesse des Wohlfahrtsstaates an der Regulierung der Bedingungen von Kindheit erklären. Es erschließt sich nicht auf den ersten Blick, warum gerade der deutsche konservativ-korporatistische Wohlfahrtsstaat[2], der gemeinhin als familienorientiert

2 Gøsta Esping-Andersen (1990) arbeitete in einem Vergleich der westlichen Wohlfahrtsstaaten drei Typen von Wohlfahrtsstaaten heraus, die er entlang der Kategorien Grad der „De-Kommodifizierung" sowie der „De-Stratifikation" bestimmt. Es werden der liberale Typus (USA, UK), der sozialdemokratische Typus (Schweden, Dänemark) sowie der konservative Typus (Frankreich, Italien, BRD) unterschieden. Der bundesrepublikanische Wohlfahrtsstaat zeichnet sich nach dieser Typologie durch ein korporatistisch organisiertes Sozialversicherungssystem (Bismarck) und durch die subsidiäre

gilt, ein Interesse an der Regulierung der Bedingungen von Kindheit hat. Warum kann nicht einfach nur ein situations- und gegenstandsbezogenes Interesse einzelner kindbezogener Politiken[3] zum Beispiel an einem Ausgleich von sozialer Ungleichheit im Kindesalter, am Schutz vor Übergriffen auf Schwache oder aber an der Organisation öffentlicher Bildung angenommen werden? Im Duktus eines interessen- und konflikttheoretischen Zuganges in der Wohlfahrtsstaatsforschung (Lessenich 2000, S. 45ff.) könnte man es bei der Feststellung belassen, dass es bezüglich der Durchsetzung politischer, kultureller und sozialer Rechte (vgl. Marshall 1964) lediglich darum gehe,

- der im Generationengefüge benachteiligten Gruppe der Kinder gemessen an ihrer körperlichen und kognitiven Reife oder aber unterschiedlichen Gruppen von Kindern zu ihrem wie auch immer definierten Recht zu verhelfen,
- oder aber das Kindeswohl einzelner Kinder oder der Gruppe der Kinder als soziales Recht durchzusetzen,
- oder aber Chancengleichheit für benachteiligte Kinder und Gruppen von Kindern zu realisieren.[4]

Solche wohlfahrtsstaatlichen Politiken für Gruppen, die in ihrer politischen Durchsetzungsfähigkeit als eher schwach bezeichnet werden können, haben sich im Laufe der Etablierung des Wohlfahrtsstaates immer deutlicher herausgebildet (Alber 1989, S. 126, 132; Lampert/Bossert 1992, S. 57): Bezogen sich solche Politiken einstmals vorrangig auf Arbeitnehmer, erwerbstätige werdende Mütter und später auch auf Frauen generell, so sind sie heute auch auf Auszubildende, Studierende, Alte, Behinderte und Migranten gerichtet. Die Gruppe der Kinder wäre aus dieser Perspektive lediglich eine Gruppe neben anderen politisch schwachen Gruppen, für deren Wohl nicht allein die privaten Gemeinschaften, sondern eben der Wohlfahrtsstaat sorgt beziehungsweise auf deren fehlende Wohlfahrt der Wohlfahrtsstaat ausgleichend, kontrollierend und eingreifend reagiert (vgl. Engelbert/Kaufmann 2003). Eine solche interessen- und konflikttheoretische Zugangsweise verbliebe allerdings auf der Ebene der Beschreibung, Erklärung und Bewertung einzelner beobachtbarer Politiken, was nicht der Fokus dieser Arbeit ist und bereits an anderer Stelle ausführlich behandelt wurde.[5] Vor allem war ein solcher Zugang aber

---

Verantwortungsübernahme des Staates (Subsidiaritätsprinzip) aus, das auf einem konservativen klassischen bürgerlichen Ernährer-Hausfrauenmodell aufbaut. Kritisch hierzu Dingeldey (2002).

3 Jugend-, Familien- und Bildungspolitik oder eine Familienmitglieder-bezogene Sozialpolitik.

4 Hierzu liegen Ausführungen von Qvortrup (2000), Wintersberger (1998a und b), Olk/Mierendorff (1998, 2003), Olk/Wintersberger (2007) vor; Lüscher (2003, 2007) hat ebenfalls interessante Ausführungen vorgelegt, jedoch weniger aus einer ungleichheitstheoretischen Perspektive, die auf Verteilung und politischer Teilhabe schaut, sondern eher aus einer sozialökologischen Sozialisationsperspektive.

5 Siehe Qvortrup u. a. (1994); Sgritta (1994); Olk/Mierendorff (1998); Riepl/Wintersberger (1998) sowie Wintersberger (1998a, b).

bereits in Kapitel 2 als unzureichend zurückgewiesen worden, wenn man die Bedeutung des Wohlfahrtsstaates für die soziale Ordnung begreifen möchte und den Wohlfahrtsstaat nicht ausschließlich als Ergebnis der Reaktionen auf soziale Missstände fasst. Warum also wird nicht punktuell an der Regulierung der Institutionen der Bildung und Erziehung, der Gesundheitsversorgung, der materiellen Sicherung oder des Kinderschutzes angesetzt, sondern nach dem „wohlfahrtsstaatlichen Interesse" an der „Regulierung der Bedingungen von Kindheit" gefragt?

Diese Frage schließt unmittelbar an den in Kapitel 2 gewählten makrotheoretischen Zugang zur Erklärung der Entstehung und Funktion von Wohlfahrtsstaaten an. Fasst man die oben dargestellten theoretischen konzeptionellen Ideen von Gero Lenhardt und Claus Offe (1977), Franz Xaver Kaufmann (2003b) oder Stephan Lessenich (2000) zusammen, dann liegt die Funktion des Wohlfahrtsstaates und seiner Politiken im Erhalt einer weitgehend akzeptierten sozialen Ordnung und der modernen Wirtschaftsordnung. Setzt man dazu die kindheitssoziologische Annahme in Beziehung, dass Kindheit in ihrer normativen Konstitution als geschützte und de-kommodifizierte Phase des Aufwachsens und der Entwicklung ein zentraler und höchst funktionaler Bestandteil der sozialen Ordnung und der Gesellschaftsstruktur, also höchst relevant für Gesellschaft und Ökonomie ist, dann liegt der Schluss nahe, dass die auf die Gruppe der Kinder gerichteten wohlfahrtsstaatlichen Politiken die Funktion haben, die bestehende Ordnung von Gesellschaft und Ökonomie zu erhalten. Etwas genauer formuliert: Wenn Kindheit als Teil der generationalen Ordnung in einer solchen Weise als grundlegend für die ganze Gesellschaft und auch für eine wissensbasierte Ökonomie begriffen wird, dann wird der fortlaufende, permanente Prozess der Reproduktion und des Schutzes von Kindheit notwendig. Die generationale Ordnung, in der sich Kindheit realisiert und durch die die Weitergabe von Wissen und Kulturtechniken als gegeben angenommen wird, muss permanent reproduziert werden, um dieses soziale und moderne Phänomen des Musters moderner Kindheit zu erhalten.

Die wohlfahrtsstaatliche Regulierung der Bedingungen von Kindheit lässt sich einem solchen Ansatz zufolge also explizit nicht als Summe der Reaktionen auf die Lebenslagen von Kindern fassen – so etwa die *Schutzgesetzgebungen* im 19. Jahrhundert als Reaktion auf die inferiore Lage von Kindern in Industrie und Bergbau oder aber gegenwärtige *Bildungsreformen* als Reaktionen auf das schlechte schulische Abschneiden von Kindern mit Migrationshintergrund im beginnenden 21. Jahrhundert. Für die theoretische Bestimmung des Verhältnisses zwischen Wohlfahrtsstaat und Kindheit ist folgende These konstituierend:

> *Wenn das grundlegende Motiv wohlfahrtsstaatlicher Aktivität in dem Erhalt der Gesellschafts- und Wirtschaftsordnung gesehen und gleichzeitig die generationale Ordnung als eine Grundvoraussetzung für das Funktionieren westlicher Gesellschaften und Ökonomien erachtet wird, dann wird der Erhalt der generationalen Ordnung zum Motiv für die wohlfahrts-*

staatliche Regulierung der Bedingungen von Kindheit. Das bedeutet, dass der Wohlfahrtsstaat nicht allein einzelne Bereiche wie Pflege, Versorgung, Schutz, Betreuung, Erziehung, Bildung oder Bestrafung von Kindern unabhängig voneinander reaktiv reguliert, sondern dass die Reproduktion von Kindheit oder besser der gesellschaftlichen, kulturellen wie politischen Bedingungen ihrer Reproduktion, die strukturelle Herausforderung für alle die Politiken ist, die Kindheit und deren Ausgestaltung berühren. Damit werden Kindheit und die bestehende generationale Ordnung zum Bezugspunkt aller auf Kinder und die Bedingungen der Kindheit gerichteten politischen Entscheidungen und aller konkreten institutionellen Regulierungsversuche.

Ob sich dieser aus der Zusammenführung zweier Theoriestränge entwickelte theoretische Zugang über das Verhältnis zwischen Kindheit und Wohlfahrtsstaat empirisch bestätigen lässt, wird das Hauptziel der Analysen im zweiten Teil dieser Arbeit sein. Da jedoch in Kapitel 2 in Anlehnung an das Steuerungskonzept von Renate Mayntz deutlich hervorgehoben wurde, dass Kindheit als soziales Gebilde sich der konkreten politischen Regulierung entzieht, wird zuvor im folgenden Kapitel geklärt, welche strukturbezogenen Regulierungsaufgaben und -bereiche in Bezug auf Kindheit konkret zu beobachten sind und wie diese systematisch geordnet werden können.

3.2 Herausforderungen des Wohlfahrtsstaates in Bezug auf Kindheit

Aus dem im vorangegangenen Abschnitt dargestellten wohlfahrtsstaatlichen Interesse, die generationale Ordnung in einer konkreten Gesellschaft und Kindheit unter spezifischen ökonomischen und kulturellen Bedingungen zu erhalten, und dies mit dem Ziel, eine spezifische soziale, gesellschaftliche und ökonomische Ordnung unter Bedingungen sozialen Wandels zu bewahren, ergeben sich eine Reihe von strukturellen Herausforderungen des Wohlfahrtsstaates. Solche Herausforderungen sind in Kapitel 2.2.2 mit dem Begriff der strukturbezogenen Regulierungsaufgaben gefasst worden, die sich aus den Ordnungsprinzipien einer Gesellschaft ableiten lassen. Aus der Bedeutung und der Funktion, die Kindheit als Ordnungsmuster für Gesellschaft und Ökonomie beigemessen werden, lassen sich Handlungsanforderungen, also „kindheits-spezifische" strukturbezogene Regulierungsaufgaben ableiten. Denn es geht um die besonderen Prozesse der Hervorbringung und Grundlegung von Wissen, Kompetenzen, Verhaltensweisen und kulturellen Orientierungen sowie um die physische und psychische Entwicklung des als noch nicht erwachsen bezeichneten Menschen. Dies sind die Maximen der Regulierung der Bedingungen von Kindheit.

Entlang der Auseinandersetzungen mit den in Kapitel 2 entfalteten Konzepten von Gero Lenhardt und Claus Offe (1977) und Franz-Xaver Kaufmann (1994) ist die Erhaltung des Arbeitsvermögens und des Vitalvermögens als strukturbezogene Regulierungsaufgaben des Wohlfahrtsstaates herausgearbeitet worden (vgl. Kap. 2.2.2), die sich auf den Erhalt und die Gestaltung der sozialen und ökonomischen Ordnung in einer sich wandelnden Gesellschaft richten. Es wurde entfaltet, dass diesen Regulierungsaufgaben die Annahme der Wirksamkeit regulativer Eingriffe und wohlfahrtsstaatlicher Instrumente zugrunde liegt. Denn die Formulierung einer Aufgabe konstituiert sich einerseits über die Beobachtung einer krisenhaften Erscheinung und andererseits in der formulierten institutionellen Lösung eines solchen Problems (Dollinger 2004). Der Unterschied der auf Kindheit bezogenen Regulierungsaufgaben zu den von Lenhardt/Offe (1977) und Kaufmann (2003b) entwickelten allgemeinen Aufgaben besteht allerdings darin, dass es aus einer kindheitstheoretischen Perspektive nicht nur um den Erhalt und gegebenenfalls um die Fortentwicklung (zumindest idealtypisch) bereits vorhandenen Arbeits- oder Vitalvermögens wie bei Erwachsenen geht. Vielmehr geht es um deren Grundlegung und Primärentwicklung in der Phase der Kindheit. Es geht generell um Sozialisation, Bildung, Erziehung und um die physische und psychische Entwicklung in der Lebensphase Kindheit.

Erweitert man also die von Gero Lenhardt, Claus Offe und Franz-Xaver Kaufmann ausgearbeiteten strukturellen Regulierungsaufgaben der Erhaltung des Arbeits- und Vitalvermögens um eine solche kindheitstheoretische Perspektive, in der Kindheit als Pol der generationalen Ordnung der Bezugspunkt ist, dann ergeben sich in Bezug auf die Regulierung der Bedingungen von Kindheit folgende generelle strukturbezogenen Regulierungsaufgaben:

Modell strukturbezogener Regulierungsaufgaben in Bezug auf Kindheit

Erhalt des Vitalvermögens (Wohlfahrt und kulturelle Teilhabe)

Grundlegung zentraler Orientierungen:

- Motivation zu Übernahme von Erwerbsarbeit
- Motivation zur Elternschaft
- Motivation zur Übernahme als zentral erachteter kultureller Orientierungen (Demokratie, Anerkennung pluraler Orientierungen)

Förderung zukünftiger Arbeitskraft und Elternschaft

Regulierung der Zahl der zukünftigen Arbeitskräfte und Eltern

Diese vier strukturbezogenen Regulierungsaufgaben in Bezug auf Kindheit sind erst einmal recht abstrakt, sie kennzeichnen lediglich die möglichen Horizonte der einzelnen politischen Regulierungen in Bezug auf die Bedingungen von Kindheit. Um diese strukturbezogenen Regulierungsaufgaben „zu bearbeiten", hat sich seit Beginn des 20. Jahrhunderts, vor allem aber mit der Konsolidierung des Wohlfahrtsstaates nach dem Zweiten Weltkrieg, ein umfassendes und heterogenes Regulierungsnetz herausgebildet, das nahezu alle Lebensbereiche von Kindern, also der Bereiche kindlicher Tätigkeit und Entwicklung sowie die Umweltbedingungen von Kindheit in irgendeiner Weise berührt. Über einen historisch langen Zeitraum haben sich unterschiedliche Politiken wie die Kinder- und Jugend-, die Bildungs-, die Familien-, die familienmitgliederbezogene Sozialpolitik, die familienbezogene Wohnungsbau- und die kinderbezogene Gesundheitspolitik etabliert.[6] Die Gesamtheit der Politiken soll in Anlehnung an Engelbert und Kaufmann (2003, S. 66) unter dem Begriff der Kinderwohlfahrtspolitik gefasst werden (auch Mierendorff/Olk 2003, S. 429). Die Einordnung aller auf die Wohlfahrt von Kindern gerichteten Politiken als Kinderwohlfahrtspolitik ist allerdings lediglich ein systematischer Einordnungsversuch, keinesfalls aber eine objektive Beschreibung bestehender bundesrepublikanischer Politik. Dennoch ist der Begriff der Kinderwohlfahrtspolitik als Heuristik gewählt worden, da er in seiner Begrifflichkeit die Richtung staatlicher Regulierung in ihrer ganzen auf Kindheit und die generationale Ordnung gerichteten Breite reflektiert.

Ordnet man die derzeit beobachtbaren, zuvor aufgeführten kindbezogenen Politiken den vier strukturbezogenen Regulierungsaufgaben zu, dann ergibt sich folgende skizzenhafte Übersicht:

Der ersten Regulierungsaufgabe *(Erhalt des Vitalvermögens)* lassen sich erstens vor allem die Gesundheitspolitik, zweitens die Familienpolitik mit ihrer Ausrichtung auf die Ordnung der sozialen Beziehungen innerhalb der Familie sowie mit ihren Instrumenten der materiellen Sicherung, drittens die Sozialpolitik mit ihren existenzsichernden Instrumenten, die auf nichterwerbstätige Angehörige zielen und nicht zuletzt viertens die Wohnungsbaupolitik zuordnen. Im weitesten Sinne lässt sich darunter auch eine Kinder- und Jugendhilfepolitik fassen, die auf die Ermöglichung der kulturellen und politischen Teilhabe von Kindern zielt.

Der zweiten Regulierungsaufgabe *(Grundlegung zentraler Orientierungen)* lassen sich sowohl die Bildungspolitik in ihrer den Kindheits- und Jugendverlauf begleitenden Gesamtheit wie auch die Kinder- und Jugendhilfepolitik insbesondere mit ihren Bereichen der schulbezogenen Sozialarbeit, den Hilfen für junge Volljährige, der Gesamtheit der Hilfen zur Erziehung, der Kinder- und Jugendarbeit sowie der Jugendstrafe und des Jugendschutzes zuordnen.

Unter die dritte Regulierungsaufgabe *(Förderung von zukünftiger Arbeitskraft und Elternschaft)* lassen sich insbesondere die gesamte Bildungspolitik- und Betreuungspolitik wie auch die Kinder- und Jugendpolitik insbesondere mit den Bereichen der Kinder- und Jugendbildungsarbeit und des Jugendarbeitsschutzes fassen.

---

6 Vgl. auch Wilk/Bacher (1994, S. 361), die einer „Kinderpolitik" neben den angeführten Bereichen auch die Regionalpolitik zuordnen.

Der vierten Regulierungsaufgabe *(Regulierung der Zahl der zukünftigen Arbeitskräfte und Eltern)* lassen sich Bildungs-, Ausbildungs- und Hochschulpolitik mit ihren altersbezogenen Zugangsregeln sowie mit ihrer Ordnung von Abschlüssen einbeziehen. Pronatalistische Instrumente einer Familienpolitik, die sich auf die *Quantität der zukünftigen Eltern* richtet, sind nicht Gegenstand der Betrachtung im Rahmen einer Kinderwohlfahrtspolitik.

An dieser äußerst skizzenhaften Zuordnung wird, wie bereits oben angedeutet, ersichtlich, dass Kinderwohlfahrtspolitiken nicht als Einheit bestehen, sondern quer über die klassischen Politikbereiche verstreut liegen. Dass darin vermutlich eine grundlegende Problematik in der wohlfahrtsstaatlichen Regulierung der Bedingungen von Kindheit besteht, kann an dieser Stelle nicht weiter ausgeführt werden (hierzu Kaufmann 1995; Olk/Mierendorff 1998; Wissenschaftlicher Beirat 1998).

Die Fragestellung der vorliegenden Studie zielt allerdings nicht auf die Unterscheidung und bloße Analyse einzelner Kinderwohlfahrtspolitiken oder die Bewertung einer Kinderwohlfahrtspolitik als ganzes, sondern auf die Frage, wie spezifische kindbezogene Regulierungsmechanismen, wie die Prinzipien und Modi einzelner Politiken, Kindheit in der Moderne mitprägen. Insofern wird abschließend die Perspektive noch einmal gewechselt. In der folgenden Tabelle soll aufgezeigt werden, welche Dimensionen des Seins von Kindern durch einzelne wohlfahrtsstaatliche Regulierungen berührt und geordnet werden. Die Gegenüberstellung der einzelnen derzeit beobachtbaren Regulierungen in Bezug auf Kinder und Kindheit haben zu folgender Systematik geführt: Die Ordnung sozialer Beziehungen in der Familie, die Ordnung der Bedingungen geistigen, emotionalen und körperlichen Seins und deren Entwicklung, die Ordnung der Bedingungen körperlicher Entwicklung und des physischen Seins, die Sicherung privater materieller Grundbedingungen sowie die Ordnung kindlicher Tätigkeit und Teilhabe. Diese Systematik liefert einen weiteren Hinweis darauf, wie eng der Wohlfahrtsstaat mit den Bedingungen der Kindheit verwoben ist.

Systematisierung staatlicher Regulierungsprozesse in Bezug auf die Bedingungen des Kindseins

Ordnung sozialer Beziehungen in der Familie

- Ehe / Trennung
- Kindschaftsverhältnisse
- Sorgerechtsverhältnisse
- Umgangsrecht
- Ordnung des Erbens

Ordnung der Bedingungen geistigen, emotionalen und körperlichen Seins und deren Entwicklung

Bereitstellung von Strukturen für die formale Vermittlung von Wissen und Kompetenzen

- Frühkindliche Bildung
- Schulische Bildung
- Außerschulische Bildung
- Kulturelle Teilhabe (Jugendhilfe, Kinderkulturarbeit, politische Partizipation)

Förderung in der Familie, Ergänzung und Ersetzung der Familie

- Betreuung bei Abwesenheit der Eltern (Tagesbetreuung)
- Fremdunterbringung / Herausnahme / Elterliche Sorge
- Hilfen zur Erziehung

Schutz vor schädigenden außerfamilialen Einflüssen

- Psychosoziale Versorgung außerhalb der Familie
- Schutz vor Medien (Prävention)
- Schutz vor Drogen und Gewalt (Prävention, Verbot und Eingriff)
- Schutz vor Arbeit (Zeitfaktor)

Ordnung der Bedingungen körperlicher Entwicklung und des physischen Seins

- Gesundheitsprävention und Vorsorgeuntersuchungen (Kontrolle)
- Medizinische und psychosoziale Versorgung im Krankheitsfall
- Schutz vor der Konsumierung legaler Drogen
- Schutz vor schädigender Erwerbsarbeit

Sicherung materieller Grundbedingungen

- Ausgleich kindbedingter finanzieller Mehrausgaben: Familienlastenausgleich
- Grundsicherung
- Unterhalt
- Materielle Sicherung bei unzureichendem Familieneinkommen (Grundsicherung, FLA, ALG / BSHG; SGB II: ALG II sowie Sozialgeld)

Ordnung kindlicher Tätigkeit und gesellschaftlicher Teilhabe

- Strafe / Sanktionen bei nicht normkonformem Handeln
- Schutz vor Medienkonsum (Verbote, Altersregelungen)
- Schutz vor schädigender Erwerbsarbeit (Verbote / Altersregelungen)
- Schutz vor der Konsumierung legaler Drogen
- Regulierung von Teilhabe und Mitbestimmung (Partizipation im Jugendhilfe- und Familienrecht, Schule, Politik)
- Bestimmung der Teilhabe an Geschäften (Regulierung der ökonomischen Teilhabe)
- Mündigkeit
- Religionsmündigkeit
- Aufenthaltsbestimmungsrecht

3.3 Die gemischte Wohlfahrtsproduktion als Herausforderung kindbezogener wohlfahrtsstaatlicher Regulierung

Bisher sind allein der Wohlfahrtsstaat und dessen Regulierungstätigkeit analysiert worden. Das war insoweit konsequent, als dass der Gegenstand bisheriger Betrachtung das Interesse des Wohlfahrtsstaates an Kindheit war. Jedoch sagt dieses Interesse des Wohlfahrtsstaates noch wenig darüber aus, wie er in den permanenten gesellschaftlichen Prozess der Hervorbringung von Kindheit integriert ist. Wechselt man nämlich die Blickrichtung und nimmt die komplexeren Bedingungen des Kindseins oder die Wohlfahrt von Kindern, auf die die strukturbezogenen Regulierungen ausgerichtet sind, zum Ausgangspunkt, dann kann ein grundlegender Aspekt, der in der Wohlfahrtsstaatsforschung herausgearbeitet wurde, nicht übersehen werden: Die Wohlfahrt von Kindern wird keinesfalls primär durch den Wohlfahrtsstaat produziert – ebenso wenig werden Bildungs- und Erziehungsprozesse allein staatlich organisiert und gestaltet. In Anlehnung an Modelle der gemischten Wohlfahrtsproduktion (Kaufmann 1994, zum Begriff des Wohlfahrtspluralismus Evers/ Wintersberger 1990 sowie Evers/Olk 1996) muss vielmehr davon ausgegangen werden, dass dic Bcdingungen der Kindheit in einem sogenannten Mix entsteht, an dem der private Sektor (Eltern, Verwandte, Bekannte/Freunde sowie die Kinder selbst[7]), der intermediäre Sektor[8], Staat und Markt beteiligt sind. Magdalena Joos hat als erste aus einer konsequent kindheitssoziologischen Perspektive das Modell der Produktion kindlicher Wohlfahrt ausgeführt (vgl. Joos 2001). Sie hat dabei den Begriff der Wohlfahrt ausgesprochen weit gefasst, denn sie schließt die Ermöglichung von Bildungsprozessen mit ein. Die Autorin beleuchtet in ihrer Studie also sieben Bereiche, in denen sich die Wohlfahrt von Kindern herstellt: das sind die demographischen Verhältnisse, die Familie, die institutionelle Bildung, Betreuung und Erziehung, der Bereich Freizeit und Kultur, der Bereich der (Kinder)Arbeit sowie die ökonomischen Verhältnisse. Unterschiedliche Akteure sind hierbei involviert und teils aufeinander bezogen (Eltern, Verwandte, Bekannte, Erzieher, Lehrer, Sozialarbeiter, Verwaltungsbeamte, Politiker etc.).

Angelika Engelbert und Franz-Xaver Kaufmann (2003) weisen auf einen weiteren wichtigen Aspekt der Produktion kindlicher Wohlfahrt hin: Wohlfahrtsstaatliche Leistungen für Kinder müssen in der Regel von den Eltern vermittelt werden. Das bundesrepublikanische Leistungssystem ist nicht so

7 Mir ist keine Studie bekannt, in der die Beteiligung von Kindern an der Produktion der Wohlfahrt systematisch theoretisch ausgearbeitet wurde, was meines Erachtens jedoch dringend geboten wäre und ein echtes Forschungsdesiderat darstellt. Die Studie von Anne Wihstutz (2009) zu „young carers" oder aber die Arbeiten von Tess Ridge (2007) bezogen auf die Bewältigungstragegien armer Kinder könnte man allerdings als empirischen Ausgangspunkt für die Erweiterung des Modells der gemischten Wohlfahrtsproduktion nutzen. Auch in der vorliegenden Studie kann dieses Desiderat lediglich aufgezeigt und Kinder als Produzenten benannt werden; ein theoretisch fundiertes Modell kann aber nicht theoretisch entwickelt werden.

8 Hierzu insbesondere Adalbert Evers und Thomas Olk (1996).

angelegt, dass Leistungen für Kinder (Dienstleistungen wie materielle Leistungen) ohne die Vermittlung der Eltern beziehungsweise anderer Erwachsener wirksam werden. Verschiedene Beispiele können hierfür angeführt werden:

- Das zum Leben notwendige Existenzminimum wird im konservativ-korporatistischen Wohlfahrtsstaat (idealerweise) primär von den Eltern erbracht, nicht durch staatliche Transferleistungssysteme. Können Eltern dies nicht leisten, müssen sie Sozialgeld für das Kind beantragen.
- Ohne die Initiative der Eltern erhält das Kind trotz Rechtsanspruch im Normalfall keinen Kindergartenplatz.

Folgt man der These der gemischten Wohlfahrtsproduktion, also der Involviertheit unterschiedlicher Akteure in die Herstellung der Wohlfahrt von Kindern und der Bedingungen von Kindheit, wird erkennbar, dass der Wohlfahrtsstaat sich in der Bearbeitung der oben genannten strukturbezogenen Regulierungsaufgaben nicht mit sich allein auseinandersetzen kann. In der Ausführung dieser Aufgaben kann er sich nicht nur mit den eigenen Zielen, Organisationen, Organisationsstrukturen, Regulierungsinstrumenten und Logiken beschäftigen. Die unterschiedlichsten an den Lebensbedingungen des Kindseins und der Wohlfahrt der Kinder beteiligten Akteursgruppen müssen berücksichtigt werden.

In jeder der vier genannten, die Wohlfahrt von Kindern produzierenden Gruppen – Staat, privater Sektor, intermediärer Sektor und Markt – bestehen unterschiedliche Interessen an Kindern und an Kindheit. Die Vorstellungen davon, wie die Probleme der Kindheit gelöst, die Bedingungen der Kindheit und das Aufwachsen von Kindern gestaltet werden sollen, unterscheiden sich. Nicht zuletzt sind solche Vorstellungen von den eigenen Interessen abhängig. Jede Gruppe hat ein Interesse daran, sich selbst zu erhalten – dabei spielt die nachwachsende Generation eine jeweils spezifische Rolle. Die einzelnen Gruppen haben zum Teil widersprüchliche Vorstellungen auf welche Art und Weise strukturelle Anforderungen gelöst werden sollten. So können der Bildungsgedanke, der Kinderschutzgedanke, der Versorgungsgedanke oder eher der Partizipationsgedanke in politischen Diskursen oder in Aushandlungen von Entscheidungen betont werden.

Diese vier Gruppen stehen in einem sich historisch herausgebildet habenden, aber dennoch wandelbaren Verhältnis zueinander und sind im wohlfahrtsstaatlichen Gefüge mit sehr unterschiedlicher Macht ausgestattet. So verfügen die Gruppen über unterschiedliche Ressourcen, die eigenen Interessen in öffentlichen Diskursen und politischen Entscheidungen durchzusetzen. Wie bereits in Kapitel 2.3.3 ausgeführt, ist die politische Durchsetzungskraft einzelner Gruppen unter anderem auch durch deren Organisationsgrad bestimmt. Wirtschaftsunternehmen sind in mächtigen Verbänden und Interessenvereinigungen organisiert, die sowohl über Geld als auch über den Zugang zu öffentlichkeitswirksamen Medien verfügen. Ebenfalls gesellschaftlich einflussreich sind Wohlfahrtsverbände und Kirchen. Die Gruppe der Eltern hingegen ist in „flüchtigen" Interessenvereinigungen eher schwach aufgestellt und wird als wenig durchsetzungsfähig in der Vertretung eigener Interessen eingeschätzt (Engelbert/Kaufmann 2003, S. 66). Die Gruppe der Kinder ist die am schwächsten aufgestellte Gruppe, die der advokatorischen Vermittlung eigener Interessen bedarf (vgl. Olk/Wintersberger 2007; auch Cockburn 2005).

Wohlfahrtsstaatliche Politiken, die sich auf die Regulierung der Bedingungen von Kindheit richten, haben die Aufgabe, diese unterschiedlichen Interessen und Forderungen an Kinder und die Gestaltung von Kindheit zu koordinieren. Gleichzeitig müssen sie als Politikbereiche im Wohlfahrtsstaat sich selbst erhalten und die Durchsetzung eigener Interessen mit den vorhandenen Regulierungsinstrumenten abstimmen (vgl. Kaufmann 1994). Die politische Regulierung der Bedingungen von Kindheit ist also auch ein Prozess, in dem unterschiedlichste Forderungen mit den eigenen Interessen, Organisationen, Regelungen und Dienstleistungen abgestimmt werden müssen. Der Wandel von Politiken erklärt sich unter anderem auch daraus. Als weiteres sei abschließend darauf verwiesen, dass dem Staat durch die verfassungsrechtlich verankerte Wächterfunktion in Bezug auf die Erbringung der Pflege und Erziehung von Kindern in der gemischten Wohlfahrtsproduktion eine gesonderte Stellung zukommt – auch wenn die Familie eine rechtlich und normativ starke Position in der Gestaltung der Bedingungen des Aufwachsens der eigenen Kinder hat, sind die Produktion der Wohlfahrt von Kindern, die Gestaltung von Bildungsprozessen und der Bedingungen des Aufwachsens keine ausschließlich private Angelegenheit.

3.4 Fazit

Mit den Ausführungen zur gemischten Produktion der Bedingungen der Kindheit wird das dritte Kapitel und damit insgesamt der erste Teil der Studie abgeschlossen. Es konnte zum einen ein Modell entwickelt werden, dass das Verhältnis zwischen Kindheit und Wohlfahrtsstaat fasst – die Aufrechterhaltung der generationalen Ordnung über die Regulierung der Bedingungen des Kindheit war hier als zentraler Zugang verdeutlicht worden. Zum anderen konnte aufgezeigt werden, dass dieser Regulierungsprozess in mehrfacher Hinsicht schwierig, komplex und kontingent ist. Die Regulierungen richten sich auf unterschiedliche Dimensionen des Kindseins und werden in unterschiedlichen Politiken realisiert. Und in den Regulierungen müssen die unterschiedlichen Interessengruppen und die unterschiedlichen politischen Regulierungsmechanismen der Ressorts der einzelnen Politikbereiche integriert sein.

Im folgenden zweiten Teil dieser Studie wird nun genauer untersucht, welche Konsequenzen solche strukturbezogenen Regulierungen für die generationale Ordnung und für Kindheit haben. Dabei gerät die anfangs formulierte Frage nach den Kontinuitäten und dem Wandel von Kindheit in den Blick. Und nicht zuletzt soll das theoretische Modell entlang der Empirie überprüft werden.

Teil II

Homogenisierung und Stabilisierung des Musters moderner Kindheit im Wohlfahrtsstaat – Eine Analyse jugendrechtlicher Regulierungen im 20. Jahrhundert

Im vorangegangenen Teil ging es darum, ein theoretisches Modell zu entwickeln, das das Verhältnis zwischen Wohlfahrtsstaat und Kindheit beschreiben und auch erklären kann. Es stellte sich die Frage, wie Wohlfahrtsstaat und Kindheit aufeinander bezogen sind. Aus einer gesellschaftstheoretischen Perspektive wurden Annahmen darüber entwickelt, welche Bedeutung erstens Kindheit für die Gesellschaft hat und zweitens was das Interesse des Wohlfahrtsstaates – als Gestalter des Sozialen und sozialer Beziehungen – an der Gestaltung von Kindheit kennzeichnet. Es wurde darüber hinaus aufgezeigt, an welchen Bereichen kindlichen Seins der Wohlfahrtsstaat in seiner Gestaltungsaktivität gezielt ansetzt. Im Folgenden zweiten Teil soll nun der permanente wohlfahrtsstaatliche Gestaltungsakt genauer betrachtet werden. Es geht darum, wie sich dieser eher abstrakt formulierte politische Prozess im Einzelnen über einen langen Zeitraum vollzogen und geformt hat. Auf welche Art und Weise wird auf Kindheit Bezug genommen? Welche Normalisierungsannahmen bestehen im Kontext von Kindheit und welche konnten sich langfristig durchsetzen? Wie drückt sich hierin die Gestaltung der Bedingungen der Kindheit aus und was wird als Regulativ, als Norm für alle Kinder oder für einzelne Gruppen, für Professionelle und Eltern, für Erwachsene im Umgang mit Kindern etabliert? Dabei ist die Frage zentral, ob und wie diese staatliche Aktivität zum Erhalt der generationalen Ordnung im Allgemeinen und zum Wandel von Kindheit im Besonderen beiträgt. Alles in allem geht es im zweiten Teil also:

Erstens um die Frage nach Wandel und Kontinuität des Musters moderner Kindheit und um den Beitrag des Wohlfahrtsstaates in diesem permanenten gesellschaftlichen und kulturellen Prozess. Über das sehr differenzierte Aufschlüsseln des konkreten Gestaltungsaktes (nach politischen Ziel- und Willensäußerungen, nach konkreter Normsetzung (Verbot, Gebot, Unterstützung etc.) soll das im ersten Teil der Arbeit entwickelte theoretische Modell überprüft werden. Es soll empirisch nachvollzogen werden, welche Bedeutung die sich offensichtlichen wandelnden oder kontinuierlich aufrecht erhaltenen rechtlichen Rahmenbedingungen für Kindheit als Kultur- und Strukturmuster haben.

Zweitens geht es darüber hinaus – an dem Theoriemodell ansetzend – um die Klärung der im ersten Teil hergeleiteten These, dass der Wohlfahrtsstaat über die permanente Gestaltung von Kindheit, oder genauer gesagt über die gezielte Einflussnahme auf die Institutionen und Bedingungen von Kindheit mit zum Erhalt der generationalen Ordnung beiträgt.

4. Methodische und methodologische Grundlegung

4.1 Gegenstand der Analyse: das Jugendrecht im Wandel der Zeit

Es stellt sich nun die Frage, wie dieses sehr komplex aufgestellte Anliegen realisiert werden kann. Denn bereits die erste Systematisierung heutiger Regulierungsbereiche sowie aktueller kindbezogener Politiken in Kapitel 3.2 hat gezeigt, dass der politische Gestaltungsprozess in Bezug auf die Lebens-, Aufwachs- und Entwicklungsbedingungen von Kindern ausgesprochen umfassend sind. In der systematischen Zusammenstellung von Bereichen aus historischer Perspektive zeigte sich eine zwar erwartete, aber in ihrem Ausmaß doch überraschende Breite und Detailliertheit staatlicher Regulierungen, die sich sowohl in den kindbezogenen Politiken als auch im gesamten Jugendrecht finden. Seit Beginn des 20. Jahrhunderts, vor allem aber mit der Konsolidierung des Wohlfahrtsstaates nach dem Zweiten Weltkrieg hat sich ein umfassendes und heterogenes Regulierungsnetz herausgebildet, das nahezu alle Lebensbereiche von Kindern, also der Bereiche kindlicher Tätigkeit und Entwicklung sowie die Umweltbedingungen von Kindheit auf vielfältige Weise berührt. Es konnten über den historischen Verlauf hinweg eine große Zahl an politischen Entscheidungen, politischen Programmen, rechtlichen Regulierungen, Verordnungen, Ausführungsvorschriften etc. geortet werden, die in den aufgezählten Bereichen wirksam werden. Die Frage stellte sich, wie diese Fülle an Regulierungen in den Griff zu bekommen sei, um aussagekräftige Ergebnisse bezogen auf die oben ausgebreitete Fragestellung zu gewinnen. Eine exemplarische Auswahl wurde notwendig, um den Forschungsgegenstand arbeitstechnisch zu bewältigen, denn ein komplettes Kompendium kindbezogener Politiken – die sich zusätzlich auf der Ebene der Landes- und Bundespolitiken unterscheiden lassen – war weder inhaltlich nötig, noch zeitlich möglich. Leitend in diesem systematischen und theoriegeleiteten Reduktionsprozess war die Frage, welcher Bereich und/oder welches Instrument aussagekräftig genug ist, um Erkenntnisse über das Verhältnis von Kindheit und Wohlfahrtsstaat sowie die Bedeutung wohlfahrtsstaatlicher Regulierungen für das Muster moderner Kindheit zu gewinnen. Theoretischer Bezugspunkt der Analyse waren hierbei die vier Dimensionen, die als charakteristisch für das Muster westlicher moderner Kindheit herausgearbeitet worden waren (siehe Kapitel 1.2): Institutionalisierte Altershierarchie, Scholarisierung, De-Kommodifizierung und Familialisierung. In den auszuwählenden Bereichen mussten also alle vier Dimensionen Bezugspunkt der Regulierung sein sowie sich in der Analyse abbilden lassen. So waren folgende Fragen leitend: Lassen sich die vier Dimensionen in dem ausgewählten Bereich abbilden? Sind diese Dimensionen das Ziel der Regulierung? Was wird anhand des ausgewählten Bereichs deutlich in Bezug auf die Veränderung und Aufrechterhaltung des Musters moderner Kindheit? Aus epistemologischer Perspektive musste also geklärt werden, ob die Fokussierung auf ausgewählte Regulierungsbereiche tatsächlich Erkenntnisse über das Verhältnis Kindheit und Wohlfahrtsstaat ermöglicht.

Die Fokussierung des Jugendrechts schien ein ideale, allerdings begründungsbedürftige Eingrenzungsmöglichkeit zu sein. Denn mit dem Begriff des Wohlfahrtsstaats werden in der Regel weniger regulatives Recht, sondern vielmehr Politiken und hier am ehesten die klassischen Sozialpolitiken in Verbindung gebracht. Warum geraten also gerade jugendrechtliche Regulierungen in den Blick und nicht Politiken, die im eigentlichen Sinne im Bezug auf die Gestaltung des Sozialen als Ausdruck des Sozialstaates gelten, nämlich Sozialpolitik (vgl. Lampert 1980), Jugendpolitik (vgl. Kösters 1999), Familienpolitik (vgl. Sachße/Tennstedt 1982; Kolbe 2002; Gerlach 1996, 2004) und Gesundheitspolitik? Was bringt die Auseinandersetzung mit dem Jugendrecht in Bezug auf die oben genannten Fragestellungen nach dem Verhältnis von Kindheit und Wohlfahrtsstaat sowie dem Wandel von Kindheit?

Das Jugendrecht erschien aus mehrfacher Hinsicht als geeigneter Gegenstand der Betrachtung und Analyse. Aus epistemologischer Perspektive werden im Jugendrecht und dessen Reformen sehr komplex die vier Dimensionen von Kindheit angesprochen.

Denn:

a) Das Recht kann verstanden werden als gesellschaftlich relevantes Normen-System (vgl. Weber 1980; Luhmann 1981b; Kaufmann 1982; Link 2005).

b) Das Recht kann als weiteres verstanden werden als Teil einer kulturellen Praxis im Wohlfahrtsstaat, in der der Wissenstand über Kindheit zum Ausdruck kommt und gleichzeitig reproduziert und verändert wird (vgl. Link 2008).

c) Da das Jugendrecht explizit getrennt von Erwachsenenrecht besteht und immer Kinder betrifft oder aber Erwachsene, die in Beziehung zu Kindern stehen, wird die Differenz zwischen Kindern und Erwachsenen permanent reproduziert. Diese generationale Differenz ist jeweils Ausgangspunkt, Bezugspunkt und zugleich Zielpunkt des Jugendrechts.

d) Der Verabschiedung, Novellierung oder Reformierung eines Gesetzes ist ein gesellschaftlicher und parlamentarischer-politischer Diskurs über die Notwendigkeit sowie über die Art der zu verabschiedenden Norm(en) vorausgegangen.

e) Es ist anzunehmen, dass die normativen Aspekte des Rechts ein mehr oder weniger bewusster Bezugspunkt für Erwachsene wie Kinder im Handeln sind (Link 2008; Scheiwe 2001, S. 113). Interessant in dieser Studie ist also nicht allein die konkrete aus der Norm ableitbare Rechtsfolge, sondern vor allem der normative und auch normalisierende (Link 2005 und 2008) Rahmen, der das Verhältnis zwischen Erwachsenen und Kindern darstellt.

f) Solche Normen werden in der Regel von den Mitgliedern einer Gesellschaft verstanden – auch dann, wenn diese umgangen werden – und fordern dazu auf, sich in einer bestimmten Weise zu den Normen zu verhalten. Das kindbezogene Recht wandelt sich über die Zeit und fordert Erwachsene wie Kinder immer wieder aufs Neue dazu auf, sich auf angemessene Art und Weise zu verhalten. Was als angemessen beurteilt wird, verändert sich über die Zeit, was insbesondere der Kinder- und Jugendschutz, aber auch das Jugendstrafrecht zeigen werden.

Diese sechs Punkte möchte ich im Folgenden ausführen und einzelne Aspekte theoretisch vertiefen. Ich hatte bereits mehrfach hervorgehoben, dass dieser Arbeit die Annahme zugrunde liegt, dass Politik soziale Beziehungen gestaltet und Einfluss nimmt auf die Lebensbedingungen und Handlungsspielräume von Kindern und damit implizit auf das Muster moderner Kindheit. Die Gestaltung der Bedingungen von Kindheit wurde als Voraussetzung für die Aufrechterhaltung der generationalen Ordnung als Basisordnung einer westlichen modernen demokratischen Gesellschaft formuliert. Im Folgenden wird in der Tradition einer soziologischen Politikforschung davon ausgegangen, dass die Verabschiedung von Recht einen erheblichen Stellenwert in der politischen Gestaltung der sozialen Bedingungen, der sozialen Beziehungen und damit der sozialen Ordnung der Generationen hat (Schelsky 1980, S. 147ff.; Kaufmann 1982, S. 69). In der folgenden Studie setze ich die Wirkung von Recht generell theoretisch voraus. Jede Gesellschaft bringt Grundnormen hervor, nach denen sie funktioniert – moderne Gesellschaften rechtlich kodifizierte Normen in Form von Gesetzen, Regeln und Vorschriften, die die sozialen Beziehungen, das Handeln der Individuen und Organisationen durch Gebote und Verbote regulieren (Link 2008, S. 63). Folgt man den wissenssoziologischen Ausführungen von Jürgen Link, der explizit zwischen Normativität und Normalität unterscheidet, kann das Setzen von (Rechts)Normen (Normativität) als Teil des modernen Normalisierungsprozesses (Normalität) von Kindheit betrachtet werden (Link 2008, S. 63ff.; auch Link 2005, S. 5).[1] Die Untersuchung des sich im Zeitverlauf wandelnden Jugendrechts ermöglicht mir also einen Einblick in den politisch vorangetriebenen (nicht unbedingt immer intendierten) Prozess der Normalisierung von Kindheit.

1 Link (2008) setzt sich allerdings in seinen Ausführungen weniger mit der Bedeutung von Rechtsnormen auseinander, sondern vielmehr mit der Frage nach der Bedeutung von statistischen Messverfahren in Bezug auf die geistige, körperliche und emotionale Entwicklung von Kindern. Diese deutet er als spezifische Art der Hervorbringung von Normalität. Den permanenten historischen Prozess bezeichnet er wissenssoziologisch als „Normalismus“.

Weiterhin wird davon ausgegangen, dass regulative Politik die klassische Form rechtsförmiger Steuerung ist, wobei zunehmend das Steuerungsmedium Geld (und Informationen) auch in der Politik an Bedeutung gewinnt. Im Recht ist der politische Steuerungsimpuls kodiert (vgl. Voigt 1986). Das Recht kann also als besondere Art von Normen gesehen werden, die sich von anderen sozialen Normen (Normsystemen wie Religion und Moral) erheblich unterscheiden. Max Weber (1980), Niklas Luhmann (1981b) oder Ulrich Penski (1986) sehen den zentralen Unterschied des Rechts im Verhältnis zu anderen Normsystemen in der Anwendung von Zwang als Sanktionsmittel bei Missachtung der Normen – dies unterscheidet das Recht erheblich von Religion und Moral.

Penski weist allerdings eine schlichte Formulierung des Rechts als Mittel oder als Instrument von Politik, vor allem aber eine monokausale Zweck-Mittel-Beziehung zwischen Recht und Politik zurück (Penski 1986, S. 41). Vielmehr sieht er das Recht gleichzeitig als Ergebnis und als Maßstab von Politik an. „In beiden Bereichen geht es grundsätzlich um die Ordnung gesellschaftlichen Zusammenlebens und insofern laufen Recht und Politik in einer übergreifenden Zielsetzung zusammen" (ebenda, S. 41). „Recht wäre insofern als objektive Normenwirklichkeit zu verstehen, als es in und aufgrund politischer Auseinandersetzung anerkannt ist" (ebenda, S. 42). Da es theoretisch nicht als technisches Mittel gefasst werden kann, entwickelt Penski aus systemtheoretischer Perspektive die Figur des Rechts als Sinnmittler: „Recht ist insofern nicht Mittel im Sinne eines technisch-kausal einzusetzenden Gegenstandes, sondern Mittler im Sinne einer normativen Kommunikationsform, die auf anerkennungsfähige Vereinbarkeit von widerstreitenden Zwecken und Handlungszusammenhängen gerichtet ist. Mit Verwendung der Rechtsform muß sich Politik auf diesen Vermittlungszusammenhang einlassen, d. h. sie muß die Anerkennung rechtlicher Regeln unter dem Gesichtspunkt der Vereinbarkeit gesellschaftlicher Norm- und Handlungsbereiche herbeiführen" (ebenda, S. 56).

Eine solche Formulierung eignet sich in besonderer Weise, wenn man das Strukturmuster Kindheit als Forschungsgegenstand in den Blick nimmt. Denn fasst man Recht *als Sinnmittler im Sinne einer normativen Kommunikationsform, die auf anerkennungsfähige Vereinbarkeit von widerstreitenden Zwecken und Handlungszusammenhängen* gerichtet ist, dann kann davon ausgegangen werden, dass über das Recht vermittelte Regulierungsabsichten einzelner kindbezogener Bereiche sich nur im Rahmen gesellschaftlicher Kompromisse, also über einen mehr oder weniger breit getragenen Konsens über Kindheit herstellen können. Im Recht „gerinnt" quasi die Vermittlung widerstreitender gesellschaftlicher Teilbereiche mit den darin vorhandenen unterschiedlichen Vorstellungen von adäquater Kindheit bzw. Vorstellungen über die Funktion von Kindheit für die Gesellschaft oder den eigenen Funktionsbereich. Politische Regulierung, die über das Recht vermittelt ist, kann also nicht als ein von gesellschaftlichen Deutungsmustern abgelöster, selbstbezogener Prozess verstanden werden. In der Veränderung und Neuschaffung von Gesetzen – die beispielsweise an der Entwicklung vom RJWG über das JWG bis hin zum 1990/91 eingesetzten, normativ neu strukturierten KJHG zu verfolgen ist – vollzieht und zeigt sich die permanente gesellschaftliche und politische Auseinandersetzung mit den jeweils historischen normativen Bedingungen von Kindheit (vgl. Wiesner 2003).

Ich stelle also abschließend die These auf, dass der politisch-rechtliche Regulierungsapparat im Wohlfahrtsstaat vermittelt über die Etablierung und Novellierung des Jugendrechts Bedeutung für die Gestaltung des Strukturmusters moderner Kindheit gewinnt, dieses aber in stetiger Vermittlung und Auseinandersetzung mit gesellschaftlichen – teils widerstreitenden – Teilbereichen tut. Diese Teilbereiche sind als Organisationen, Gruppen, auch als die Gruppe der Kinder selbst oder aber durch „kinderferne" Interessengruppen wie die Wirtschaft, die ein Interesse an dem „Output" von Erziehungs- und Sozialisationsprozessen formuliert, fassbar. Als normativer Rahmen bietet das Recht für das Handeln von Kindern und Erwachsenen, für Professionelle und für mit Kindern agierende Laien, für Politiker etc. einen Orientierungs- und Normierungsrahmen. Stößt ein solcher normativ-rechtlicher Rahmen auf Ablehnung und Nicht-Akzeptanz, wird dieser „anpassungsbedürftig". Ich gehe davon aus, dass diese Anpassungsbedürftigkeit ein offener, nie abgeschlossener Prozess ist, der immer wieder Novellen – auch widersprüchliche – hervorbringt. Dieser gestaltende Anpassungsprozess ist eine zentrale Voraussetzung für den Erhalt der generationalen Ordnung einer Gesellschaft – so meine These.

4.2 Methodisches Vorgehen

Im Folgenden wird die Anlage der historischen Analysen beschrieben und begründet – es geht sowohl um die Konkretisierung und Eingrenzung des Untersuchungsgegenstands als auch um das Vorgehen der Analyse.

4.2.1 Konkretisierung des Untersuchungsgegenstands: das Jugendrecht seit Beginn des 20. Jahrhunderts

Das Jugendrecht

In die noch zu klärende Analyse werden alle Rechtsbereiche einbezogen, die man in der klassischen Literatur als Jugendwohlfahrtsrecht bezeichnet hat und die mit der wohlfahrtsstaatlichen Entwicklung in Verbindung gebracht werden. Es geht also um Bereiche, die im weitesten Sinne auf die Wohlfahrt von Minderjährigen, also von Kindern und Jugendlichen gerichtet sind. Ein Bereich wird auch dann als auf die Wohlfahrt von Minderjährigen gerichtet definiert, wenn es auf den ersten Blick primär um ordnungspolitische Funktionen geht, wie es im Jugendstrafrecht der Fall ist. Ausschlaggebend ist, dass sich die Regulierung im Sinne wohlfahrtsstaatlicher Verfasstheit gestaltet –

also nicht allein die Sühne (Strafe) steht im Mittelpunkt, sondern gegenwarts- und zukunftsbezogen das Wohl des Individuums. In dem 1925 erstmals erschienenen Band „Jugendwohlfahrtsrecht" wurden hier das Reichsjugendwohlfahrtsgesetz, das Reichsjugendgerichtsgesetz und die Reichsfürsorgepflichtverordnung als Kern des Jugendwohlfahrtsrechts genannt (Jugendwohlfahrtsrecht 1925, S. 3), seit 1932 werden darüber hinaus auch die diversen Jugendschutzbestimmungen einbezogen. Ausgewählt wurde das Jugendrecht mit seinen Abteilungen Jugendhilferecht, Jugendstrafrecht und allgemeines Jugendschutzrecht unter anderem auch deswegen, weil diese Rechtsbereiche sehr stark miteinander verzahnt sind und gerade als normatives Gesamtpaket Kindheit in der Öffentlichkeit, aber auch im privaten Raum prägen.[2] Es wird angenommen, dass insbesondere das auf die Gruppe der Minderjährigen gerichtete Jugendrecht – anders als zum Beispiel die sozialpolitisch gestaltete materielle Sicherung von Kindern in Familien – explizit die Differenz zwischen Erwachsenen und Kindern/Jugendlichen zum Gegenstand hat. Es geht hier also nicht allein um den Ausgleich von Benachteiligungen, sondern um die bewusst regulierte Differenz zwischen Erwachsenen und Kindern.[3] Zu erwähnen ist auch, dass die politisch und rechtlich zentralen Bereiche des Kindschaftsrechts, des Züchtigungsrechts, des Familienrechts, des Fürsorge- bzw. Sozialhilferechts zwar nicht explizit in die Analyse einbezogen werden. Allerdings werden relevante Bestimmungen und Veränderungen ggf. an geeigneter Stelle in die jeweiligen Reformepochen eingeführt, um insgesamt die Bedingungen des kindbezogenen Rechts fassen und erklären zu können. Eine Regelung, beispielsweise das Jugendhilferecht, steht in der Regel nie ganz für sich, sondern findet Pendants in und Verbindung zu anderen Rechtsbereichen.

Die Schule als einer der zentralen Regulierungsbereiche der Bedingungen von Kindheit bleibt aus mehreren Gründen ausgeblendet. Das Schulrecht ist nicht auf Reichs- bzw. Bundesebene geregelt. Allerdings wird gerade der zentralstaatlichen Ebene eine erhebliche Bedeutung beigemessen, wenn es um das Muster moderner Kindheit geht (siehe folgender Abschnitt). Auch wenn in der BRD durch die Kulturministerkonferenz immer wieder ähnliche Bedingungen in allen Bundesländern angeregt werden (beispielsweise Angleichungen der Ausbildungszeiten), sind die einzelnen Schulgesetze der Bundesländer doch sehr unterschiedlich gestaltet. Mir geht es hingegen um Regelungen, die überregional potentiell alle Kinder und Jugendlichen betreffen, um Aussagen über die Entwicklung des Musters moderner Kindheit treffen zu können. Eine zusätzliche Analyse von Regulierungen in den einzelnen Bundesländern wäre eine interessante und anspruchsvolle Aufgabe, um die großen Unterschiede in den Lebensbedingungen von Kindern und Jugend-

2 Vgl. hierzu die Ausführungen von Bernd Dollinger über das Zusammenspiel von negativen Sanktionierungen (Strafe) und positiven Sanktionierungen (Förderung) in Bezug auf die politische „Steuerung des Lebenslaufs" (Dollinger 2007, S. 156ff.).

3 Das weist keinesfalls zurück, dass gerade auch das Jugendhilferecht darauf zielt, aus einer schichtspezifischen Perspektive herkunftsbedingte Benachteiligungen in den Entwicklungsbedingungen auszugleichen.

lichen in Deutschland herauszuarbeiten – ein Aspekt, der für Kindsein in Deutschland durchaus von großer Relevanz ist, wie zu zeigen sein wird. Dies ist eine überaus wichtige, aber im Kontext dieser Arbeit nicht zu realisierende Forschungsaufgabe.

Reichs- beziehungsweise Bundesebene

Da es um die Betrachtung und Erklärung des Verhältnisses von Wohlfahrtsstaat und Kindheit geht, wurde als Untersuchungsgegenstand das Bundesrecht ausgewählt. Länderrechte und Ausführungsvorschriften kommen nicht in den Blick. Im Bundesrecht ist ein hoher Grad der normativen Allgemeinheit und Verbindlichkeit über die Grenzen der Bundesländer hinweg vorhanden. Er kann demnach als der kleinste gemeinsame Nenner in Bezug auf die normative Gestaltung von Kindheit verstanden werden. Dies ist zentral, da es mir nicht um regional differenzierte oder subjektive Kindheiten geht, sondern um das Strukturmuster moderner Kindheit in Deutschland. Ich beziehe also nur das ein, was auf Bundesebene offensichtlich relevant für das Muster moderner Kindheit ist, also alle Regulierungen, die potentiell für die gesamte Gruppe der Minderjährigen von Bedeutung sind. Dennoch ist interessant, ob in den verabschiedeten Gesetzen Länderausführungsvorschriften explizit vorgesehen sind oder nicht und welche Bereiche solche Ausführungsvorschriften betreffen – denn gerade in der föderalistischen Struktur bestehet eine der Grundbedingung der Entwicklung des Musters moderner Kindheit in Deutschland.[4]

Als weiteres werden jeweils nur diejenigen Normen der Novellen und Reformen einbezogen, bei denen davon ausgegangen wird, dass sie Kinder und Jugendliche bzw. Kindheit direkt betreffen. Rein verwaltungsbezogene Abläufe, Verfahren etc. werden nicht berücksichtigt, sofern sie lediglich aus der Verwaltungslogik entstanden sind und diese auch betreffen. D.h. alle Fragen der Organisationsentwicklung selbst oder aber der Professionalisierung stehen nicht im Vordergrund, sondern werden nur, sollte dies notwendig werden, in die Argumentation eingefügt.

Bestimmung des Zeitfensters

Als nächstes muss das Zeitfenster der Beobachtung bestimmt werden. In der ersten Systematisierung möglichen Materials wurde eine Reduzierung über die Begrenzung des Zeitfensters (1949–2000) angestrebt. Diese historische Eingrenzung wurde dann aber wieder verworfen, da den Anfängen zielgerichteter und konzertierter wohlfahrtsstaatlicher Politiken in Bezug auf Kindheit

4 Man könnte allerdings in einer detaillierten Analyse die Ausführungsvorschriften aller Länder zu einem Reichs- oder Bundesgesetz analysieren und vergleichen und damit herausarbeiten, inwieweit sich hier generelle Auffassungen in Bezug auf Kinder und Kindheit durchgesetzt haben oder aber länderspezifische Eigenarten gepflegt und fortgeschrieben werden. Hieran könnte man sehr schön die Heterogenität der konkreten Lebens- und Aufwachsbedingungen von Kindern und deren regionale und kulturelle Bezüge untersuchen.

und Jugend zu Beginn des 20. Jahrhunderts eine hohe Bedeutung beigemessen wurde. Diese ersten grundsätzlichen und integrierten jugendrechtlichen Setzungen in einem sich als konservativ-korporatistisch herausbildenden Wohlfahrtsstaat (s. o.) sind bis heute folgenreich – vielfach wird daher auch von der Pfadabhängigkeit wohlfahrtsstaatlichen Wandels gesprochen (vgl. Mahoney 2000; kritisch Lessenich 2003a, S. 299). Eine Reduktion auf die Phase der Bundesrepublik und eine stark eingedampfte Zusammenfassung der historischen Entstehungsprozesse erwies sich als zu großer Verlust wichtiger Erklärungsmöglichkeiten. So wurde ein breiteres zeitliches Beobachtungsfenster gewählt, um Aussagen über Kontinuitäten und Wandel treffen zu können. Die beobachtete Zeit erstreckt sich vom Beginn des 20. Jahrhunderts bis zum Beginn des 21. Jahrhunderts.

Im Rückblick erweist sich diese zeitliche Ausdehnung auf die stark normenbildenden Entwicklungen in der Weimarer Republik und im Nationalsozialismus als glücklich: Gerade an diesen beiden historischen Phasen konnte aufgezeigt werden, dass durch die radikale Etablierung eines umfassenden Jugendrechts ein Erziehungsgedanke durchgesetzt wurde, der vielen Praktikern in der juristischen wie sozialpädagogischen Praxis bis zu diesem Zeitpunkt in dieser Tiefe des Zugriffs fremd war. Im Recht und darüber vermittelt in der Gesellschaft wurde der Erziehungsgedanke als Logik des auf Kinder und Jugendliche bezogenen Handelns intensiviert. Erst die Beobachtung des Jugendrechts über einen langen Zeitverlauf hinweg konnte den dornenreichen und durch Widerstände gekennzeichneten Prozess der Etablierung einer solchen Logik ans Licht befördern.

4.2.2 Vorgehensweise

Die methodische Vorgehensweise der folgenden Analysen ist systematisch vergleichend und synthetisierend. Ziel der Analysen ist es, die einzelnen Gesetze und Gesetzesnovellen im Jugendrecht in ihrer historischen Abfolge und Intendiertheit zu rekonstruieren und damit gleichzeitig den normativen Gehalt zu dekonstruieren, um Erkenntnisse über den Wandel von normativen Annahmen über Kindheit sowie normativer Regelungen in Bezug auf Kindheit herauszuarbeiten. Hierzu wurden die drei ausgewählten Rechtsbereiche jeweils einzeln für sich durchgearbeitet – wobei jeweils erst die einzelnen zentralen Novellen analysiert (a) und diese dann in ihrer chronologischen Verlaufsgeschichte interpretiert (b) wurden. Dieser mehrstufige Analysevorgang wurde auf alle drei Bereiche – Jugendhilferecht, Jugendschutzrecht, Jugendstrafrecht – angewendet und folgt der nun dargestellten Systematik:

a) 1. Als erstes wurden jeweils die historischen Kontexte und die Entstehungsphase des Gesetzes, der Novellierung oder der umfassenden Reform rekonstruiert, das heißt unter anderem auch die Begründungen für die Notwendigkeit sowie die Bedingungen der Verabschiedung und Durchsetzung erarbeitet. Dies stellt keine Diskursanalyse im eigentlichen Sinne dar, aber die historischen Diskurse um das Thema Kind (Jugendlicher) im Recht und Kindheit (Jugend) in der Gesellschaft wurden in die Interpretation aufgenommen.

2. Als zweites wurden jeweils solche Aspekte, Logiken und Mechanismen des jeweiligen Rechts aus einer soziologischen Perspektive herausgearbeitet, in denen sich das Muster moderner Kindheit spiegelt und die durch die Normen, die diesem Muster zugrunde liegen, entweder bestätigt oder durch die neue bzw. veränderte Normen vorangetrieben wurden. Es geht hier um die Interpretation der Normen aus kindheitssoziologischer Perspektive.

3. Abschließend wurden die hieraus gewonnenen Ergebnisse in ihrer Bedeutung für die vier Dimensionen des Musters moderner Kindheit bewertet.

b) Im zweiten Schritt wurden dann die Verabschiedung, Novellen und Reformen in ihrer zeitlichen Abfolge interpretiert sowie eine abschließende Bewertung der rechtlichen Entwicklung in den einzelnen Bereichen des Jugendrechts vorgenommen. Bezugsgröße waren hierbei vor allem die vier Dimensionen des Musters moderner Kindheit. Es geht um die Rekonstruktion der permanenten kulturellen Praktiken der „Normalisierung" (vgl. Link 2005 und 2008) und „Standardisierung" (vgl. Turmel 2008b) von Kindheit im Jugendrecht.

Das methodische Vorgehen kann als systematisch vergleichende Analyse der Gesetzestexte sowie der juristischen wie sozialwissenschaftlichen zeitgenössischen Kommentierungen bezeichnet werden. Es wird dabei keine rechtswissenschaftliche, sondern eine soziologische Perspektive eingenommen. Denn es geht um soziologische Analysen über das Recht, die Aussagen über die Bedingungen der Entstehung und Veränderung des Musters moderner Kindheit ermöglichen sollen.

4.2.3 Verwendete Quellen und Dokumente

Abschließend sei auf die Quellen verwiesen, die für die Bearbeitung der Fragestellung verwendet wurden. Es wurden explizit unterschiedliche Arten und Qualitäten von Quellen und Dokumenten verwendet:

Gesetzestexte (Wortlaut): Es geht hier um die konkreten Normen, die darauf zielen, das Verhalten von Minderjährigen sowie von Erwachsenen, die mit diesen umgehen, zu regulieren. Es geht also um den konkreten Gegenstand der Regulierung.

Zeitgenössische Gesetzeskommentare: Es geht hier um die Rechtsauslegung zeitgenössischer Juristen, in denen zum einen die normativen Annahmen über Kindheit und Jugend in Differenz zur Erwachsenheit, zum anderen aber auch über die sozialen Beziehungen in der Gesellschaft ersichtlich werden.

Zeitgenössische Abhandlungen in Fachzeitschriften: Es geht hier um die von zeitgenössischen SozialwissenschaftlerInnen (im weitesten Sinne), VerbandsvertreterInnen oder PolitikerInnen vorgenommenen Interpretationen der angenommenen Folgen, die das zu verabschiedende oder bereits verabschiedete Recht für Kinder und Jugendliche, Kindheit und Jugend und die Gesellschaft haben. Hier sollen zum einen die normativen Annahmen über Kindheit und Jugend in Differenz zur Erwachsenheit, zum anderen aber auch über die sozialen Beziehungen in der Gesellschaft ersichtlich werden. Es werden diejenigen Fachzeitschriften durchgesehen, die die großen Reformen und Novellen in Bezug auf das auf Kinder und Jugendliche bezogene Recht begleitet haben. Herauskristallisiert werden jeweils Beiträge, die gegensätzliche Pole der politischen und fachlichen Interpretation verkörpern. So werden gegensätzliche Einschätzungen und Haltungen einbezogen und gegenübergestellt und der Grundtenor bzw. Spannungsverhältnisse, die eine Novelle oder Reform begleitet haben, herausgearbeitet.

Teils werden auch *rückblickende sozialwissenschaftliche Abhandlungen* einbezogen, die aus dem heutigen Wissensstand und Interpretationsrahmen heraus die zurückliegenden Novellen und Reformen systematisch bewerten.

5. Kinder- und Jugendhilfe

„Erster Leitsatz: Das Kind ist ein anderes Wesen als der Erwachsene; deshalb bedarf die Jugend eines anderen Rechtes. Zweiter Leitsatz: Das Jugendproblem ist die Umbildung eines Naturmenschen in einen Kulturträger. Dritter Leitsatz: Das Kind hat einen öffentlichen Anspruch auf Erziehung. Vierter Leitsatz: Die Jugendfrage hat einen universellen Charakter, und dieser kann, solange das Gesetzgebungswerk zersplittert bleibt, nicht gebührend gewürdigt werden. Fünfter Leitsatz: Ziel der gesetzgeberischen Arbeit muß eine auf dem Grundsatz der Freiheit beruhende Erziehung zur selbstverantwortlichen Persönlichkeit sein."

(Felisch 1917, zitiert in Hasenclever 1978, S. 46)

	Kinder- und Jugendhilfe
1840	Königliche Zirkularverfügung zur Aufnahme von Haltekindern (Preußen)
1871	Preußisches Zwangserziehungsgesetz
1900	Gesetz über die Fürsorgeerziehung Minderjähriger
1911	Preußischer Erlaß zur Intensivierung der Jugendpflege
1922	Verabschiedung des Reichsjugendwohlfahrtsgesetzes (RJWG)
1924	Notverordnung zum bedingten Inkrafttreten des RJWG
1924	Inkrafttreten des RJWG
1932	Verordnung über Jugendwohlfahrt
1934	Entwurf zur Reform des RJWG (gescheitert)
1939	Gesetz zur Änderung des Reichsgesetzes zur Jugendwohlfahrt
1946	Modellentwurf einer Novelle zum RJWG (Deutscher Verein)
1953	Novelle des RJWG
1959	Bundesjugendplan
1961	Novelle des JWG
1980	Scheitern der Reform des JWG im Bundesrat
1990	Verabschiedung des Kinder- und Jugendhilfegesetzes (KJHG)
2004	Tagesbetreuungsausbaugesetz (TAG)
2005	Kinderförderungsgesetz (KICK)
	(Vor 1922 nicht vollständig!)

Die Kinder- und Jugendhilfe war zu Beginn des 20. Jahrhunderts einer der Kernpunkte einer Politik für die nachwachsende Generation. In den Planungen vor dem Ersten Weltkrieg war ein umfassendes Gesetzeswerk angedacht, das alle Bereiche des Lebens Minderjähriger berühren sollte – mit Ausnahme der schulischen Bildung. Konnte auch ein so umfassendes Werk später nicht realisiert werden, so kommen doch Kontrolle, Unterstützung, Erziehung, Bestrafung und der Schutz in diesem sich über die Jahrzehnte stark verändernden Gesetz zusammen. Wie kein anderer Bereich ist die Kinder- und Jugendhilfe durch ihre extreme Heterogenität und durch Ambivalenzen geprägt. Die geschichtliche Entwicklung ist unübersichtlich, zersplittert, regional unterschiedlich und von den einzelnen Machtgruppen geprägt. Aus dieser Perspektive ist die Entwicklung der Schaffung eines einheitlichen Rahmengesetzes zu Beginn des 20. Jahrhunderts für das Muster moderner Kindheit von besonderer Bedeutung. Auch wenn keinesfalls davon gesprochen werden kann, dass das Kinder- und Jugendhilfegesetz jemals flächendeckend alle Kinder erreicht hatte – wie beispielsweise die gesetzliche Schulpflicht – so kann dieses Gesetzeswerk dennoch als eine zentrale normgebende und normalisierende Instanz bezeichnet werden, die das Denken über Kinder, das Handeln der Professionellen immer stärker geprägt hat.

5.1 Das Reichsjugendwohlfahrtsgesetz von 1922

Bereits vor dem Ersten Weltkrieg hatte im Deutschen Reich eine starke Entwicklung einzelner „Jugendhilfepolitiken" eingesetzt, in einzelnen Ländern wie beispielsweise in Preußen schon seit Mitte des 18. Jahrhunderts. Bemühungen, reichseinheitliche Vorschriften zu schaffen, können seit Ende des 19. Jahrhunderts verstärkt beobachtet werden.[1] Wie auch der Bereich der Sozialen Arbeit geht die Kinder- und Jugendhilfepolitik in weiten Teilen aus der traditionellen und später reformierten Armenpolitik hervor (Sachße 1996, S. 558f.; vgl. auch Sachße/Tennstedt 1988, 1998). Eine weitere historische Entstehungslinie war das staatliche Vormundschaftswesen, das ebenso auf eine lange Tradition zurückblicken konnte. Eine dritte Linie war die bereits seit Beginn des 19. Jahrhunderts einsetzende Jugendpflege (beispielsweise Johann Hinrich Wichern 1908–1881; Johannes Bosco 1815–1888), die von konfessionellen Gruppierungen getragen wurde. Aus diesen verzweigten Entstehungszusammenhängen lässt sich die Diffusität, das für Juristen manchmal schwer zu verschmerzende „bunte Mosaik des Rechts" (Riedel 1963, S. 27), nachvollziehen. Die politischen Entwicklungen im 19. Jahrhundert zeigen, dass die Kinder- und Jugendhilfe ursprünglich zum großen Teil aus einem polizeirechtlichen, ordnungspolitischen Denken hervorgegangen ist. Erziehungsgedanke, Erziehungsanspruch und die Idee von der Förderung der Persönlichkeit haben sich erst langsam im Recht niedergeschlagen und über die einzelnen Reformen hinweg fest etabliert (vgl. Sachße 1996).

1 Eine sehr gute historische Übersicht und Dokumentation gibt Christa Hasenclever (1978, S. 20ff.).

5.1.1 Der Gesetzgebungsprozess[2]

Die Verabschiedung des Reichsjugendwohlfahrtsgesetzes kann zum einen als erste vereinheitlichende, zum anderen wohl als die konfliktreichste und ambivalenteste Verabschiedung im gesamten auf Kinder und Jugendliche bezogenen Recht bezeichnet werden – denn hier kumulierten die kulturellen und politischen Konfliktherde des beginnenden 20. Jahrhunderts – einer Zeit, in der sich der Wohlfahrtsstaat herausbildete: das Verhältnis Öffentlichkeit – Privatheit; das Verhältnis freie Träger – öffentliche Träger; Vorstellungen über die Grenzen und Möglichkeiten der Erziehung als philosophische Frage und als sachbezogene Erkenntnis. Im Gesetzgebungsprozess stehen sich die unterschiedlichen Interessen- und Machtgruppen gegenüber[3]. Edmund Friedeberg – ein zeitgenössischer Autor – spricht von zwei Strömungen, die bei der Durchsetzung eines vereinheitlichenden Jugendrechts miteinander stritten: auf der einen Seite die Vertreter eines „der Jugend angepassten Rechts", die den „Erlaß eines (lückenlosen, J. M.) Jugendgesetzbuches" forderten, und auf der anderen Seite Vertreter, die aus der Perspektive der Klienten argumentierten und „das Problem von der organisatorischen Seite aus angingen", also die die Schaffung jugendbezogener Zentralstellen anstrebten (Friedeberg 1922, S. 3). In der späteren historischen sozialwissenschaftlichen Forschung wird allerdings von vier Strömungen gesprochen, die auf verschiedene Lösungen zielten (Hasenclever 1978, S. 46f.; Münder 1985, S. 233; Peuckert/Münchmeier 1990): a) ein einheitliches Jugendrecht, in dem die Bereiche Fürsorge, Vormundschaft, Strafe, Jugendschutz, Jugendpflege, Existenzsicherung (Armenfürsorge) integriert sind, b) ein Rahmengesetz für das Jugendrecht, unter das sich einzelne jugendbezogene Rechtsbereiche unterordnen, c) ein einheitliches Erziehungsgesetz oder d) ein Jugendamtsgesetz, in dem der Aufbau von Jugendämtern vorgesehen ist und in dem vor allem regional spezifische Verfahrensregeln vereinheitlicht werden. Einer der zentralen Konfliktpunkte war die Frage nach der Verteilung der Aufgaben und Zuständigkeiten zwischen Staat und freien Trägern der Wohlfahrt und Jugendpflege.

Letztendlich behauptete sich ein Jugendamtsgesetz (Schaffung von bürokratischen Zentralstellen), durch das eine einheitliche Verwaltungsstruktur aufgebaut werden sollte. Das bisher sehr heterogene landesspezifische Verwaltungshandeln bezogen auf das Vormundschafts-, Pflegekinder- und Fürsorgewesen sollte zentral in kommunalen Jugendbehörden organisiert und die Verfahrensabläufe reichsweit vereinheitlicht werden. Johannes Münder spricht in diesem Zusammenhang davon, dass das RJWG als Handlungs-

2 Nicht zu Unrecht spricht Johannes Münder (1990a) davon, dass das Gesetz zwar 1922 verabschiedet worden, dann aber im eigentlichen Sinne erst 1953 in Kraft getreten sei, was noch zu zeigen sein wird. In diesem Anfangsdilemma sind die basalen Grundkonflikte, die die Jugendhilfe bis heute prägten, grundgelegt.

3 Hasenclever (1978) zeigt nachvollziehbar auf, welche inhaltlichen Kämpfe zwischen freien Trägern („Freier Liebestätigkeit"), insbesondere den Kirchen und Verfechtern eines staatsgetragenen Fürsorge- und Jugendpflegewesen stattfanden (vgl. auch Neundörfer 1923).

anleitung für eine einheitliche Behörde verstanden werden kann (Münder 1990a, S. 47f.). Die neu entstehenden Aufgabenbereiche der Jugendgerichtshilfe sowie die Kontrolle des gesetzlichen Kinder- und Jugendschutzes sollten von vornherein in den Aufgabenbereich dieser neuen Behörde integriert werden. Die bisher vor allem von den Trägern der „Freien Liebestätigkeit" erbrachten jugendpflegerischen Aufgaben konnten nun auch durch das Jugendamt organisiert werden. Dass sich letztendlich nur ein auf Verfahrensfragen beschränktes Jugendamtsgesetz durchsetzte, wird angesichts der schweren Notlagen nach dem Ersten Weltkrieg in der Literatur häufig als eine Frage des Handlungsdrucks behandelt.[4] Meines Erachtens ist diese Beschränkung vor allem aber auch Ausdruck der unterschiedlichen, teils gegenläufigen kulturellen und machtpolitischen Vorstellungen hinsichtlich der Organisation eines Jugendhilfesystems und generell hinsichtlich der Verteilung von Verantwortlichkeiten in der außerfamilialen Erziehung und Sozialdisziplinierung. Grundlegend war auf der einen Seite also der Streit zwischen konservativen Kräften, insbesondere den Kirchen, die um ein subsidiäres Hilfesystem kämpften, um nicht die Macht in Bezug auf die Erziehung von randständigen Gruppen zu verlieren (exempl. Neundörfer 1923), und sozialdemokratischen Kräften auf der anderen Seite, die eine Jugendhilfe als eigenständige Sozialisationsinstanz neben Familie und Schule anstrebten, um gerechtere Lebenslagen für alle zu schaffen (exempl. AGJ 1982).

Johannes Münder (1985, S. 52f.) spricht retrospektiv von einem problematischen Konsens, der unter Bedingungen der weltweiten Wirtschaftskrise, der Nachkriegsnot, der politisch explosiven Zustände und der Machtkämpfe zwischen zentralen gesellschaftlichen Instanzen und Kulturträgern zustande gekommen ist. Zwar bestanden ähnliche Vorstellung hinsichtlich eines organisierten jugendbezogenen Versorgungs- und Erziehungswesens über die ideologischen Schranken hinweg, aber über die Ausrichtung einer solchen Neuorganisation bestanden extrem unterschiedliche Vorstellungen. Auch zeitgenössische Beobachter formulieren diesen Kompromissgedanken (vgl. Friedeberg 1922 und die Einschätzung von Schlipphak 1980, S. 470). Der Jurist Edmund Friedeberg bewertet in einem der ersten Kommentare zum RJWG das Gesetz als Auftakt für eine weitergehende Jugendgesetzgebung, die darauf zielt, reichsweit einheitliche Verfahrensweisen herzustellen (Friedeberg 1922, S. 7). Von Zeitgenossen wie auch von bilanzierenden Autoren wird das Gesetz trotz seiner Beschränkung auf Verfahrensregeln und seiner Kompromisshaftigkeit als Meilenstein für eine umfassendere Jugendgesetzgebung angesehen: „Der Erlaß eines Reichsgesetzes für Jugendwohlfahrt ist ein

4 Friedeberg (1922, S. 5) spricht darüber hinaus davon, dass gerade die Reichsgründung positiv für das schon vor dem Ersten Weltkrieg angestrebte Jugendrecht gewesen sei – denn mit der Reichsverfassung hat der Gesetzgeber überhaupt erst die Kompetenz erhalten, ein einheitliches Recht zu schaffen. Ein einheitliches Recht wäre im Deutschen Reich kaum zu realisieren gewesen. Deutlich wird daran, dass die Konstituierung als Republik mit einer verbindlichen Verfassung für alle Länder erheblich zur Angleichung von Kindheit und zur Durchsetzung eines Musters moderner Kindheit beigetragen hat.

Markstein nicht nur in der Entwicklungsgeschichte der Jugendfürsorge und Jugendpflege, sondern auch für die soziale und kulturelle Entwicklung unseres Volkes. Erst spätere Geschlechter werden es in vollem Umfang würdigen können, was es bedeutet, daß ein Volk, das aus einem mehrjährigen verlorenen Kriege mit schweren Schädigungen seiner wirtschaftlichen Kraft, seiner gesundheitlichen und kulturellen Lebensbedingungen hervorgegangen ist, den entschlossenen Willen bekundet, durch die Sorge für die heranwachsende Jugend den Grundstein für eine bessere Zukunft zu legen" (Friedeberg/Polligkeit 1923, S. 10; vgl. Schlipphak 1980, S. 470, Wiesner 1980, S. 456; kritisch Münder 1990a, S. 51).

Dass es trotz aller Heterogenität zu diesem Konsens gekommen ist, lässt die These zu, dass hier in allen Lagern ein strukturell ähnliches Motiv zugrunde gelegen hat, das weit über die vielfach in der Literatur zitierte These von der Schließung der Kontrolllücke zwischen Schule und Ausbildung hinausgeht – denn an der Integration der heterogenen Handlungsfelder in einem Jugendgesetz wird deutlich, dass sich die Maßnahmen keinesfalls allein auf den älteren männlichen Jugendlichen richten, sondern vor allem auch auf Kinder von Geburt an – nämlich auf die familiären, familienergänzenden und familienersetzenden Bedingungen (Amtsvormundschaft, Fürsorgeerziehung, Pflegekinderwesen).[5] „Das RJWG, wie alle Leute wissen, ein Kompromißgesetz, läßt doch eine feste Tendenz erkennen, den einheitlichen Willen, durch die Kodifizierung (gesetzliche Festlegung von Pflichten der Allgemeinheit gegenüber dem Kinde) die weite Oeffentlichkeit zu einem anderen Verhalten dem Kinde gegenüber zu bringen. Es soll die Erkenntnis allgemein verbreitet werden, daß dem Kinde ein Recht auf Erziehung zusteht. Die verschiedensten Kreise sollen in der Jugendwohlfahrt zusammenstehen" (Beutel 1924, S. 95; ähnlich auch Friedeberg in der Einführung von 1922, S. 7). Die Schaffung von Bedingungen zur sittlichen Erziehung der (nicht bürgerlichen) Jugend eint die unterschiedlichen Vorschläge für ein Jugendgesetz – ein wie auch immer definierter Erziehungsgedanke liegt allen zugrunde. Ziel war es, materielle Not, normverletzendes Verhalten von Erwachsenen und Minderjährigen aktuell und konkret einzudämmen, dies aber stets aus der Perspektive eines sittlichen Lebens sowohl in der Gegenwart als auch in der Zukunft auf den Weg zu bringen. Motor und Grundkonsens für die Schaffung eines einheitlichen Jugendgesetzes war also die Suche nach einer pädagogischen Grundlegung der Organisation des (ungeordneten) Kinder- und Jugendlebens. Darüber hinaus ist meines Erachtens die Integration unterschiedlicher Traditionslinien (Fürsorge-, Pflegekinder- und Heimwesen, Jugendpflege) in einem gesonderten, einheitlichen Recht ein Zeichen für ein altersbezogenes

5 Aus der regierungsamtlichen Begründung von 1922: „Die Jugendwohlfahrtsbehörden als Organe für die Verwirklichung des öffentlich-rechtlichen Anspruchs auf Erziehung müssen im Laufe der Entwicklung das Ansehen und die Bedeutung, wie sie die Schulbehörden besitzen, im gleichen Maße gewinnen, wie sich der Gedanke ausbreiten muß, daß die außerschulische Erziehung zum Wohle des Volksganzen von derselben Wichtigkeit ist wie Unterricht" (zitiert in Hasenclever 1961, S. 310).

Das Reichsjugendwohlfahrtsgesetz von 1922

- Recht des Kindes auf Erziehung
- Aufbau der Jugendbehörden
- Förderung der Jugendwohlfahrt (Beratung, Mutterschutz, Wohlfahrt aller Minderjährigen)
- Pflegekinder- und Heimaufsicht
- Vormundschaftswesen
- materielle Unterstützung für bestimmte Gruppen
- Fürsorgeerziehung und Schutzaufsicht
- Mitwirkung des JA in der Jugendgerichtshilfe
- Mitwirkung des JA bei der Aufsicht von Kinder- und Jugendarbeit

Sonderrecht, das auf die Sonderbehandlung von Minderjährigen zielt. Die Sonderbehandlung legitimiert sich durch die Annahme der Erziehungsbedürftigkeit Minderjähriger und die damit in Zusammenhang gesehene Schutzbedürftigkeit. Mit dem RJWG ist der Grundstein dafür gelegt, dass in allen angesprochenen Bereichen zumindest ideell die Logik eines Erziehungsgesetzes einziehen konnte – wenn auch die konkreten Praxen durchaus über Jahrzehnte anderen Vorstellungen, anderen Logiken folgten. Waren es im armenbezogenen Wohlfahrtsrecht vor allem ordnungspolitische Vorstellungen, im Strafrecht vor allem kriminalpolitische, sind es im Jugendrecht eben unter anderem auch erziehungspolitische Vorstellungen. Auch wenn der Erziehungsgedanke in den meisten Paragraphen und Absätzen keinesfalls ausformuliert ist, so ist doch allein die Einordnung der unterschiedlichen Handlungsbereiche unter ein einheitliches Jugendgesetz normativ deutlich auf Erziehung und Entwicklung bezogen. Alles in allem wird aus einer kindheitssoziologischen Perspektive deutlich, dass mit diesem ersten grundlegenden Konsens hinsichtlich der Schaffung eines integrierten Jugendhilferechts die (ideelle) Basis für die Durchsetzung des Erziehungsgedankens als Grundlogik für alle auf Minderjährige bezogenen Leistungen und Maßnahmen gelegt wurde – Kindheit als Erziehungskindheit ist auch von wohlfahrtsstaatlicher Seite als solche konstituiert worden. Die Differenz zwischen den Generationen wird rechtlich-normativ verstärkt.

Das faktische Dilemma dieses auf einen Minimalkonsens zielenden Jugendhilferechts zeigt sich dann auch darin, dass noch vor Inkrafttreten des Gesetzes im April 1924 per Notverordnung von 14. 02. 1924 (*Verordnung über das Inkrafttreten des RJWG*, die *Dritte Steuernotverordnung* sowie der *Fürsorgeverordnung* vom 13. 02. 1922) die Realisierung reichseinheitlicher Verfahrensabläufe wieder zurückgenommen wurde. Den einzelnen Gemeinden wurde anheimgestellt, ob überhaupt Jugendämter aufgebaut, oder aber ob die einzelnen Aufgaben nach wie vor bei den bislang zuständigen Ämtern verbleiben sollen. Die Verpflichtung zum Aufbau eines Reichsjugendamtes wurde ebenfalls zurückgenommen. Maßnahmen der Jugendpflege wurden zu freiwilligen Aufgaben. Darüber hinaus blieb es den Ländern anheimgestellt, bis zu welchem Alter die Pflegekinderaufsicht ausgedehnt werden soll (im RJWG Verpflichtung bis 14 Jahren). Die wirtschaftlichen Hilfen im Abschnitt V wurden komplett gestrichen, so dass die Existenzsicherung junger Menschen damit in der Logik der Öffentlichen Wohlfahrt, also in der des allgemeinen Fürsorgerechts verblieb.[6] Insgesamt wurde also die Idee einer Einheit der Jugendhilfe stark relativiert. Auch die sogenannte Anschubfinanzierung für den Aufbau von Jugendämtern ist unter den Bedingungen der Notstandsverordnungen nicht durchgesetzt worden. Die gegensätzlichen regionalen und gruppenspezifischen Vorstellungen über das Verhältnis von Staat und Familie sowie öffentlicher und freier Träger konnten sich weiterhin behaupten. Es blieb also bei einer regional sehr unterschiedlichen Gestaltung der Organisationsstrukturen. Johannes Münder (1990a, S. 50) formuliert den Gedanken, dass die Idee, das Jugendamt zu einer eigenständigen Fachbehörde, die einem pädagogischen Grundverständnis folgt, aufzubauen, mit den Notstandverordnungen „gestorben“ sei. Unter den Bedingungen der ökonomischen Not ist es nicht gelungen, einheitlichere Rahmenbedingungen zu schaffen.

5.1.2 Die konkreten Regelungen des RJWG

Wie bereits oben angedeutet und in Kasten *„Das RJWG von 1922“* ersichtlich, integriert dieses umfassende Gesetz die Bereiche der Jugendpflege (Erziehungsberatung und Jugendarbeit) sowie die Bereiche der Pflegekinder- und Heimaufsicht, des Vormundschaftswesens, der Fürsorgeerziehung und Schutzaufsicht, der Jugendgerichtshilfe, der Kontrolle des Jugendschutzes und der materiellen Sicherung besonderer Gruppen von Jugendlichen. Interessant daran ist als erstes die Auslagerung einiger Bereiche aus dem vormaligen Erwachsenenrecht (materielle Sicherung = Armenfürsorge, Fürsorgeerziehung; Schutzaufsicht = Armenfürsorge und Polizeirecht; Jugendpflege = konfessionelle oder politische Freie Träger; Aufsicht über Kinderarbeitsverbot = Gewerbeaufsichtsämter) – dominierten im Erwachsenenrecht ordnungspolitische Logiken, ist zumindest ideell mit der Zuordnung zu einem spezifischen Jugendrecht die erwachsenenzentrierte Logik aufgebrochen und eine auf Erziehung bezogene Logik eingedrungen, die sich auf eine als notwendig erkannte Besonderheit in der Behandlung Minderjähriger richtet. (Die angestrebte Zusammenlegung unter einem Dach hat damit meines Erachtens erhebliche Bedeutung dafür, dass sich das oben beschriebene Muster moderner Kindheit als Strukturmuster für alle Kinder herausbilden konnte – dazu aber genauer Kapitel 1.2.) Als zweites ist die Schaffung neuer Wirkungsbereiche einer neuen staatlich organisierten Jugendhilfe interessant (Jugendgerichtshilfe; gesetzliche Amtsvormundschaft für alle unehelichen Kinder). Auch hier zeigt sich, dass in die Behandlung von jungen Menschen eine

---

6 In der Verordnung über Jugendwohlfahrt von 04. 11. 1932 (Ziffer 2) wurde Abschnitt V endgültig aufgehoben und auch nach 1946 nicht wieder eingesetzt.

Sonderbehandlung aus der Perspektive von Erziehung eingedrungen ist (genauer Kapitel 7.7 zum Jugendstrafrecht). Überhaupt wird an der Schaffung eines einheitlichen Jugendrechts die Durchsetzung des Erziehungsgedankens auch über staatliches Handeln deutlich – nicht kulturell, aber gegen andere institutionelle Logiken und Interessen.

Wenn ich auch im vorangegangenen Abschnitt vom Eindringen des Erziehungsgedankens in den gesamten Regulierungsbereich gesprochen habe, so weist doch Johannes Münder (1996, S. 14ff.) explizit darauf hin, dass dies unbedingt im Kontext der ersten Hälfte des 20. Jahrhunderts interpretiert werden muss. In allen angesprochenen Bereichen herrschte ein Konzept der Fürsorglichkeit vor, dem ein restriktiver Umgang mit abweichendem Verhalten zugrunde liegt. (Anpassung an normgerechtes Verhalten unter anderem durch Strafe, weniger kooperative, klientenzentrierte Hilfe in Problemlagen oder Beratung.[7]) Aus dieser Anlage kann man schließen, dass das RJWG nicht generell auf die Jugend und die Familie zielte, sondern vor allem auf diejenigen Gruppen der Gesellschaft, die nicht den normativen Vorstellungen einer bürgerlichen Lebensweise entsprachen. Das RJGW richtete sich also *gegen* bzw. an die Kinder von Arbeitern, Landarbeitern, Armen, Obdachlosen. Kinder aus bürgerlichen Familien waren keineswegs angesprochen – die von Gertrud Bäumer (1929) dargelegte Idee, die Kinder- und Jugendhilfe (Sozialpädagogik) als zentrale Erziehungsinstanz neben Familie und Schule für die gesamte Jugend zu begreifen, hat mit der untergeordneten Stellung der Jugendpflege im Gesetz keinen Einzug gehalten. Lediglich in Bezug auf die Einführung der Amtsvormundschaft für alle Kinder unabhängig von Klasse und Stand, die erst nachträglich auf Antrag zurückgenommen werden konnte, wurde ein Wandel hin zur Vereinheitlichung der Bedingungen von Kindheit erkennbar. Man kann die Einführung des Gesetzes als ein Bestandteil der Normalisierung bürgerlicher Vorstellungen über Kinder und Kindheit lesen. Im

7 Insbesondere die Fürsorgeerziehung und die Schutzaufsicht müssen hier genannt werden. Sie sind das Pendant zum Jugendstrafrecht, in welchem die Altersgrenzen immer stärker hinaufgesetzt wurden. Das heißt, dass junge Menschen unter 14 Jahren nicht mehr strafrechtlich belangt werden konnten. Staatliches Eingreifen bei der Feststellung von Verwahrlosung wurde nun durch das RJWG legitimiert, das sich nicht am Tatbestand des Deliktes orientierte, sondern an dem festgestellten Mangel an Erziehung. Geschlossene Unterbringung bleibt so auch für nicht Straffällige und Kinder möglich (vgl. hierzu Wiesner 1980, S. 456f.). Damit einher ging eine Pathologisierung der Verwahrlosten und auch Straffälligen – durch medizinische Gutachten wurde eine Einweisung in Heileinrichtung sowohl zur Ursachenuntersuchung als auch zur anschließenden Behandlung möglich (vgl. zum Prozess der Normalisierung durch Messung siehe Link 2008). Nicht allein soziale Verhältnisse, sondern auch *genetische Dispositionen* werden in die Ursachensuche einbezogen. Theodor Litt (1926a, b) wandte sich bereits früh gegen solche und andere Formen der Gemeinschaftserziehung, die das Denken zu vereinheitlichen suchen. Er forderte dazu auf, bereits früh in der Erziehung den Umgang mit der Widersprüchlichkeit des individuellen wie gesellschaftlichen Seins zu reflektieren. Solche Vorstellungen führten aber lange Zeit nicht zu Reformen des Gesetzes. Wiesner spricht davon, dass man bis 1961 nicht von einem Erziehungsgesetz sprechen könne (Wiesner 1980, S. 457).

RJWG ist zwar von der Angleichung von Handlungsbedingungen und auch der Lebensbedingungen von Kindern und Jugendlichen ausgegangen worden, allerdings keinesfalls von einer gleichen Kindheit und Jugend über die Klassengrenzen hinweg.

Verstärkt wird diese These dadurch, dass Jugendpflege zwar in Abschnitt II unter Aufgaben des Jugendamts (§ 4 „Förderung von Veranstaltungen der Beratung und Wohlfahrt“ sowie § 6 „Verhältnis zu freien Trägern“) aufgeführt, aber nicht näher ausgeführt ist. Die konkrete Ausrichtung und Verantwortungsverteilung wird in den Ländern und Regionen selbst geregelt. Hier spiegelt sich der politische Wille wider, die Heterogenität in der Jugendpflege nicht aufzugeben. Vor allem die Prägung durch die freien Träger soll erhalten bleiben. Geregelt ist hingegen das Verhältnis zwischen freien und öffentlichen Trägern durch die Grundlegung des Subsidiaritätsprinzip: Das Jugendamt soll die Jugendpflege und Jugendwohlfahrt unterstützen und dabei gleichzeitig ein „planvolles Ineinandergreifen“ aller Träger vorantreiben. Kindheit und Jugend bleibt damit regional sehr ausdifferenziert und durch die regionalen kulturellen Eigenheiten und Traditionen geprägt.

Hervorzuheben ist auch, dass dem RJWG keine Konditionalprogrammatik zugrunde liegt. Das heißt es besteht weder ein einklagbarer Rechtsanspruch auf Erziehung, noch auf Förderleistungen (wie beispielsweise im späteren BSHG von 1961 oder im KJHG von 1990). Kinder sind in diesem Gesetz eher Rechtsobjekte als Rechtssubjekte (Wiesner 2004a, S. 130). So wird in der Literatur denn auch häufig davon gesprochen, dass die Etablierung des „Rechts auf Erziehung“ in § 1 eher ein Programmsatz ist, welcher vor allem durchgesetzt wurde, um den staatlichen Eingriff in die Rechte der Eltern zu legitimieren (Münder 1991, S. 283; Peuckert 2004, S. 183; Wiesner 2004a, S. 130, 1980, S. 457). Das RJWG ist also kein Leistungsgesetz mit einklagbaren Rechtsansprüchen, sondern eher ein Gesetz, das die Voraussetzungen der Intervention sowie die Verfahrensabfolge während des und nach dem Eingriff zugrunde liegt.

Interessant ist, dass Eltern *und* Jugendliche im Gesetz gleichermaßen – wenn auch sehr rudimentär – Rechte eingeräumt bekommen. Die Einbeziehung von Jugendlichen ab 14 Jahren in die einzelnen Verfahren ist nicht generell ausgeschlossen – vielmehr haben sie ähnliche Rechte wie die Eltern. Jugendliche ab 14 Jahren, die keiner Konfession angehören, müssen bei der Unterbringung in einer konfessionellen Anstalt zustimmen (§ 69); Jugendliche ab 14 Jahren haben ein Antragsrecht in Bezug auf die Bestimmung eines Einzelvormunds (§ 44, Abs. 2 – die Mutter soll nur gehört werden!) und Jugendliche über 14 Jahren müssen eine Mitteilung über die Schutzaufsicht (§ 57) und Fürsorgeerziehung (§ 65) erhalten – wenn dies nicht aus pädagogischen Gründen unterbleiben sollte. Im RJWG von 1922 sind noch stärker als später die Grundrechte von Minderjährigen ab 14 Jahren geachtet. In diesem Gesetz ist also durchaus eine (Grenz-)Linie zu entdecken zwischen restriktivem fürsorglichem Eingriff zum Erzwingen von Normanpassung (Fürsorgeerziehung,

Schutzaufsicht) und dem Recht der Mitbestimmung. Damit war das RJWG in Bezug auf die Rechte von Jugendlichen weiter in gewisser Weise moderner als das KJHG von 1990 – denn es ging nicht nur um Anhörung, sondern um Zustimmungs- und Antragsrechte. Man kann an dieser Stelle die These aufstellen, dass sich die normative Vorstellung der Familienkindheit (im oben ausgeführten Sinne) noch nicht in dem Maße und Umfang im Recht niedergeschlagen hat wie später nach dem Zweiten Weltkrieg.

Aus der Perspektive dieser Arbeit erscheint mir als weiteres interessant, welche Vorstellungen der Gesetzgeber in Bezug auf die Sicherung des Lebensbedarfs von hilfsbedürftigen Minderjährigen formuliert (§ 49 RJWG), auch wenn der Abschnitt faktisch nie in Kraft getreten ist: Nicht das physische Überleben allein sollte gesichert werden (Begründung im erwachsenenzentrierten Fürsorgerecht), sondern die Bedingungen für die normgerechte Entwicklung des Minderjährigen. „Bei der Beurteilung der Notwendigkeit der Leistungen ist das Bedürfnis nach rechtzeitiger, dauernder und gründlicher Abhilfe gegen Störungen der körperlichen, geistigen und sittlichen Entwicklung der Minderjährigen zur berücksichtigen“ (Wortlaut RJWG § 49). Mit der Herausnahme aus dem Bereich der allgemeinen Fürsorge und dem Einführen in den Bereich der Jugendwohlfahrt hält der Entwicklungs- und Erziehungsgedanke auch in die Grundsicherung der Minderjährigen Einzug. Im Gegensatz zu der Zeit nach dem Zweiten Weltkrieg – wo die materielle Sicherung von Minderjährigen ab 1961 endgültig in die allgemeinen Bestimmungen des BSHG eingegliedert wurden – geht es hier explizit um die Etablierung von kind- und jugendgerechten Unterstützungsleistungen. Andere Gerechtigkeitsvorstellungen – wie beispielsweise das das Fürsorgerecht leitende Lohnabstandsgebot – spielen hier konsequenterweise keine Rolle. Im RJWG von 1922 ist die materielle Unterstützung Hilfebedürftiger auf die Bedingungen des Aufwachsens von Kindern und Jugendlichen gerichtet – erst nach 1961 dann auf die Familie als Bedarfseinheit.

5.1.3 Fazit

Zusammenfassend lässt sich sagen, dass in diesem uneinheitlichen, vorrangig auf Verfahrensabläufe bezogenen Gesetz, das bereits beim Inkrafttreten in seiner praktischen Realisierung beschnitten war, die basalen Vorstellungen von moderner Kindheit zum Ausdruck kommen und rechtlich kodiert der späteren Gesetzgebung zugrunde gelegt werden: nämlich die ideelle Grundlegung einer Vorstellung von einheitlicher Normierung von Kindheit nach bürgerlichen Normen wie auch die Grundlegung des Erziehungsgedanken als Funktionslogik einer auf Kinder und Jugendliche bezogenen Gesetzgebung, Verwaltung und praktischen Hilfe. Das *„Recht auf Erziehung“* – wie auch immer es motiviert war – spricht alle Kinder an und nicht allein eine spezifische Gruppe – wie die der Waisenkinder, Armenkinder, Fürsorgekinder oder aber die der männlichen Jugendlichen nach Schulaustritt. Das ist der normative Aspekt, der die Zeit, die Gesetzgebung, die kulturellen Gruppen über politische

Grabenkämpfe weitgehend eint und zu einer Distanzierung von dem auf Erwachsene bezogenen Recht führt. Die Etablierung einer auf Altersnormen und Sonderbehandlung angelegten generationalen Ordnung ist hiermit forciert.

Auch wenn im vorangegangenen Abschnitt von der Grundlegung des Erziehungsgedankens im Recht gesprochen wurde, resultieren aus der Ausgestaltung des Rechts doch gleichzeitig Vereinheitlichungen wie auch Differenzierungen. Einerseits kann man von der Vereinheitlichung von Kindheit als Strukturmuster (Pädagogisierung von Kindheit durch die Pädagogisierung von Rechtsnormen) sowie Vereinheitlichung der Bedingungen und Verfahrensabläufen für vom Gesetz betroffene Gruppen in den einzelnen Ländern sprechen. Andererseits entstehen aber gleichzeitig gerade durch die konkrete Ausgestaltung der einzelnen Regulierungsbereiche erhebliche klassenspezifische Differenzierungen. Die Differenzierung innerhalb der Gruppe der Kinder und Jugendlichen ist im horizontalen Sinne verfestigt worden und verläuft zwischen bürgerlichen und proletarischen Kindern. Bestrebungen, ein einheitliches (Leistungs)gesetz zu schaffen, wie dies beispielsweise von Gertrud Bäumer 1929 formuliert worden ist, das Kindern generell und unabhängig von ihrer Herkunft und sozialen Lage eine grundsätzliche Erziehung außerhalb von Schule und Familie bietet, konnte nicht realisiert werden. So kann also davon ausgegangen werden, dass das Gesetz die generationale Ordnung über den Erziehungsgedanken normativ bestärkt, aber nur bedingt einheitliche gesetzliche Rahmenbedingungen des Aufwachsens aller Kinder geschaffen hat. Verstärkt wurde dies dadurch, dass über Notstandsverordnungen keine einheitliche Einführung des Gesetzes realisiert werden konnte und die Ausführung in Eigenverantwortung der Länder verblieb.

5.2 Die Entwicklungen zwischen 1930 und 1945

Zwischen 1930 und 1945 fand keine umfassende Reform des Reichsjugendwohlfahrtsgesetzes statt. Ein zwischen 1933 und 1934 vorangetriebenes Reformvorhaben scheiterte an den widerstreitenden Ressorts (Hasenclever 1978, S. 150f.). Gleichwohl hat sich unter der Herrschaft der Nationalsozialisten der gesamte Bereich der Kinder- und Jugendhilfe in einem erheblichen Maß umstrukturiert[8]: „Aus der gewandelten Grundhaltung heraus verändert sich – bei relativ geringfügigen Gesetzesänderungen – das Bild der Jugendhilfe während der NS-Zeit entscheidend und zwar – der stärkeren Position der HJ gegenüber der der NSV entsprechend – noch weit ausgeprägter auf dem Felde der Jugendarbeit als auf dem Felde der Jugendfürsorge“ (Hasenclever 1978, S. 134f.).[9] Hauptpunkte dieses Wandels waren:

8 Einen Abriss über Jugendhilfe im Nationalsozialismus bieten Hasenclever (1978) sowie Peukert/Münchmeier (1990), allgemeiner zur Sozialen Arbeit im Nationalsozialismus Sachße/Tennstedt (1992) sowie Otto/Sünker (1989).

9 „Die wesentliche Entwicklung in der Jugendhilfe lief in dieser Zeit jedoch außerhalb gesetzlicher oder verordnungsmäßiger Bestimmungen: aufgrund der wirtschaftlichen

Novelle des RJWG von 1939

- Leiter der Gebietskörperschaften übernehmen die Geschäfte der Jugendbehörden (Jugendamt § 9; Landesjugendamt § 14)
- Beiräte sind v. a. durch Personen nationalsozialistischer Organisationen (NSV-Jugendhilfe, HJ, BDM) besetzt
- 1936 Gesetz über die Hitlerjugend

- Die Durchsetzung des Erziehungsgedankens in der gesamten Kinder- und Jugendhilfe.
- Der Ausschluss einer bestimmten Gruppe von Minderjährigen aus dem Erziehungssystem: Differenzierung zwischen guten, würdigen und schlechten, unwürdigen Minderjährigen als Grundlogik pädagogischen Handelns (Auslese, Sonderbehandlung, Ausmerzung).

An dem gescheiterten bzw. versandeten Reformvorhaben von 1933/34 – eine Reform, die unter anderem auch durch die noch nicht gleichgeschalteten Kräfte (Wohlfahrtsverbände) in der Kinder- und Jugendhilfe vorangetrieben wurde – zeigt sich, dass unter der Hybris nationalsozialistischen Gestaltungswillens der Erziehungsgedanke zum Motor aller Reformen wurde. Ziel war es, den Jugendschutz, die Jugendpflege und die Jugendhilfe (einstmals Fürsorge) unter der Idee der Erziehung in einem Gesetz zu vereinen und vor allem die jugendfürsorgerischen und jugendpflegerischen Aspekte auszubauen. In allen Formulierungen des Gesetzesentwurfs wird die Erziehung Minderjähriger in den Vordergrund gestellt, allerdings nicht mehr aus der Perspektive eines Rechts des „Kindes" (§ 1 RJWG), sondern aus der Perspektive eines Staatsrechts zur Staatserziehung im Sinne der nationalsozialistischen Menschenbildung (Hasenclever 1978, S. 129f.). So sollte beispielsweise aus der Formulierung *„Schutzaufsicht"* die *„Erziehungsaufsicht"*, aus der *„Freiwilligen Fürsorgeerziehung"* (Amtsvormundschaft) die *„Erziehungshilfe"* werden. Insgesamt sollte der Bereich staatlich organisierter Erziehung und Beratung außerhalb von Familie in einem erheblichen Maße ausgebaut und unter eine einheitliche Ausrichtung sowie unter starke staatliche Führung (JA) gestellt werden. Dies hätte in gewisser Hinsicht eine komplette durch das RJWG vorangetriebene Vereinheitlichung der gesetzlichen Rahmenbedingungen für alle deutschen „erziehungswürdigen" Kinder bedeutet (und zum radikalen Ausschluss aller anderen, s. u.).

Wenn sich auch diese Reform nicht realisieren konnte, so setzte sich doch dieser grundlegende und ausschließliche Erziehungsgedanke durch, allerdings fern von den noch jungen institutionellen Strukturen der Weimarer Republik. „Alle nationalsozialistische Politik hat nur ein einziges Ziel: die

---

Entwicklung und damit der zunehmenden Nichtwahrnehmung der Aufgaben der Jugendhilfe setzte ein fast verzweifelter Versuch ein, das Überleben der Grundlagen der Jugendhilfe zu sichern." (Münder 1990a, S. 50).

Verwirklichung der Volksgemeinschaft. Der Totalitätsanspruch ist ein allumfassender; auch die Erziehung der Jugend und davon wiederum die öffentliche Jugendhilfe können nur als Teile dieses Ganzen verstanden und durchgeführt werden. Daraus ergibt sich, daß die Trennung in verschiedene Arten von öffentlicher Erziehung, nach bestimmten Gruppen von Jugendlichen, nach verschiedenen Rechtsformen oder verschiedenen Trägern dieser Erziehungsaufgaben nicht mehr möglich ist, wenn diese Teile auch zur praktischen Verständigung noch begrifflich unterschieden werden. … Nur eine Unterscheidung trifft der Nationalsozialismus auch hier in unerbittlicher Folgerichtigkeit seiner Forderungen: er scheidet den reinblütigen und erbgesunden deutschen Jugendgenossen, in welcher sozialer Lage er auch immer sich befinden mag, vom fremdblütigen und erbminderen Menschen. … Der Staat *durchdringt* deshalb im Auftrag des Volkes das *ganze* erzieherische Geschehen und überwacht die elterliche Erziehung. Hier liegt in erster Linie die Aufgabe der Erziehungsbehörde, des Jugendamtes" (Webler 1935, S. VIII, Hervorh. im Orig., Ausl. J. M.). In dieser Sequenz aus einer Einführung in das RJWG von 1935 zeigt sich der totalitäre Erziehungsanspruch. Dies hatte zur Folge, dass sich an den Jugendämtern vorbei und unter Zerstörung traditioneller jugend- und wohlfahrtsverbandlicher Strukturen die neue Strukturlogik über die neuen Jugendorganisationen (HJ und BDM) mit einem starken Reichsjugendführer sowie über die NSV-Jugendhilfe, die vor allem alle jugendfürsorgerischen Aufgaben übernahm (Kindergärten, Erziehungsberatung, Freiwillige Erziehungshilfe, Familienfreizeit), durchsetzte. Die bisherigen Strukturen wurden entweder zerschlagen oder durch Umgehung ausgedörrt. Die zentralen Gesetze, die diese Umstrukturierung vorantrieben, waren zum einen das *Gesetz über die Hitlerjugend* von 1936[10], also das Aushebeln aller anderen jugendverbandlichen Organisationsformen sowie der Aufbau jugendbezogener Leistungen als Jugendhilfebereich der NSV (ausführlich Hasenclever 1978, S. 135ff. und 142f.)[11]. Einen Markstein für die Auslesepolitik im faktischen wie im ideellen Sinn, stellt die *Verordnung des Reichspräsidenten über Jugendwohlfahrt* vom 04. 11. 1932[12] dar. Hier wurde der Grundstein für eine

10 Verbot eines Großteils der Jugendverbände bereits 1933 (Hasenclever 1978, S. 135).

11 Insgesamt war nach Christa Hasenclever (1978, S. 155) das Jugendamt auf den Bereich der Regelung des Vormundschaftswesens reduziert worden. Der Außendienst war an das Gesundheitsamt übergegangen, die Jugendarbeit und -pflege komplett durch die Hitlerjugend, alle anderen Aufgaben der Jugend- und Familienpflege durch die NSV absorbiert.

12 *Verordnung des Reichspräsidenten über Jugendwohlfahrt* vom 04. 11. 1932: Absenkung der Fürsorgeerziehung auf das vollendete 19. Lebensjahr; Möglichkeit des generellen Ausschlusses von „Nicht-Erziehbaren" aus der Fürsorgeerziehung. Alternative Unterbringungsmöglichkeiten wurden in der Weimarer Republik nicht entwickelt. Und es wurde auch keine strafrechtliche Verfolgung angestrebt, sondern ein Vakuum erzeugt (vgl. Harvey 1986, S. 306f.). „Zusammengefaßt ergibt sich: Der Entscheidungsprozeß, der zur Notverordnung vom 03. 11. 1932 führte, zeigte die Fähigkeit der konservativen Kreise, vor allem in Preußen, die staatlichen Sparmaßnahmen als Gelegenheit zu nutzen, ihre Vorstellungen von einer FE-Politik durchzusetzen" (ebenda, S. 307). Damit waren die teils reformpädagogischen, philosophischen Auseinandersetzungen zu den

umfassende Auslesepolitik und -pädagogik gelegt. Mit der gesetzlich kodifizierten Legitimation, Nicht-Erziehbare von den Leistungen der Fürsorgeerziehung auszuschließen, wurde unter den Nationalsozialisten eine Pädagogik vorangetrieben, die die erbbiologische und politische Typisierung in „würdige“ und „unwürdige“ zum Grundprinzip nicht nur der Fürsorge, sondern aller jugendbezogenen Bereiche machte und dann zunehmend, im Sinne rassenbiologischer Argumentation, die Auslesekriterien immer stärker naturalisierte. Auch die NSV-Jugendhilfe arbeitete nach diesem Strukturprinzip: „Alle Sorge und soziale Volkswohlfahrt dient aus grundsätzlicher Erwägung heraus dem Erbtüchtigen. Sie übt keine aussichtslose, das Volksvermögen verschleudernde Fürsorge für Erbkranke, sondern aufbauende Vorsorge für den Erbgesunden“ (Althaus 1939, zitiert in Hasenclever 1978, S. 144). Alle Abweichungen, biologischer wie sozialer Art wurden im weitesten Sinne als erbbiologische Schwäche ausgelegt.

Das Muster der Familialisierung, im oben genannten Sinne verstanden als Recht der Eltern sowie als Verschwinden der Kinder im Binnenraum der Familie, ist im Nationalsozialismus weitgehend zurückgedrängt worden. Die in der Weimarer Verfassung verbürgten Grundrechte von Eltern sind durch den Primat des Schutzes der Rasse reduziert worden – nicht konformen sowie „rassenbiologisch unwerten“ Eltern wurden die Elternrechte vollständig verweigert. Dies wird auch an folgendem Zitat in Bezug auf die NSV ersichtlich: „Als ‚parteiamtliche‘ Stelle fühlt sie hinter sich ‚die ganze Macht und Kraftfülle der Partei. Wer also den Dienststellen und Helfern der NSV-Jugendhilfe Schwierigkeiten bereitet, ihren Bemühungen widerstrebt, oder auch nur sich passiv verhält, richtet sich damit gegen die Bewegung und ihre Aufbauarbeit‘. Deshalb sieht sich die NSV-Jugendhilfe – ohne ausdrücklichen Partei- oder Staatsauftrag – ‚sogar dazu befugt, Volksgenossen vorzuladen, Jugendliche und Kinder auch gegen den Willen ihrer Eltern zu hören, Vernehmungen durchzuführen und Protokolle aufzunehmen, Ermahnungen an Volksgenossen zu erteilen, die bei der Erziehung ihre Kinder versagen, ... gegen Jugendliche selbst gegebenenfalls mit geeigneten Erziehungsmaßnahmen vorzugehen. ... All ihr Tun wird moralisch und rechtlich gerechtfertigt durch das Ziel, die Jugend zu schützen und zu fördern‘“ (Stadelmann 1938, zitiert und ergänzt in Hasenclever 1978, S. 144).

Die Bedeutung des Jugendamtes wurde hingegen durch den Ausbau dieser beiden Organisationsstrukturen zurückgetrieben (Hasenclever 1978, S. 155;

Grenzen von Erziehung (Litt 1926), die sich explizit mit der Frage nach Erziehung unter Zwangsbedingungen auseinandersetzten, naturalistisch auf die Frage nach der begrenzten Zuständigkeit des Erziehungssystems in Bezug auf Normabweichungen reduziert worden. Die Frage nach der Autonomie von Minderjährigen kam in einer solchen Argumentation nicht mehr vor – es ging eher um Differenzierung der Klientel nach „Erziehbaren“ und „Nichterziehbaren“. Bereits mit dieser Verordnung sind explizit spezifische Gruppen von Kindern und Jugendlichen aus dem institutionellen Erziehungssystem herausgenommen worden (Zigeuner, Artistenkinder etc.) – hier sollte „das Leben erziehen“ (Harvey 1986, S. 304f.).

Münder 1990a, S. 52). Die kleine Gesetzesnovelle von 1939 bezog sich – wie bereits die Anlage des RJWG von 1922 überhaupt – lediglich auf Verwaltungsstrukturen, nicht aber auf die inhaltliche Gestaltung eines über das Jugendamt gestalteten Jugendhilfesystems. Im Rahmen dieser Reform wurde die Kollegialverfassung[13] des RJWG außer Kraft gesetzt und das Führerprinzip eingeführt, das heißt, dass nur staatlich berufene Vorsitzenden der Gebietskörperschaften Leitungsfunktionen in den Jugendämtern übernehmen konnten (Führerprinzip); als zweites wurde der Beirat (heute Kinder- und Jugendhilfeausschuss) durch diesen Vorsitzenden selbst bestimmt und verpflichtend mit Personen aus der NSV-Jugendhilfe, der HJ und des BDM besetzt (Potrykus 1953, S. 2). Das nationalsozialistische Erziehungs- und Ausleseprinzip wurde also gerade über den Beirat in alle Bereiche bestehender Gremien hineingetragen.

Zusammenfassend kann also gesagt werden, dass über die jugendbezogene Gesetzgebung im Nationalsozialismus, die hier nur sehr rudimentär dargestellt werden konnte (ausführlich Hasenclever 1978, S. 127-153), sowohl über die Verstaatlichung aller Bereiche eine Vereinheitlichung von Rahmenbedingungen für das Aufwachsen von Kindern stattgefunden hat, dass aber gleichzeitig auch die Auslesepolitik über eine Typisierung in „erziehungswürdige“ und „erziehungsunwürdige“ Kinder und Jugendliche extrem ungleiche Kindheiten hergestellt wurden. Den „Erziehungsunwürdigen“ wurde jeglicher Schutz, jegliche Erziehung, jegliche Leistung versagt – es wurden Bedingungen geschaffen, die denen der „ausgesonderten Erwachsenen“ glichen. Nicht für alle Kinder galt das Muster moderner geschützter, familialisierter und scholarisierter Kindheit gleichermaßen (vgl. auch Kapitel Strafrecht). Es hat also eine extreme soziale Spaltung innerhalb der Gruppe der Kinder stattgefunden, die sich nicht mehr entlang klassischer schichtspezifischer Merkmale, sondern entlang rassenbiologischer und politischer Auslesekriterien vollzog.

5.3 Die Novelle des Reichsjugendwohlfahrtsgesetzes[14] von 1953

Die unmittelbare Nachkriegszeit war durch den Zusammenbruch aller Normalitätsmuster auf individueller wie institutioneller Ebene geprägt. Das Muster moderner Kindheit kann als stark beschädigt bezeichnet werden – weder Scholarisierung, Familialisierung noch De-Kommodifizierung waren für

13 Kollegialverfassung bedeutet, dass Entscheidungen per Mehrheitsbeschluss innerhalb der Behörde gefällt werden.

14 Im Folgenden wird lediglich auf die Entwicklungen in der Bundesrepublik Deutschland eingegangen. Die Reformen des Jugendrechts in der DDR gingen ab 1949 einen eigenen Weg, der zu anderen Sozialisationsbedingungen für Kinder geführt hat (vgl. 9. Jugendbericht BMFSFJ 1994; Seidenstücker 1990). Ein Vergleich dieser Wege wäre von größtem Erkenntnisgewinn, da hier die Bedeutung wohlfahrtsstaatlicher Regulierungen im Vergleich besonders eindrücklich herausgearbeitet werden könnten. Allerdings kann die vorliegende Arbeit eine solch umfassende Aufgabe aus zeitlichen Gründen nicht erfüllen.

große Teile der Kinder durchgesetzt. Zwar waren Kinder vom rechtlichen Status nach wie vor schulpflichtig, es galt das Arbeitsverbot, die Sorge für die Kinder war die Pflicht der Eltern, Kinder waren nicht geschäftsfähig – tatsächlich aber zeigten die realen Verhältnisse, dass die Lebensbedingungen und Handlungsräume der Kinder denen erwachsener Menschen glichen[15], die generationale Ordnung war (nicht normativ, sondern faktisch) aus dem eh schon prekären Gleichgewicht geraten: Kinder und Jugendliche schlugen sich selbst durch, waren in Massenunterkünften auch ohne Eltern untergebracht, organisierten sich in umherziehenden Gruppen, arbeiteten für sich oder die Familie, waren vater- oder elternlos, wurden nicht-ehelich geboren, hatten keine oder unregelmäßig Schule. Auch das Jugendhilferecht war am Ende des Krieges für bestimmte Gruppen von Kindern nach wie vor auf ungleiche Behandlung – nämlich auf das Versagen von Schutz – ausgerichtet. Hierfür stehen beispielsweise die massenhaften Erschießungen von Partisanenkindern, die strafrechtlich Erwachsenen komplett gleichgestellt waren, oder aber die Negierung der Fürsorgepflicht gegenüber Kindern in Konzentrationslagern. Das Jugendamt war als steuernde Behörde quasi ausgeschaltet – die nationalsozialistischen Organisationen NSV, HJ und BDM hatten einen großen Teil der Aufgaben übernommen und waren sofort nach Kriegsende aufgelöst worden. Von Zeitgenossen wie von Autoren (exempl. AGJ 1982; Peukert/Münchmeier 1990; Mierendorff/Olk 2002), die die Zeit rückblickend analysieren, wird vor allem aber auch vom katastrophalen Zusammenbruch normativer politischer und kultureller Orientierungen gesprochen. Not, Chaos und Ungeordnetheit gehörten zum Alltag aller Familien und Kinder unabhängig von Schicht und Region. Aus dieser Perspektive galten die Bemühungen im Bereich der Jugendhilfe, sowohl in der jugendbezogenen Praxis als auch in der Rechtsprechung, der Wiederherstellung von Normalität: hinsichtlich der Lebensweisen und Lebensbedingungen von Kindern, hinsichtlich der generationalen Ordnung und nicht zuletzt hinsichtlich des Aufbaus neuer institutioneller Strukturen des Jugendhilfewesens (Hasenclever 1978, S. 155ff.; Peukert/Münchmeier 1990, S. 32ff.).

1953, als das Änderungsgesetz zum RJWG verabschiedet wurde, waren allerdings die zentralen Bedingungen des öffentlichen Lebens und die Grundversorgung der Bevölkerung bereits wieder hergestellt (vgl. Rödl 1953). Das heißt die extremsten Kriegsfolgen waren eingedämmt und die soziale Ordnung in weiten Teilen neu etabliert. In den einzelnen Bundesländern waren die institutionellen Strukturen teilweise bereits neu aufgebaut. Die Novellen und Reformen im gesamten Jugendhilferecht galten ganz allgemein der Vereinheitlichung der gesetzlichen Rahmenbedingungen über die Grenzen der einzelnen Bundesländer hinweg.

15 Man könnte an dieser Stelle fast die These aufstellen, dass sich zu diesem Zeitpunkt das Konzept der Zeitgenossenschaft, wie Heinz Hengst es ausgeführt hat (2005, 2008), weitgehend realisiert hat.

Zentrale Veränderungen der Novelle des RJWG von 1953

Rücksetzung des Gesetzes in den Zustand von 1922 / Zurücksetzung aller Notverordnungen und NS-Novellen:

- Einrichtung von Jugendämtern und Landesjugendämtern als unbedingte Pflichtaufgabe
- Jugendpflegerische Aufgaben (§ 4) als bedingte Pflichtaufgabe
- Einsetzen eines Jugendwohlfahrtsausschusses, in der die zentralen Vertreter der jugendbezogenen Arbeit vertreten sein müssen
- Aufhebung der Kollegialverfassung – Zweigliedrigkeit des Jugendamtes (Jugendwohlfahrtsausschuss – Dienststelle)
- Abschnitt V (materielle Sicherung Bedürftiger) bleibt aufgehoben

Bereits 1946 war das RJWG als Gesetz von den Alliierten Kontrollbehörden bestätigt worden und galt damit bis auf wenige Zurücksetzungen[16] unverändert weiter. Das Änderungsgesetz von 1953 wird in der Literatur als Jugendamtsnovelle bezeichnet, in der es hauptsächlich darum ging, den Zustand von 1922 wieder herzustellen und alle einschränkenden Verordnungen und Änderungen zwischen 1924 und 1945 wieder zurückzunehmen (siehe Kasten). Johannes Münder (1990a, S. 52f.) spricht beispielsweise davon, dass das Gesetz quasi erst zu diesem Zeitpunkt in Kraft trat, da nun die basalen Beschränkungen aufgehoben worden seien. Es ging also vor allem um die Reorganisation der Jugendämter sowie um die institutionelle Zusammenführung von Jugendpflege und Jugendfürsorge als Pflichtaufgabe (Peukert/Münchmeier 1990, S. 37; etwas kritischer Wiesner 1980, S. 457): Jugendämter und Landesjugendämter mussten nun verpflichtend eingerichtet werden; die Auslagerung von im RJWG verankerten Aufgaben in andere Ämter wurde untersagt. Ein Jugendwohlfahrtsausschuss, an dem die zentralen Träger der Jugendwohlfahrt sowie Jugendverbände beteiligt waren, musste eingerichtet werden. Damit wurde der Wechsel von der Kollegialverfassung zum zweigliedrigen Jugendamt vollzogen, so dass explizit unterschiedliche gesellschaftliche Gruppen in die Planungs- und Entscheidungsprozesse des Jugendamtes einbezogen wurden (Potrykus 1953, S. 2). Aus der Perspektive der vorliegenden Arbeit ist die Bedeutung, die der Anordnung von Jugendpflege als bedingte Pflichtaufgabe beigemessen wurde, hervorzuheben: Das Jugendamt musste nun die Bedingungen dafür schaffen, dass sich die Jugendpflege flächendeckend stabil entwickeln konnte und dass ggf. das Jugendamt selbst subsidiär jugendpflegerisch tätig wurde, falls Träger der freien Wohlfahrt bzw. Jugendverbände dies nicht leisteten[17] (Wiesner 1980, S. 457).

---

16 Aufhebung des 1939 eingeführten Führerprinzips und Wiedereinsetzung der Kollegialverfassung.

17 Begründung § 4 des Gesetzgebers BTDrS Nr 2226/60, S. 13.

Rückblickend kritisieren Detlev Peukert und Richard Münchmeier (1990, S. 35), dass die Bundesrepublik Deutschland auf das strukturelle Chaos der Nachkriegszeit wie bereits 1922 lediglich mit dem Ausbau der Bürokratie reagierte, nicht aber mit der inhaltlichen Ausgestaltung des Rechts. Das heißt, dass auf eine Ausdifferenzierung des in § 4 bereits ausgeführten Maßnahmenkatalogs, der nicht auf fürsorgerische Aufgaben, sondern sehr umfassend auf alle die Wohlfahrt und Jugendpflege betreffenden Bereiche zielte, verzichtet wurde (Hasenclever 1978, S. 175).[18] Diese Bereiche[19] waren in sehr knapper Fassung lediglich altersgruppenspezifisch aufgezählt und unter den Sammelbegriff der Wohlfahrt subsumiert worden, weitere Konkretisierungen wurden den Ausführungsgesetzen der einzelnen Bundesländer überlassen. Christa Hasenclever betont, dass eine solche Ausgestaltung 1953 organisatorisch und inhaltlich bereits hätte geleistet werden können, da unterschiedliche Vorschläge vorgelegen hatten (ebenda, S. 175).[20]

Auch wenn man zwar insgesamt von einer Zurücksetzung in die rechtliche Situation von 1922 sprechen kann, so deutet sich in den zeitgenössischen Gesetzeskommentaren und fachlichen Auseinandersetzungen aber doch an, dass sich mit der verpflichtenden Einrichtung eines heterogen besetzten und stimmberechtigten Jugendwohlfahrtsausschusses sowie mit der Festschreibung der Jugendpflege als bedingte Pflichtaufgabe ein normativer Wandel zu vollziehen beginnt (z.B. Carspecken 1953b, S. 52). Dieser Wandel hat zur Sozialpädagogisierung des Rechts[21] beigetragen. Das Muster der Pädagogisierung von Kindheit verfestigt sich damit langfristig: „Das weite Feld der gesunden und vorwärtsstrebenden Jugend ist Orientierung für das neue Jugendamt“ (Deutscher Städtetag 1950, zitiert in Peukert/Münchmeier 1990, S. 36; auch Potrykus 1953, S. 1). Ziel war es, den traditionell ordnungspolitischen, fürsorglichen und sozialdisziplinierenden Charakter der Jugendwohlfahrt der Weimarer Republik abzulegen und allgemein eine jugendpflegerische

---

18 Wie bereits in der Weimarer Republik waren auch im Gesetzgebungsverfahren der 1950er Jahre erneut Forderungen nach einem einheitlichen, umfassenden Jugendrecht laut geworden, die sich allerdings nicht durchsetzen konnten. Die zur gleichen Zeit vorangetriebene Novelle des Jugendstrafrechts wurde inhaltlich nicht mit den Änderungen im RJWG abgestimmt.

19 „Beratung in Angelegenheiten der Jugendlichen; Mutterschutz vor und nach der Geburt, Wohlfahrt der Säuglinge; Wohlfahrt der Kleinkinder, Wohlfahrt der im schulpflichtigen Alter stehenden Jugend außerhalb des Unterrichts; Wohlfahrt der schulentlassenen Jugend“ (Wortlaut (R)JWG von 1953).

20 1949 war die bundesweite Arbeitsgemeinschaft für Jugendpflege und Jugendfürsorge (AGJJ, ab 1971 AGJ) gegründet worden, in der alle Träger – freie und öffentliche – der Jugendhilfe vertreten waren (Albers 1954, S. 9). Dieses Gremium war maßgeblich an der Ausarbeitung von Reformvorschlägen beteiligt gewesen.
Fritz Schlipphak resümiert rückblickend: „Angestrebt wurde damit das ‚lebendige‘ Jugendamt als Beratungs-, Hilfs- und Betreuungsstelle in allen Fragen der Jugendlichen“ (ebenda 1980, S. 471). Solche Forderungen sind zwar euphorisch vertreten worden, haben sich aber in den 1950er Jahren nicht realisiert (vgl. Münder 1996).

21 Zum Begriff der Sozialpädagogisierung des Rechts siehe Hornstein (1997b), 1978 bereits Hasenclever (S. 198).

Ausrichtung zu forcieren, über die die gesamte Jugend erzieherisch erreicht werden sollte.[22] Die bereits in der Weimarer Republik aufgeflammte kontroverse Diskussion um Jugendhilfe als dritte Sozialisationsinstanz neben Familie und Schule (Bäumer 1929; AGJ 1982), war angesichts der wahrgenommenen Orientierungslosigkeit der Nachkriegsjugend erneut zum Diskussionsgegenstand geworden (Wiesner 2004a, S. 127f.). Waren in der Weimarer Republik allerdings die jugendpflegerischen Tätigkeiten des Jugendamtes durch die Notstandsverordnungen (und durch parteipolitische Kämpfe) verhindert und damit keine reichseinheitlichen Rahmenbedingungen für Kinder und Jugendliche geschaffen worden, hatten sich Jugendarbeit sowie Kinder- und Familienfürsorge im Nationalsozialismus als eigenständige totalitäre Sozialisationsinstanzen durchgesetzt – so entstanden unter der Ägide der nationalsozialistischen Einheitsorganisationen (NSV, HJ, BDM) strukturell einheitliche Bedingungen, die allen Kindern zur Verfügung standen, allerdings nur solange sie als „erziehungswürdig" kategorisiert waren. Wie oben aufgezeigt wurde, war das Jugendamt nicht mit jugendpflegerischen und familienunterstützenden Aufgaben betraut. Der Tätigkeitsbereich des Jugendamtes ist in dieser Zeit auf die fürsorgerische Versorgung und Kontrolle problematischer normabweichender Familien und Kinder reduziert worden. Nach dem Zweiten Weltkrieg wurde der Gedanke der gleichen Lebensbedingungen für alle jungen Menschen in gewisser Weise aufrechterhalten, wenn man hier unter demokratischen Verhältnissen allerdings von der Idee der Chancengleichheit sprechen muss. Durch die Parallelstruktur (Zweigliedrigkeit) des Jugendamtes[23], wurde der Behörde der totalitäre Charakter genommen. Das Jugendamt sollte als Erziehungsbehörde ausgestaltet werden. Die Jugendpflege (Jugendarbeit, Kindertagesbetreuung und Beratung) wurde als Pflichtaufgabe des Jugendamtes gestärkt. Damit wurde das Ziel verfolgt, nicht erneut eine ausschließliche Fürsorgebehörde mit autoritativem Kontrollcharakter zu schaffen:[24] „Das Änderungsgesetz vom 28.08.53 will erneut gewährleisten, daß für *jedes Kind und für jeden Jugendlichen* im Bundesgebiet Schutz und Hilfe eines Jugendamtes zur Verfügung stehen kann" (Carspecken 1953a, S. 35; Hervorhebung: J.M.). In allen Kommentaren der 1950er Jahre kommt

---

22 Dass hierbei mit dem Begriff der „gesunden Jugend" direkt an die Terminologie der Nationalsozialisten (vgl. Webler 1935) sowie an das Ausleseprinzip aus den letzten Tagen der Weimarer Republik angeschlossen wurde, scheint zum damaligen Zeitpunkt nicht problematisiert worden zu sein.

23 Das Jugendamt als Steuerungsbehörde, die auch gestalterisch tätig sein darf, und des Jugendwohlfahrtsausschusses, in dem gesellschaftlich heterogene Gruppen vertreten sind.

24 In Bezug auf den Kontrollcharakter bestehen allerdings eklatante Unterschiede in der Einschätzung der Situation zwischen zeitgenössischen Bewertungen und rückblickenden Analysen (Peukert/Münchmeier 1990; Münder 1996). Trotz aller Diskussionen um die Jugendpflege ist nach Einschätzungen von Reinhard Wiesner der Charakter einer Polizei- und Ordnungsbehörde nicht aufgehoben worden – die Fürsorgeerziehung als nicht freiwillige Maßnahme bleibt erhalten (Wiesner 1980, S. 457). Der Autor weist auf die bestehen bleibende Dominanz des Fürsorgegedankens und das Scheitern des Versuchs, freiwillige Leistungen einzuführen, hin. (ebenda, S. 458).

so auch sehr viel stärker als 1922 der Wille und die Idee von Erziehung als einigende Grundlage zum Ausdruck: „Wenn auch die beschlossenen Maßnahmen den einzelnen Belangen sowie den örtlichen Verhältnissen und Möglichkeiten entsprechend verschieden sein werden, müssen sie doch alle von einer gemeinsamen Grundlage ausgehen; dem Willen und der Pflicht zur jugend- und entwicklungsgemäßen Förderung und Hilfe der Jugend jeder Altersstufe. Trotz aller in den einzelnen Jugendamtsbezirken vorliegenden wirtschaftlichen, soziologischen, kulturellen und landschaftlichen Unterschiede muß deshalb grundsätzliche *Übereinstimmung in den Ausgangspunkten* bei der Planung und Durchführung der verschiedenen Aufgaben gewahrt sein" (Carspecken 1953b, S. 53). An anderer Stelle: „Alle Aufgaben des Jugendamtes, welcher Art sie auch immer sein mögen, sind Angelegenheiten der Erziehung. Sie können also nur deshalb voll zum erstrebten Erfolg führen, wenn sie unter pädagogischen Gesichtspunkten und unter Einbeziehung aller gegebenen Möglichkeiten gelöst werden" (Carspecken 1953a, S. 36). An diesen Zitaten wird deutlich, dass zum einen Erziehung als allgemeines Grundprinzip verstanden wird, dass aber zum anderen in der konkreten Realisierung dieses Prinzips die gesellschaftlichen Gruppen in ihren heterogenen kulturellen Orientierungen und Herangehensweisen Vorrang behalten sollen (Subsidiarität). Das Jugendamt sollte die Durchsetzung des Prinzips der Erziehung strukturell sichern.[25] Es kann hier von einer Vereinheitlichung der rechtlichen Rahmenbedingungen auf Bundesebene und damit also der Bedingungen für alle deutschen Kinder bei gleichzeitiger Respektierung verfassungsrechtlich verbürgter Gestaltungsrechte der einzelnen Bundesländer und den darin tätigen freien Trägern gesprochen werden. Damit bleiben Kindheiten explizit regional unterschiedlich und von den kulturellen und konfessionellen Unterschieden sehr stark geprägt. Und gleichzeitig formiert sich der Erziehungsgedanke als immer umfassenderes Strukturelement von Kindheit, das für alle Gruppen in allen Bereichen gilt. Es kann also in dieser Zeit von der prinzipiellen Durchsetzung des Erziehungsgedankens bei parallel dazu verlaufender Aufrechterhaltung der regionalen Erziehungsvorstellungen gesprochen werden.

Gerade die stärkere Einbindung der Jugendpflege in das Bundesgesetz und damit in den Pflichtkatalog des Jugendamtes hat allerdings auch Kritik hervorgerufen, an der deutlich wird, dass die Durchdringung aller Lebensbereiche durch den Erziehungsgedanken weder überall durchgesetzt war, noch dass diese Idee auf umfassende Akzeptanz in der Gesellschaft stieß. Dies macht die Bedeutung der Gesetzesnovelle für die Normalisierung der Erziehungsparadigmas deutlich (vgl. Link 2008). Hierfür kann exemplarisch die

25 „Ausschlaggebend für die Entscheidung dieser Frage (durch das Amt zu gewährleistende Angebote, J. M.) sollte der Wille des Gesetzgebers sein, allen Minderjährigen Möglichkeiten der Anregung, Förderung und Hilfe zu geben, sich also nicht nur mit den Sonderaufgaben der Jugendfürsorge allein zu befassen. … Die Förderung der jugendgemäßen Entwicklung ist letzten Endes ein sozialpädagogischer Auftrag, dem sich vor allem die Gemeinden und Gemeindeverbände selbst nicht entziehen dürfen." (Carspecken 1953a, S. 35).

Auseinandersetzung mit der Novelle von Peter Rödl – eines (christlichen) Jugendverbandvertreters – in fünf aufeinanderfolgenden Aufsätzen in der Zeitschrift *Recht der Jugend* von 1953 bis 1954 dargestellt werden. In den Ausführungen wird die Durchdringung aller Lebensbereiche durch den Erziehungs- und Fürsorgegedanken äußerst kritisch betrachtet. Der Kernpunkt der Kritik lautet, dass es eine scharfe Trennung zwischen Fürsorge und Jugendpflege geben müsse, da beide Bereiche vom Wesen her grundsätzlich unterschiedlich seien. Jugendpflege berge keine fürsorgerischen oder prophylaktischen erzieherischen Elemente in sich, sondern sei als Eigenwert an sich zu verstehen, als ein Lebensraum der Jugend, den sich diese zu Beginn des Jahrhunderts erkämpft habe (Jugendbewegung). Der Jugendpflege an sich liege kein externes Erziehungsanliegen zugrunde, sondern sie wirke persönlichkeitsbildend aus sich, aus der Gemeinschaft der Gleichaltrigen heraus. Die verfassungsrechtliche Begründung für das Bundesgesetz im Allgemeinen und den Jugendwohlfahrtsausschuss im Besonderen sowie die Tätigkeit des Jugendamtes in jugendpflegerischen Angelegenheiten basieren hingegen ausschließlich auf dem Argument der Prophylaxe und der Prävention. Diese Argumentation hinge vor allem damit zusammen, dass das Jugendwohlfahrtsgesetz als rahmengebendes Bundesgesetz nur durch die Bezugnahme auf Artikel 74, Nr. 7 legitimiert sei, der dem Bund die konkurrierende Gesetzgebungskompetenz im Bereich der Fürsorge einräume. Damit werde die legitime bundesstaatliche Tätigkeit im Bereich der Jugendwohlfahrt allein über den Fürsorgegedanken eingeführt.[26] Jugendpflege sei aber kein Ersatz für die zerrüttete Nachkriegsfamilie, sondern vielmehr ein eigenständiger Lebensbereich, der vom Staat als *„staatstragend"* betrachtet werden müsse. Peter Rödl fordert demzufolge eine Jugendpflege, die nicht auf der Idee der Fürsorge basiert, sowie eine Fürsorge in Notlagen, die sich mehr jugendpflegerischer Ansätze bedient: „Wenn zu Beginn dieser Ausführungen behauptet wurde, die Novelle vom RJWG werde in keiner Weise dem Wesen der Jugendpflege gerecht, dann müßte der Ansicht des Deutschen Bundestages, sie sei vornehmlich eine *‚prophylaktische* Jugendfürsorge', in aller Eindringlichkeit jene andere Schau gegenüber gestellt werden, die in ihr nicht etwa den Ausfluß sozialer Notstände sieht, sondern sie als *vollwertigen* Lebensbereich anerkennt" (Rödl 1953, hierzu auch Lerche 1963, S. 17ff.). Mit diesen exemplarischen Ausführungen soll verdeutlicht werden, dass das Erziehungs-

26 Das Jugendwohlfahrtsrecht wird normativ mit dem Verweis auf Art. 74 Nr. 7 GG der öffentlichen Fürsorge zugewiesen. In der Weimarer Reichsverfassung hingegen war die Gesetzgebungskompetenz des Reichs im Art. 7 in den voneinander getrennten Bereichen der Mutterschafts-, Säugling-, Kinder- und Jugendfürsorge sowie der Armenfürsorge verfassungsrechtlich verankert worden. Ein Vorschlag, die Gesetzgebungskompetenz des Bundes für „Fürsorge und Jugendwohlfahrt" im Grundgesetz der BRD (Art. 74) zu etablieren und nicht auf die Fürsorge zu reduzieren, konnte sich nicht durchsetzen – der konkrete Gegenstandsbereich der Jugendwohlfahrt ginge in anderen Bereichen auf, so die Argumentation (Riedel 1963, S. 39; auch Regierungsbegründung BTDrS Nr 2226/60). Diese Argumentation bestätigt sich in allen von mir durchgesehenen Aufsätzen und Kommentaren in Fachzeitschriften.

paradigma nach dem Zweiten Weltkrieg keinesfalls ein alles durchdringendes Prinzip war, dass also keinesfalls davon ausgegangen wurde, dass jegliche Bereiche des Lebens Minderjähriger durch die Idee der Erziehung durchdrungen sein sollte oder sein mussten. Ein so umfassender Erziehungsanspruch wurde von Teilen der Bevölkerung zurückgewiesen. Die Gesetzesnovelle hat hier also explizit einen das Soziale gestaltenden Charakter sowie eine Normalisierungsfunktion. Über die Schaffung von normativen Realitäten wird die Normalisierung von Erziehung als Grundprinzip von Kindheit vorangetrieben.

Um die Darstellung der Diskussion der Novelle von 1953 abzurunden, möchte ich auf die Verfassungsfrage um die Jugendwohlfahrt eingehen. Die Gestaltung der bundesdeutschen Verfassung hatte erhebliche Konsequenzen für die Anlage des Jugendhilfegesetzes und damit für die konkrete Ausgestaltung der Jugendhilfe durch die einzelnen Bundesländer (vgl. hierzu ausführlich Hasenclever 1978, S. 161f.). So wurde im Zuge der Verabschiedung des Grundgesetzes – wie bereits erwähnt – die konkurrierende Gesetzgebungkompetenz des Bundes auf den Bereich der Allgemeinen Fürsorge (Art. 74, Abs. 4) beschränkt. Der sehr breit gefasste Bereich der Jugendfürsorge, der Jugendpflege und des Jugendschutzes – in der Weimarer Verfassung noch eigenständig unter Art. 7 als Säuglings-, Kinder- und Jugendfürsorge verankert – wurde nicht mehr gesondert als Kompetenzbereich des Bundes erwähnt. Damit war die Idee, dass der Staat die Lebensbedingungen von allen Minderjährigen in allen Regionen gleichermaßen gestalten solle, zurückgewiesen. Zum einen ist damit die bereits im vorangegangenen Abschnitt formulierte These der Aufrechterhaltung von Heterogenität durch die Zuständigkeit der Länder bestätigt. Zum anderen werden Jugendwohlfahrt[27] (Beratung, Kindertagesbetreuung, Familienhilfe) und die Jugendpflege (Jugendverbandsarbeit) einheitlich als Fürsorgeleistung konstituiert, also als Leistungen für in Not geratene Familien und Kinder. (Dass dies in Bezug auf die Jugendpflege zu einer schwerwiegenden Neudefinition der Jugendpflege als Präventionsangebot führt, habe ich im vorangegangenen Abschnitt aufgezeigt.) In Bezug auf den Aufgabenbereich der Wohlfahrt für Mütter, Säuglinge und Kleinkinder (Kindertagesbetreuung, die Mütterberatung) und Schüler heißt dies ganz konkret, dass diese Angebote nicht als Regelangebot für alle Kinder und Familien definiert sind. Denn die normative Regel heißt, dass die funktionierende Familie dies selbständig erbringt. Der Bund sorgt qua Rahmengesetz lediglich dafür, dass für alle bedürftigen Familien und Kinder im Sinne der Fürsorgelogik ein solches Angebot in den einzelnen Ländern vorgehalten wird. Damit wird ein sehr deutliches Signal gesetzt, dass die normale Familie diese Leistungen erbringen kann und soll. So fand beispielsweise kein Ausbau von Maßnahmen, die die Balance zwischen Familie und Beruf erleichtern, statt, obwohl die Zahl der arbeitenden (alleinerziehenden Mütter) nach dem Zweiten Weltkrieg höher als allgemein vermutet war (vgl. Krüger/Born/Lorenz-

27 Seit 1953 ist nicht mehr von der Jugendfürsorge, sondern von der Jugendwohlfahrt die Rede.

Meyer 1996; vgl. 1. Jugendbericht 1962). In den einzelnen Ausführungsgesetzen der Bundesländer zum (R)JWG findet sich diese Verfassungsidee denn auch wieder: beispielsweise sollen Kindertagesbetreuungsplätze allein Familien aus sozialen oder wirtschaftlichen Gründen bereit gestellt werden (vgl. Potrykus 1953). Eine allgemeine sozialisationsrelevante Funktion wurde den Kindergärten und Krippen nicht beigemessen, der häuslichen Familienerziehung Vorrang eingeräumt (siehe Kap. 5.6). Deutlich wird, dass zwar das (R)JWG von 1953 in sich kaum familienorientiert ist, dass aber über dessen verfassungsrechtliche Positionierung im Bereich der Fürsorge das Prinzip der Familialisierung als Teil des Musters moderner Kindheit vorangetrieben wurde. Zuständig für das Aufwachsen und das Wohl der Kinder ist zuerst die Familie; staatliche Unterstützung und Erziehung setzt nachrangig und nur im Bedarfsfall ein. Jugendhilfe wurde nicht als Sozialisationsinstanz neben Familie und Schule etabliert. Dies entspricht dem starken Willen konservativer Kräfte zur Rekonstruktion der bürgerlichen Familie nach dem Zweiten Weltkrieg (Peukert/Münchmeier 1990, S. 41, Hasenclever 1978, S. 161). Die bürgerliche Familie galt als Garant der Re-Organisation der Lebensverhältnisse und der bürgerlichen Orientierungsmuster (Mierendorff/Olk 2007, S. 549f.).

Mit der Novelle von 1953 ist der Prozess der Pädagogisierung, eine Sozialpädagogisierung des Jugendwohlfahrtsrechts in Gang gesetzt worden. In diesem kommt das Prinzip der Pädagogisierung von Kindheit zum Ausdruck; die Normalisierungsprozesse durch Recht, also die Durchsetzungsmechanismen eines solchen Prinzips werden erkennbar. Mit der verfassungsrechtlichen Positionierung im Fürsorgebereich wird gleichzeitig die generationale Ordnung, die sich über die Trennung der Generation durch Altersgrenzen und den damit verbunden Kompetenzzuschreibungen und Rechten konstituiert, schärfer gezogen. Denn die nach wie vor aufrechterhaltene Selbstorganisation von Jugendlichen in Jugendverbänden bleibt eine vermeintliche Autonomie: Durch die verfassungsrechtliche Subsumierung der Jugendwohlfahrt unter den Fürsorgegedanken und den sozialpädagogischen Erziehungsgedanken zieht hier die formale Logik einer professionellen Steuerung des Erziehungsprozesses ein, die nicht die Logik von selbstorganisierten Gruppen ist. Als weiteres legt die spezifische verfassungsrechtliche Positionierung des Jugendwohlfahrtsrechts den Grundstein für die später zunehmend stärker werdende Rolle der Eltern gegenüber dem eingreifenden Staat im gesamten Jugendrecht.

5.4 Das Jugendwohlfahrtsgesetz von 1961

Die Verabschiedung des Gesetzes zur Änderung des *Jugendwohlfahrtsgesetzes* (JWG) von 1961 muss vor dem Hintergrund der generellen Neuordnung des Sozialsystems nach dem Zweiten Weltkrieg interpretiert werden (Renten, Sozialhilfe, Jugendrecht insgesamt). Es kann als zweite Novellierung des RJWG gelesen werden. Dennoch wurde es formal am 11.08.1961 als *Jugendwohlfahrtsgesetz* (JWG) in neuer Paragraphenfolge und mit neuem

Titel[28] bekannt gegeben. Insbesondere in Regierungskreisen wurde es als eine weitgehende Neufassung des Gesetzes ausgewiesen, da wesentliche Veränderungen zum RJWG vorgenommen worden waren (beispielsweise Rothe 1961a). Andere zeitgenössische Autoren (Gehrken 1961, S. 347; Hasenclever 1961; Potrykus 1961; Riedel 1963) wie auch Autoren, die das Gesetz rückblickend bewerten (z.B. Hasenclever 1978, S. 202; Schlipphak 1980; Wiesner 1980, S. 455, 1990, S. 112; Münder 1985, S. 234), vermissen jedoch eine grundsätzliche Reform, die das alte Kontrollgesetz in ein echtes Leistungsgesetz überführt hätte. „In seiner Grundstruktur bleibt das Jugendwohlfahrtsgesetz weiterhin ein eingriffs- und ordnungsrechtlich orientiertes Rechtsinstrument" (Wiesner 1990, S. 113).

Hermann Riedel geht in einem Kommentar des neuen JWG von 1963 der Frage nach, welche Gründe es für den zweiten Reformanlauf überhaupt gegeben habe. Aus einer kulturkritisch pessimistischen Einschätzung der Erziehungsfähigkeit der modernen Familie (Verlust christlicher Werte und Pluralisierung der Wertvorstellungen) führt er die Novellierung auf das Scheitern der Novelle von 1953 zurück: das damals angestrebte „lebendige Jugendamt" (s. o.), durch das für alle Minderjährigen überregional eine professionelle Ergänzung der defizitären Familienerziehung hätte geschaffen werden können, sei nicht bundeseinheitlich realisiert worden (Riedel 1963, S. 27). In vielen Kommunen sei der jugendpflegerische Gedanke des RJWG i. d. F. von 1953 nicht umgesetzt worden, der Autor betrachtet die Reform des Jugendamtes daher als gescheitert. Eine Ursache für das Scheitern sieht er im Fehlen adäquat ausgebildeter Fachkräfte nach dem Zweiten Weltkrieg, die dieses Konzept hätten professionell umsetzen können. Nur Professionelle wären in der Lage gewesen, so der Autor, die alten bürokratischen Strukturen des Jugendamtes tatsächlich zu verändern. Auf einer generelleren Ebene suchen Riedel und andere Autoren die Reformierungsnotwendigkeit aber auch in den verfassungsrechtlich bedingten Widersprüchen des RJWG i. d. F. von 1953: Es habe ein starkes Spannungsverhältnis zwischen Freiheitsrechten (bspw. Gewerbetreibender), dem Elternrecht und der Unantastbarkeit der Würde des Menschen (Kind) beziehungsweise dem Recht auf Entfaltung der Persönlichkeit (Kind) bestanden (Riedel 1963, S. 28; Münder 1978, S. 64 und 81). Die verstärkt hervortretenden verfassungsrechtlichen Dilemmata des alten „Erziehungsgesetzes" werden darüber hinaus auf die Pluralisierung von Wertvorstellungen und Lebensweisen zurückgeführt (Hasenclever 1978, S. 199; Riedel 1963, S. V). Diese Widersprüche und gesellschaftlichen Tendenzen verbieten es, so die Argumentation, dass das Jugendhilfegeschehen weiterhin vorrangig von einer einzigen Gruppe bestimmt werde (Hasenclever 1978, S. 199). Alles in allem wird deutlich, dass die Reformbestrebungen sich weniger aus

28 Erwähnt werden muss an dieser Stelle, dass man das Recht von 1953 zwar abgekürzt in vielen Kommentaren und Gesetzestexten als JWG bezeichnete und auch bei Hinweisen auf die einzelnen Paragraphen in Gesetzeskommentaren beispielsweise die Abkürzung § 1 JWG verwendete. Das Gesetz wurde aber weiterhin unter dem Titel *Reichsgesetz für Jugendwohlfahrt vom 09. 07. 1922* geführt.

konkreten neuen Notlagen der Minderjährigen ergeben haben, sondern vor allem aus den dem Jugendwohlfahrtsrecht selbst entspringenden Widersprüchen: Solche Widersprüche entstehen in dem Spannungsverhältnis zwischen einer an der Freiheit des Einzelnen orientierten Verfassung und einem „Erziehungsgesetz", das die Freiheit von Kindern und Familien bewusst einschränkt, um spezifische kulturelle Erziehungsvorstellungen und Kontrollmaßnahmen auch gegen den Willen der Betroffenen durchzusetzen. Ein altes Gesetz, das zuvörderst auf der Logik autoritativer Eingriffe in den Sozialisations- und Erziehungsprozess aufbaut (vgl. Münder 1996), gerät unter den demokratischen und pluralistischen Entwicklungen im Recht und im Alltag der BRD zwangsläufig unter Druck.

Während des etwa dreijährigen Gesetzgebungsprozesses war wie bereits bei der ersten Novellierung des RJWGs Anfang der 1950er Jahre eine Debatte um eine umfassende Reform des Jugendhilferechts geführt worden, in der die eben dargestellten Grundkonflikte diskutiert wurden (vgl. Hasenclever 1978; Wiesner 1990, S. 112). In der Denkschrift *Neudenken sozialer Leistungen* (1955)[29] plädierten die Autoren für die „Eigenständigkeit der ‚Hilfe an der Jugend' gegenüber anderen Sozialleistungen" (Wiesner 1990, S. 112), da diese pädagogischer Natur seien und nicht in der Logik des bestehenden Sozialsystems (Versicherung, Versorgung und Fürsorge) aufgingen – die Sinnhaftigkeit einer Integration des Jugendhilferechts in ein allgemeines Sozialgesetzbuch wurde angezweifelt.[30] Es wurden drei Entwürfe vorgelegt, in denen ähnlich wie bei der zeitlich parallel verlaufenden Reform des Fürsorgerechts (Neufassung als BSHG 1961) das alte Jugendwohlfahrtsrecht zu einem modernen Leistungsgesetz mit einem klaren Aufgabenkatalog der Jugendämter und klaren Ansprüchen von Minderjährigen und Eltern hätte umgearbeitet werden sollen (Riedel 1963; S. V, Hasenclever 1978, S. 198f., 1961). In einem solch umfassenden Jugend*hilfe*gesetz (JHG) sollten sowohl die Sicherung der Erziehung als auch die Sicherung der Existenz integriert sein. Die Zusammenlegung der beiden Gesetze (Fürsorge und Jugendwohlfahrt) oder aber eine Integration der materiellen Unterstützung von Minderjährigen in ein neues JHG war allerdings nur für kurze Zeit tatsächlich diskutiert worden. Eine so umfassende Neugestaltung des Rechts scheiterte zum einem an dem Ansinnen der christlichen Mehrheitsregierung, das Gesetz noch in der dritten Legislaturperiode ohne langfristige theoretische Diskussion und ohne aufwendige Einbeziehung der verschiedenen gesellschaftlichen Fachgruppen, wie dies zum Beispiel in Bezug auf die Reform des Fürsorgerechts geschehen war, verabschieden zu wollen[31] (vgl. Hasenclever 1978; Wiesner 1990, S. 112). Damit war eine grundlegende Reform zum einen aus zeitlichen Gründen nicht realistisch. Zum

29 Verfasst von Hans Achinger, Josef Höffner, Hans Muthesius und Ludwig Neundörfer.

30 Erst 1976 mit Inkrafttreten des ersten Teils des Sozialgesetzbuches wurde das JWG unter großem Protest der Jugendhilfepraxis in das Sozialgesetzbuch (Art. II § 1 Nr. 16) einbezogen (Jans u. a. 2007, S. 8 und 20).

31 Bereits am 11. 08. 1961 war das Familienrechtsänderungsgesetz verabschiedet worden, in dem die Mutter auf Antrag die elterliche Gewalt erhalten konnte sowie die Unter-

anderen aber scheiterte dieses Vorhaben an der Heterogenität der kulturellen Wertvorstellungen in Bezug auf die Realisierung außerfamilialer Erziehung und den damit verbundenen Machtansprüchen verschiedener Gruppen, die in das Erziehungswesen involviert waren (Kommunen, Freie Träger der Jugendwohlfahrt, insbesondere kirchliche Träger) (Riedel 1963, S. V).[32] Insgesamt war mit dem Verzicht auf ein integriertes Jugendhilferecht eine wichtige und nachhaltige Weichenstellung für die wohlfahrtsstaatliche „Behandlung" von Minderjährigen im bundesrepublikanischen Sozialsystem vorgenommen worden, was ich in den nächsten Abschnitten ausführen werde.

Zuerst möchte ich kurz auf die konkreten Veränderungen eingehen und dann die Bedeutung der Novelle für die jugendhilferechtlichen Rahmenbedingungen von Kindheit herausarbeiten. In der Literatur wird das Gesetz in erster Linie aus der Perspektive der Stärkung des Subsidiaritätsprinzips und der Elternrechte diskutiert. In den Mittelpunkt der fachlichen Auseinandersetzung werden der neu eingefügte § 3 gestellt, in dem bestimmt wird, dass bei allen Angeboten und Maßnahmen der öffentlichen Jugendhilfe, die *„Grundrichtung der Erziehung"* in der Familie berücksichtigt werden muss. Eine solche starke Betonung elterlicher Rechte hatte es in den vorangegangenen Fassungen des Jugendwohlfahrtsrechts nicht gegeben. Als zweites ist in § 5, Abs. 2 das bereits 1953 eingeführte Subsidiaritätsprinzip als Prinzip erheblich gestärkt und damit der Vorrang freier Träger explizit ausgesprochen worden – bei allen Maßnahmen der Jugendhilfe sollen nun *zuerst* freie Träger die Leistung anbieten können. Die Kommunen dürfen erst dann tätig werden, wenn ein festgestellter erzieherischer Bedarf nicht durch diese gedeckt wird. (Das Subsidiaritätsprinzip wird in § 8 durch das Gebot verstärkt, Angebote freier Träger nach gleichen Maßstäben wie die der öffentlichen zu finanzieren). Vor allem diese Neuregelungen führten zu erheblichen Protesten der politischen Opposition, der Kommunen wie auch unterschiedlicher Fachgruppen. Selbst Fachgruppen, die der christlich-konservativen Regierung ansonsten nahe standen, waren gegen diese Tendenz eingestellt. In der Schwächung der kommunalen Jugendämter wurde vielfach ein Verlust der Kontrolle „schädlichen" familialen Handelns gesehen. Kurt G. Gehrken (1961) – ein Vertreter einer starken kommunal organisierten Jugendwohlfahrt – bilanziert diesen ganzen Prozess als einen Missbrauch der argumentativen Figur des Elternrechts für politisch-religiöse Zwecke. Denn faktisch – so der Autor – sei es im Gesetzgebungsverfahren eher um die Frage des Verhältnisses zwischen öffentlicher und freier Wohlfahrt und nicht um die Rechte von Eltern gegangen (ebenda 1961).

haltspflicht des Vaters für das Kind auf 16 Jahre erhöht worden war. Ebenfalls 1961 war das BSHG als modernes Leistungsgesetz mit ausformulierten Rechtsansprüchen verabschiedet und damit das alte Fürsorgerecht abgelöst worden.

32 Christa Hasenclever kommt rückblickend zu der Einschätzung, dass insgesamt kein Interesse bestanden habe an der „Herausarbeitung eines eigenständigen sozialpädagogischen Auftrages der Jugendhilfe und der Subjektstellung des jungen Menschen" (Hasenclever 1978, S. 199).

Kernpunkte der Novelle von 1961

- § 3 Stärkung des Elternrechts: Berücksichtigung der „Grundrichtung der Erziehung"
- § 5 (ehemals § 4): stärkere Ausformulierung der bedingten Pflichtaufgaben des JA in der Jugendpflege: Erziehungsberatung, Außerschulische Kinder- und Jugendarbeit, Politische Bildung; Erziehungshilfen und Jugendschutz
- Stärkung des Subsidiaritätsprinzips in § 5 Abs. 2 (Vorrang freier Träger, Pflicht öffentlicher Träger, Bedarfslücken zu füllen)
- Erziehungsberatung richtet sich nun nicht mehr an Jugendliche (Berufsberatung), sondern mit § 5 Abs. 1 Z1 explizit an Eltern
- Hilfen zur Erziehung (im Sinne von §§ 4, 5) müssen bei Bedarf gewährt werden § 6 Abs. 1
- § 8 Gleichberechtigte Förderung gleichartiger öffentlicher und freier Einrichtungen und Maßnahmen
- Ausdehnung des Schutzes von Pflegekindern von 14 auf 16 Jahre
- § 55 Einführung der Erziehungsbeistandschaft (anstatt Schutzaufsicht)
- Einrichtung des Rechtsinstituts der Freiwilligen Erziehungshilfe neben der (Zwangs-)Fürsorgeerziehung
- Zuständigkeit für Fürsorgeerziehung geht an das Landesjugendamt
- Einrichtung Heimaufsicht
- Übertragung wirtschaftlicher Hilfen im Einzelfall an das JA (§ 6 sowie Abschnitt V neu)
- Berichterstattung auf Landes- und Bundesebene §§ 23,24
- Einsetzung eines Bundesjugendkuratoriums § 26

Über die Verstärkung des Subsidiaritätsprinzips und der Elternrechte hinaus sind aber auch eine ganze Reihe weniger öffentlich diskutierter Veränderungen vorgenommen worden, die für das Muster moderner Kindheit von Bedeutung sind (Übersicht im Kasten). So wurde das Rechtsinstitut der *„Freiwilligen Erziehungshilfe"* (Freiwillige Unterbringung des Kindes außerhalb der Familie aus erzieherischen Gründen) eingeführt. Die alte unpersönliche Schutzaufsicht wurde durch die persönliche *„Erziehungsbeistandschaft"* ersetzt, durch die direkter die Erziehung der Eltern unterstützt und nicht mehr in erster Linie der Minderjährige geschützt und kontrolliert werden sollte.[33] Wichtig ist auch die Konkretisierung des Katalogs jugendpflegerischer Tätigkeiten (§ 5). Dieser ist nun nicht mehr auf Altersgruppen bezogen (Wohlfahrt für Mütter, Säuglinge, Kleinkinder oder die Jugend im RJWG), sondern auf konkrete Angebote der Jugendhilfe (Erziehungsberatung, außerschulische Kinder- und Jugendarbeit, politische Bildung; erzieherischer Jugendschutz – genauer hierzu s. u.). Als weiteres ist im JWG erstmals die Frage der Übernahme der Kosten für Leistungen der Jugendwohlfahrtsbehörden einheitlich geregelt

33 Damit sind zwei Veränderungen vollzogen worden, die bereits in dem unter den Nationalsozialisten gescheiterten Reformversuch von 1933 explizit formuliert waren. Der im Nationalsozialismus forcierte Erziehungsgedanke wird hier – wenn auch unter demokratischen Bedingungen – fortgeführt.

worden – auch hier hat das Subsidiaritätsprinzip Einzug gehalten (s. u.). Hervorzuheben sind ferner die Bestrebungen, die Aufsicht über bestimmte Verfahren und Problemgruppen bundesweit einheitlich den Landesjugendämtern zuzuordnen, also aus der kommunalen Zuständigkeit herauszunehmen. Hierunter fallen die Einführung der Heimaufsicht und die neue Zuständigkeit der Landesjugendämter für die Fürsorgeerziehung. Als weiteres wurden die Unterrichtung der Öffentlichkeit über „die Lage der Jugend und die Maßnahmen der Jugendhilfe“ sowie die Organisation der Ausbildung der Fachkräfte in § 23 als Aufgabe der Jugendwohlfahrtsbehörden neu eingeführt. Auf Bundesebene wurde zur Schaffung einer wissensbasierten Entscheidungsgrundlage eine kontinuierliche Jugendberichterstattung eingearbeitet (periodisch verfasste Jugendberichte in jeder Legislaturperiode, § 25, Abs. 2). Und letztendlich wurde ein die Regierungsgeschäfte beratendes Bundesjugendkuratorium installiert (§ 26), um unterschiedliche professionelle Ansätze wie auch Wertvorstellungen in die politischen Entscheidungen mit einfließen zu lassen. Bereits an dieser bloßen Aufzählung wird deutlich, dass die Novelle von 1961 mehr ist als die herausgelöste Frage nach dem Elternrecht und dem Verhältnis zwischen öffentlichen und freien Trägern. Vielmehr wird daran insgesamt die Frage nach der gezielteren und kontrollierten Einflussnahme auf Sozialisations- und Erziehungsprozesse außerhalb der Familie deutlich.

Im Folgenden möchte ich auf einzelne Aspekte und deren Folgen für das Muster moderner Kindheit näher eingehen.

5.4.1 Stärkung des Elternrechts: Familialisierung des Kinder- und Jugendhilferechts (Jugendwohlfahrtsrechts)

Wie bereits angesprochen, ist das Elternrecht durch die gesetzlich verankerte Verpflichtung, die *Grundrichtung der Erziehung* in allen Maßnahmen der öffentlichen Jugendhilfe zu berücksichtigen, explizit gestärkt worden (sehr kritisch hierzu Riedel 1963, S. 63, aber auch Potrykus 1961, S. 66). Damit wurde generell die Bedeutung der Familienerziehung im Erziehungsprozess betont, was beispielsweise in der Einschätzung von Friedrich Rothe, der die Novelle in der christlichen Mehrheitsregierung als Ministerialrat maßgeblich mit vorangetrieben hat, zum Ausdruck kommt: „Der Bundestag fügte hinzu, daß die öffentliche Jugendhilfe die in der Familie begonnene Erziehung des Kindes unterstützen und ergänzen soll. Nunmehr ist noch umfassender hervorgehoben, daß nicht nur die Grundrichtung der Erziehung, sondern darüber hinaus der gesamte Geist einer Familienerziehung für die öffentliche Jugendhilfe Beachtung verdient“ (Rothe 1961b, S. 362). Die bei Gertrud Bäumer 1929 formulierte Idee einer Jugendhilfe als zentraler Sozialisationsinstanz neben Familie und Schule ist in dieser Formulierung und auch im weiteren Kommentar negiert. Aber nicht allein in dem herausgehobenen und viel diskutierten § 3 spiegelt sich die Neubewertung elterlicher Rechte. So wird beispielsweise im neuen § 5 (Abschnitt Jugendpflege) die Beratung von Jugendlichen nicht mehr wie zuvor gesondert als jugendpflegerische Aufgabe erwähnt; vielmehr rückt die der Eltern in Fragen der Erziehung an die erste Stelle. In § 5 Abs. 3 wird der öffentliche Träger bei der Koordination von jugendpflegerischen Veranstaltungen und Einrichtungen ebenfalls wie in § 3 zur Berücksichtigung der *Grundrichtung der Erziehung* aufgefordert. Bei der vorübergehenden Fremdunterbringung von Pflegekindern im Gefahrenfall müssen die Personensorgeberechtigten nun unverzüglich unterrichtet werden, es sei denn dies gefährde das Kindeswohl existenziell (§ 33), bisher galt, dass nur das Vormundschaftgericht durch das Jugendamt unterrichtet werden musste. Im Bereich der Fürsorgeerziehung wird die Benachrichtigungspflicht durch das Jugendamt auch auf die nichtsorgeberechtigten Eltern ausgedehnt (§ 71, Abs. 4). Stand im alten JWG i.d.F. von 1953 bei der Einleitung einer *Schutzaufsicht* die *Anordnung durch das Jugendamt* an erster Stelle und der Antrag der Personensorgeberechtigten an zweiter, steht bei der neu formulierten *Erziehungs- beistandschaft* der *Antrag der Personensorgeberechtigten* an erster Stelle, die Anordnung von Amtswegen ist nachgeordnet (§ 56, Abs. 1). Darüber hinaus sollen Eltern bei gewährter Erziehungsbeistandschaft jetzt in allen Fragen der Erziehung unterstützt und nicht mehr vorrangig der Jugendliche geschützt und überwacht werden (§58). Unterstützung und Beratung des Minderjährigen rückten in der Formulierung an die zweite Stelle. Es kann also festgestellt werden, dass viele der Neuformulierungen einzelner Paragraphen aus der Perspektive der Stärkung elterlicher Rechte vorgenommen wurden und sich damit ein bereits vorhandener Aspekt als grundlegendes Prinzip durchsetzte: die Familialisierung des Jugendwohlfahrtsrechts. Damit ist die im Grundgesetz verankerte Norm, dass an erster Stelle die Eltern das Recht und die Pflicht zur Erziehung haben, auch im Jugendwohlfahrtsrecht betont worden – zwar war in § 1 (R)JWG von jeher diese Norm verankert, diese wurde dann aber in den folgenden Abschnitten nicht weiter konkretisiert. Hier galt das Prinzip des notwendigen und legitimierten staatlichen Eingriffes. Diese starke Rechtstellung von Eltern hatte ich in Kapitel 1.2 als Teil der Familialisierung bezeichnet. Umgekehrt spielten die Rechte von Kindern in der konkreten Ausformulierung der Paragraphen keine Rolle, da diese – ganz im Geiste der Familialisierung – als durch die Eltern vertreten galten.

So sind in diesem Zusammenhang auch erste Anzeichen einer Schwächung der von jeher marginalen Mitbestimmungs- und Anhörungsrechte der Minderjährigen im Jugendwohlfahrtsrecht zu beobachten. Ein Beispiel: Im alten JWG i. d. F. von 1953 (§ 65) war in Bezug auf die Anordnung einer Fürsorgeerziehung festgelegt worden, dass der konfessionslose Minderjährige im Falle der Unterbringung in einer konfessionell gebundenen Familie oder Anstalt zustimmen müsse – die Erziehungsberechtigten wurde hier nachrangig einbezogen, falls der Minderjährige dieses nicht bestimmen könne, eine Altersgrenze war nicht ausdrücklich formuliert. Im neuen JWG hingegen rückten in § 71 Abs. 3 die Personensorgeberechtigte an die erste Stelle und der Minderjährige ab 14 Jahren an die zweite.[34]

34 Als gegenläufig kann allerdings bezeichnet werden, dass gleichzeitig die Rechte des Minderjährigen bei der Beantragung der Aufhebung der Fürsorgeerziehung gestärkt

An der Betonung elterlicher Rechte und der gleichzeitigen Beibehaltung eines lediglich programmatischen „Rechts des Kindes auf Erziehung" setzen viele zeitgenössische Kritiken der Novelle an. Allerdings bezogen sich diese weniger auf die eben angesprochenen marginalen Mitbestimmungs- und Anhörungsrechte von Minderjährigen, sondern vielmehr auf die fehlende Konkretisierung des „Rechts des Kindes auf Erziehung" (vgl. Gehrken 1961, Hasenclever 1961, Riedel 1963). Denn es ging hier aus einer adultistischen Perspektive eher darum, legitimiert in den familialen Erziehungsprozess eingreifen zu dürfen, um dem Kind zu seinem gesetzlich formulierten Recht zu verhelfen. So monierte der Landgerichtsrat und Verfasser eines bekannten Gesetzeskommentars Herrmann Riedel, dass das Recht des Kindes nicht stärker als materialer Rechtsanspruch verankert wurde, dass vielmehr mit dem neu eingesetzten § 3 („Berücksichtigung der Grundrichtung der Erziehung") eine Konkurrenz aufgebaut wurde, die das Recht des Kindes auf Erziehung in den Hintergrund treten lasse (Riedel 1963, S. 57; auch Bamberger 1961, S. 2). Ferdinand Carspecken weist darauf hin, dass das schwache Recht von Kindern bereits in der bundesrepublikanischen Verfassung angelegt sei und dass sich diese Schwäche im JWG von 1961 fortsetze: Das Elternrecht ist in Art. 6 Abs. 1 GG kodifiziert, auf ein Recht des Kindes auf Erziehung oder auf Entfaltung der kindlichen Persönlichkeit wurde hingegen explizit verzichtet (Carspecken 1961b, S. 348). Im Gegensatz dazu sei im JWG zwar das Recht auf Erziehung im § 1 kodifiziert worden. Dieses blieb jedoch stets ein Programmsatz, da keine weiteren konkreten Ansprüche damit verbunden wurden. Selbst Politiker und Fachleute, die der christlichen Regierung ansonsten nahestanden, kritisierten stark, dass mit der generellen Stärkung des Elternrechts auch das derjenigen gefestigt wurde, die im eigentlichen Sinne nicht zur Erziehung in der Lage seien. So weist Potrykus (1961, S. 65) explizit auf die Widersprüchlichkeit der neuen Regelungen hin: Einerseits war gerade das familiale Erziehungsdefizit die zentrale bedrohliche Gegenwartsprognose aus der sich das Eingriffsrecht des Staates legitimiere, andererseits aber werde das Elternrecht als natürliches Recht unabhängig von der Qualität der Erziehung hervorgehoben und gegen den – aus seiner Sicht oft notwendigen – Eingriff von Außen hoch gehalten (ähnlich auch Carspecken 1961a, b; Hasenclever 1961; Waldeck 1961). Das Recht des Kindes auf Erziehung wird gerade durch die mangelnde Erziehungsfähigkeit vieler Erwachsener als gefährdet angesehen (vgl. Hasenclever 1961). Das Jugendamt hingegen galt für viele als Garant des Rechts des Kindes auf Erziehung, das vor allem eine gleichberechtigte Teilhabe aller Kinder und Jugendlichen am Hilfesystem unabhängig von Herkunft und konfessioneller Zuordnung idealerweise ermöglichen sollte (vgl. Gehrken 1961).

---

wurden: Jugendlichen ab 14 Jahren ist in § 74 das Recht eingeräumt worden, die Beendigung der Fürsorgeerziehung zu beantragen. Im JWG von 1953 war dies ausdrücklich verneint und allein den Erziehungsberechtigten vorbehalten.

Insgesamt kann anhand der beschriebenen Neuregelungen der Schluss gezogen werden, dass mit der Stärkung des Elternrechts das Verhältnis zwischen Familie und Staat (Jugendamt als Vertreter öffentlicher Erziehung) in Bezug auf die ersetzende und ergänzende Erziehung im Rahmen der Jugendhilfe neu justiert wurde. Neben der Ersetzung der Familie durch öffentliche Erziehung begann die Ergänzung und Unterstützung der Familie zumindest als Leitidee in den Mittelpunkt zu rücken. Die starke Familienzentrierung des Rechts hat – wie aufgezeigt werden konnte – Auswirkungen auf die rechtliche Position von Minderjährigen im Recht gegenüber den Eltern. Alles in allem kann man davon sprechen, dass eine erhebliche Familialisierung des Jugendwohlfahrtsrechts bereits mit der Novelle von 1961 eingesetzt hat – also bereits lange vor der Verabschiedung eines neuen Kinder- und Jugendhilfegesetzes, das später als „Familiengesetz" interpretiert und kritisiert wurde (beispielsweise von Münder 1990b). Die Tendenz der Familialisierung ist bereits 1961 angelegt.

5.4.2 Fortgesetzte Angleichung der rechtlichen Grundlagen für die Erziehungshilfen in der Bundesrepublik bei Anerkennung regional unterschiedlicher Umsetzungspraxen

Aus meiner Forschungsperspektive ist als weiteres interessant, dass mit der Novelle zum einen die Angleichung der rechtlichen Bedingungen durch bundeseinheitlichere Regelungen vorangetrieben wurde (Gehrken 1961, S. 346), zum anderen aber durch die Verfestigung des Subsidiaritätsprinzips die Heterogenität in der Umsetzung der unter das Rahmengesetz fallenden Maßnahmen durch die unterschiedliche landesspezifische Ausgestaltung des Rechts explizit aufrechterhalten und gebilligt wurde.

So ist in § 6 JWG neu geregelt, dass für alle Kinder – also unabhängig von den regionalen Prioritäten in der Jugendhilfe – bei Bedarf die geeigneten Hilfen zur Erziehung nach §§ 3, 4 zur Verfügung gestellt werden müssen. Das betrifft beispielsweise Beratungsangebote, die pflegerische oder erzieherische Tagesbetreuung von Kindern etc. Dass in den 1950er Jahren bei weitem nicht alle Kommunen die im JWG i. d. F. von 1953 aufgezählten Aufgaben erfüllt hatten, wird an folgendem Ausschnitt aus der regierungsamtlichen Begründung des Gesetzes deutlich: „Da die in § 4 aaO geregelten sog. bedingten Pflichtaufgaben des JA nicht in allen Stadt- und Landkreisen einheitlich erfüllt werden, ist es notwendig, den Aufgabenkatalog zu konkretisieren" (BTDrS Nr. 2226/69; Begründung des Gesetzesentwurfs; Abkürz. so im Orig.). Es ging sozusagen um eine bundeseinheitliche Grundausstattung mit jugendpflegerischen Angeboten – alle Familien, Kinder und Jugendliche sollten die Möglichkeit haben, diese zu nutzen. Die Maßnahmen sollten nicht allein auf benachteiligte Kinder und Jugendliche bezogen sein. Da davon ausgegangen wurde, dass die Öffnung jugendpflegerischer Angebote für Jedermann kaum im öffentlichen Bewusstsein verankert war, da das Jugendamt in der Bevölkerung nach wie vor als Kontroll- und Eingriffsbehörde wahrgenommen wurde, wurden die Jugendbehörden mit § 23 Abs. 1 dazu angehalten, die Öffentlichkeit über jene Leistungen der Jugendhilfe zu informieren. Diesem Schritt lag die Erkenntnis zugrunde, dass Einheitlichkeit nicht allein dadurch realisiert werden kann, dass Angebote zur Verfügung gestellt werden, sondern erst darüber, dass informierte Bürger diese auch in Anspruch nehmen und gegebenenfalls einfordern (Demokratisierungsprozess).

Die unter Abs. 3 des § 23 verankerte Pflicht zur Anregung, Förderung und gegebenenfalls Durchführung von Fortbildungen für Fachkräfte kann als Professionalisierungsanliegen interpretiert werden und vor allem auch als Bedürfnis, ähnliche professionelle Qualitätsmerkmale in allen Maßnahmen voranzutreiben (Wissenskanon). Auch dies möchte ich als Tendenz der Angleichung von Bedingungen des Erziehungsgeschehens außerhalb der Familie interpretieren.

Auch im Bereich der klassischen Jugendfürsorge kam es zu einer weiteren bundesweiten Angleichung der rechtlichen Rahmenbedingungen. So wurden ab diesem Zeitpunkt laut § 28 alle Minderjährigen, die nicht bei den Eltern leben, unabhängig von ihrem Alter als „Pflegekinder" behandelt. Gleichzeitig wurde der Pflegekinderschutz von 14 auf 16 Jahre ausgeweitet und damit die Schutzphase altersbezogen ausgedehnt. Damit ist die Gruppe der unter Aufsicht des Jugendamtes stehenden Minderjährigen erweitert worden. Pflegekinder wurden prinzipiell der Aufsicht des Jugendamtes unterstellt, ein Widerruf musste von den Erziehungsberechtigten persönlich erwirkt werden. Für alle Pflegekinder gleichermaßen musste die Erlaubnis des Jugendamtes eingeholt werden – bei Missachtung drohte eine Geldbuße. Alle Pflegeverhältnisse mussten nun dem Jugendamt gemeldet werden. Minderjährige, die in verwandtschaftlichen Beziehungen untergebracht werden, waren hiervon nicht mehr wie bisher ausgenommen – auch diese gerieten bis auf Widerruf unter die Aufsicht des Jugendamtes. „Wilde", quasi unkontrollierte Erziehungsverhältnisse außerhalb der durch die Ehe legitimierten Elternschaft wurden immer weniger geduldet.

Trotz des Voranschreitens der bundeseinheitlichen Regelung von Verfahrensabläufen etc. fand keinesfalls ein genereller Prozess der Angleichung von erzieherischen Bedingungen von Kindheit in der Bundesrepublik Deutschland wie zur Zeit nationalsozialistischer Herrschaft statt. Vielmehr blieben durch die Stärkung des Subsidiaritätsprinzips Kindheiten heterogen. Die kulturell und religiös verschieden geprägten regionalen Jugendhilfestrukturen in einzelnen Kommunen und Ländern blieben weiterhin prägend. Das heißt, die jugendwohlfahrtsrechtlichen Bedingungen von Kindheit blieben trotz eines einheitlichen Bundesrahmengesetzes durch den Vorrang freier Träger, aber auch durch die einzelnen Ausführungsgesetze der Länder unterschiedlich. Kurt G. Gehrken bewertet dies als Ungleichbehandlung von Jugendlichen in der Bundesrepublik, vor allem dann, wenn in Gemeinden nur konfessionelle Träger gefördert werden (Gehrken 1961, S. 346). So kann man abschließend sagen, dass ein Prozess der Angleichung struktureller Rahmenbedingungen bei Aufrechterhaltung regionaler Unterschiede stattgefunden hat.

5.4.3 *Endgültige strukturelle Trennung der materiellen Sicherung von Minderjährigen und der sozialpädagogischen Unterstützung des Sozialisations- und Erziehungsprozesses im bundesrepublikanischen Wohlfahrtsstaat*

Wie bereits oben angedeutet, ist im Gesetzgebungsverfahren von 1961 die Idee verworfen worden, die materielle Existenzsicherung von Minderjährigen und die sozialpädagogische Unterstützung des Erziehungs- und Sozialisationsprozesses in einem einzigen umfassenden Gesetz (Jugendhilfegesetz) zu integrieren. Zeitgenössische Beobachter heben hervor, dass aufgrund der Pädagogisierung des Jugendhilferechts eine Reintegration der materiellen Hilfe, also ein Zusammengehen von Fürsorgerecht (später BSHG) und Jugendhilfe, verhindert worden sei (herausgearbeitet in Hasenclever 1978, S. 198). Die materielle Sicherung ist weitgehend im 1961 verabschiedeten *Bundessozialhilfegesetz* (BSHG) integriert worden, die öffentliche Unterstützung der Erziehungsprozesse hingegen wie bisher im JWG.[35] Damit sind im Zuge der wohlfahrtsstaatlichen Reformen nach dem Zweiten Weltkrieg die Weichen langfristig gestellt worden. Diese endgültige Trennung der beiden Rechtsbereiche hat zur Folge, dass die wohlfahrtsstaatliche Gestaltung von (monetären) Lebensbedingungen und die Gestaltung von Erziehungsbedingungen abgetrennt voneinander behandelt werden und unterschiedlichen Logiken folgen. Die Existenzsicherung wird so in einer an Erwerbsarbeit orientierten Logik des Sozialhilfesystems geregelt. Im Vordergrund steht die Frage nach einem „gerechten" Verhältnis von Erwerbslohn und der bedarfsgeprüften Existenzsicherung – nämlich nach dem Abstand des Erwerbslohnes zur staatlichen monetären Hilfeleistung. Minderjährige werden hier allein als Teil eines Familienhaushalts behandelt, welcher in das Verhältnis zu anderen Familienhaushalten gesetzt wird, die in der Lage sind, das Einkommen eigenständig zu erbringen. Bildungs- und Entwicklungsprozesse des Minderjährigen spielen in dieser Bedarfsbestimmung nur eine nachgeordnete Rolle. Im Jugendhilfesystem hingegen stehen die umfassenden Entwicklungsprozesse von minderjährigen Individuen im Mittelpunkt der Verfahrenslogik. Eine Integration der Existenzsicherung in diesen Rechtsbereich hätte als Vergleichsmaßstab den „individuellen Entwicklungsprozess" – wie auch immer dieser normativ definiert worden wäre – zugrunde gelegt. Mit dieser Entscheidung ist langfristig die Trennung von wohlfahrtsstaatlichen Leistungen, die auf die Existenz gerichtet sind, und Leistungen, die auf die Unterstützung von Entwicklungsprozessen gerichtet sind, vollzogen worden. Seit dem Zweiten Weltkrieg hat diese Richtungsentscheidung erhebliche Auswirkungen auf die ökonomische Situation und Position von Minderjährigen (vgl. darüber hinaus zum Generationenvertrag Olk/Mierendorff 1998).

---

35 In den ersten Entwürfen zu einem umfassenden JHG war auch die Integration der Ausbildungsbeihilfe angedacht gewesen. Auch dies wurde nicht realisiert. Die Ausbildungshilfe wurde später 1969 dann als eigenes Leistungsgesetz – BAföG – verabschiedet.

Gleichzeitig mit der Trennung von materieller Fürsorge und Jugendwohlfahrt im engeren Sinne wurde das Subsidiaritätsprinzip in die Finanzierung öffentlicher Erziehung eingebracht. Auch im Bereich der Hilfen zur Erziehung gilt seither das Subsidiaritätsprinzip (§ 81) – Eltern müssen für alle jugendpflegerischen Maßnahmen der Kinder finanziell aufkommen, es sei denn, sie können einen Bedarf im Sinne des BSHG nachweisen; dann muss das Jugendamt die Kosten und gegebenenfalls die gesamten Lebenshaltungskosten übernehmen (genauer hierzu Jans/Happe 1963). Allerdings blieb es den Ländern vorbehalten, eigene Verfahrensweisen hinsichtlich der Übernahme von Kosten aufzustellen. So blieben in der Folge beispielsweise Beratungsangebote für Eltern bundesweit kostenfrei, Ferienfreizeiten mussten hingegen in der Regel privat finanziert werden. Für die „Freiwillige Erziehungshilfe" sowie für die „Fürsorgeerziehung" galt das Subsidiaritätsprinzip in ähnlicher Weise (§ 85), allerdings musste hier nur ein Teil der Kosten von den Eltern getragen werden. Auch hier wurden die Beiträge nur dann ganz übernommen, wenn ein Bedarf anerkannt wurde. Lediglich verwaltungsbezogene Kosten wurden generell von der Jugendbehörde getragen. Über eine etwas anders angelegte Argumentation haben Thomas Olk und Johanna Mierendorff bereits 1998 auf den im Zuge der großen Rentenreform in den 1950er Jahre symbolisch „geschlossenen" Generationenvertrag hingewiesen. Dieser führte auf der einen Seite zur Sozialisierung der Kosten für die aus dem Erwerbsleben ausgeschiedene Generation (Rentner) und auf der anderen Seite durch den Ausschluss der Gruppe der Kinder aus dem Rentensystem zur Privatisierung der Kosten für die „Aufzucht" der Kinder – das BSHG ist hier nur ein Ausfallbürge. Alle diese Entscheidungen in den 1960er Jahren tragen bis heute zur marginalisierten und schwachen Position von Kindern im Sozialsystem bei. Dass Eltern die außerfamilialen Erziehungsmaßnahmen selbst finanzieren müssen, es sei denn dies ist im (Landes)Gesetz anderweitig geregelt, verstärkt langfristig die ökonomisch prekäre Position von Minderjährigen und deren Familien – denn die Teilhabe an jugendpflegerischen, erzieherischen Maßnahmen wird in den späteren Jahrzehnten immer mehr zu einem wichtigen Faktor von Bildung und sozialer Teilhabe und damit von Chancengleichheit.

5.4.4 Fazit

Es kann zusammenfassend gesagt werden, dass die Novelle von 1961 in der gesamten retrospektiven Literatur kaum eine Rolle spielt, dass ihr aber aus der Perspektive der vorliegenden Arbeit eine große Bedeutung beigemessen wird, trägt sie doch durch die Stärkung des Elternrechts mit dazu bei, dass sich Familialisierung als ein zentraler Aspekt des Musters moderner Kindheit nach dem Zweiten Weltkrieg stärker herausbildet und verfestigt. Auch im Jugendrecht manifestiert sich also die konservativ-korporatistische Gestalt des bundesrepublikanische Wohlfahrtsstaates (Esping-Andersen 1990), der sich insbesondere dadurch auszeichnet, dass das Leistungssystem auf familiale Unterstützungsleistungen sowie eine geschlechtsspezifische familiale Leistungen aufbaut. Das heißt, dass sich das Subsidiaritätsprinzip nicht nur im Verhältnis zwischen freien und öffentlichen Trägern, sondern auch im Verhältnis zwischen Staat und Familie realisiert. Es konnte aufgezeigt werden, wie das Jugendwohlfahrtsrecht zu diesem Prozess beiträgt. So verschärft sich das Spannungsverhältnis zwischen Kindes- und Elternrecht zugunsten der Eltern. Mit der fortschreitenden Familialisierung beginnt sich die Rechtstellung der Minderjährigen im Jugendwohlfahrtsrecht zu verändern. Die im JWG verankerte Eingriffsmacht des Staates in den Erziehungsprozess wird insgesamt zwar etwas zurückgenommen, aber dies weniger zugunsten der Minderjährigen als vielmehr zum Vorteil der Eltern. Alles in allem hat die Novelle von 1961 vor allem eine normative Signalwirkung, die über den Trägerstreit weit hinausreicht.

Als weiteres schreitet die Sozialpädagogisierung des Jugendrechts voran (vgl. auch Hornstein 1997b). Der Erziehungsgedanke setzt sich als grundlegendes Prinzip in allen Bereichen durch. Es setzte also eine Entwicklung weg vom dominanten Kontroll- und Überwachungsprinzip hin zur Fortschreibung und Intensivierung einer Sonderbehandlung von Minderjährigen durch unterstützendes erzieherisches Handeln ein. Es kann von der Aufrechterhaltung eines Erziehungsgesetzes unter veränderten gesellschaftlichen Bedingungen gesprochen werden, das damit den öffentlichen Eingriff in den Sozialisations- und Erziehungsprozess weiterhin legitimiert.

Weiter oben hatte ich darauf verwiesen, dass der Katalog der jugendpflegerischen Aufgaben erweitert und gleichzeitig aus einer neuen Perspektive heraus gefasst wurde. Es wird nämlich nun vom Angebot der Träger und nicht mehr vom Wohl einer bestimmten Gruppe aus argumentiert – dem Wohl von Müttern, Säuglingen, Kleinkindern und der Jugend. Darin spiegelt sich meines Erachtens so etwas wie eine Verschiebung von der offenen kasuistischen Auseinandersetzung mit individuellen Notlagen hin zur standardisierten institutionellen Antwort, die vom bestehenden professionellen Angebot ausgeht. Dies trägt langfristig neben der Standardisierung von Problemlagen vor allem auch zur Durchsetzung ähnlicher Bedingungen für alle Kinder und Jugendlichen bei. Insgesamt kann die Novelle von 1961 als ein Prozess der Angleichung der jugendhilferechtlichen Rahmenbedingungen gefasst werden.

5.5 Das Kinder- und Jugendhilfegesetz von 1990

5.5.1 Zwanzigjähriges Scheitern von Reformen

Wie bereits mehrfach erläutert, ist das Jugendwohlfahrtsrecht von Anbeginn an durch Spannungen, die sich aus seiner inneren widersprüchlichen Anlage sowie aus der Diffusität des Gegenstandbereichs heraus ergeben, gekennzeichnet (Münder 1985, S. 233). Seit seiner Verabschiedung ist es als reformierungsbedürftig gekennzeichnet worden – immer wieder aber scheiterten solche Reformbestrebungen – 1933, 1953, 1963 – an den konträren politischen und kulturellen Wertvorstellungen, den Machtkonstellationen und nicht zuletzt an der mangelnden gesellschaftlichen Bedeutung von Jugendpolitik in der gesamten gesellschaftsgestaltenden Politik im von seiner Struktur her konservativen Wohlfahrtsstaat. Nach dem Scheitern einer grundsätzlichen Reform 1961 war zu Beginn der 1970er Jahre ein erneuter Reformanlauf genommen worden (vgl. zu den folgenden Ausführungen die guten Übersichten bei Hasenclever 1978, Merchel 2002; Wiesner 1990 und 1991). Die Idee eines lebendigen Jugendamtes, einer Jugendhilfe als wichtige Sozialisationsinstanz, einer „offensiven Jugendhilfe",[36] die nicht erst reagierend und eingreifend auf bereits eingetretene Notlagen und Fehlentwicklungen hin handelt, wurde von einer *Sachverständigenkommission für die Reform des Jugendhilferechts* 1970 weiterentwickelt sowie von allen zentralen Akteuren der Jugendhilfe Anfang der 1970er Jahre diskutiert und in umfassende und weitgehende Reformvorschläge gegossen (AGJJ, AWO, Deutscher Verein für öffentliche und private Fürsorge). Auch der Dritte Jugendbericht (BMJFG 1972) beschäftigte sich – aus der Perspektive des Jugendamtes – eingehend mit der Reform des Jugendhilferechts. In der Stellungnahme der sozialdemokratisch-liberalen Bundesregierung wurden Eckdaten für die Neuordnung des Jugendhilferechts vorgelegt (BMJFG 1972, S. VIII): „In diesen Eckpunkten konturiert sich ein Programm von Jugendhilfe

- als einem zwar auf andere Erziehungsinstitutionen bezogenen, aber dennoch eigenständigen Sozialisationsbereich,
- der auf einem rechtlich festgelegten und einklagbaren Erziehungsanspruch von Kindern und Jugendlichen beruht und
- dementsprechend mit konkreten Leistungsansprüchen verbunden ist und
- bei dem präventive Hilfen im Sinne von vielfältig unterstützenden Angeboten im Zentrum der Angebotsstruktur stehen" (Merchel 2002, S. 17)

Hätte sich eine Reform in dieser Art vollzogen, wäre das außerschulische bundesrepublikanische Erziehungssystem maßgeblich und nachhaltig verändert worden. Mit einem Rechtsanspruch von Minderjährigen auf Leistungen der Jugendhilfe und der damit einhergehende Verpflichtung aller Kommunen diese Leistungen bereit zu stellen, hätten sich die (rechtlichen) Bedingungen des konkreten Kindseins wie auch die Rechtsposition von Minderjährigen im bundesrepublikanischen Wohlfahrtsstaat grundlegend gewandelt.[37]

In den parlamentarischen Auseinandersetzungen scheiterten aber sowohl der erste Diskussionsentwurf zur Reform des Jugendhilferechts (1973) (Wiesner 1990, S. 114) als auch der 1. und 2. Referentenentwurf (1974), die weit hinter den Reformvorschlägen im Diskussionspapier zurückblieben (ausführlich Merchel 2002, S. 16f.). Zu einer Reform kam es nicht, was Wiesner auf eine „unheilige Allianz gesellschaftspolitischer und finanzpolitischer Argumente"

---

36 Vgl. zum Begriff der „offensiven Jugendhilfe" Hottelet u. a. (1978).

37 Man könnte sogar vermuten, dass eine solch umfassende Reform weitreichende Folgen für die Rechtsposition von Kindern im gesamten Sozialrecht hätte haben können. Dass eine Stärkung der Kinderrechte Unbehagen unter Professionellen auslöste, erscheint kaum verwunderlich.

zurückführte (Wiesner 1990, S. 114). Ein ähnliches Schicksal erlitt ein erneuter Reformversuch Ende der 1970er, Anfang der 1980er Jahre (Hasenclever 1978 sowie Merchel 2002; Jordan 1980[38]) sowie ein kurzes, unbedeutendes „Reformintermezzo" zwischen 1984 und 1985 nach dem Regierungswechsel zu einer christlich-liberalen Koalition (vgl. Münder 1985 sowie RdJB Themenschwerpunkt H. 4 1985[39]). Alle Reformvorhaben scheiterten letztlich an den ideologischen Kämpfen um das Verhältnis zwischen Elternrecht und öffentlicher Jugendhilfe, der Frage nach einem materialisierten Kindesrecht, dem Verhältnis zwischen freien und öffentlichen Trägern, der Frage nach der Gesetzgebungskompetenz des Bundes und der damit in Zusammenhang gesehenen Selbstbestimmungsrechte der Kommunen sowie der Finanzierung der Umsetzung der Reform. Insbesondere die Reformversuche Ende der 1970er Jahre, die bis heute zum Teil als Maßstab für die Beurteilung der späteren Verabschiedung des KJHG herangezogen werden (Merchel 2002, S. 15f. und 19), zielten auf drei zentrale Punkte: den „Abbau des Eingriffs- und Kontrollcharakters", die „Jugendarbeit als eigenständiges Handlungsfeld" und den „Ausbau der gesamtgesellschaftlichen Verantwortung der Jugendhilfe" (beispielsweise das Recht auf einen Kindergartenplatz von 1996) (Münder 1985, S. 235). Bereits in dem Reformversuch unter der christlich-liberalen Regierung Mitte der 1980er Jahre war allerdings die frühere Idee der Jugendhilfe als eigenständiger Sozialisationsinstanz aufgegeben und eine scharfe Wendung hin zu einem familienunterstützenden Dienstleistungssystem sowie die Stärkung der regionalen Bedeutung öffentlicher Jugendhilfe (Reduktion der Handlungsspielräume der Landesjugendämter) vorangetrieben worden (Münder 1985, S. 236ff., Merchel 2002, S. 21). Johannes Münder sah unter anderem in der Aufrechterhaltung und angestrebten Stärkung des SGB-Bezugs das zentrale Hemmnis für ein eigenständiges Jugendhilferecht. Im SGB bliebe stets der Fürsorgecharakter erhalten (Münder 1985, S. 237).[40] Merchel führt das langjährige Scheitern weniger auf den SGB-Bezug oder auf die Kostenfrage zurück, sondern in erster Linie auf konservative „familienpolitisch motivierte Vorbehalte" (Merchel 2002, S. 21).

---

38 Insbesondere in der Dissertationsschrift von Erwin Jordan wird die Notwendigkeit breiter Steuerung von Sozialisationsbedingungen ausformuliert, wobei der Autor auf die Notwendigkeit, die Probleme und die Grenzen solcher politischen Steuerungsprozesses durch das Recht hinweist. Insgesamt geht er von einer bedingten Steuerbarkeit aus (vgl. Jordan 1980, Kap. 5). Als Voraussetzung der Steuerung benennt er unter anderem die Konsensbildung sowie die wissenschaftliche Begleitforschung als Informationsgrundlage (ebenda, S. 209ff.).

39 Zu diesem Zeitpunkt wurde auf dem Bremer Jugendhilfetag 1984 das Konzept der „offensiven Jugendhilfe" wie auch die Schwächung des Subsidiaritätsprinzips zugunsten der öffentlichen Jugendhilfe als eigenständiger Sozialisationsinstanz sowie zugunsten eines Selbstbestimmungsrechts Minderjähriger kontrovers diskutiert (vgl. Pfister/Osten-Sacken 1985).

40 Vgl. hierzu auch die Schrift „Neuordnung der sozialen Leistungen" von 1955, konträr dazu allerdings Richter 2000, der 15 Jahre später durchaus auch gestaltende Aufgaben des SGB sieht.

5.5.2 *Das Jugendhilferecht in neuer Systematik – das Kinder- und Jugendhilfegesetz von 1990*

Die eigentliche Reform des *Jugendwohlfahrtsgesetzes* vollzog sich dann Ende der 1980er Jahre (vgl. Wiesner 1987; Münder 1989) – und dies auf vergleichsweise schnelle und man könnte fast schon sagen unspektakuläre Weise auf ministerieller Ebene. Die ideologischen und politischen Kämpfe der 1970er Jahre wurden nicht fortgeführt. Eine radikale Reform – wie in den 1970er Jahren angedacht – blieb, wie sich in den Verhandlungen der frühen 1980er Jahren bereits angedeutet hatte, ebenfalls aus. Vielmehr wurde angesichts der drohenden veränderten Machtverhältnisse im Bundesrat nach der niedersächsischen Landtagswahl eine Reform sehr schnell realisiert, in der das mit der Novelle von 1961 bereits eingeführte starke Elternrecht zur familienbezogenen Grundlogik des Gesetzes weiterentwickelt wurde (genauer s. u.). Damit setzt sich in Bezug auf die westdeutsche Kindheit eine Tendenz fort, die bereits seit den 1960er Jahren im Gesetz verankert wurde und sich vor allem auch in Teilen der Praxis öffentlicher Jugendhilfe durchgesetzt hatte. In Bezug auf die ostdeutsche Kindheit vollzog sich allerdings durch die Reform ein Wandel, der die gesamte, staatszentrierte Struktur des Hilfesystems radikal veränderte. Die Familie in der DDR war auf eine völlig andere Art und Weise mit den staatlichen Hilfen verknüpft gewesen als in Westdeutschland (Mannschatz 1971, S. 119ff.). Für ostdeutsche Kinder und Jugendliche wurden durch die Einführung des KJHGs in den neuen Bundesländern – und nicht nur dadurch – komplett neue gesetzliche, institutionelle und normative Bedingungen des Kindseins geschaffen (vgl. Jockenhövel-Schiecke 1990; Struck 1991; generell über den Wandel von Kindheit in Ostdeutschland Kirchhöfer 1998, S. 221ff.; Büchner u. a. 1998).

Als ein wichtiger Impuls der westdeutschen Reform kann das nach 30 Jahren Reformstau immer offensichtlicher werdende Auseinanderklaffen von Jugendhilfepraxis und Jugendwohlfahrtsrecht bezeichnet werden. Infolge der langjährigen Reformdiskussionen, die insbesondere auch von der Fachpraxis getragen worden waren, sowie der ausgereiften politischen und verbandlichen Reformpapiere hatten sich weite Teile der Praxis längst an den Vorstellungen familienunterstützender Angebote, präventiver Kinder- und Jugendarbeit, der Maxime ambulanter vor stationärer Erziehungshilfen orientiert (vgl. Merchel 2002, zur neuen Familienorientierung auch Mollenhauer/Brumlik/Wudtke 1975 sowie Cloer 1979). Fern von bundespolitischem Regulierungshandeln haben sich über gewandelte kommunale Politiken und vor allem über regionale Fachpraxen die Bedingungen des außerschulischen Erziehungssystems verändert (vgl. Rauschenbach 1991). Obwohl sich das Recht über die Zeit hinweg nicht verändert hat, haben Kinder Ende der 1980er Jahre eine völlig andere Institutionenlandschaft vorgefunden als ihre Eltern (vgl. Preuss-Lausitz u.a. 1990; Zeiher 1996; Zeiher/Zeiher 1994[41]). Allerdings vollzog sich dieser

41 Zum Eindringen scholarisierter Freizeitformen in den Kinderalltag seit den 1970er Jahren siehe die Studie von Zeiher und Zeiher (1994) sowie der Aufsatz von Zeiher (1996), siehe auch Rabe-Kleberg/Zeiher (1984); Duncker u. a. (2004); kritisch Hengst (2008).

Wandel – und das ist für den Kontext dieser Arbeit wichtig – regional sehr heterogen. So weist Wolfgang Gernet darauf hin, dass viele der bereits im JWG unter § 5 implementierten „Allgemeinen erzieherischen Aufgaben“ des Jugendamtes[42] keinesfalls flächendeckend in der Bundesrepublik eingeführt worden waren. Die unterschiedliche Jugendhilfepraxis führt der Autor zum einen auf Finanzprobleme der Kommunen, zum anderen aber auch auf Lobbyarbeit bestimmter Gruppen in den einzelnen Kommunen und Landkreisen zurück (Gernet 1990, S. 354). Der Autor nimmt hierbei Bezug auf den zurückhaltenden Ausbau von Kindergartenplätzen sowie die in bestimmten Landkreisen nach wie vor sehr hohe Unterbringungsquote Minderjähriger in Heimen. So kann man das neue Kinder- und Jugendhilfegesetz zum einen als einen Vermittlungsakt zwischen Gesetz und Praxis, zum anderen aber auch als Vereinheitlichung regional inzwischen sehr ausdifferenzierter Bedingungen in der Kinder- und Jugendhilfe und damit einhergehender Teilhabechancen von Anspruchsberechtigten bezeichnen (genauer s. u.).

Mit der inhaltlichen Reform des Gesetzes ging auch die Veränderung des Namens einher: *Kinder- und Jugendhilfegesetz*. Hinter dieser sprachlichen Veränderung verbirgt sich mehr als der bloße Austausch, mehr als die reine „Modernisierung“ von Begriffen:

a) Im Wechsel vom Begriff der Jugendwohlfahrt hin zu dem der Jugendhilfe wird der unterstützende Charakter des neuen Gesetzes betont: In einem eher traditionellen, teils alltagsweltlichen Wortverständnis war Wohlfahrt stets mit Armenfürsorge und der Fürsorgebegriff wiederum mit Bedarfsprüfung und der hiermit einhergehenden staatlichen Kontrolle des Verhaltens assoziiert gewesen (vgl. Sachße/Tennstedt 1986).[43] Unter dem Begriff der „Hilfe“ wird nun der freiwillige, unterstützende Charakter des Gesetzes demonstriert und faktisch ein umfassender Leistungskatalog etabliert. Die Kinder- und Jugendhilfe erhält den Charakter einer „konfliktentschärfenden Verarbeitung von Problemimpulsen“ (Merchel 2002, S. 25f.).

b) Als weiteres sind Kinder nun explizit mit in den Titel einbezogen und nicht mehr unter dem Überbegriff der „Jugend“ subsumiert. Reinhard Wiesner merkt an, dass die Einbeziehung des Begriffes „Kind“ unter anderem auch darauf zurückzuführen sei, dass der bisher im JWG verwendete Begriff des Minderjährigen den negativen Klang des „Minderen“ innehatte (Wiesner 1991, S. 2). Dies mag in den ministeriellen und fachlichen Diskussionen eine

42 Beispielsweise die „Pflege und Erziehung von Säuglingen, Kleinkindern und Kindern im schulpflichtigen Alter außerhalb der Schule“. Diese hatten in den Fachdiskussionen erhebliche Aufwertung erhalten und waren konzeptionell stark weiterentwickelt worden. Beispielhaft können hierfür Konzepte der kompensatorischen Erziehung und der frühkindliche Bildung, aber auch die Reform der Heimerziehung und die Entwicklung der Hilfen zur Erziehung genannt werden.

43 Dies drückt sich beispielsweise in der umgangssprachlichen Floskel: „Dann gehen wir zur *Wohle*“ aus. Jutta Struck (1991) stellt eindrücklich dar, dass in den neuen Bundesländern nach der Wende diese negative Assoziation mit Jugendhilfe zu beobachten war.

wichtige Begründungsfigur gewesen sein – es ist aber auch und vor allem Teil eines komplexeren Diskurswandels. Die Einbeziehung des „Kindes" – und das deutet auch Wiesner an – muss vor dem Hintergrund der weltweiten politischen und gesellschaftlichen Diskurse um Kinderrechte sowie vor der innerdeutschen neuen politischen Aufmerksamkeit gegenüber der Situation von Kindern und ihren Familien gelesen werden. Waren es in Europa und insbesondere in Deutschland nach dem Zweiten Weltkrieg die Lebens- und Bildungssituation der unkontrollierten, arbeitslosen Jugendlichen, die immer wieder zu öffentlich verhandelten jugendpolitischen Maßnahmen führten (vgl. Kapitel 6 sowie die Jugendberichte 1–4), sind es seit den 1970er Jahren – oft im Rahmen von internationalen Diskussionen um Chancengleichheit im Erziehungssystem (Stichwort Kompensatorische Erziehung vor allem auch in der vorschulischen Bildung, vgl. du Bois-Reymond 1971) – immer häufiger Kinder unter vierzehn und inzwischen sogar unter sechs Jahren, die politische Aufmerksamkeit erhalten. Darüber hinaus ließ gerade in Deutschland die stärker wahrgenommene strukturell benachteiligte Lage von Familien und Kindern (Zeit, Geld und Beachtung von Interessen) gegenüber kinderlosen Erwachsenen Kinder zum Gegenstand politischer Berücksichtigung werden – in Deutschland ist dies vor allem zu einer (Steuer) Gerechtigkeitsfrage stilisiert worden (Bühler-Niederberger 2005b, S. 133b). In die sozialpolitische Diskussion fand das Kind – nachdem es jahrelang nur der Familie zugeordnet worden war (vgl. Kränzl-Nagl/Mierendorff/Olk 2003b) – durch den von Kurt Lüscher 1979 herausgegebenen Band Politik für das Kind sowie durch Franz-Xaver Kaufmanns programmatischen Aufsatz Kinder als Außenseiter der Gesellschaft von 1980. Der Umgang mit Kindern und Familien in Wirtschaft und Gesellschaft wurde als strukturelle Rücksichtslosigkeit gekennzeichnet. In den weltweiten Diskussionen ist stärker die konkrete, häufig desolate Lebens- und Bildungssituation von Kindern in den Mittelpunkt gerückt worden. Eine zentrale Rolle spielte insgesamt das jahrelange Ringen um ein Übereinkommen der Vereinten Nationen über die Rechte des Kindes, das 1989 verabschiedet und sehr schnell von vielen Staaten unterzeichnet worden war. Erst 3 Jahre nach der Jugendhilfereform ratifizierte auch Deutschland im Jahre 1992[44] (vgl. National Coalition 1996). Insgesamt kann also davon gesprochen werden, dass international wie national die Aufmerksamkeit von Jugendlichen auf Kinder ausgeweitet wurde, was sich auch im neuen Gesetzestitel ausdrückt. Konkret hat unter diesem neuen Titel – wie im Folgenden aufgeführt wird – eine Ausdehnung der auf die Gruppe der Kinder gerichteten Aufgaben stattgefunden.

44 Aufgrund starker Vorbehalte – unter anderem hinsichtlich des Verhältnisses von Eltern- und Kinderrechten und auch der Behandlung nicht deutscher Kinder – hatte die Bundesrepublik Deutschland die Konvention erst 1992 unter dem Vorbehalt ratifiziert, dass das deutsche Asyl- und Ausländergesetz nicht durch die Bestimmungen der Konvention beschränkt wird (National Coalition 1996, S. 30ff.). Eine Gleichbehandlung von in Deutschland ansässigen und asylsuchenden/illegal eingereisten Kindern sollte nicht verbindlich sein.

Interessant ist, dass im internationalen Sprachgebrauch vielfach der für die Gruppe der Minderjährigen pauschal verwendete Begriff der „Jugend" durch den des „Kindes" ersetzt wurde. Kinder sind in der *UN-Kinderrechtskonvention* Personen unter 18 Jahren. Im deutschen Zivilrecht und im deutschen Jugendhilferecht wird die Gruppe der Kinder neben die der Jugendlichen gestellt (Kinder sind Minderjährige unter 14 Jahren; Jugendliche sind Minderjährige unter 18 Jahren). Der Begriff der „Jugend" wird also nicht pauschal durch den der „Kinder" bzw. des „Kindes" ersetzt (genauer zur Bedeutung der Verwendung des Begriffes „Kind" Kapitel 6, S. 202f.).

Hervorzuheben ist als weiteres, dass sich die Aufmerksamkeit nicht allein auf Kinder ausgedehnt hat, sondern vor allem auch auf die „normale Jugend". „Denn heute ist die früher übliche Einteilung in ‚normale, gesunde' und ‚kranke, verwahrloste' Jugend brüchig geworden: Normal ist heute für ein Kind/einen Jugendlichen ein altersentsprechender Entwicklungsstand, eine problembelastete Familie (wenn auch unterschiedlichen Ausmaßes), eine anonyme Situation in großen Schulsystemen, die Belastung durch Schulbus und subjektiv empfundener Schulstreß" (Gernet 1990, S. 352). An dieser Gegenwartsdiagnose und Gesetzesbegründung ist weniger die These des sozialen Wandels, welcher neues Handeln herausfordert, interessant, sondern vor allem die Generalisierung der Problemhaftigkeit moderner Kindheit und des Lebens in den Institutionen der Kindheit. So wird die gesamte nachwachsende Generation der Minderjährigen zum „potentiellen Behandlungsgegenstand" erhoben und nicht mehr vor allem randständige Gruppen wie die der Arbeiterkinder, der Landkinder, der nichtehelichen Kinder oder der Gruppen, welche zu einem bestimmten historischen Zeitpunkt den normativen Vorstellungen über eine bürgerliche Kindheit nicht entsprechen. Generell entspricht Kindheit in den 1980er Jahren nicht mehr unbedingt den traditionellen bürgerlichen Normalitätsvorstellungen, die mit den Begriffen der Unschuld, der Muße, des Zeithabens und des Schutzes vor den Zumutungen des Lebens zu umschreiben sind (vgl. Kränzl-Nagl 1998 a, b; Kränzl-Nagl/Mierendorff 2007). Auf ähnliche Weise wird die Unsicherheit von Eltern in der Erziehung generalisiert (Gernet 1990, S. 353). Über diese beiden Figuren wird der außerfamiliale „Zugriff" auf oder besser der erzieherische Zugang zu *alle(n)* Kinder(n) weiterhin legitimiert, ohne dass der ideologisch diskreditierte politisch-emanzipative Tenor der 1970er Jahre, also die Kritik an herrschenden Machtverhältnissen und die Forderung nach Befreiung aus bürgerlichen und/oder familialen Zwängen, wieder aufgenommen werden muss. Die generelle Erziehungsbedürftigkeit und der allgemeine Hilfscharakter der Jugendhilfe werden zum (scheinbar unpolitischen) Hauptargument für die Reform – ohne dass die traditionellen ordnenden Pflichtaufgaben wie die der Heimaufsicht oder des Pflegekinderwesens aufgegeben werden müssen.

Kernpunkte des KJHG von 1990/91

- § 1: Recht auf „Förderung von Entwicklung und Erziehung“ steht nun jedem Kind und nicht nur dem deutschen zu
- Jugendarbeit, Jugendsozialarbeit und erzieherischer Jugendschutz erhalten eigene Abschnitte
- Hilfen zur Erziehung in der Familie erhalten eigenen Abschnitt, Konkretisierung des Leistungskatalogs
- eigene Abschnitte für Förderung von Kindern in Kindertageseinrichtungen und in der Tagespflege – Anspruch nur, falls das Kindeswohl dies erfordert
- ambulante und teilstationäre Hilfen erhalten eigenen Abschnitt
- Neu: Inobhutnahme von Kindern und Jugendlichen; geschlossene Unterbringung nicht mehr per Bundesgesetz geregelt – einzelne Regelungen im Landesrecht
- Wegfall Fürsorgeerziehung!
- Erweiterung/Neu: Jugendhilfeleistungen an junge Volljährige
- Neu: Minderjährige sind in allen sie betreffenden Angelegenheiten einzubeziehen
- Neu: Klärung der Rechtstellung ausländischer Minderjähriger (Keine Leistungsbeschränkungen/Inanspruchnahme HzE kein Ausweisungstatbestand)
- Neuordnung Pflegekinder- und Heimaufsicht (Schwerpunkt: Beratung)
- Neuformulierung des Verhältnisses zwischen freien und öffentlichen Trägern (Partnerschaft)
- örtliche Zuständigkeit für alle Hilfen zur Erziehung (Landeszuständigkeit fällt weg)
- Neu: Schutz personenbezogener Daten
- Neu: Jugendhilfeplanung und Hilfeplanverfahren

Die Änderungen im Einzelnen

Im Folgenden werden die wichtigsten Einzelveränderungen dargestellt und aus der Perspektive dieser Arbeit in aller Kürze bewertet (siehe Kasten):

Als erstes ist anzumerken, dass in § 1 nicht mehr das Recht des Kindes „auf Erziehung zur leiblichen, seelischen und gesellschaftlichen Tüchtigkeit“ (JWG), sondern auf „Förderung seiner Entwicklung und auf Erziehung zu einer eigenverantwortlichen und gemeinschaftsfähigen Persönlichkeit“ (KJHG) angesprochen wird. In diesem Wandel des programmatischen Leitbildes kommt zum Ausdruck, dass es – zumindest ideologisch – nicht mehr allein um die durch Erziehungsarrangements gesteuerte Anpassung an gesellschaftliche Normvorstellungen gehen soll, sondern auch um die Förderung dessen, was der Mensch an Fähigkeiten zu einem bestimmten biographischen Zeitpunkt mitbringt. Die Entwicklungsfähigkeit und die Förderungswürdigkeit eines jeden Menschen werden angenommen und die Förderung dieses quasi natürlichen Prozesses wird als gesellschaftliche Notwendigkeit festgeschrieben. Erst an zweiter Stelle werden jetzt die personenunabhängigen allgemeinen, gesellschaftlich wünschenswerten „Ergebnisse" des Erziehungsprozesses erwähnt – nämlich die *Eigenverantwortlichkeit* und deren Pendant, die *Gemeinschaftsfähigkeit.* In diesem Neben- oder besser Nacheinander von *„Förderung der Entwicklung"* und *„Erziehung zu"* deutet sich eine modifizierte Annahme über das Verhältnis zwischen Kindern und Erwachsenen an. Denn Entwicklung wird als ein Phänomen verstanden, das in der Person angelegt ist und sich in ihr selbst vollzieht. Die Einbeziehung einer solchen Formulierung kann als Anerkennung der Individualität der minderjährigen Person im öffentlich gestalteten Erziehungsprozess interpretiert werden.[45] Auch wenn sich – wie noch aufgezeigt werden wird – Familialisierung als basale normative Orientierung im neuen KJHG manifestiert, so wird doch das Eigenrecht des Kindes ebenfalls betont, und damit die Paradoxie zwischen dem Persönlichkeitsrecht Minderjähriger und der von Erwachsenen formulierten Annahme über den Eingriff in die Freiheitsrechte zum Zwecke der Erziehung erneut aufgespannt. Interessant ist als Weiteres, dass in der Formulierung der Förderung (individueller) Entwicklung wie auch in der Benennung von Eigenverantworlichkeit als *erstem* Erziehungsziel eine Tendenz zur Individualisierung abgelesen werden kann (Richter 2000, S. 122) – es geht nicht mehr allein um die allgemeinen personenunabhängigen Erziehungsziele, sondern auch um die individuelle Entwicklung. Unabhängig von dieser Rechtsentwicklung waren in Kindheitsstudien insgesamt für die raumzeitliche Gestaltung von Kinderalltagen und die Erziehungsbedingungen der 1970er/1980er Jahre Modernisierungs- und Individualisierungstendenzen festgestellt worden (Zeiher/Zeiher 1994, S. 157ff.; auch Büchner 1994; du Bois-Reymond u. a. 1994). Diese Individualisierungstendenz spiegelt sich auch in § 1 KJHG. Darüberhinaus wird in der Formulierung des § 1 deutlich, dass es um *alle* Minderjährigen geht – denn Entwicklung ist etwas, das grundsätzlich erst einmal für jeden angenommen werden muss. Als weiteres ist die noch im JWG von 1961 formulierte Beschränkung auf *deutsche Kinder* aufgehoben und durch die Formulierung der *jungen Menschen* ersetzt. Dieser neu formulierte Programmsatz ist alles in allem die Eröffnungsfigur für eine neue präventive Jugendhilfe, die sich an alle Minderjährigen richtet. Dennoch bleibt dieser nach wie vor wie auch in den Vorgängergesetzen Programm und wird nicht in einzelnen Rechtsansprüchen ausgestaltet (genauer zu den Kinderrechten s. u.).

Von vielen Beobachtern wird gerade der präventive Charakter des neuen KJHGs als das Fortschrittliche herausgestellt. Die ausdifferenzierten (Dienst)Leistungen sind die Grundlage der vorbeugenden Unterstützung des Entwicklungs- und Erziehungsprozesses. Die im alten JWG in den §§ 4 und 5

---

45 Dies ist in der Pädagogik keinesfalls eine neue Erkenntnis – diese Haltung wird aber nun Grundlage der rechtlichen Programmatik.

zusammengefassten fürsorgerischen und erzieherischen Aufgaben der Jugendbehörden werden jetzt getrennt auf- und inhaltlich konkreter ausgeführt. (Der zweite Abschnitt schließt „Jugendarbeit", den „erzieherischen Kinder- und Jugendschutz", die „Hilfen zur Erziehung in der Familie", Beratung, die „Hilfen in Notsituationen" und der dritte Abschnitt die „Tagespflege" und die „Förderung in Einrichtungen" mit ein). Damit hat eine Aufwertung der sehr breit angelegten präventiven jugendpflegerischen Aufgaben stattgefunden, die den Erziehungsprozess in der Familie unterstützen sollen und die vor allem auf alle Kinder und Jugendliche zielen. Der personenbezogene Leistungscharakter wird erkennbar, da diese Aufgaben nicht mehr als Pflichtaufgaben der Jugendbehörden formuliert werden, sondern als Förderung der Minderjährigen oder als Unterstützung der Personensorgeberechtigten.

Ein weiterer wesentlicher Bestandteil der Reform ist die Streichung der freiwilligen Fürsorgeerziehung und der angeordneten Fürsorgeerziehung. Anstatt dessen wird ein breiter Katalog von ambulanten, teilstationären und stationären Hilfen zur Erziehung ausgebreitet, der die bisherige Unterbringung in einer Pflegefamilie oder in einem Heim in ein neues Verhältnis setzt (IV. Abschnitt). Alle Hilfeformen haben zum Ziel, entweder die Herausnahme aus der Familie zu verhindern oder aber gegebenenfalls die Rückkehr zu ermöglichen. Insbesondere an dieser Neustrukturierung der Hilfen zur Erziehung wird in Fachkreisen der Wandel von einer Kontroll- und Eingriffsbehörde zu einer Dienstleistungsbehörde festgemacht (vgl. Späth 1991). Eine geschlossene Unterbringung ist im KJHG nicht mehr vorgesehen – es verbleibt lediglich die kurzfristige (freiwillige oder angeordnete) Inobhutnahme (§ 42), um Leib und Seele des Minderjährigen zu schützen, die durch das Vormundschaftsgericht legitimiert werden muss. Mit dieser Neuregelung geht die (sprachliche und inhaltliche) Angleichung der stationären Erziehungsmaßnahmen nach dem Jugendgerichtsgesetz mit den Regelungen nach KJHG einher. Eine freiheitsentziehende Unterbringung des strafrechtlich verurteilten Jugendlichen in einem Heim der Jugendhilfe ist nicht mehr möglich. Damit wird der Charakter der Freiwilligkeit in der Jugendhilfe betont. (Zur Problematik der Freiwilligkeit bei angeordneten Erziehungsmaßnahmen in Jugendstrafprozessen siehe Kapitel 7.)

Neu ist als Weiteres die Klärung der Rechtsposition von ausländischen Minderjährigen, die nun regulär Leistungen der Kinder- und Jugendhilfe beziehen können, soweit sie in Deutschland ansässig sind. Allerdings wird diese rechtliche Besserstellung ausländischer Jugendlicher durch das zuvor verabschiedete Ausländergesetz von 1990/ in Kraft 1991 (AuslG § 46[46]) stark relativiert, da die Inanspruchnahme kostenintensiver Leistungen nach dem KJHG unter Umständen als Ausweisungsgrund gerechnet werden kann (Wiesner 1991, S. 8). Darüber hinaus bleibt die rechtliche Position von unbegleiteten

46 Hier geht es um die Bedingungen der Ausweisung: Ein junger Mensch kann ausgewiesen werden, wenn er Sozialhilfe bezieht oder aber die Familie Hilfen zur Erziehung erhält (§ 46, Nr. 7), ausführlich Landesjugendamt Rheinland 1991.

Flüchtlingskindern, von Kindern ohne gesicherten Aufenthaltsstatus sowie von illegal eingewanderten Minderjährigen unklar und prekär. Die Gleichstellung aller in Deutschland lebenden Kinder kann also durch das KJHG nicht realisiert werden.

Ein anderer wichtiger Aspekt der Reform ist die Zusammenfassung aller erzieherischen Hilfen (§§ 27–41) unter die Zuständigkeit des örtlichen Jugendamtes. Das Landesjugendamt behält lediglich die allgemeinen und überregionalen Aufgaben, also die Beratung von Trägern und Fachkräften, die Öffentlichkeitsarbeit sowie die Heimaufsicht. Münder bezeichnet dies als die „Kommunalisierung der Jugendhilfe“ (Münder 1990b, S. 208).

Der in allen Reformentwürfen angemahnte Rechtsanspruch auf einen Kindergartenplatz, der in den Fachdiskussion über die Jahre hinweg einer der häufigsten Diskussionspunkte war, wurde nicht im KJHG verankert – er scheiterte an den Vorbehalten einiger Bundesländer, vor allem der Kommunen, die die Kosten hätten tragen müssen, aber auch an den kontroversen Ansichten über außerfamiliale Erziehung im Vorschulalter.

Erwähnenswert ist auch die endgültige Einordnung des Kinder- und Jugendhilfegesetzes als achter Teil in das Sozialgesetzbuch (vgl. hierzu Richter 2000; Jans u. a. 2007). Als SGB VIII ist das KJHG dem Sozialleistungsprinzip untergeordnet, was vielfach zu der Befürchtung führte, dass damit die Eigenständigkeit als Erziehungsgesetz[47] verloren gehe und die hoheitlichen Aufgaben des Jugendamtes, wie die der Inobhutnahme, die Heimaufsicht oder der Erteilung einer Pflegeerlaubnis, unberücksichtigt bleiben. Zuvor war es seit 1976 lediglich als besonderer Teil des SGB behandelt worden. Zehn Jahre später sieht Richter (2000) kein grundsätzliches Spannungsfeld zwischen Sozialgesetzbuch und Jugendhilferecht, da im Laufe der Jahre ganz allgemein auch in das Sozialrecht Elemente der sozialen Steuerung, also die der Förderung bestimmter Verhaltensweisen, aufgenommen worden seien. So sei das KJHG keinesfalls ein reines Leistungsgesetz, sondern nach wie vor eines, das an Erziehung, also an der Einflussnahme auf Verhaltensweisen orientiert ist „Wenn man das Sozialrecht losgelöst von seinen traditionellen Quellen der Sozialversicherung, der Sozialversorgung und der Sozialfürsorge betrachtet und in der Förderung bestimmter Verhaltensweisen, neben Familiengründung,

47 Im § 1 Abs. 1, SGB I sind diese Grundprinzipien des Sozialrechts, die für alle Menschen unabhängig vom Alter gelten, eindeutig formuliert: „Das Recht des Sozialgesetzbuchs soll zur Verwirklichung sozialer Gerechtigkeit und sozialer Sicherheit einschließlich sozialer und erzieherischer Hilfen gestalten. Es soll dazu beitragen,
- ein menschenwürdiges Dasein zu sichern;
- gleiche Voraussetzungen für die freie Entfaltung der Persönlichkeit, insbesondere auch für junge Menschen zu schaffen;
- die Familie zu schützen und zu fördern,
- den Erwerb des Lebensunterhalts durch eine frei gewählte Tätigkeit zu ermöglichen und
- besondere Belastungen des Lebens, auch durch Hilfe zur Selbsthilfe, abzuwenden oder auszugleichen.“

Bildung und Ausbildung nach Maßgabe von BKGG, ErzGG, BAföG und AFG auch Selbständigkeit und Solidarität sowie sozialintegratives Sozialrecht immanent sowohl als Gewährleistung sozialer Dienstleistungen als auch als Durchsetzung sozialer Steuerung sieht, dann ist das Kinder- und Jugendhilferecht des SGB VIII Teil des Sozialrechts, – in einem modernen grundrechtlichen und sozialstaatlichen Sinne“ (Richter 2000, S. 23). Dieses Zitat weist darauf hin, dass seit den 1970er Jahren eine gewisse Annäherung der Rechtslogiken in den auf Minderjährige und auf Erwachsene bezogenen Rechtsbereichen der Sozialgesetzgebung stattgefunden hat. Das Nebeneinander von Ansprüchen, Leistungen, Forderungen und Steuerung des vermeintlich „richtigen“ Verhaltens findet sich für Erwachsene wie für Kinder in vielen Bereichen der Sozialgesetzgebung durchgesetzt (vgl. Lessenich 2008) – beispielhaft kann hier die Hartz IV-Gesetzgebung genannt werden, die unter dem Leitgedanken des „Förderns und Forderns“ im „aktiven Sozialstaat“ vor allem auch arbeitserzieherische und strafende Aspekte integriert hat (vgl. Dollinger 2007). Ausgenommen aus dieser Logik ist nach wie vor die Rente, deren Bezug nicht von dem aktuell richtigen Verhalten abhängig gemacht wird, sondern von erbrachten Leistungen im vorherigen Erwerbsleben. Allerdings darf in diesem Zusammenhang nicht der umgekehrte Schluss gezogen werden, nämlich dass Minderjährige in Bezug auf ihre Rechtsstellung tatsächlich Erwachsenen gleichgestellt sind – die Rechtsansprüche von Minderjährigen sind im KJHG ausgesprochen reduziert und vor allem an die Eltern übergegangen. Wenn auch Minderjährige Leistungsbezieher sind, sind die Eltern die Anspruchsberechtigten. Dazu aber genauer im folgenden Abschnitt.

Die Rechtsposition von Kindern im Rahmen der Familialisierung des KJHG: Gegenläufige Prozesse?

Als wohl einer der am häufigsten diskutierten und kritisierten inhaltlichen Aspekte der Reform kann der Ausbau familienbezogener Leistungen, die Stärkung der Rechtstellung der Eltern und die damit einhergehende Schwächung der Rechtsposition Minderjähriger bezeichnet werden.

Wie ich bereits weiter oben in der Beschreibung der neuen Leistungen des KJHG aufgezeigt habe, wurden sowohl die familienbezogenen Leistungen faktisch, also quantitativ, erheblich ausgeweitet als auch eine familienzentrierte Logik in allen bestehen bleibenden und neuen Bereichen normativ durchgesetzt.[48] Mit der Aufgabe einer Utopie der Jugendhilfe als zentraler

48 Eine wesentliche Rolle für die Durchsetzung einer solchen Ausrichtung spielte der unter Ursula Lehr (CDU) in Auftrag gegebene 7. Jugendbericht (1986). Jugendhilfe wurde hier aus einer familienpolitischen Perspektive interpretiert und eine stärkere familienpolitische Akzentsetzung für das Jugendhilferecht sowohl von der Kommission als auch von der Bundesregierung in der Stellungnahme gefordert (Merchel 2002, S. 20). Familie wird in diesem Bericht sehr breit als die Form des Zusammenlebens mit Kindern gefasst – Jugendhilfe als Instanz, die die zentrale Primärsozialisation von Kindern in der Familie unterstützt. So wird beispielsweise der Kindergarten nicht als eigenständige Sozialisationsinstanz gefasst, sondern als eine Institution, die den elterlichen

Sozialisationsinstanz neben Familie und Schule ist die Leitidee des familienunterstützenden Systems bestätigt und fest etabliert worden. In der Gesetzesbegründung der Bundesregierung heißt es mit implizitem Bezug auf die alte Reformdiskussion folglich auch: „Jugendhilfe muß sich … im freiheitlich demo- kratischen Rechtsstaat mit einer bescheideneren Zielsetzung begnügen, nämlich der Aufgabe, die Erziehung des Kindes in der Familie zu unterstützen und zu ergänzen" (BtDr 503/89 vom 29. 09. 89, S. 112). So kann man davon sprechen, dass sich der Prozess der Familialisierung, der bereits 1961 mit der Verabschiedung des JWG und der dort enthaltenen „Maßgabe" der Berücksichtigung der „Grundrichtung der Erziehung" einsetzte, fortgesetzt, aber gleich-zeitig in seiner Bedeutung und Anwendung ausgeweitet hat. Denn nun geht es nicht mehr allein darum, in der vom Jugendamt aus der Perspektive des Kindeswohls angeordneten Maßnahmen die Grundrichtung der Erziehung zu berücksichtigen, sondern vielmehr alle Leistungen und Angebote als Unterstützung eines sich bereits vollziehenden familialen Erziehungsprozesses zu verstehen – durch Beratung, Hilfen in der Familie und in vorübergehenden Notzeiten.[49]

Der im Zusammenhang mit der hier verfolgten Fragestellung entscheidende Punkt an diesem Familialisierungsprozess ist aber nicht allein der Umstand, dass Eltern nun mehr Rechte gegenüber dem eingreifenden Staat erhalten, wenn ein Erziehungsdefizit festgestellt wird. Auf diesem subsidiären Grundverständnis basiert im Grunde das ganze bundesrepublikanische Rechtssystem, das sich in Bezug auf Kinder seit 1949 stets am Art. 6 des GG orientiert hat. Die endgültige Durchsetzung des Elternrechts mutet aus dieser Perspektive eher als konsequenter, etwas verspäteter Akt an. Entscheidend ist vor allem die damit vollzogene Veränderung der Rechtstellung des Minderjährigen: *„Die Verbesserung der Rechtsposition von Kindern und Jugendlichen wurde obsolet angesichts der unmittelbaren Verknüpfung von ‚Elternwohl' und ‚Kindeswohl'*, und die Proklamation von Jugendhilfe als eigenständigem Sozialisationsbereich wurde ersetzt durch die konzeptionelle Bindung von Jugendhilfe an den familiären Sozialisationsbereich." (Merchel 2002, S. 21, Hervorh.: J. M.). Die Anspruchsrechte auf Hilfen zur Erziehung nach §§ 27ff. KJHG sind

---

Erziehungsprozess unterstützt. Zentrale Punkte der dort verfassten Reformvorschläge und vor allem die familiale Grundlogik gingen in den Referentenentwurf und dann in das verabschiedete Gesetz ein.
Der 8. Jugendbericht (BMJFFG 1990) hingegen, der wegen der Einführung der „Lebensweltorientierung" als Basiskonzept einer modernen Kinder- und Jugendhilfe immer wieder hervorgehoben wird (beispielsweise Merten/Olk 1992, S. 142), ging nicht mehr in diesen Entwurf ein. Joachim Merchel weist in einem Rückblick darauf hin (Merchel 2002, S. 22), dass dieses Konzept erst die spätere Auseinandersetzung mit dem Gesetz sowie die Implementation des Rechts in die Praxis prägte.

49 Nicht zu Unrecht sprach Michael Coester (1991) im Brustton der Überzeugung vom KJHG als *„öffentliches Familienrecht"* sowie vom KJHG als Teil eines *„funktional verstandenen deutschen Familienrechts"*.

im Gegensatz zum JWG nun komplett an die Eltern übergegangen.[50] Das neu eingeführte „Wunsch- und Wahlrecht" (§ 5 KJHG) schließt insgesamt die Leistungsberechtigten (nicht die Leistungsbezieher!) mit ein – da dies in der Regel die Personensorgeberechtigten sind, bleiben Minderjährige hiervon ausgeschlossen. Die Rechtsposition irritierte vor allem Juristen, die das KJHG vor dem Hintergrund des gesamten auf Minderjährige bezogenen Rechts auslegen. „Wenn man die Subjektstellung von Kindern und Jugendlichen ernst nimmt, ist es nicht zu erklären, warum Inhaber der vom Gesetz eingeräumten Rechtspositionen nicht Minderjährige sein können." (Oberloskamp 1990, S. 268; vgl. auch Münder 1990b). Denn, so die Autorin, auch in anderen Rechtsbereichen ist die Rechtsposition von Minderjährigen durchaus nicht generell so schwach. Im Bürgerlichen Recht wird die Rechtstellung des Minderjährigen und damit dessen Selbstbestimmungsrecht entlang fest normierter Altersstufen mit zunehmendem Alter gestärkt (beispielsweise Stufen der Geschäftsfähigkeit, Stufen der Religionsmündigkeit, Stufen der Mitentscheidung im Umgangsrecht). Diesem Stufenmodell ist die entwicklungspsychologisch begründete Annahme zugrunde gelegt, dass mit zunehmendem Alter die Fähigkeit, eigenverantwortlich Entscheidungen treffen und deren Folgen tragen zu können, generell zunimmt. Im Verlaufe der Geschichte des deutschen Zivilrechts ist die Position des Kindes gegenüber den Eltern immer mehr gestärkt und teils auch verbessert worden (vgl. Wiesner 2003; international vergleichend Therborn 1992). So war beispielsweise der Reform des Jugendwohlfahrtsrechts 1979 die Neuordnung der elterlichen Sorge vorangegangen, in deren Rahmen vor allem auch die Unzulässigkeit entwürdigender Erziehungsmaßnahmen aufgenommen worden war (BGB1. I, S. 1061). Im KJHG ist eine solche emanzipative Entwicklung wie im Zivilrecht nur bedingt vollzogen worden. Vielmehr wurde, man könnte fast meinen als Ausgleich, ein auslegungsabhängiges Anhörungs- und Beteiligungsrecht (§ 8 KJHG) eingeführt, dass durch die Einführung durch verbindliche Elemente der Verfahrenssteuerung (Hilfeplan) verbindlich ist. Kinder und Jugendliche sind gemäß ihrem – zu diagnostizierenden – Entwicklungsstand an allen sie betreffenden Entscheidungen zu beteiligen. Werden Minderjährige als unreif eingeschätzt, ist deren Meinung somit nur eingeschränkt zu berücksichtigen. In § 8 ist dies als Grundausrichtung der Kinder- und Jugendhilfe formuliert worden. Den konkreten Anspruch auf die Leistung aber haben die Eltern inne, von denen angenommen wird, dass diese über das Wohl des Minderjährigen am besten entscheiden können – und darüber wacht der verfassungsrechtlich dazu legitimierte Staat. Konkretisiert wird dieser Anhörungsgedanke noch einmal in Bezug auf das Hilfeplanverfahren im Rahmen der Hilfen zur Erziehung (§ 36) sowie abgeschwächt im Rahmen der Jugendhilfeplanung (§ 80 Abs. 2). Wie ist diese Beschneidung von Rechtsansprüchen bei gleichzeitiger Ausweitung von Beteiligungsrechten zu erklären?

50 Ausgenommen von diesen elternzentrierten Ansprüchen ist die „Intensive sozialpädagogische Einzelbetreuung" (§ 35 KJHG), die als Leistung dem Minderjährigen und nicht den Eltern gewährt wird. 1996 kommt das Recht auf einen Kindergartenplatz hinzu.

Zum einen muss wohl ein zentrales Motiv für die Ausweitung von Beteiligungsrechten in der Professionalisierung der Sozialpädagogik selbst gesehen werden (vgl. Hornstein 1997b). Eine wesentliche Grundannahme professionellen sozialpädagogischen Handelns besteht in der Anerkennung der Freiwilligkeit im Hilfeprozess und der Bedeutung von selbstbestimmter Problembewältigung (BMJFFG 1990; Böhnisch/Schroer/Thiersch 2005). Die Hilfe suchende Person, hier der Minderjährige, muss idealerweise an der Entscheidung über eine Hilfemaßnahme beteiligt sein (und eigentlich auch damit einverstanden sein), soll der kontingente Hilfeprozess Aussicht auf Erfolg haben. Ein solches professionelles Basiswissen kann in einem modernen Gesetz schlecht übersehen werden, zumal die Frage nach Zwangsverordnungen im Erziehungsprozess auch einer der zentralen Diskussionspunkte im Rahmen der Jugendstrafrechtsreformen war (siehe Kapitel 7). Zum anderen konnten in diesem Gesetz die über die gesamten 1980er Jahren weltweit geführten Diskussionen um die Rechte von Kindern nicht übersehen werden (vgl. Verhellen 1994; National Coalition 1996). Mit der lange diskutierten, 1989 verabschiedeten UN-Kinderrechtskonvention ist eine auf Minderjährige bezogene Gesetzgebung, die die Rechte von Kinder komplett zugunsten der der Eltern aufgeben würde, nicht möglich (und wohl auch in dieser Radikalität keinesfalls gewollt – auch im 7. Jugendbericht (1986) war dies so nicht gefordert).

Über die sozialpädagogische Orientierung an prozesshaften, kontingenten pädagogischen Prozessen sowie die Auseinandersetzung mit dem internationalen Kinderrechtediskurs ist die Subjektstellung des Minderjährigen im Hilfeprozess, im Gesetz erheblich verbessert worden – der Minderjährige wird nicht mehr primär als reines Rechtsobjekt verstanden, auch wenn er nach wie vor keine Anspruchsrechte hat (vgl. Wiesner 2003). Da dem Minderjährigen nicht die Kompetenz zugestanden wird, den eigenen Entwicklungsverlauf, den dafür notwendigen Erziehungsprozess und die langfristigen Folgen eigenen Handelns überschauen zu können, werden zwar Beteiligungsrechte, aber nicht die Letztverantwortung über das Zustandekommen oder Nichtzustandekommen einer Hilfe eingeräumt. Diese Paradoxie zwischen Freiwilligkeit und Selbstbestimmung auf der einen Seite und dem kollektiven Erziehungswillen auf der anderen Seite wird im Recht nicht aufgelöst – sie kann nicht aufgelöst werden. Die Ausführungen im § 8 KJHG zur Mitbestimmung boten hierfür einen Kompromiss.

Angleichung der rechtlichen Rahmenbedingungen für alle Kinder

Aus der Perspektive der Bedeutung wohlfahrtsstaatlicher Regulierungen für das Muster moderner Kindheit ist als Weiteres die sich im KJHG fortsetzende Tendenz zur überregionalen Angleichung rechtlicher Rahmenbedingungen in der Jugendhilfe hervorzuheben. Wie bereits oben erwähnt, hatten sich nach der Novelle von 1961 die Fachpraxen, die theoretischen Auseinandersetzungen und die Methoden in allen Bereichen der Jugendhilfe stark weiterentwickelt und ausdifferenziert. Die Jugendberichte der Bundesregierung (1–7) zeigen, dass die Anzahl an Jugendhilfemaßnahmen und -angeboten sowie die Anzahl der Fachkräfte in allen Regionen stetig zugenommen hat und dass sich die Angebotsformen immer stärker ausdifferenziert haben (Merchel 2002, S. 37, vgl. auch Rauschenbach 1991). Mit der Ausformulierung und Ausdifferenzierung des Leistungskatalogs bezogen auf die jugendpflegerischen Angebote wie auch der „Erzieherischen Hilfen" sind einheitlichere Rahmenbedingungen für die Länder und Kommunen geschaffen worden. Für die leistungsberechtigten Eltern ist Transparenz über die vorhandenen Möglichkeiten der Unterstützung entstanden (Späth 1991, S. 104). Wie alle vorangegangenen Gesetzesfassungen hat das neue KJHG damit auch eine aufklärende Funktion zugewiesen bekommen. Durch die Gewährleistung von Transparenz und Einheitlichkeit können Ansprüche potentiell eingefordert werden, wenn sie auch nicht immer unbedingt einklagbar, sondern von der Einschätzung der Fachbehörde abhängig sind (Münder 1990b, S. 208; Merchel 2002, S. 33; Wabnitz 2005b, S. 399).

Über die Ausdifferenzierung des Leistungskatalogs hinaus führt auch die fortschreitende Fachlichkeit in der Kinder- und Jugendhilfe zur Angleichung der rechtlichen Rahmenbedingungen (vgl. Rauschenbach 1991). Zum einen drückt sich dies in § 72 (Mitarbeiter, Fortbildung), dem Gebot der Beschäftigung von Fachpersonal in den Jugendbehörden, aus. Zum anderen ist dies aber auch in § 75 Abs. 1, Nr. 3 abzulesen, in dem die Voraussetzung für die Anerkennung als freier Träger der Jugendhilfe geregelt ist. Als freier Träger der Jugendhilfe wird eine Organisation (Verein, gGmbH) nur dann anerkannt, wenn die fachlichen und damit die personellen Voraussetzungen gegeben sind; darüber entscheidet die Fachbehörde. Das Personal muss also pädagogisch qualifiziert sein bzw. spezifische Abschlüsse vorweisen (Diplom, staatliche Anerkennung). Damit kann davon ausgegangen werden, dass minimale Grundstandards im professionellen außerschulischen Erziehungssystem gesetzt sind (Späth 1991, S. 104). Bewegen sich also Kinder und Jugendliche in anerkannten Einrichtungen der Kinder- und Jugendhilfe, dann können sie davon ausgehen, dass sie keinem Fachfremden gegenüberstehen. Auch wenn mit einer solchen Voraussetzung keinesfalls annähernd ähnliche Erziehungsvorstellungen verbunden sein müssen, so ist doch zumindest die minimale Orientierung an pädagogischen Normalvorstellungen anzunehmen, die über die Ausbildung, Fortbildung und qualifizierende Abschlüsse vermittelt worden sind.

Im Zusammenhang mit der fortschreitenden Professionalisierung muss daneben auch der Einzug moderner Elemente der Verfahrenssteuerung in die Jugendhilfe betrachtet werden. Ein solcher Vorgang hat nicht nur in der Jugendhilfe, sondern im Rahmen der Verwaltungserneuerung in allen Bereichen und Ebenen der Verwaltung stattgefunden (vgl. Olk/Otto 2003). Für alle Jugendämter sind gleichermaßen erstens die Durchführung von Hilfeplanverfahren bei der Einleitung von Hilfen zur Erziehung, zweitens die kommunale Jugendhilfeplanung sowie drittens die Einhaltung von Datenschutzverfahren verbindlich. Da sich alle drei Verfahren an einer kleinen Zahl von, in der Fachwelt anerkannten, Konzepten ausrichten, an denen sich alle in den Jugendbehörden Tätigen zu orientieren haben, kann auch hier davon gesprochen werden, dass das KJHG die Vergleichbarkeit der strukturellen Rahmenbedingungen der Kinder- und Jugendhilfe in Deutschland vorangetrieben hat. Damit hat jedes Kind, unabhängig von seinem Wohnort, zumindest theoretisch die Chance, bei der Realisierung von erzieherischen Hilfen, in Pflegeverfahren angehört zu werden. Dies obliegt nicht der Willkür einzelner Jugendamtsvertreter (kritisch zur Realisierung Lohmann u. a. 2001).

Man kann also festhalten, dass die Ausdifferenzierung des Leistungskatalogs, die Professionalisierung im Sinne der Fachausbildung sowie die Standardisierung von Verfahrensweisen zu einer überregionalen Angleichung der rechtlichen Rahmenbedingungen geführt haben. Gewisse Grundstrukturen müssen überregional gleichermaßen geschaffen werden. Es ist nicht möglich, dass eine Gemeinde komplett auf den Kindergarten verzichtet. Es ist nicht möglich, dass eine Gemeinde überhaupt keine Beratungsangebote vorhält. Das bedeutet: Auch wenn die Ausgestaltung ausgesprochen unterschiedlich aussehen kann, ist damit jedoch das Grundprinzip der professionell reflektierten Erziehung überall eingezogen. Und dennoch wäre es überzogen, sähe man in diesem Prozess der Strukturangleichung die Realisierung einheitlicher Bedingungen von Kindheit in Deutschland. Denn zum einen sind solche Regeln an deren Auslegung durch bestimmte Personen und Personengruppen in regional geprägten Behörden und deren sehr unterschiedlich zusammengesetzten Jugendhilfeausschüssen gebunden, zum anderen ist im KJHG – wie bereits oben dargestellt – die Kommunalisierung der Jugendämter explizit vorangetrieben worden. Alle personenbezogenen Dienstleistungen sind auf die regionalen Jugendämter übertragen worden; das Landesjugendamt hat hier wenig gestalterischen Einfluss, so dass auch auf der Ebene des Bundeslandes keine gleichen Bedingungen geschaffen worden sind. Da wenig konkrete Muss-Vorschriften, sondern vorrangig Soll-Vorschriften im Gesetz verankert sind (Münder 1990b, S. 208; Merchel 2002, S. 33), die von den einzelnen Behörden regional sehr unterschiedlich gedeutet und realisiert werden, bleiben die Rahmenbedingungen der Kinder- und Jugendhilfe und damit die Bedingungen für Kinder sehr unterschiedlich. Darüber hinaus führt der eher programmatische Charakter des Gesetzes dazu, dass der kommunale Gestaltungsspielraum sehr groß bleibt (Merchel 2002, S. 13). Explizit wird die Unterschiedlichkeit der Lebensbedingungen von Kindern damit befördert. Aber dennoch sind die institutionalisierten Grundstrukturen für alle Minderjährigen und deren Familien vergleichbar[51].

Gegen eine vollständige Angleichung der Lebensbedingungen spricht als Weiteres die Pluralisierung der Trägerlandschaft, die im KJHG explizit gewollt und angelegt ist. Denn mit dem Anerkennungsverfahren als freier Träger der Kinder- und Jugendhilfe ist verbunden, dass die Vorrangstellung der traditionellen Wohlfahrtsverbände, insbesondere der beiden großen christlichen

51 Vgl. zur Bedeutung des Qualitätsmanagements in diesem Prozess siehe S. 141.

Verbände, aufgebrochen wird.[52] Im Zuge der Selbsthilfebewegung der 1980er Jahre haben im sozialen Sektor bundesweit Selbsthilfegruppen, kleine Vereine, Kinderläden an Bedeutung gewonnen, deren Position im neuen Gesetz gestärkt werden sollte. Damit ist die Pluralisierung der Trägerlandschaft auch formal vorangetrieben worden, wobei die Bedingungen von pädagogischer Arbeit weiterhin plural bleiben. Kinder treffen also auch aus dieser Perspektive auf sehr unterschiedliche Erziehungssettings. Gleich für alle ist lediglich die Fachlichkeit, das heißt die Orientierung an pädagogischen Standards.

5.5.3 Fazit

Die Reform des fast siebzig Jahre alten Jugendwohlfahrtsrechts von 1990 war vor dem Hintergrund der Familialisierung, der Sozialpädagogisierung, der rechtlichen Stellung der Minderjährigen sowie der bundesweiten Angleichung der jugendhilferechtlichen Rahmenbedingungen diskutiert worden. Abschließend kann gesagt werden, dass mit dieser Reform der Abbau staatsinterventionistischer, ordnungspolitischer Instrumente bei gleichzeitiger Familienzentrierung des Rechts durchgesetzt wurde, im Zuge derer die konkreten Anspruchsrechte des Minderjährigen zugunsten derjenigen der Eltern nicht ausgebaut wurden. Irritierend ist die Gegenläufigkeit der beobachteten und beschriebenen Prozesse. So entspricht der Prozess der auf die Spitze getriebenen *elternzentrierten* Familialisierung, die den Minderjährigen an die zweite Stelle rücken lässt, im Grunde der subsidiären Logik des bundesrepublikanischen Wohlfahrtsstaates, in der Kinder als Gruppe hinter die Familie zurücktraten. Die Art und Weise der „Realisierung im Recht“ zu einem Zeitpunkt, an dem auf der einen Seite die traditionelle Familienzentrierung des Systems der sozialen Sicherung (vgl. Ostner 1978) bereits seit einigen Jahren kritisch diskutiert sowie auf der anderen Seite der Ausbau von Kinderrechten weltweit gefordert wurde, erscheint wie ein nachholender Gestaltungsakt, der logischerweise bereits 1961 oder früher hätte stattfinden müssen. Dieses späte Nachholen ist nur aus der inneren Logik der Geschichte der Entstehung der Jugendhilfe (Polizeirecht/Armenfürsorge), aus den jahrzehntelangen gescheiterten Reformversuchen und den dabei gleichbleibenden Machtkonstellationen gesellschaftlicher Kräfte zu verstehen. Demgegenüber kann der Abbau repressiver Maßnahmen und die Anerkennung kontingenter Hilfeprozesse und der Subjektstellung des Betroffenen im Hilfeprozess (Sozialpädagogisierung) als zeitgemäße Modernisierung im Wohlfahrtsstaat bezeichnet werden. Denn es haben sich in der Sozialen Arbeit solche professionellen und in der Sozialpolitik solche wohlfahrtspluralistischen Tendenzen durchgesetzt.

An dieser Stelle könnte eingewendet werden, dass die stärkere Berücksichtigung von Eltern als Produzenten kindlicher Wohlfahrt (vgl. Engelbert/Kaufmann 2003) und Erziehung hier durchaus als Berücksichtigung eines wohlfahrtspluralistischen Konzeptes (vgl. Kaufmann 1994; Evers/Olk 1996)

52 Vgl. hierzu die Diskussion in den 1980er Jahre um die neuen sozialen Bewegungen.

interpretiert werden könnte. Dem soll nicht widersprochen werden. Betrachtet man dies allerdings vor dem Hintergrund der damit einhergehenden Schwächung der Rechte der Minderjährigen selbst, dann greift eine solche Interpretation meines Erachtens allerdings zu kurz. Denn es geht nicht allein um das Verhältnis Familie – Staat, sondern auch um das Verhältnis von Freiheitsrechten der Minderjährigen und dem starken Erziehungsinteresse der Gesellschaft. Insofern war das Gesetz von 1990 als ein Kompromissgesetz bezeichnet worden, in dem der Subjektstellung von Minderjährigen in vielerlei Hinsicht Rechnung getragen wurde, gleichzeitig aber im historischen Umbruch der Wiedervereinigung dem traditionellen Subsidiaritätsgedanken, der allein die Eltern und nicht die Minderjährigen fokussiert, nachgegeben wurde (Mierendorff/ Olk 2007, S. 555f.). Es kann folglich die These aufgestellt werden, dass im KJHG von 1990 zwei unterschiedliche Spannungen wirksam wurden: zum einen das spannungsgeladene Verhältnis zwischen Familie und Staat, was sich in dem andauernden Streit um das Elternrecht ausdrückt. Und zum anderen das Verhältnis zwischen Selbstbestimmung (hier die des Minderjährigen) und dem kollektiven Versuch (System der öffentlichen Erziehung), aus erzieherischen Gründen in das Selbstbestimmungsrecht einzugreifen und den Entwicklungsverlauf durch Erziehung zu beeinflussen. In der Reform von 1990 hat es keinen Versuch gegeben, diese Spannungsfelder aufzulösen oder offen damit umzugehen, vielmehr ist ein Kompromiss gefunden worden, der das traditionelle (familienzentrierte) Wohlfahrtsstaatsverständnis der BRD reproduziert und gleichzeitig moderne professionstheoretische Annahmen danebenstellt. Es zeigt sich ein Verharren in einem traditionellen familienbezogenen Denken der Nachkriegszeit, das den bundesrepublikanischen korporatistisch-konservativen Wohlfahrtsstaat prägte, und gleichzeitig einen Richtungswechsel in der Jugendhilfepolitik, die die bisherige Linie des notwendigen starken Eingriffs bei einer in Bezug auf bestimmte Gruppen latent wahrgenommene Gefahr aufgibt. Aus dieser Perspektive erscheint es nur konsequent, dass eine staatszentrierte Reform, die eine offensive Jugendhilfe als eigenständiges Sozialisationsfeld herausgebildet und umfassende Rechtsansprüche von Minderjährigen etabliert hätte, nicht umgesetzt wurde. Denn damit wäre unter anderem der Status quo des konservativ-korporatistischen Wohlfahrtsstaates alter Prägung angetastet worden und es hätte eine fundamentale Veränderung in der Rechtsposition von Minderjährigen und im wohlfahrtsstaatlichen Gefüge einsetzen können. Alles in allem sind mit dem KJHG das familienzentrierte Kindheitsmuster, die Unmündigkeit von Minderjährigen sowie deren schwache Position im Wohlfahrtsstaat bestätigt worden.

Abschließend kann in Bezug auf die Angleichung der Bedingungen von Kindheit gesagt werden, dass es mit dem KJHG zu einer Individualisierung der Anspruchsrechte einerseits und zu einer Kommunalisierung der Kinder- und Jugendhilfe andererseits gekommen ist. Wenn vielmehr die individuelle Situation des Minderjährigen es erfordert, erwächst daraus für die Eltern ein Anspruch auf Leistungen (Bedarfslogik). Wenn die regionale Situation es erfordert, dann kann daraus die Notwendigkeit der Einrichtung allgemeiner jugendpflegerischer Angebote abgeleitet werden. So wurde 1990 kein generelles jugendpflegerisches Programm und keine generelles erzieherisches Hilfeangebot durchgesetzt. Kindheiten bleiben regional sehr heterogen, denn alles bleibt von der professionellen Diagnose der individuellen Situation und der regionalen Jugendhilfeplanung abhängig. Angleichungen hat es allerdings hinsichtlich der Verfahrensstandards und der Durchsetzung von Fachlichkeit (Personal, Konzeptentwicklung) gegeben.

5.6 Exkurs: Kindertagesbetreuung im Spiegel der Zeiten – vom Notausgleich zum gesellschaftspolitischen Anliegen

Das folgende Kapitel verlässt die bisherige Logik des Aufbaus der Analysen des Kinder- und Jugendhilferechts. In den vorangegangenen Abschnitten waren die umfassenden Reformen und Novellen vom RJWG über das JWG bis hin zum KJHG in ihrer chronologischen Abfolge behandelt worden. An dieser Stelle soll allerdings ein einzelner Aspekt, nämlich der der Kindertagesbetreuung herausgegriffen werden, denn an diesem Beispiel lässt sich die Normalisierung öffentlicher frühkindlicher Betreuung, Bildung und Erziehung und die Neujustierung der Verantwortung für die Betreuung von Kindern nachzeichnen. Die außerhäusliche Betreuung von Kindern im Vorschulalter sowie nach der Schule war stets Aufgabe einer öffentlichen Kinder- und Jugendhilfe gewesen. Allerdings haben sich sowohl das Motiv hierfür als auch die Regulierungsinstrumente im Laufe der Zeit erheblich gewandelt. Verändert hat sich vor allem auch die Zahl der Kinder, die ein solches Angebot in Anspruch nehmen sowie das familiale und professionelle Selbstverständnis, mit dem dies gemacht wird. Dies soll in den kommenden Abschnitten verdeutlicht werden.[53]

5.6.1 Tagesbetreuung von Kindern in RJWG und JWG

Im Reichsjugendwohlfahrtsgesetz in den Fassungen von 1922 und 1953 wie auch im Jugendwohlfahrtsgesetz war die außerhäusliche Tagesbetreuung von Kindern unter der Formulierung der „Pflege und Erziehung von Säuglingen, Kleinkindern und von Kindern im schulpflichtigen Alter“ als „Weitere Aufgaben“ des Jugendamtes (§ 4 RJWG und § 5 JWG) verankert. Die Ausgestaltung dieser Aufgabe war den Ländern vorbehalten. Damit unterlag diese den regionalen Vorstellungen über die Notwendigkeit frühkindlicher Förderung und Unterstützung von Familien sowie über die Art und Weise des Angebots. Außerfamiliale Betreuung in der frühen Kindheit war regional extrem heterogen institutionell gerahmt (vgl. BMFSFJ 2005a). Ähnlich war vermutlich

53 Im Folgenden wird unterschieden zwischen Tagesbetreuung, das heißt die Betreuung und Erziehung in den Institutionen Kinderkrippe, Kindergarten und Hort, und der Tagespflege, das heißt der Betreuung und Erziehung bei einer Tagesmutter, die eine kleine Anzahl von Kindern in der Regel in der eigenen Wohnung aufnimmt.

allerdings überall, dass der Besuch einer Krippe oder eines Kindergartens als Normabweichung von einer bürgerlichen Kinderbiographie betrachtet wurde. Darüber hinaus wurde das Leistungsangebot aus der Perspektive der leistungserbringenden Behörde formuliert, das heißt nicht ausgehend vom generellen Recht des Kindes auf Förderung oder der Familie auf Unterstützung. Die Betreuung und Erziehung von nicht schulpflichtigen Kindern wurde daher über viele Jahre hinweg bis in die 1970er Jahre nicht als generelle öffentliche Aufgabe sowie Kindergärten nicht als Bildungsinstitutionen diskutiert (Hoffmann 2004, S. 37ff.; Scheiwe 2009, S. 184). Solange die Betreuung und Erziehung durch die Familie selbst gewährt war, gab es von Amtsseite aus keinen Handlungsbedarf. Die Bereitstellung eines Betreuungsplatzes in Krippe, Kindergarten oder Schulhort war stets an den individuellen Nachweis eines erwerbsbedingten oder psycho-sozialen Defizits der Familie gebunden. Mit dieser fürsorgerischen Konstruktion wurde nur ein recht kleiner Anteil an Kindern in Deutschland in institutionellen Betreuungs- und Erziehungssettings „versorgt". Normativ wie faktisch war frühe Kindheit damit Familienkindheit. Kinder, die noch nicht der Schulpflicht unterlagen, waren im Normalfall in die Familie verwiesen. Die bürgerliche Normalfamilie, die auf einer geschlechtsspezifischen Arbeitsteilung basierte, konnte dieses Konstrukt bedienen (vgl. Zeiher 2005a). Dies ist ein weiterer Indikator dafür, dass die explizite Zurückweisung der öffentlichen Verantwortungsübernahme für die Bildung, Erziehung und Betreuung von Kindern im Vorschulalter erheblichen Anteil an der Familialisierung von Kindheit gehabt hat.

Ende der 1960er, Anfang der 1970er Jahre erhielt die Vorschulbildung für Kinder ab dem 3. Lebensjahr im Kindergarten aus fachlicher Perspektive wie auch aus bundespolitischer Perspektive (Mierendorff/Olk 2007, S. 551ff.; Scheiwe 2009, S. 185) eine erhebliche Aufwertung (kritisch Hoffmann 2004). Unter dem Leitgedanken einer an sozialistischen Vorstellungen von Bildungsgleichheit orientierten „kompensatorischen Erziehung" (vgl. du Bois-Reymond 1971) wurden generell die Grenzen familialer Bildung und Erziehung benannt und die Bedeutung gezielter curricularer Bildung im Vorschulalter als Voraussetzung für gleiche Bildungschancen hervorgehoben (vgl. Deutscher Bildungsrat 1970) – der Ausgleich herkunftsbedingter Bildungsunterschiede erschien im ökonomischen und technischen Wettbewerb mit den sozialistischen Staaten als das Gebot der Stunde. Chancengleichheit für Stadt- und Landkinder, für Arbeiter- und Bürgerkinder, für Mädchen und Jungen wurde nun von vielen Fachleuten wie von Bundespolitikern gefordert. In der Fachpraxis und den Fachwissenschaften wurden daher Konzepte vorschulischer Bildung für das letzte Jahr im Kindergarten und auch für die sich mancherorts gegründeten Vorschulklassen in den Grundschulen entwickelt (z. B. Zimmer 1973). Allerdings lag der Ausbau solcher vorschulischen Maßnahmen in der Hand der Länder, vor allem der einzelnen Kommunen. So entstand trotz der Reformbestrebungen eine sehr heterogene Vorschullandschaft – Umfang der Betreuung, Qualität der Bildung und Betreuung, Fachlichkeit des Personals blieben regional sehr unterschiedlich (vgl. BMFSFJ 2005a). Kinder stießen in den 1970ern und 1980ern auf extrem unterschiedliche Betreuungs- und Erziehungssituationen, auch wenn insgesamt die Haltung zu vorschulischer Bildung durch die gesamte Bildungsdiskussion eine erhebliche normative Aufwertung erhielt.

Hingegen erhielten die Betreuung von Säuglingen und Kleinkindern wie auch die Hortbetreuung im Zuge dieser bildungsbezogenen Debatten kaum Bedeutung. Für diese Altersgruppen wurde ein allgemeiner Bildungsbedarf nicht gesehen. Grundschüler galten als über die Schulbildung ausreichend versorgt – der Hort blieb eine nachmittägliche Versorgungsinstitution, falls beide Eltern oder ein alleinerziehender Elternteil einer Erwerbsarbeit nachgingen. Vor allem auch die Betreuung und Erziehung von Kindern unter drei Jahren wurde nach wie vor zuerst als Aufgabe der Eltern angesehen. Bindungstheoretische Annahmen dienten als zentrale Argumente für die Zurückhaltung der Jugendhilfe in Bezug auf die Betreuung und Erziehung dieser Altersstufe.

In den seit der Verabschiedung des Jugendwohlfahrtsgesetzes von 1961 einsetzenden und immer wieder gescheiterten Reformbemühungen des Jugendhilferechts – das zeigt die Durchsicht der Fachzeitschriften in dieser Phase – war das Recht auf einen Kindergartenplatz stets eine der zentralen Forderungen gewesen (s. o.). Vor allem in dem Konzept einer *offensiven Jugendhilfe* der 1970er Jahre war die Idee einer kompensatorischen, auf Chancengleichheit zielenden Bildung vor der Schule ein wesentliches fachliches Element. Wie oben bereits gezeigt wurde, waren solche Ideen allerdings sowohl aus finanziellen Bedenken (Kommunen) als vor allem aber auch aus erheblichen kulturellen Vorbehalten gegenüber außerfamilialer Bildung, Erziehung und Betreuung gescheitert bzw. vor allem von konservativ regierten Ländern bewusst zurückgewiesen worden. Vorschulische Bildung, Erziehung und Betreuung erhielt nicht den Stellenwert eines gesellschaftspolitischen Themas. Über Jahrzehnte war die Tagesbetreuung ein jugendhilfepolitisches Thema, ohne dass dies ausreichend öffentliche Aufmerksamkeit und politische Schlagkraft gewinnen konnte. Frühe Kindheit blieb somit – soweit sie normal verlief – weitgehend in der privaten Verantwortung der Eltern (Mierendorff/Olk 2003, S. 444f.).

5.6.2 Das Schwangeren- und Familienhilfegesetz von 1992 und das Recht auf einen Kindergartenplatz im KJHG von 1996

Politische Bewegung in die Frage nach einer breiten öffentlich geförderten und organisierten Betreuung von Kindern kam erst Anfang der 1990er Jahre nach der deutschen Wiedervereinigung und der im Einigungsvertrag festgeschriebenen Aufforderung, eine verfassungskonforme Regelung zum Schwangerschaftsabbruch gesetzlich einheitlich zu verabschieden. Während in der alten Bundesrepublik Schwangerschaftsabbrüche nach § 218 StGB nur nach medizinischer und/oder psychosozialer Indikation bis zu einem festgelegten Zeitpunkt der Schwangerschaft erlaubt waren, blieb in der DDR der persönlich verantwortete Eingriff für Mutter und Arzt in Rahmen festgelegter Fristen straffrei (Fristenregelung). In dem heftigen Ringen um die Übernahme und

Durchsetzung einer Fristenregelung im bundesrepublikanischen Recht konnten sich letztendlich diejenigen Parteien durchsetzen, die für die Fristenregelung votierten, diese aber an eine verpflichtende Beratung knüpften. In dem aus diesem Streit hervorgegangenen *Schwangeren- und Familiengesetz* vom 27.07.1992 (i.K. 05.08.1992[54]) waren vor allem die Unterstützung von Schwangeren und jungen Müttern (materielle Unterstützung, Beratung) sowie der Ausbau der Tagesbetreuung verankert. Die Länder und Kommunen wurden durch eine Änderung des § 24 KJHG (Artikel 5 SFHG) verpflichtet, einen bedarfsgerechten Ausbau der Tagesbetreuung (bis 3 Jahre) voranzutreiben sowie den Rechtsanspruch auf einen Kindergartenplatz (ab 3 Jahren) durchzusetzen, der bis 31.12.1995 nach Maßgabe des Landesrechts bestand. Als zweiter Schritt sollte die bundeseinheitliche gesetzliche Verankerung eines Rechtsanspruchs auf einen Kindergartenplatz im KJHG bis 1996 erfolgen. Bisher waren im 1990 verabschiedeten KJHG in den §§ 22 und 23 lediglich Grundsätze der Förderung von Kindern in Tageseinrichtungen und in der Tagespflege (im Volksmund „Tagesmutter") ausgeführt worden. Weder bestand ein subjektives Recht von Kindern noch die allgemeine Verpflichtung der Länder, für den Ausbau der Tagesbetreuung und -pflege Sorge zu tragen. Solche Maßnahmen sollten insbesondere Alleinerziehenden die Vereinbarkeit von Beruf und Familie erleichtern und sie dadurch davon abhalten, sich für einen Abbruch zu entscheiden (vgl. ausführlich hierzu Struck/Wiesner 1992).

Überlegungen aus den Jugendhilfereformbewegungen der 1970er und 1980er Jahre, mit dem Rechtsanspruch ein bildungspolitisches Ziel zu verfolgen und Bedingungen der Chancengleichheit zu schaffen, spielten in diesem Zusammenhang eine untergeordnete Rolle (vgl. Hoffmann 2004). So kommt denn auch Joachim Merchel zu der Aussage: „Zugespitzt formuliert erhielt der Kindergarten seine gesellschaftliche Bedeutung nicht als eine Institution zur Förderung der Persönlichkeitsentwicklung von Kindern, sondern die gesellschaftliche Anerkennung des Kindergarten erfolgte unter dem Gesichtspunkt des elterlichen oder zumindest des mütterlichen Willens zum Kind' (Kiehl 1993, S. 227)" (Merchel 2002, S. 64).

Die Vermeidung eines Rechtsanspruchs für unter Dreijährige und die vergleichsweise abstrakte Aufforderung, ein „bedarfsgerechtes Angebot" auszubauen, führte dazu, dass die Kommunen diesem Anliegen des Gesetzgebers nur zögerlich oder gar nicht nachkamen (vgl. Wiesner 2004b). Reinhard Wiesner spricht in diesem Zusammenhang davon, dass das Gesetz keine normative Wirkung entfalteten konnte (ebenda, S. 442). Deutlich wird, dass insbesondere die westlichen Bundesländer in diesem Bereich der Tagesbetreuung, der nicht auf einem Rechtsanspruch der Leistungsbezieher oder Anspruchsberechtigten beruhte, überwiegend passiv blieben (vgl. zu dieser Problematik Wabnitz 2005a, b).

54 Noch bevor das Gesetz in Kraft treten konnte, wurde es jedoch nach einer Bundesverfassungsgerichtsklage im August 1992 ausgesetzt (BVerfG 86, 390). Es trat daher erst 1993 in überarbeiteter Form in Kraft. Somit wurde der Anspruch auf einen Kindergartenplatz im Sinne der Übergangsregelung erst 1993 realisiert.

Änderung § 24 KJHG von 1996

- Rechtsanspruch auf Kindergartenplatz für alle Kinder ab dem 3. Lebensjahr unabhängig von einem festgestellten Bedarf
- Schaffung eines bedarfsgerechten Ganztagsangebots
- (§ 24 a) Übergangsregelung bis zum 31. 12. 1998: können Kommunen keine ausreichende Zahl an Plätzen vorhalten, sind sie befugt, andere Altersregeln aufzustellen sowie andere Angebote zur Verfügung zu stellen (in diesem Falle muss der zuständige Jugendhilfeausschuss einen Plan zum Ausbau der Plätze vorlegen)

Der 1996 ins KJHG integrierte Rechtsanspruch auf einen Betreuungsplatz für Kinder ab dem dritten Lebensjahr führte trotz seiner bevölkerungspolitischen Motiviertheit und der langen Übergangsregelung bis Ende 1998 allerdings doch dazu, dass die außerfamiliale Erziehung und Betreuung dieser Altersgruppe in der Bevölkerung und unter Fachkräften den defizitären Duktus der „Versorgung in Notlagen" weiter verlor und sich zu einem wichtigen Erziehungsangebot unter dem Motto „Kinder in kinderarmen Nachbarschaften und Familien brauchen Kinder!" entwickelte. Das heißt, mit diesem Rechtsanspruch wurde der jahrzehntelang in der Bundesrepublik gehegte, bindungstheoretisch unterlegte Vorbehalt gegenüber außerfamilialer frühkindlicher Erziehung ab dem dritten Lebensjahr entkräftet. Die Nachfrage an Plätzen stieg kontinuierlich (BMFSFJ 2005a) – der quantitative Ausbau ging aufgrund der Übergangsregelung in vielen Kommunen allerdings nur schleppend voran (vgl. Wiesner 2004b).

So kann man alles in allem trotz einer veränderten Einstellung in Gesellschaft und Politik zu außerfamilialer Bildung und Erziehung vor der Schule und trotz veränderter rechtlicher Rahmenbedingungen sagen, dass aufgrund der halbherzigen Verankerung des Rechtsanspruchs Kindheiten in Bezug auf die Inanspruchnahme von außerfamilialer Betreuung und Erziehung in Ost und West, in der Stadt und auf dem Land sehr unterschiedlich blieben. Die strukturellen Rahmenbedingungen unterschieden sich trotz bundeseinheitlicher Rahmengesetzgebung aufgrund der föderalistischen Auslegungen der Bestimmungen erheblich. Der Besuch eines Kindergartens ab dem dritten Lebensjahr hatte sich zwar kulturell als durchaus anerkanntes und auch von den meisten Familien in Anspruch genommenes Angebot der freien und öffentlichen Jugendhilfeträger durchgesetzt. Hingegen fanden Kinder unter drei Jahren eine Betreuungslandschaft vor, die sich sowohl quantitativ als auch qualitativ noch sehr viel unterschiedlicher gestaltete (vgl. Reymann 1997). Das Recht auf einen Kindergartenplatz bricht aus der Perspektive westdeutscher Kinder mit der Tradition der Aufrechterhaltung der ausschließlichen Verantwortung der Familie in Fragen von Betreuung und Erziehung für die Lebensphase zwischen drei und sechs Jahren. Für ostdeutsche Eltern hingegen kehrte die Normalität der eigenen Kindheit zurück. Hier findet keine nachholende Modernisierung statt, sondern die Herstellung alter, den Familien vertrauter Bedingungen (vgl. Kirchhöfer 1998).

5.6.3 Das Tagesbetreuungausbaugesetz von 2004

Das *Gesetz zum qualitätsorientierten und bedarfsgerechten Ausbau der Tagesbetreuung* – kurz Tagesbetreuungsausbaugesetz (TAG) – stellt quasi den Bruch mit dem im Abschnitt über die Reform von 1990 (KJHG) dargestellten nachgeholten Prozess der Familienzentrierung des Rechts und der 1992 verankerten „Zögerlichkeit" der Länder im Ausbau öffentlicher Betreuung und Erziehung dar. Im Zuge einer sich seit der Rot-Grünen Regierungskoalition von 1998 vollziehenden sogenannten „sozialinvestiven Wohlfahrtsstaatswende" (Lessenich 2008, S. 77ff., 85ff.) ist die Familienzentrierung deutscher wohlfahrtsstaatlicher Hilfesysteme nicht mehr als das „Non-plus-Ultra" für die Lösung der Probleme der nachwachsenden Generation, der Familien und des Bevölkerungswachstums zu bezeichnen (vgl. Esping-Andersen 2002; kritisch Olk 2007). Der Staat setzt auf individualisierte Förderung – nicht nur Erwachsener, sondern vor allem auch von Kindern. Die (bildungsferne) Familie wird als potentielle gesellschaftliche Gefahr für die Bildungsprozesse von Kindern sowie für die kurz- und langfristige Armutsbekämpfung angesehen (Mierendorff 2008b, S. 229). Aus dieser Argumentation heraus formuliert die Politik die neue staatliche Verpflichtung: Nicht mehr „ineffektive" Hilfesysteme wie das ALG, das BSHG oder der FLA sollen durch finanziellen Ausgleich gestützt und damit langfristig bestimmte Problemlagen erhalten werden, sondern vielmehr sollen in die Eigentätigkeit, die Selbstbildung der Bürgerinnen und Bürger in Form von Dienstleistungen (Bildungsangebote) investiert werden, um alle Bürgerinnen und Bürger kurz- oder langfristig in den Arbeitsmarkt zu integrieren (Mierendorff/Olk 2007, S. 559f.; Lessenich 2008, S. 97f.; Dollinger 2007; Olk 2007). Der öffentliche Ausbau und die Qualitätssicherung der Tagesbetreuung wurden über diese Argumentation dann in der 2. Regierungsphase der Rot-Grünen Koalition zum bundespolitischen Ziel erhoben, das im Kapitel IV unter der Überschrift „Kinderfreundliches Land und bessere Bildung für alle" in der Koalitionsvereinbarung von 2002 formuliert wurde. 230.000 neue Plätze für Kinder unter drei Jahren sollten bis 2010 bundesweit geschaffen werden (vgl. BMFSFJ 2008). Damit sollte vor allem eine Angleichung der Bedingungen frühkindlicher Betreuung, Erziehung und vor allem Bildung im gesamten Bundesgebiet vorangetrieben und nicht mehr den einzelnen Gemeinden überlassen werden.

Ein erster Gesetzesentwurf, der nicht allein auf den Ausbau von Tagesbetreuung und Tagespflege zielte, sondern eine umfassende Weiterentwicklung des 1990 verabschiedeten KJHG darstellte (Tagesbetreuung, Kinderschutz, Steuerungskompetenzen Jugendamt, Finanzierung von Leistungen, Sozialdatenschutz) scheiterte im Bundesrat vor allem aufgrund der hohen finanziellen Belastungen, die mit dem angestrebten Ausbau der Tagesbetreuung und -pflege einhergegangen wäre. Im Rahmen der zum gleichen Zeitpunkt sich vollziehenden durch die EU forcierten Föderalismusreform war von einigen Bundesländern vorgeschlagen worden, die Kinder- und Jugendhilfe insgesamt aus der verfassungsrechtlich verankerten Bundeskompetenz

(Art. 74, Abs. 7) herauszulösen und in die Zuständigkeit der Länder zu legen. Ziel war vor allem die Senkung der Kosten durch die Möglichkeit zur Veränderung des Pflichtaufgabenkatalogs. Dieses föderalistische Anliegen, das einen historischen Rückschritt und die anachronistische Zersplitterung der Kinder- und Jugendhilfe bedeutet hätte (vgl. Wiesner 2004b), wurde, auf starken verbandlichen und bundespolitischen Protest hin, nicht weiter vorangetrieben. Das KJHG blieb weiterhin Bundesrecht und damit die überregionale Steuerung der Kinder- und Jugendhilfe erhalten. Allerdings wurde in der Folge von den konservativ regierten Ländern die Zustimmung zum kostenintensiven TAG verweigert. Aus strategischen Gründen wurde das geplante umfassende Gesetz in zwei Teile getrennt – in das *Tagesbetreuungsausbaugesetz* (TAG) und das *Kinderförderungsgesetz* (KICK).[55] Der erste Teil, das TAG konnte durch diesen „Schachzug" so am 17.12.2004 gegen das Votum einiger Bundesländer im Bundeskabinett verabschiedet werden. Am 1.1.2005 trat es bereits in Kraft (sehr ausführlich zum Gesetzesgang Wiesner 2004b).

Tagesbetreuungsausbaugesetz von 2004

- Neu: Ziel der Tagesbetreuung und -pflege u. a. Vereinbarkeit von Beruf und Familie
- bedarfsgerechter Ausbau von Plätzen für unter 3-Jährige verpflichtend (§ 24)
- § 22a: Qualitätssicherung in Betreuung und Pflege (Konzeptentwicklung, Fachlichkeit des Personals, Betriebserlaubnis an diese Standards gebunden)
- Wegfall der Meldepflicht bezüglich des Angebots von Ganztagsplätzen (Einrichtung und Kinder)
- Informationspflicht der kommunalen Jugendämter über das Betreuungs angebot (§ 2, Abs. 4)
- Übergangsregelung bis 01. 10. 2010

Das Gesetz beinhaltet die vollständige Neufassung der §§ 22, 22a, 23 und 24 KJHG i. d. F. von 1996, also die Neuordnung der Kindertagesbetreuung im

55 Das *Kinder- und Jugendhilfeweiterentwicklungsgesetz* vom 08. 09. 2005 – kurz Kinderförderungsgesetz (KICK) – trat am 01. 10. 2005 in Kraft. Es gilt als erste wichtige Novelle des KJHG von 1990. Es ging um eine fachpolitische Weiterentwicklung, die den Kinderschutz und die damit in Zusammenhang stehenden Schutzauftrag und Schutzpflicht des Jugendamtes sowie der Träger der Kinder- und Jugendhilfe betreffen, zweitens um die Entlastung der Kommunen, das heißt es werden neue Kriterien für die Heranziehung von besser verdienenden Eltern bei der Finanzierung der Leistungen aufgestellt. Darüber hinaus geht es um die verbesserte Erhebung von Daten (Jugendhilfestatistik) sowie um die Steuerungskompetenz des Jugendamtes.
Im Mittelpunkt der öffentlichen und parlamentarischen Diskussion stand der Schutz von Kindern (§ 8a), der angesichts der vermeintlich ansteigenden Anzahl an Fällen von Kindesmisshandlung, Verwahrlosung und Tötung als nicht mehr flächendeckend gewährt angesehen wurde. Die Bildungsteilhabe von Kindern wurde als durch elterliche Vernachlässigung gefährdet angesehen. Der Staat sollte wieder stärker seine Rolle als „Wächter" über das Kindeswohl ausüben.

Bereich der Tagespflege und der Förderung in Institutionen. Diese Neuordnung lässt sich inhaltlich wie folgt zusammenfassen:[56]

Ziel der *Tagesbetreuung und Tagespflege*: Neu aufgenommen und explizit ausgeführt ist, dass Tageseinrichtungen und Tagespflege nicht nur die Entwicklung des Kindes unterstützen, sondern auch die Vereinbarkeit von Beruf und Familie ermöglichen sollen. Berufstätigkeit war schon immer ein Grund für den Betreuungsbedarf eines Kindes – aber nie war die Vereinbarkeit von Beruf und Familie als ein generelles Ziel der Kinder- und Jugendhilfe formuliert worden. Neu ist auch, dass Erziehung und Bildung in der Familie unterstützt und *ergänzt* werden soll (§ 22 Abs. 2) – bisher galt die Formulierung der „organisatorischen und pädagogischen Orientierung an den Bedürfnissen der Kinder und ihrer Familien". Vor allem mit dem Begriff der „Ergänzung" ist die Eigenständigkeit außerfamilialer Betreuung betont worden. So ist denn auch stärker als bisher explizit ein umfassender, individualisierter Förderauftrag im Gesetz festgeschrieben worden (§ 22 Abs. 3). Diese Eigenständigkeit war in den gescheiterten Reformen der 1970er/1980er Jahre – wenn auch umfassender für die gesamte Jugendhilfe – der Kernpunkt der Kontroversen und Ursache des Scheiterns dieses Vorhabens gewesen.

Neu hinzugekommen ist als weiteres die *Sicherung der Qualität* für öffentliche Träger durch die detaillierte Ausformulierung von Qualitätsstandards und Evaluation in § 22a und für freie Träger durch Erteilung bzw. Entziehung einer Betriebserlaubnis für freie Träger (§§ 45, 46, 47 KJHG). Auf beiden Träger-Ebenen sind die Konzeptionsentwicklung, die Fachlichkeit des Personals sowie das Kindeswohl die zentralen Kriterien der Qualitätsmessung. Das Erteilen einer Erlaubnis für einen freien Träger soll durch den Nachweis einer Konzeption sowie von geeignetem Fachpersonal gewährleistet werden. Es sollen Vereinbarungen zwischen Jugendamt und Träger getroffen werden. Die Erlaubnis kann entzogen werden, wenn die gesellschaftliche und sprachliche Integration, die gesundheitliche Versorgung oder insgesamt das Kindeswohl gefährdet sind. Darüber hinaus müssen die Betriebsaufnahme, die Platzzahl, die Namen und Qualifikationen der Beschäftigten der Behörde gemeldet werden (§ 47). Auch für die Tagespflege sind in § 23 jetzt Finanzierung und Qualitätssicherung geregelt. Auch hier ist die Erteilung einer Erlaubnis unter Nachweis der Geeignetheit der Pflegeperson sowie die Prüfung der wirtschaftlichen und sozialen Verhältnisse verpflichtend geworden.

Als Weiteres müssen Kinder, die Ganztagsplätze inne haben, nicht mehr mit Namen den Behörden gemeldet werden. Der Wegfall der verbindlichen Kontrollen durch die Jugendbehörde ist ein Zeichen dafür, dass die Vollerwerbstätigkeit von Eltern nicht mehr potentiell als Gefährdung des Kindes betrachtet wird. Zuvor musste die Aussetzung der Meldepflicht für einzelne Einrichtungen oder einzelne Kinder direkt beantragt werden! Das heißt allerdings nicht, dass Kinder, die eine Einrichtung besuchen, nicht mehr erfasst

56 Eine sehr gute Übersicht bietet Gerstein (2005) und später auch Scheiwe (2008).

werden. Nur werden jetzt Kinder mit Ganztagsplätzen nicht mehr gesondert behandelt. Vielmehr werden im Rahmen der Budgetierung von Plätzen nach Zeitbedarf, die in einem Teil der Kommunen und in den Stadtstaaten durchgesetzt ist, alle Kinder erfasst[57].

Abschied genommen wurde auch von den traditionellen *Altersgrenzen*: Der Rechtsanspruch auf einen Kindergartenplatz besteht davon unabhängig unverändert weiter (§ 24 Abs. 1). Die Altersspanne unter drei Jahren wird jedoch erstmals explizit in das Gesetz aufgenommen und stellt kein Tabuthema mehr dar – allerdings besteht hier kein Rechtsanspruch. Jedoch sind die Kommunen zur Bereitstellung eines bedarfsgerechten Angebotes verpflichtet, das sich erstens aus der Abwesenheit der Eltern oder zweitens aus der pädagogischen Notwendigkeit ergibt (Bedarfslogik). Wer einen Bedarf nachweisen kann, erlangt damit einen einklagbaren Anspruch. Das war in den Vorgängergesetzen nicht so klar formuliert gewesen. Hier hatten die Kommunen, die keine Kinderkrippen einrichten wollten, erhebliche Handlungsspielräume, die nun stark eingeschränkt sind.

Neu ist zu guter Letzt auch die Verpflichtung der Jugendbehörden, die Öffentlichkeit über die kommunalen Angebote und die Konzeptionen der Träger zu informieren sowie Eltern bei der Auswahl zu unterstützen (§ 24 Abs. 4). Dieses Instrument dient der Transparenz öffentlicher Betreuung, wie sie in keinem anderen Bereich der Jugendhilfe gegeben ist – nicht die Kosteneingrenzung ist das Ziel, sondern die möglichst große Inanspruchnahme des Angebots. Betont wird damit die staatliche Verantwortung für diese Aufgaben. Deutlich wird damit der Wille, dies nicht als nachrangiges Angebot im Falle des Scheiterns von Erziehung (beispielsweise Hilfen zur Erziehung), sondern als Bildungs- und Betreuungsangebot für alle Kinder zu etablieren. Sozialstaatliche Regulierung ist hier Teil eines Normalisierungsprozesses frühkindlicher Bildung.

Da diese Rahmengesetzgebung erhebliche organisatorische und finanzielle Folgen für die Kommunen hat, wird eine Übergangsfrist bis 01. 10. 2010 eingeräumt. Ein Datum, an dem Deutschland als EU-Mitglied im Rahmen der Agenda 2010 Rechenschaft über die Investitionen in den Bereich der frühkindlichen Bildung, insbesondere in den Ausbau der Betreuungsplätze für Kinder unter drei Jahren ablegen muss.

Insgesamt macht hier die Bundesgesetzgebung den Kommunen durch die Verfestigung von Ansprüchen sowie die detaillierten Verfahrensregeln erhebliche Vorgaben. Dies ist in Bezug auf die außerfamiliale Betreuung und Bildung von nicht schulpflichtigen Kindern neu in der Geschichte der Tagesbetreuung und -pflege im Rahmen des bundesrepublikanischen Jugendhilferechts. Alles

57 In einigen Bundesländern erhalten die Einrichtungen Kostenzuweisungen entlang der tatsächlichen Betreuungszeit der Kinder (Modell der Betreuungs- oder Bildungsgutscheine) und nicht mehr pauschal für die Anzahl der vorgehaltenen Plätze einer Einrichtung (Scheiwe 2008, S. 106).

in allem kann es als das höchste Ziel dieses Bundesgesetzes bezeichnet werden, vergleichsweise einheitliche Bedingungen für den quantitativen Ausbau und die qualitative Verbesserung des gesamten auf nicht schulpflichtige Kinder bezogenen Bildungs- und Betreuungssystems zu schaffen. Verschwunden ist die traditionelle, lange Zeit vorherrschende Haltung, dass durch das der Familie nachgeordnete Angebot vor allem diejenigen gefördert werden sollen, deren Wohl es dringend erfordert. Unter drei Jahren sollen alle Kinder gefördert werden, deren Eltern einen Zeitbedarf aufgrund von Ausbildung und Erwerbstätigkeit anmelden oder aber keine ausreichende Förderung der Kinder leisten können. Für die über Dreijährigen wird die frühkindliche Bildung als notwendige außerfamiliale Unterstützung von Bildungsprozessen unabhängig von Herkunft und Problemlagen angesehen, denn es wird angenommen, dass alle Kinder dieser besonderen Form der institutionalisierten Bildung heutzutage bedürfen.[58] Bildung bleibt nicht erst der Schule vorbehalten, sondern wird unter dem Schlagwort *Frühkindliche Bildung* zum obersten Ziel erklärt.[59] Damit hat die Kinder- und Jugendhilfe erstmals seit ihrem Bestehen in einzelnen Teilen so etwas wie den Status einer wichtigen Sozialisationsinstanz neben Familie und Schule erhalten. Die faktische Angleichung der Bildungsbedingungen, das Vorantreiben von Fachlichkeit und Qualitätsstandards bleiben nun nicht mehr allein den regionalen Akteuren überlassen.

Betont wird die gesellschaftspolitische Relevanz dieses Themas auch durch die neue Kooperation von Politik und Unternehmen (Bündnis für Familie; 12. Kinder- und Jugendbericht, BMFSFJ 2005a), denn eine ausreichende Zahl an Betreuungsplätzen und eine „gute" frühkindliche Bildung seien ein wichtiger Standortfaktor in Deutschland. Die Interpretation von Kindertagesbetreuung und frühkindlicher Bildung als Erfolgsfaktor von Wirtschaftsunternehmen (vgl. Schmitt/Mohn 2004; Mohn/von der Leyen 2007) ist eine Figur, die es in der Bundesrepublik zuvor so nicht gegeben hat. Auch wenn Wirtschaftsunternehmen bereits seit den 1960er Jahren immer wieder besser ausgebildete Fachkräfte (Picht 1964) oder aber verbesserte strukturelle Bedingungen der Vereinbarkeit von Beruf und Familie gefordert haben (Seehausen 1989), so ist die konkrete bundesweite Auseinandersetzung von führenden Wirtschaftsunternehmen mit den Bedingungen der Betreuung von Kindern doch neu. Frühkindliche Bildungsprozesse bzw. die Entwicklung von Säuglingen und Kleinkindern wurden als Eigenwert für sich behandelt. Im Vordergrund stehen jetzt aber die Verbindung der beiden Themen *„Vereinbarkeit von Beruf und Familie"* und die rechtzeitige, adäquate *„Bildung zukünftiger Arbeitskräfte"*. Diese Verknüpfung zielt gegenwartsbezogen auf die Freistellung von qualifizierten Müttern aus der Betreuungs- und Pflegearbeit, um das Arbeitskräftepotential zu erhöhen, und langfristig auf die Bereitstellung von zukünftigen ausreichend qualifizierten Arbeitskräften. Neben den erwarteten positiven Effekten für Wirt-

58 Siehe die Broschüre der Bundesregierung „Auf den Anfang kommt es an" BMBF (2007); kritisch Ostner 2009.

59 In diesem Sinne müssen auch die Bildungsprogramme der einzelnen Bundesländer verstanden werden, die seit Ende der 1990er verabschiedet wurden (vgl. Diskowski 2005).

schaftsunternehmen ist hiermit auch ein armutspolitisches Instrument im Visier. Denn die Beschäftigung von Frauen erhöhe das Familieneinkommen und eine ausreichende Bildung führe zu höheren Bildungsabschlüssen und damit langfristig zur Integration der nachwachsenden Generation in den Arbeitsmarkt. Lebenslange (Bildungs)Armut und Kindertagesbetreuung werden in einen engen Zusammenhang gebracht (vgl. Mierendorff 2008a, b). Frühkindliche Bildung und Betreuung werden zum gesellschaftspolitischen Ziel erhoben und zum Garanten der Zukunft von Gesellschaft und wirtschaftlicher Macht inszeniert. Damit erhält der Kindertagesbetreuungsdiskurs aus einer normalismustheoretischen Argumentation heraus einen starken normalisierenden und normativen Charakter, dem sich die einzelnen Bundesländer – auch unabhängig von der Gesetzgebung – nicht ohne weiteres entziehen können.

Für Kinder bedeutet diese Entwicklung, dass sie bundesweit zunehmend auf ähnliche Bedingungen stoßen werden, was sowohl die Möglichkeit der Inanspruchnahme von Betreuungs- und Bildungseinrichtungen als auch die fachliche Ausgestaltung der Angebote betrifft. In Zukunft werden Kindheiten, in denen die frühkindliche außerfamiliale Bildung keine Rolle spielt, eher zu den legitimierungsbedürftigen Mustern gehören (vgl. Hüsken/Walter/Wolf im Erscheinen).[60] Es wird sich zeigen, inwieweit solche Kinder langfristig marginalisiert werden.[61]

Abschließend kann gesagt werden, dass das Tagesbetreuungsausbaugesetz den offensichtlichen Bruch mit bzw. die Neujustierung der 1990 im KJHG verankerten Familienzentrierung darstellt.[62] Der Staat rückt wieder stärker als anerkannter Akteur und Gestalter des Kinderlebens in den Mittelpunkt und ist nicht mehr in erster Linie allein Geldgeber, Verfahrensregulierer und Gestalter von Lebensbedingungen.

5.6.4 Fazit

Bereits an anderer Stelle war gesagt worden, dass die außerfamiliale Betreuung von Kindern stets eine Pflichtaufgabe im jeweils geltenden Jugendhilfe-

---

60 Dies zeigt sich an den Initiativen in einigen Bundesländern, in denen über eine Kindergartenpflicht im letzten Jahr vor der Schule diskutiert wird (vgl. Hüsken/Walter/Wolf im Erscheinen).

61 In Dänemark beispielsweise wird darüber diskutiert, ob Eltern das Kindeswohl verletzen, wenn sie dem Kind den Kindergartenbesuch verwehren. Eltern sollen in diesem Falle bestraft und Kinder das Recht auf Bildung gewährt werden (vgl. Borchhorst 2009; weitere Beiträge in Scheiwe/Willekens 2009).

62 In diesem Zusammenhang muss auch das bereits in Fußnote 55 aufgeführte KICK von 2005 erwähnt werden, denn der Ausbau der außerfamilialen Bildung, Betreuung und Erziehung in der frühen Kindheit wird derzeit nicht getrennt von einem verbesserten staatlichen Kinderschutz diskutiert. Insbesondere Kindertagesstätten werden durch die in § 8a KJHG formulierte Meldepflicht bei Verdacht der Kindeswohlgefährdung zu Orten konstituiert, in denen das Wohl der Kinder beobachtet werden soll. Das Jugendamt als Garant des Kindeswohls muss informiert werden. Die Phase der frühen Kindheit wird also aus der Perspektive des Schutzes und der Förderung öffentlich beobachtet.

recht war, dass sich aber die Art der Aufgabenbeschreibung sowie die sich daraus ergebenden Folgen für Kinder im Zeitverlauf stark gewandelt haben. So kann man die in den vorangegangenen Ausführungen ersichtlich werdenden Veränderungen als Entwicklung von einer Notversorgung oftmals benachteiligter Gruppen hin zu einem umfassenden Bildungs- und Betreuungsangebot für alle Kinder ab dem dritten Lebensjahr sowie zunehmend für unter Dreijährige bezeichnen. Die Vorstellungen von außerfamilialer Betreuung und Erziehung im Vorschulalter hat sich damit radikal verändert: Vom Bild einer der Familie nachgeordneten erzieherischen Versorgung im Falle des Ausfalls von Betreuung und Erziehung hin zum Bild von Tagesbetreuung als eigenständigem und vor allem notwendigen Bildungsangebot in der frühen Kindheit – einem Angebot, das in professionellen Settings stattfindet, die nicht von der Familie herstellbar sind. Damit hat die frühkindliche Betreuung und Erziehung in gewisser Weise einen mit Schule vergleichbaren Stellenwert im Bildungssystem erhalten. Denn mit dem rechtlich kodifizierten Anspruch auf einen Kindergartenplatz unterliegt das Angebot nicht mehr der willkürlichen Bedarfsbescheinigung kommunaler Akteure. Vielmehr ist ein genereller Bildungsbedarf für die gesamte nachwachsende Generation der Kinder zwischen 3 und 6 Jahren festgestellt worden. Außerfamiliale Bildung und Erziehung wird zur Normalität im Kindesalter. Allerdings ist diese Norm bisher nicht im Sinne der Schul*pflicht* formuliert, sondern umgekehrt als individueller *Rechts*anspruch des Kindes. Das heißt, dass für die Inanspruchnahme dieses Rechts nach wie vor die Personensorgeberechtigten (in der Regel die Eltern) zuständig sind. Die teilweise Auslagerung von Bildung, Betreuung und Erziehung von Kindern im Vorschulalter wurde vielfach als Prozess der De-Familialisierung bezeichnet (vgl. Leitner/Lessenich 2007; Ostner 2007). An anderer Stelle wurde eher von einer Neujustierung des Verhältnisses von Familie und Staat in Bezug auf die Wohlfahrt von Kindern gesprochen (vgl. Joos 2003, 2008). Auch wenn dieser Interpretation vor dem Hintergrund historischer Entwicklung im konservativen Wohlfahrtsstaat zuzustimmen ist, so ist diese in Bezug auf das Muster moderner Kindheit mit etwas mehr Vorsicht zu formulieren. Denn, wie gerade angeführt, ist mit dem Rechtsanspruch keinesfalls die (auch im KJHG verankerte) Letztverantwortung der Eltern für die Realisierung unterstützter frühkindlicher Bildungsprozesse aufgehoben – das macht vor allem auch das 2005 verabschiedete KICK deutlich. Ob ein Kind in den Kindergarten geht oder nicht, liegt nach wie vor in den Händen von Eltern.[63] In diesem Sinne würde ich eher von einer Neu-Justierung des Verhältnisses von Familie und Staat in Bezug auf die Erbringung von Leistungen bei Aufrechterhaltung einer generell starken Familialisierung sprechen – auch die Finanzierung von frühkindlicher Bildung ist nicht wie in der Schule an den Staat übergegangen.

---

63 Eine in einigen Bundesländern geforderte Kindergartenpflicht konnte sich bisher nicht durchsetzen, was aber in Zukunft zu beobachten bleibt. Zum Beispiel ist in Berlin bereits das Einschulungsalter auf 5 Jahre abgesenkt und die Möglichkeit zur Zurückstellung von schulpflichtig gewordenen Kindern fast unmöglich gemacht worden (vgl. auch Fußnote 55).

Durch die Auslagerung von Bildungs- und Erziehungsaufgaben aus der Familie hat allerdings ein weiterer Prozess der Scholarisierung von Kindheit stattgefunden. So ist mit der fachlichen Feststellung der Relevanz professionell unterstützter Bildungsprozesse auch in möglichst früher Kindheit dieses Muster altersbezogen ausgedehnt worden. Anders als im Bildungssystem der DDR, in dem bereits in den 1960er Jahren die Kindergartenerziehung in die Zuständigkeit des Bildungsministeriums übergegangen und ein zentrales Kindergarten-Curriculum entwickelt worden war (vgl. Hoffmann 2004), war die westdeutsche frühe Kindheit explizit als ein von curricularer Bildung freier Schonraum „definiert". Hier hat das bundespolitische „sozialinvestive" Engagement, das sowohl von der (sozial)pädagogischen Profession als auch von der Disziplin überwiegend mitgetragen wird, eine deutliche Wende eingeleitet. Die rechtlichen Rahmenbedingungen zur Durchsetzung dieser Norm sind geschaffen und fallen in der Bevölkerung überwiegend auf fruchtbaren Boden (vgl. Zeiher 2009). Die individuelle Umgehung dieser kulturell inzwischen fester verankerten Norm ist bereits jetzt mit der Drohung der Marginalisierung verbunden (vgl. Hüsken/Walter/Wolf im Erscheinen) – das Fehlen staatlich initiierter frühkindlicher Bildung wird bereits jetzt als Armutsrisiko bewertet (Mierendorff 2008b, S. 229).

Insgesamt zeigt sich gerade an dieser beispielhaft dargestellten Entwicklung des öffentlich regulierten Systems der außerfamilialen Kindertagesbetreuung die hohe Bedeutung wohlfahrtsstaatlicher Regulierungen für die Familialisierung von Kindheit bzw. für die spezifische Gestalt der Familialisierung in der Bundesrepublik Deutschland. Trotz fachlicher Expertisen seit den 1970er Jahren und trotz veränderter Einstellungen von Müttern zur Erwerbsarbeit ist über Jahre eine Reform der Schaffung geeigneter Strukturen der Betreuung und frühkindlichen Bildung explizit verhindert worden. Erst seit den umfassenden familienpolitischen Debatten Anfang der 2000er Jahre und der veränderten rechtlichen Grundlagen ist die Anzahl der Betreuungsplätze und damit zusammenhängend die Anzahl der erwerbstätigen Mütter gestiegen (Jurczyk 2005, S. 455). Die außerfamiliale Betreuung von Vorschulkindern sowie die professionelle Einflussnahme auf frühkindliche Bildungsprozesse wird immer mehr zur normativen und faktischen Normalität – nicht allein in städtischen Regionen.

5.7 Eine abschließende Betrachtung zur Entwicklung des Kinder- und Jugendhilferechts im Wohlfahrtsstaat

In der Analyse der rechtlichen Entwicklung der Kinder- und Jugendhilfe seit Beginn des 20. Jahrhunderts haben sich drei Aspekte herausgeschält, die in Bezug auf die Fragestellung nach dem Wandel und der Kontinuität des Musters moderner Kindheit eine hohe Erklärungskraft besitzen. Ich möchte abschließend folgende Entwicklungslinien thesenartig herausarbeiten:

1. die permanente Justierung des Verhältnisses zwischen Eltern/Familie und Staat im Kinder- und Jugendhilferecht;
2. die Pädagogisierung und Scholarisierung im Kinder- und Jugendhilferecht und
3. die Standardisierung durch Angleichung der Lebensbedingungen von Kindern bei Aufrechterhaltung von regionaler Differenz.

These 1: Justierung des Verhältnisses zwischen Eltern und Staat im Kinder- und Jugendhilferecht

In Bezug auf die Frage nach der Rolle des Kinder- und Jugendhilferechts bei der Herausbildung und dem Wandel des Musters moderner Kindheit und insbesondere bei der Verstärkung der Dimension der Familialisierung ist der andauernde ambivalente Prozess der Justierung des Verhältnisses von Eltern und Staat im Recht von großer Bedeutung. Familialisierung war im ersten Teil der Arbeit erstens als normative und rechtliche Letztverantwortung der sorgeberechtigten Eltern für das Wohl und die Lebensbedingen des Kindes sowie zweitens die normative Zuordnung des Kindes in den Binnenraum der Familie gefasst worden (vgl. Kap. 1.2). Rückblickend kann die Entwicklung des Jugendhilferechts aus dieser Perspektive in drei Phasen unterteilt werden: (1) Die Konstitutionsphase des Rechts, als Phase einer schwachen Position der Eltern, (2) die kontinuierliche generelle Stärkung der Elternposition im Jugendhilferecht nach dem Zweiten Weltkrieg und (3) die Neujustierung des Verhältnisses zwischen Eltern und Staat im familienzentrierten Kinder- und Jugendhilferecht zu Beginn des 21. Jahrhunderts.

Anhand dieser Phasen möchte ich aufzeigen, dass das permanente Austarieren des komplizierten Verhältnisses zwischen Eltern und Staat im Kinder- und Jugendhilferecht ein wichtiger wohlfahrtsstaatlicher Regulierungsmechanismus ist, der zum Wandel wie aber auch zur Kontinuität von Kindheit beiträgt – die Gestalt der Familialisierung von Kindheit wird hier mitgeprägt.

(1) Die Konstitutionsphase des Rechts als Phase einer schwachen Position der Eltern

Das Jugendwohlfahrtsrecht von 1922 kann als nicht familienbezogen, sondern als kindbezogen, in diesem Sinne aber nicht als partizipativ, sondern als bevormundend, eingreifend, restriktiv und kontrollierend und vor allem als familienersetzend bezeichnet werden. Allerdings, das haben die Analysen gezeigt, waren hiervon lediglich diejenigen, zumeist proletarischen, Familien betroffen, die den Normalitätsannahmen einer bürgerlichen Familie nicht entsprachen und die keinesfalls in der Lage waren oder sein wollten, ein Muster bürgerlicher Kindheit zu inszenieren. Die bürgerliche Normalfamilie war durch das Jugendhilferecht nicht berührt – zumindest solange die bürgerliche Mutter nicht etwa beispielsweise durch ein uneheliches Kind „aus der Norm fiel“ (Amtsvormundschaft). Das RJWG zielte faktisch auf Kinder unterer Schichten und normativ, mit seiner permanenten Androhung des

Sorgerechtsverlusts und der elterlichen Mitbstimmungsrechte in der Erziehung, auf Eltern, die den Normalitätsannahmen nicht entsprachen – Kindheit und Jugend wurden in diesen Fällen de-familialisiert.

Schaut man allerdings nicht allein auf die konkrete Ausformulierung einzelner Abschnitte des Gesetzes (beispielsweise Fürsorgeerziehung, Vormundschaft, Pflegschaft), sondern auf die Stellung des Rechts im Reigen wohlfahrtsstaatlicher Regulierungen in Bezug auf Kindheit insgesamt, so muss man sagen, dass das Jugendhilferecht durch seine explizite Zurückhaltung, Aufgaben zu übernehmen, die der funktionierenden bürgerlichen Familie zugeschrieben wurden, geprägt ist und durch diese ungeschriebene normative Grundaussage mit zur Normalisierung bürgerlicher Familienkindheit als Kindheitsmodell der Moderne beigetragen hat. Denn es gab bewusst keine rechtlich legitimierte generelle Übernahme außerfamilialer frühkindlicher Bildung, Betreuung und Erziehung, keine offensive Jugendpflege wie in späteren Jahren zumindest diskutiert und bereits von Gertrud Bäumer 1929 formuliert wurde. Normativ wurde durch den Verzicht skandiert, dass dies die originären Aufgaben der (funktionierenden) Familie bleiben. Das Jugendwohlfahrtsrecht blieb ein notlagenorientiertes und eingreifendes Recht (Wiesner 2004a, S. 126), das den wie auch immer gearteten Ausfall familialer Leistungen nicht als Normalfall, sondern als Notfall konstituierte.

Die Zeit des Nationalsozialismus ist schwer einzuordnen. Das Jugendhilferecht zielte unverändert auf die als nicht normal klassifizierte Familie, wobei diese Klassifizierung nun anderen Kriterien unterlag. Im Nationalsozialismus wirkte nicht die Norm der bürgerlichen Familie, sondern die Norm einer erbgesunden Familie, die im Geiste nationalsozialistischer Ideale ihre Reproduktionsaufgaben erfüllte. Hinsichtlich der Familialisierung der Kindheit wirkten jedoch weniger das Jugendhilferecht als vielmehr die Praktiken der Nationalsozialistischen Volkswohlfahrt. Das Wesen der Hitlerjugend und des Bundes Deutscher Mädel kann hingegen als kind- und jugendzentriert und somit in der Wirkung als de-familialisierend bezeichnet werden, nämlich hinsichtlich der paradoxen staatlich kontrollierten und angeleiteten Selbstorganisation der Jugend. Alle drei Organisationen – NSV, HJ und BDM – waren aber keine Veranstaltungen der im RJWG verankerten Jugendwohlfahrt. Erst nach dem Zweiten Weltkrieg – so meine These – sickerten die Intentionen der Familien Familienhilfe und Jugendpflege, *alle* Eltern und Minderjährigen zu erreichen, über die Novelle von 1961 und die Reform von 1990 allmählich in das Jugendwohlfahrtsrecht ein. Der Nationalsozialismus kann also als eine Zeit der parallelen Familialisierung und De-Familialisierung von Kindheit bezeichnet werden, in der das Jugendwohlfahrtsrecht eine untergeordnete Rolle spielt.

(2) Die kontinuierliche generelle Stärkung der Elternposition im Jugendhilferecht nach dem Zweiten Weltkrieg

Wie die weiteren Analysen gezeigt haben, setzt die Stärkung der Eltern im Jugendwohlfahrtsrecht erst viele Jahre später, in den 1960er Jahren ein. Aber nicht erst mit der als familienzentriert bezeichneten Reform von 1990, sondern bereits in der prosperierenden Nachkriegsphase der Bundesrepublik Deutschland. In einer Zeit also, in der die bürgerliche Familie als Garant für die Wiederherstellung von Ordnung bereits wieder etabliert war (vgl. Mierendorff/Olk 2007) und in der der Wohlfahrtsstaat endgültig seine konservativ-korporatistische Ausrichtung mit einer starken Familienzentrierung und der Orientierung am Subsidiaritätsprinzip verfestigt hatte (vgl. Gerlach 1996; Kolbe 2002; Lessenich 2003a, S. 164f.).

Die ausgebliebene grundlegende Reform zu einer „offensiven Jugendhilfe" von 1953 und 1961 bestätigten die familienzentrierte wohlfahrtsstaatliche Entwicklung des bundesrepublikanischen Sozialmodells (vgl. Lessenich 2003a). Das Jugendwohlfahrtsgesetz blieb ein notlagenorientiertes Gesetz, das Einschränkungen in den Reproduktionsleistungen der Familie als Mangel und Notfall normierte. Zumindest für die späten 1940er Jahre ist dies erstaunlich, da die bürgerliche Normalfamilie als normativer Wert zwar existierte, die realen Bedingungen aber sehr deutlich die Ungeordnetheit familialer Verhältnisse und die Bedürftigkeit eines großen Teils der Familien zeigte. (Ein Gesetz, das allen Familien Unterstützung geboten hätte, wäre angemessener gewesen.) Die Aufrechterhaltung der restriktiven normativen Ausrichtung des (R)JWG auf die nicht angepasste „Unterschichtsfamilie" in den Reformen von 1953 und 1963 kann somit als politischer Versuch gedeutet werden, das Ideal der bürgerlichen Familie, die unabhängig vom Staat die Reproduktionsleistungen erbringt, politisch zu reaktivieren und zu festigen und damit Familienkindheit zu erhalten. Einerseits bleibt so die Normalfamilie von staatlicher Unterstützung bei der Erziehung und Betreuung ausgeschlossen (Familialisierung) – andererseits bleibt das konkrete Gesetz in der Fassung von 1953 staats- bzw. institutionenzentriert, das heißt, es entzieht Eltern die bürgerlichen Rechte (Art. 6 GG) sobald ein die Entwicklung des Minderjährigen schädigender Erziehungsmangel festgestellt wird.

Dennoch setzt 1961 der erste Prozess einer Stärkung von Elternrechten, also eine Rücknahme der Institutionenzentrierung des Rechts ein. Das heißt, dass auch Eltern, denen mangelnde Erziehungsfähigkeit attestiert wurde, das Recht auf Mitbestimmung zugestanden wird. Dies muss insgesamt im Kontext von gesamtgesellschaftlichen Demokratisierungsprozessen in der jungen Republik interpretiert werden. Auch der „mangelhafte" Bürger hatte nun weitreichende Rechte – das Eltern entmündigende (R)JWG hinkte hier der gesellschaftlichen und politischen Entwicklung weit hinterher. Insofern könnte man die Durchsetzung bürgerlicher Rechte für alle Eltern im Jugendwohlfahrtrecht als Motor für eine umfassende Familialisierung von Kindheit bezeichnen – es geht hier um den fortschreitenden Normalisierungsprozess einer bürgerlichen Kindheit. Dass hier nicht die Mitbestimmungsrechte der Kinder und Jugendlichen gestärkt wurden, ist ein weiteres Zeichen dieses Familialisierungsprozesses.

Die Gesamtkonzeption des Rechts als nachgeordnete Nothilfe verbleibt in der Tradition des am Subsidiaritätsprinzip orientierten familienzentrierten bundesrepublikanischen Wohlfahrtsstaates. Denn die nach wie vor aufrechterhaltene Zurückhaltung hinsichtlich der außerfamilialen Kindertagesbetreuung und der außerschulischen Freizeitgestaltung, also einer „offensiven Jugendhilfe“, kann als konform mit der wohlfahrtsstaatlichen Entwicklung interpretiert werden. Das familien- bzw. mutterzentrierte Wohlfahrtsstaatsmodell wurde dadurch erneut bestätigt (vgl. Gerlach 1996, Kolbe 2002, Lessenich 2003a).

Dieser Prozess der umfassenden Stärkung der Rechtsposition von Eltern wurde durch eine weitere zentrale Entwicklung in der bundesdeutschen Gesetzgebung vorangetrieben. Anfang der 1960er Jahre fiel die Entscheidung, das Jugendwohlfahrtsrecht nicht im Rahmen eines eigenständigen, umfassenden Jugendrechts auszugestalten, sondern als ein Teil in das Sozialgesetzbuch zu integrieren. Damit ordnete sich das bundesdeutsche Jugendwohlfahrtsrecht insgesamt den Grundprinzipen des Sozialgesetzes unter (SGB I) und nimmt Abschied von der impliziten Idee eines primären Erziehungsgesetzes. Der allein aus der Feststellung der basalen Erziehungsbedürftigkeit des Minderjährigen legitimierte staatliche Eingriff wird durch die Rechte und Ansprüche der Leistungsnehmer (Eltern) begrenzt. Damit wurde die der Sozialgesetzgebung inhärente subsidiäre Primärverantwortung der Familie für alle die Jugendwohlfahrt betreffenden Bereiche manifestiert (Betreuung, Erziehung, Finanzierung der Leistungen). Die Hierarchie (Subsidiaritätsprinzip) in der Sozialgesetzgebung ist komplementär zum Artikel 6 (Elternrecht, Elternpflicht und staatliches Wächteramt) des Grundgesetzes.

Mit der Reform von 1990 hat dann der Prozess der Familienzentrierung des Rechts seinen Höhepunkt und vorläufigen Abschluss gefunden. Dieser Höhepunkt kann anhand von vier Merkmalen festgestellt werden:

a) Beibehaltene Zurückhaltung bei der außerfamilialen Kindertagesbetreuung und Freizeitgestaltung;
b) Dominanz erzieherischer Hilfen, die sich primär an Eltern richten und erst über diese vermittelt an Kinder;
c) Stärkung der Elternrechte (Mitbestimmung) und Schwächung der Kinderrechte (Anhörung statt Mitbestimmung);
d) Schwächung der Eingriffsrechte des Jugendamtes zur Realisierung des staatlichen Wächteramtes.

(3) Die Neujustierung des Verhältnisses zwischen Eltern und Staat im familienzentrierten Kinder- und Jugendhilferecht zu Beginn des 21. Jahrhunderts

Erst Ende des 20. und insbesondere zu Beginn des 21. Jahrhunderts setzt mit dem „Recht auf einen Kindergartenplatz“, dem *Tagesbetreuungsausbaugesetz* (TAG) und dem *Kinderförderungsgesetz* (KICK) eine Neujustierung der Familie im Jugendhilferecht ein. Dieser Prozess wird, ausgehend von der Beobachtung des Ausbaus der Kindertagesbetreuung, von Sozialpolitikforschern als De-Familialisierung bezeichnet (beispielsweise Ostner 2007, 2009). Ich gehe jedoch eher davon aus, dass es zu einer Neujustierung des Verhältnisses zwischen Familie und Staat im Recht sowie genereller in der Gesellschaft kommt. Auf der einen Seite gerät erstens erneut die über das Jugendamt realisierte Wächterfunktion des Staates in den Blick (§ 8a KJHG), zweitens wird die Auslagerung frühkindlicher Bildung und Erziehung aus der Familie rechtlich als Normalfall konstituiert, das heißt rechtlich legitimiert und für alle Kinder (unter Berücksichtigung von Elternbeiträgen) staatlich finanziert (TAG). Die Auslagerung familialer Leistungen der Betreuung und frühkindlichen Bildung wird somit zur Normalität – ist keine Ausnahmeerscheinung oder Notsituation mehr. Auf der anderen Seite aber bleibt die Grundausrichtung des Kinder- und Jugendhilferechts auf die Rechte der Eltern erhalten. Familie wird als zentrale Institution der Kindheit nicht angetastet – auch nicht deren rechtliche Letztverantwortung für das Aufwachsen und das Wohl der Kinder. Die Familie unterer Schichten wird zwar wieder stärker kontrolliert, Eingriffe wahrscheinlicher, ohne aber dass Eltern die gesetzlich verbürgten Mitbestimmungsrechte in Jugendamtsverfahren entzogen werden. Damit bleibt der Dienstleistungscharakter des KJHG i.d.F von 1990 für Eltern erhalten – Dienstleistungsnehmer jedoch sind nach wie vor nicht die Kinder selbst. Insgesamt möchte ich diese scheinbar gegenläufigen Prozesse als die *Neujustierung des Verhältnisses von Eltern und Familie im Recht bezeichnen und damit als Normalisierungsprozess einer Familienkindheit,* in der die Aufgabenteilung zwischen Staat und Familie nicht mehr an dem klassischen Modell der bürgerlichen Hausfrauenehe orientiert ist.

Der zuvor angesprochene Punkt der Kinderrechte soll noch einmal näher betrachtet werden. Obwohl in den 1990er Jahren die starke Familienzentrierung des neuen KJHG zum Teil heftig in die Kritik geraten war – insbesondere die Schwächung der Rechtsposition des Minderjährigen im Verhältnis zu dem der Eltern – ist eine starke Position des Minderjährigen zu keinem Zeitpunkt realer und realistischer Gegenstand der Verhandlung gewesen[64]. Eine solche Auseinandersetzung wäre durchaus möglich gewesen und beispielsweise im BGB altersgestaffelt durchaus durchgesetzt, wie ich in Kapitel 5.5.2 bereits aufgezeigt hatte. Dies ist als Prozess der Aufrechterhaltung der generationalen Ordnung zu deuten. Um den Schutzraum Kindheit zu erhalten und den erzieherischen Eingriff in eine als „fehlgeschlagen" kategorisierte Entwicklung zu legitimieren, ist die Reduktion der Selbstbestimmungsrechte konsequenterweise notwendig – eine Entscheidung des Minderjährigen gegen Erziehung ist nicht erwünscht und normativ nicht denkbar, es sei denn als Ausdruck abweichenden Verhaltens. Rückblickend kann also festgestellt werden, dass Eltern und Kinder in den 1920er Jahren dem kontrollierenden Professionellen gegenüber eine vergleichsweise schwache Position eingenommen hatten, kaum über Entscheidungs- und Anhörungsrechte verfügten – wobei die Position des Jugendlichen gegenüber seinen Eltern wiederum noch eine stärkere war. Mit der Ausdehnung des Leistungsgedankens nach dem SGB und mit der Ausdehnung

64 Zur Problematik des Verhältnisses von Elternrechten und Kinderrechten siehe Bauer u. a. 1995.

dieser Leistungen auf bürgerliche Schichten veränderte sich dann zwar generell das Verhältnis zwischen Professionellen und Leistungsempfängern. Im Sinne der Aufrechterhaltung der generationalen Ordnung führte dies aber nicht zu einer Stärkung der Rechtsposition von Kindern, sondern entgegengesetzt zur Familienzentrierung des Rechts und der Ausdehnung der Rechte von Sorgeberechtigten gegenüber dem Staat und dessen Institutionen. Auch wenn dies von Wissenschaftlern wie beispielsweise Johannes Münder oder Helga Oberloskamp verständlicherweise als negative Rechtsentwicklung interpretiert wurde, erscheint diese Ausrichtung dennoch als logische Konsequenz einer generationalen Ordnung, die auf die adäquate Erziehung Minderjähriger zielt.

Schaut man auf die hundertjährige Entwicklung und Veränderung des Kinder- und Jugendhilferechts zurück, kann bilanziert werden, dass die Ausformung eines korporatistisch-konservativen Wohlfahrtsstaates, dessen System der sozialen Sicherung sich explizit auf familiale Leistungen und die geschlechtsspezifische Arbeitsteilung stützte, über Jahrzehnte hinweg grundlegenden Reformen der Kinder- und Jugendhilfe hinsichtlich einer offensiven Jugendhilfe entgegenstand, die sich als eigenständige Sozialisationsinstanz neben der Familie und neben der Schule verstand. Eine offensive Jugendhilfe, die ihre Gleichrangigkeit zur familialen Erziehung betont hätte, passte nicht in das subsidiäre Denken. Dies habe ich beispielsweise anhand der Kostenregelungen, die die Familie immer stärker zur Finanzierung der Leistungen heranzog, aufgezeigt (s. o.). Deutlich wird dies aber auch an dem zunehmenden Vorrang des Elternrechts vor dem Kindesrecht. Das Kinder- und Jugendhilferecht war also stets ein konformer Ausdruck des deutschen familienzentrierten, konservativen Wohlfahrtsstaates. Erst mit der Normalisierung außerfamilialer frühkindlicher Bildung für alle Kinder einer Kohorte Ende des 20. Jahrhunderts hat so etwas wie ein Wandel eingesetzt, der in den 1970er Jahren zwar gedacht, aber politisch vehement bekämpft worden war. Die Erosion des Male-Breadwinner-Modells und der Hausfrauen-Ehe als Normalmuster und die damit zum Problem werdende Sorgezeit für Kinder (vgl. Zeiher 2005b, 2009a, b), hat unmittelbar zu diesem Wandel beigetragen. Legitimierbar wurde die Auslagerung der Bildungs- und Erziehungsaufgabe aus der Familie allerdings erst über die angenommene Notwendigkeit curricularer Formen des Lernens in der frühen Kindheit und der erhöhten Aufmerksamkeit für Schulfähigkeit. Eine irgendwie gelagerte Idee kollektiver Erziehung hatte keine politische Durchsetzungskraft, was man an den gescheiterten Reformversuchen zwischen 1970 und 1994 ablesen kann. Der Umbau des Wohlfahrtsstaates zu einem aktiven Sozialinvestitionsstaat (kritisch Lessenich 2008) hat die Rolle der Familie in der Erziehung bis zu einem gewissen Grad in Frage gestellt und die öffentliche Verantwortungsübernahme für Bildung und Erziehung zum Normalfall werden lassen.

Abschließend kann also festgestellt werden, dass eine De-Familialisierung im Sinne der Auslagerung von Aufgaben aus der Familie und die Übernahme öffentlicher Verantwortung stattgefunden hat – und dies nicht wie zu Beginn des

20. Jahrhunderts lediglich im Falle als „gescheitert" bilanzierter Erziehung, sondern als Normalfall. Gleichzeitig hat ein Prozess der Familialisierung im Sinne der Mitbestimmung und Letztverantwortung für Erziehung auch im Falle der „gescheiterten" Erziehung stattgefunden. Es lässt sich also über die Reformen hinweg ein stetiger Normalisierungsprozess im Sinne Turmels (2008b) in Bezug auf die Auslagerung von zentralen Funktionen, die ehemals der bürgerlichen Familie zugeschrieben wurden, aufzeigen. Es geht hier um den Prozess der Herstellung neuen Wissens in Bezug auf normale Kindheit. Die Auslagerung familialer Funktionen ist nicht mehr Notfall, in dem der Staat zu Hilfe eilen muss, sondern Normalfall veränderter Kindheit. Das Muster moderner Kindheit bleibt durch die Dimension der Familialisierung gekennzeichnet, auch wenn diese sich in ihrem Wesen zu verändern beginnt.

These 2: Die Tendenz der Pädagogisierung und Scholarisierung der Kinder- und Jugendhilfe

Dass es in einem Jugendwohlfahrtsrecht neben der Gestaltung von Sozialisationsbedingungen vor allem auch um die Erziehung der nachwachsenden Generation gehen solle, ist erst einmal keine ungewöhnliche Feststellung. Vielmehr war dieser Gedanke von Beginn an Motor der politischen Auseinandersetzung um ein solches Gesetzesvorhaben. Auch wenn es zu Beginn des 20. Jahrhunderts – wie aufgezeigt – durchaus einzelne Stimmen gab, die für ein alle Lebens- und Rechtsbereiche umfassendes Jugendrecht im Sinne eines Erziehungsrechts plädierten, möchte ich doch als Ergebnis der vorangegangenen Analysen die These aufstellen, dass sich im konkreten Recht erst allmählich das Prinzip der Erziehung des Minderjährigen als Leitprinzip des Kinder- und Jugendhilferechts durchgesetzt hat. Schaut man sich das Reichsjugendwohlfahrtsgesetz von 1922 an, wird deutlich, dass es hier erstens um eine länderübergreifende verwaltungsbezogene Vereinheitlichung der Verfahrensweisen ging (Schaffung von Jugendämtern, Verfahrensweisen im Bereich des Pflegekinderwesens, der Heimaufsicht sowie des Vormundschaftswesens) sowie zweitens um die Schaffung geordneter Sozialisationsbedingungen, im Rahmen derer eine angemessene Erziehung, die sich am Ideal bürgerlicher Erziehung orientierte, möglich wird (sehr allgemein die Förderung der Wohlfahrt der unterschiedlichen Altersgruppen in § 3, materielle Unterstützung in Abschnitt V). Als weiteres ging es vor allem drittens um die Kontrolle der Erwachsenen, die die Erziehung bedürftiger Kinder durchführten oder organisierten (Pflegekinder, Heimaufsicht, Vormundschaftswesen). Abschnitte, die direkt auf den Erziehungsprozess, also auf die erzieherische Einwirkung zielten, waren im Verhältnis zu den anderen drei Bereichen schwach ausgeprägt. Lediglich in den Abschnitten über Fürsorgeerziehung und Schutzaufsicht wurde die Erziehungsidee direkt formuliert, wenn hier auch besonders radikal konstruiert. Deutlich möchte ich daran machen, dass es in den Entstehungsjahren eines Jugendwohlfahrtsrechts in erster Linie darum ging, strukturelle und institutionelle Bedingungen für die Durchsetzung einer umfassenden Erziehung der nachwachsenden Generation zu schaffen.

Erst allmählich kristallisierte sich über die einzelnen Novellen und Reformen hinweg ein Recht heraus, das im Gesetzestext selbst immer ausdifferenziertere Bestimmungen formulierte, die direkt auf den Erziehungsprozess, also auf das pädagogische Einwirken auf den Minderjährigen zielten (Politische Bildung, Erzieherischer Jugendschutz, Hilfen zur Erziehung, frühkindliche Bildung und Erziehung etc.) – es ging hierbei sowohl um Erziehung als auch um Bildung. Deutlich wird dies beispielsweise an der in jeder Novelle des RJWG, JWG und KJHG ausdifferenzierteren Beschreibung der Kindertagesbetreuung: Sie reichte von der einfachen Bestimmung, die „Wohlfahrt für Säuglinge und Kleinkinder zu fördern und anzuregen" im RJWG i. d. F. von 1922 (§ 4 Nr. 3, 4), in der es lediglich um die sehr weit gefasste Aufgabe der Kommunen zur strukturellen Versorgung Bedürftiger ging, bis hin zu einer komplexen Formulierung der Ziele und Qualitätsstandards frühkindlicher Bildung im TAG i. d. F. von 2004 (§§ 22–24 KJHG). (Andere Beispiele wäre hier die Entwicklung der „Hilfen zur Erziehung" oder der „Kinder- und Jugendarbeit".)

Die Durchsetzung des Erziehungsgedankens als umfassendes Selbstverständnis eines Jugendhilferechts hat sich also erst allmählich vollzogen. Ich möchte daher abschließend von einer allmählichen Pädagogisierung und Scholarisierung des Kinder- und Jugendhilferechts sprechen, durch die die Pädagogisierung und Scholarisierung von Kindheit als Grundmuster normativ gerahmt und über alle Krisen des Wohlfahrtsstaates und der Gesellschaft hinweg bestätigt und verfestigt wurde.

These 3: Das Verhältnis von Standardisierung, Angleichung und Regionalisierung von Kindheit

Eines der zentralen Ziele der Einführung eines Jugendwohlfahrtsrechts war die Vereinheitlichung der Verfahrensregeln in Bezug auf die ausdifferenzierten Bereiche des staatlichen sorgenden und kontrollierenden Kümmerns um die nachwachsende Generation – wenn auch die Notstandsverordnungen der Realisierung dieses Anliegens entgegenstanden. Auch alle weiteren Novellen und Reformen zielten unter anderem genau auf diesen Punkt. Es sollten stets einheitlichere und verbindliche Maßstäbe für den Umgang mit speziellen Problemgruppen und Ausnahmesituationen des Aufwachsens geschaffen werden. Der Umgang mit Verhaltensauffälligkeit, Erziehungsproblemen und Freizeitgestaltung sollte von Reform zu Reform immer weniger dem Gutdünken und finanziellen Kalkül regionaler Entscheidungsträger überlassen werden. Immer mehr Handlungsfelder wurden zu Pflichtaufgaben, für immer mehr Bereiche gab es immer detailliertere Verfahrensvorschriften. Die strukturellen Rahmenbedingungen sollten zumindest aus der Perspektive der Organisation für alle Kinder in Deutschland angeglichen werden. Eine solche Vereinheitlichung von Verfahrensregeln über das Recht trägt zur Normalisierung von Kindheit bei (vgl. Link 2008).

Konkret heißt das für die heutige Situation, dass alle Familien und Kinder potentiell auf einen basalen Grundstandard an Versorgung mit Dienstleistungen nach dem KJHG zurückgreifen können, dass alle zumindest potentiell das Recht hätten, Hilfe einzufordern. Im Falle der Kindertagesbetreuung ab drei Jahren ist dies sogar im Jahr 1996 zum einklagbaren Recht geworden. Spätestens seit Gründung der Bundesrepublik Deutschland entspricht dies dem Gleichheitsgebot des Wohlfahrtsstaates: Allen Staatsbürgern – und Kinder und Jugendliche sind hier explizit mit eingeschlossen – sollen idealerweise vergleichbare Lebensbedingungen haben. Im Bereich der Jugendwohlfahrt war dies über einen langen Zeitraum hinweg nicht der Fall gewesen (anders als beim Strafrecht oder in Bezug auf die Durchsetzung der Schulpflicht). Mit der immer ausdifferenzierteren Formulierung der einzelnen Bereiche des Rechts sind für die einzelnen ausführenden Gebietskörperschaften immer detaillierte Anweisungen, Verfahrensregeln entwickelt worden. Zu Beginn hatte ich gesagt, dass Ende des 19. Jahrhunderts das Muster moderner Kindheit nicht für alle Kinder gleichermaßen realisiert war. Die Entwicklung des Jugendhilferechts hat mit zu einer solchen allgemeinen und generellen Realisierung des Schutzraumes, der Pädagogisierung und Scholarisierung von Kindheit beigetragen.

Trotz der Angleichung der Verfahrensabläufe – so haben die Analysen gezeigt – ist die mögliche Differenz in der Auslegung und Realisierung des Rechts aber durchaus bewusst aufrechterhalten worden. Das föderalistische Prinzip der Bundesrepublik und das Subsidiaritätsprinzip, also der Vorrang freier Träger vor dem Öffentlichen, zielen explizit darauf, Unterschiede zu ermöglichen, ohne dass die Grundrechte des Einzelnen auf angemessene Hilfe verletzt werden. Die Schwerpunktsetzungen und die Ausgestaltung der Kinder- und Jugendhilfe auf der Basis des KJHGs bleiben regional gestaltbar. Je nach Zusammensetzung der Trägerlandschaft unterscheiden sich daher die Angebotsprofile der Städte und Kommunen sehr.

Die Vereinheitlichung der Verfahrensregeln und die Etablierung eines verpflichtenden Aufgabenkatalogs trugen dazu bei, dass sich Normalitätsannahmen über Kindheit durchsetzen konnten: Abweichendes Verhalten, das aufgrund des Alters nicht als strafbar bewertet werden kann, soll über Erziehung „behandelt“ werden. Der Erziehungsprozess an sich gerät damit potentiell unter Beobachtung. Die Aberkennung des verfassungsrechtlich verbürgten Rechts, die Kinder nach eigenem Gusto erziehen zu dürfen, wenn die bürgerlichen Normvorstellungen als verletzt eingeschätzt werden, kann als Erziehung der unteren Schicht bezeichnet werden. Sie ist also zugleich Legitimation des konkreten Eingriffs und Drohung für alle, die den normativen Annahmen nicht folgen (können oder wollen). Es vollzog sich also ein Prozess der Angleichung von Kindheit über die (rechtlich beförderte) Durchsetzung bürgerlicher Erziehungsmaßstäbe. Sanktionierung „falscher“, das heißt nicht normgerechter Erziehung realisierte sich nicht über den Vollzug von Kriminalstrafe, sondern über die Androhung des Eingriffs in das Erziehungsrecht.

Das Recht hatte hier also die Funktion, die Erziehungsbedingungen von Kindern und Jugendlichen unterer Schichten zu verbessern und gleichzeitig diese kontrollierend anzugleichen. Es trug zur Durchsetzung eines bürgerlichen Musters von Kindheit bei, in der die elterliche Rolle einer bürgerlichen Idee von Erziehung entsprechen sollte (Investition von Zeit und Aufmerksamkeit für Kinder).

Eine letzte Überlegung möchte ich abschließend anstellen: Über die Entwicklung vom Reichsjugendwohlfahrtsgesetz zum Kinder- und Jugendhilfegesetz wurde die anfängliche hohe Aufmerksamkeit für (männliche) Jugendliche auf Kinder ausgeweitet. Das kann man einmal an der Einbeziehung des Begriffes des „Kindes“ in den Gesetzestitel ablesen. Darüber hinaus kann dies aber auch an der Ausdifferenzierung der Abschnitte über die Kindertagesbetreuung wie auch an der Einführung des sehr differenziert ausgeführten Abschnittes über die „Hilfen zur Erziehung“ erkannt werden, die man weniger mit der Ablösung Jugendlicher vom Elternhaus in Beziehung setzt, sondern eher mit schwierigen Entwicklungsphasen in der Kindheit. Dies ist erstens ein Zeichen dafür, dass „normale“ Kindheit und auch frühe Kindheit nicht mehr der Alleinverantwortung der Familie überantwortet wird. Als zweites zeigt dies, dass Elternschaft als schwieriger zu realisieren angesehen wird. Hilfen für Familien mit Kindern werden normalisiert und aus der Etikettierung als „Nothilfen in besonders prekären Situationen in außerordentlich gestörten Familien“ herausgeholt. Auslöser für diese Verschiebung ist nicht erst die „Care Crisis“ Ende des 20. Jahrhunderts, sondern vielmehr die immer feinere Wahrnehmung und Diagnose von Entwicklungsstörungen in den frühen Lebensjahren, die als Abweichung vom normalen Entwicklungsverläufen eingeordnet wird und somit als Ursache für langfristige Benachteiligungen gewertet werden (vgl. den Sammelband von Kelle/Tervooren 2008; Turmel 2008b). Abweichungen entstehen also nicht erst nach dem Ende der Schulzeit in der Ablösung von Elternhaus (Delinquenz, Verwahrlosung), sondern bereits in früher Kindheit „im normalen Elternhaus“ (soziale, kognitive und körperliche Entwicklungsdefizite). Mit dieser Argumentationsfigur legitimiert sich die rechtliche Regulierung früher Kindheit. Die gesamte Phase des Aufwachsens bis zur Volljährigkeit – auch unter ehemals als normal eingeschätzten Entwicklungsbedingungen – wird zum Beobachtungs- und Behandlungsgegenstand von Professionellen und den kindbezogenen Wissenschaften.

6. Der gesamte Kinder- und Jugendschutz

Der Kinder- und Jugendschutz hat eine sehr weit verzweigte und historisch lange Gesetzgebungsgeschichte, wie in der chronologischen Übersicht in den drei umseitigen Kästchen sowie in der erweiterten Aufzählung in der Fußnote[1] zum Ausdruck kommt. Er richtet sich erstens auf den gesamten Bereich der Erwerbstätigkeit von Minderjährigen, als zweites generell auf deren alltägliche Verhaltensweisen in der Öffentlichkeit sowie als drittes auf die Verhaltensweisen von Erwachsen, die mit Minderjährigen in Kontakt kommen. In allen drei Bereichen haben sich historisch meist getrennt voneinander und anfangs integriert in auf Erwachsene bezogene Gesetze eigenständige Normen und Rechtsfolgen entwickelt.

Die zentrale Funktion der gesamten Jugendschutzgesetzgebung besteht in der Abwehr „schädlicher" Einflüsse auf die Entwicklung junger Menschen. Es geht insgesamt um den Schutz des, als immer wichtiger erachteten, intentionalen Erziehungsprozesses. An dieser weitreichenden und grundlegenden Funktion wird deutlich, dass der gesetzliche Jugendschutz kein einheitlicher Bereich sein kann, sondern sich in vielen Einzelgesetzgebungen, die das

1 *Weitere Schutzgesetzgebungen im gesamten bundesrepublikanischen Gesetzeskanon*
Strafgesetzbuch: § 131 (Gewaltdarstellung), § 184 (Verbreitung pornographischer Schriften), § 170d (Verletzung Unterhaltspflicht), §174 (Sexueller Missbrauch von Schutzbefohlenen), § 176 (Sexueller Missbrauch von Kindern), §180 (Verhinderung sexueller Handlungen Minderjähriger), § 180a (Ausbeutung von Prostituierten), § 180b (weggefallen), § 182 (Sexueller Missbrauch von Jugendlichen), §184b (Verbreitung, Erwerb und Besitz kinderpornographischer Schriften) *(StGB i. d. F. 2005).*
Kinder- und Jugendhilfegesetz: § 1 (Recht auf Erziehung, Schutz des Kindeswohls), § 8a (Schutzauftrag bei Kindeswohlgefährdung), § 14 (Erzieherischer Kinder- und Jugendschutz) *(KJHG i. d. F. 2005).*
Grundgesetz: Art. 1 (Menschenwürde); Art. 2 (Persönlichkeitsentwicklung); Art. 3 (Gleichheit); Art. 4 (Freiheit, Religionsausübung); Art. 5 (Meinungsfreiheit); Art. 6 (Schutz von Ehe und Familie); Art. 7 (Schulwesen); Art. 11 (Freizügigkeit im Bundesgebiet), Art. 13 (Unverletzbarkeit der Wohnung).
Bürgerliches Gesetzbuch: § 1626 (Elterliche Sorge; Gebot der Berücksichtigung der Entwicklung sowie das Recht auf Umgang mit beiden Elternteilen); § 1631 Abs. 2 (Schutz vor Gewalt in privaten Verhältnissen und in der Erziehung); § 1666 und 1666a und 1667 (Schutz des Kindeswohls und Schutz des Kindesvermögens) *(BGB i. d. F. 2002).*
Gemeinschafts-Charta der Sozialen Grundrechte der Arbeitnehmer von 1989, Nr. 20–23
Übereinkommen über die Rechte der Kinder von 1989 (BRD seit 1992) Art. 1–41.
In den Ausführungen von Karin Lück (1993) wird deutlich, dass der Jugendschutzgedanke in einer großen Zahl weiterer Bundesgesetze enthalten ist, wie beispielsweise in dem Bundesjagdgesetz, Waffengesetz, Betriebsverfassungsgesetz, Bundespersonalvertretungsgesetz, Straßenverkehrs-Zulassungs-Ordnung (Führerschein auf Probe seit 1990; Bestimmung über die Sicherheitsgurte für Kinder bis 12 Jahre von 1970), Auswanderungsschutzgesetz.

Arbeitsschutz

1839	Preußisches Regulativ über die Beschäftigung jugendlicher Arbeiter in Fabriken
1891	Arbeitsschutzgesetz
1903	Kinderschutzgesetz
1938	Gesetz über die Kinderarbeit und über die Arbeitszeit der Jugendlichen
1960	Gesetz zum Schutz der arbeitenden Jugend (1961)
1976	Gesetz zum Schutz der arbeitenden Jugend (JArbSchG)
1985	Novelle des Jugendarbeitsschutzgesetzes (JArbSchG) (1984)
1997	Novelle des Jugendarbeitsschutzgesetzes (JArbSchG)
1998	Verordnung über den Kinderarbeitsschutz (KindArbSchV)

Schutz vor jugendgefährdenden Schriften

1926	Reichsgesetz zur Bewahrung der Jugend vor Schund- und Schmutzschriften
1933	Verordnung zum Schutz des Deutschen Volkes
1935	Reichskammerkulturgesetzgebung – das Reichsgesetz von 1926 wird außer Kraft gesetzt und geht im Neuen auf
1947	Reichskammerkulturgesetz wird außer Kraft gesetzt – kein jugendspezifisches Schutzgesetz
1953	Gesetz über die Verbreitung jugendgefährdender Schriften
1961	Novelle des Gesetzes über die Verbreitung jugendgefährdender Schriften
1985	Novelle des Gesetzes über die Verbreitung jugendgefährdender Schriften und Medieninhalte (GjS)
1990er	kleinere Änderungen, ohne Einfluss auf die Systematik des Gesetzes
2002	Jugendschutzgesetz (JSchuG) (Integration JÖSchG und GjS)

Schutz der Jugend in der Öffentlichkeit

1927	Scheitern der Verabschiedung eines Gesetzes zum Schutz der Jugend in der Öffentlichkeit
1943	Polizeiverordnung zum Schutze der Jugend
1951	Gesetz zum Schutz der Jugend in der Öffentlichkeit (JSchG) Gründung der Bundesarbeitsgemeinschaft Jugendschutz (BAJ)
1957	Novelle des Gesetzes zum Schutz der Jugend in der Öffentlichkeit (JSchÖG)
1985	Novelle des Gesetzes zum Schutz der Jugend in der Öffentlichkeit (JÖSchG)
1994	Umbenennung der BAJ in Bundesarbeitsgemeinschaft Kinder- und Jugendschutz
2002	Jugendschutzgesetz (JSchuG) (Integration JÖSchG und GjS)

Leben von Minderjährigen direkt oder indirekt betreffen, wiederfindet. Im Strafrecht, im Zivilrecht sowie in den direkten Jugendschutzgesetzgebungen sind konkrete Vorschriften verankert, die zum einen das Verhalten der Erwachsenen regulieren, zum anderen aber auch das Verhalten von Kindern und Jugendlichen erstens durch Verbote und Ausschluss und zweitens gegebenenfalls durch reagierende erzieherische Maßnahmen beeinflussen sollen. Dieses Muster findet sich in allen Gesetzen über die gesamte Zeit hinweg wieder.

Aus der diffusen und weit verzweigten Geschichte der einzelnen Regelungsbereiche des Kinder- und Jugendschutzes ergibt sich, dass der konkrete Begriff „Jugendschutz“ historisch immer wieder unterschiedlich verwendet wurde – zum Teil ist damit der Arbeitsschutz gefasst, zum Teil der Schutz vor den „zivilisatorischen“ Auswüchsen eines freien Konsum- und Vergnügungsmarktes, zum Teil aber auch der gesamte Kinder- und Jugendschutz. Dass sich erst allmählich eine einheitliche Begriffsverwendung durchsetzt, wird im Folgenden genauer ausgeführt, wobei ich jedoch jeweils die in den einzelnen Phasen des Jugendschutzes verwendeten Formulierungen nutzen werde, um nicht mit den Zitaten aus den historischen Dokumenten in Konflikt zu geraten und Verwirrung zu erzeugen.

Bevor ich nun im Folgenden einzelne zentrale Schutzgesetzgebungen analysiere und vorstelle, sei als Weiteres darauf verwiesen, dass auch der Begriff der „Jugend“ über die Zeit sowie über die Regulierungsbereiche hinweg nicht einheitlich verwendet wird. Generell wird mit diesem Begriff auf die nachwachsende Generation verwiesen – ob die gesamte Phase der Minderjährigkeit, die Phase der Jugend oder aber die Gruppe der eigentlich Jugendlichen gemeint ist, ist äußerst kontextabhängig. Dass die Begriffsverwendung sich nicht nur über die Zeit hinweg wandelt, sondern auch in den Gesetzen unterschiedlich verwendet wird, ist nicht zufällig und wird an anderer Stelle (S. 197 und 202f.) gesondert ausgewertet.

Die Entwicklung des Kinder- und Jugendschutzes habe ich in drei Phasen eingeteilt, in denen der Schutzgedanke wie auch vor allem dessen Realisierung im Recht Veränderungen erfahren hat. In der Phaseneinteilung lehne ich mich an die Einteilung des langjährigen Vorsitzenden der BAJ Franz Fippinger (1995) an, der eine Entwicklung vom negativen Jugendschutz (Verbote, Fernhalten) zum positiven Kinder- und Jugendschutz (Prävention und Erziehung) feststellt. Da Franz Fippinger vor allem aus einer erziehungswissenschaftlichen Perspektive heraus argumentiert, übernehme ich die zeitliche Einteilung, werde aber die Phasen inhaltlich etwas anders fassen und daher auch zu etwas anderes gelagerten Schlussfolgerungen in Bezug auf den Wandel und vor allem die Kontinuitäten des Kinder- und Jugendschutzes kommen. In der folgenden Analyse werden innerhalb jeder der drei Phasen (Kap. 6.1, 6.2 und 6.3) parallel die drei zentralen Schutzgesetzgebungen – der Arbeitsschutz, der Schutz der Jugend in der Öffentlichkeit sowie der Schutz vor jugendgefährdenden Medien – betrachtet.

6.1 Phase 1: Nachkriegsjahre – Kinder- und Jugendschutz als Normalisierung der Lebensweisen und -verhältnisse (1949 bis 1960er)

6.1.1 Das Gesetz zum Schutz der Jugend in der Öffentlichkeit (JSchG) von 1951

Das *Gesetz zum Schutz der Jugend in der Öffentlichkeit* löst die Polizeiverordnung von 1943 ab, die als veraltet eingeschätzt wurde, da sie vor allem auf die Kriegssituation zielte – also auf die Situation der Verdunkelung und auf das damit im Zusammenhang gesehene Herumstreunen von Kindern und Jugendlichen, die in dieser Situation nicht mehr unter der Kontrolle von Erwachsenen waren. Insgesamt setzte sich die Verordnung von 1943 aber auch mit dem historischen Umstand auseinander, dass viele Väter als Soldaten an der Kriegsfront dienten und ein großer Teil nicht nur der Arbeiterfrauen einer Erwerbstätigkeit nachging. So blieben Kinder und auch Jugendliche über lange Zeit am Tag unbeaufsichtigt.

Das 1951 verabschiedete und 1952 in Kraft getretene Gesetz zielte vielmehr nun auf die Folgen der „sittlichen Haltlosigkeit", die vor allem durch eine ungezügelte freie Marktwirtschaft in der Nachkriegszeit sowie durch das Fehlen „sittlich gefestigter vollständiger Familien" vorangetrieben worden sei.[2] In einem Großteil der Gesetzeskommentare, der Auseinandersetzungen in den Fachzeitschriften wie auch in der Begründung des Gesetzes durch die Bundesregierung selbst wird vor allem der Funktionsverlust der modernen Nachkriegsfamilie beklagt, die nicht mehr in der Lage sei, der nachwachsenden Generation die notwendigen sittlichen Werte und eine „saubere Lebensführung" zu vermitteln sowie die eigenen Kinder vor den ausufernden Folgen einer Vergnügungsgesellschaft zu schützen (Becker 1953a, S. 182; Rothe u.a. 1953, S. 32; Rothe 1953, S. 12; rückblickend in Bezug auf die gesamte Jugendhilfepolitik nach dem Zweiten Weltkrieg Peukert/Münchmeier 1990, S. 33; Mierendorff/Olk 2007, S. 549ff.). Aus dieser Perspektive wurde der gesetzliche Schutz nicht den einzelnen Bundesländern überlassen, sondern als Bundesgesetz, das einheitlich überregional für alle Minderjährigen und Erwachsenen gelten soll, verabschiedet. Begründet wurde dies mit dem Schutzauftrag des Staates gegenüber Ehe und Familie gemäß dem Grundgesetz, da die familiale Erziehungsfunktion durch schädliche Einwirkungen von außen gefährdet sei (Rothe 1953, S. 12).

2 Als „sittlich gefährdet" galt vor allem das nicht erzogene Kind: „Auch bei den kindlichen Opfern gibt es besondere, immer wiederkehrende Typen: neben dem infantilen und andererseits auch dem frühreifen ist hier vor allem auch das sexuell nicht erzogene Kind gefährdet. Neugierde, dazu oft mangelnder Kontakt mit den Eltern und Erziehern, treiben es dem Verführer in die Arme. Es ist hier vor allem Aufgabe der Eltern, aber auch Pflicht der Erzieher, die Kinder allmählich in die sexuelle Problematik hineinwachsen zu lassen" (Wanderer 1952, S. 33).

Auf drei Ebenen wird mit dem neuen Gesetz der gesetzliche Jugendschutz in der Öffentlichkeit verankert:

a) Beobachtung und Feststellung jugendgefährdender Orte (vor allem durch das Jugendamt, aber auch durch die Polizei),
b) Verbot der Abgabe von jugendgefährdenden Dingen und der Zulassung zu jugendgefährdenden Veranstaltungen – Bestrafung der zuwiderhandelnden Erwachsenen
c) Bewahrung der Jugend vor Kontakt mit jugendgefährdenden Dingen, Personen oder Veranstaltungen durch Platzverweise sowie durch erzieherische Maßnahmen und vormundschaftsrichterliche Weisungen.

Kernpunkte des JSchG von 1952

- Verbot der Abgabe und der Gestattung des Genusses von Branntwein in der Öffentlichkeit (unter 18 Jahren)
- Verbot der Gestattung des Genusses von Bier und Wein in der Öffentlichkeit (unter 16 Jahren – aber kein Abgabeverbot, wenn Kinder dies für Erwachsene erwerben!)
- Zulassung von Kindern unter 6 Jahren zu Filmveranstaltungen generell nur in Begleitung Erwachsener
- Zulassung von Kindern zwischen 6 und 10 Jahren zu Filmveranstaltungen ohne Begleitung Erwachsener nur, wenn Label „jugendfördernd" verliehen und die Veranstaltung bis 20.00 Uhr beendet ist
- Zulassung von Kindern zwischen 10 und 16 Jahren zu Filmveranstaltungen ohne Begleitung Erwachsener nur, wenn Label „jugendfördernd" verliehen und die Veranstaltung bis 22.00 Uhr beendet ist
- Verbot der Zulassung von Jugendlichen unter 16 Jahren zu öffentlichen Tanzveranstaltungen, Anwesenheit nur in Begleitung Erwachsener möglich (Ausnahmegenehmigungen für Kinder und Jugendliche bspw. bei Veranstaltungen zur Pflege des Volkstanzes erteilt das Jugendamt)
- Verbot des Zutritts zu öffentlichen Spielhallen und der Teilnahme am Glücksspiel für Jugendliche unter 16 Jahren
- Verbot der Gestattung des Rauchens in der Öffentlichkeit für Jugendliche unter 16 Jahren

Anders als die alte Polizeiverordnung folgt das Gesetz der Grundidee, vor allem über die detaillierten und differenzierten Altersregelungen in Bezug auf die Beschränkung der Möglichkeiten der Teilnahme an Veranstaltungen und des Erwerbs von Gütern zu regulieren. In diesen Regeln kommen die zeithistorischen normativen Vorstellungen zum Ausdruck, was in der sich wieder ökonomisch stabilisierenden Nachkriegsgesellschaft als Gefahr für die nachwachsende Generation und damit langfristig als Gefahr für die Gesellschaft bewertet wird. Das zentrale Thema ist ein ungebremster, schädlicher Konsum: Alkohol, Rauchen, der Besuch von Filmveranstaltungen sowie die Teilnahme an Tanzveranstaltungen jeglicher Art. Dies spiegelt die aus heutiger

Perspektive doch eher als bescheiden zu bewertende Freizeitsituation im Nachkriegsdeutschland wider, vor allem aber die direkte Vermitteltheit über die Teilhabe an einer Erwachsenenkultur. Interessant dabei ist, dass in diesen Regelungen nur bedingt zwischen Kindern und Jugendlichen unterschieden wird, das heißt dass Höchstgrenzen formuliert werden, der Schutz aber nach unten hin offen ist. Eingeschlossen in das Gesetz sind also nicht allein Jugendliche zwischen 14 und 18 Jahren, sondern auch Kinder.

Der wohl gravierendste Unterschied zu den vorangegangenen Polizeiverordnungen ist, dass sich die Verbote und strafrechtlichen Sanktionen vor allem *gegen das Verhalten von Erwachsenen* richten. Verboten sind die „Zulassung von Kindern und Jugendlichen zu" oder aber die „Abgabe von Gütern an". Kinder und Jugendliche, die in jugendgefährdenden Situationen angetroffen werden, sollen nicht mehr strafrechtlich belangt werden. Vielmehr wird dafür erzieherisch auf deren Fehlverhalten reagiert. So bewertet Rothe in einem Kommentar von 1953 das neue Gesetz in seiner Bedeutung für die Jugend wie folgt: „Die wesentliche Neuerung gegenüber der genannten Reichspolizei-Verordnung liegt darin, daß ein *polizeistaatliches Denken aufgegeben worden* ist" (Rothe u. a. 1953, S. 31, Hervorh. im Orig.). An anderer Stelle bewertet der gleiche Autor dieses Gesetz vor allem als Auftakt für einen „pädagogischen Jugendschutz" (Becker 1952, S. 96; vgl. auch Rothe 1953). Bestraft werden von nun an „verantwortungslose" Erwachsene. Kinder und Jugendliche sollen vor allem von schädlichen Situationen ferngehalten, dem Jugendamt gemeldet oder gegebenenfalls übergeben werden. Das Jugendamt übernimmt die Funktion, den „Erziehungsstand" zu ermitteln (Becker 1952, S. 97) und unter Umständen gemeinsam mit den Eltern oder dem Vormundschaftsrichter nach geeigneten Erziehungsmaßnahmen zu suchen. Im äußersten Falle können solche erzieherischen Reaktionen in eine geschlossene Fürsorgeerziehung oder aber in Weisungen des Vormundschaftrichters münden. Wie auch im Strafrecht wird einer länger anhaltenden pädagogischen Maßnahme nachhaltigere erzieherische Wirkung beigemessen, als kurzfristigen strafrechtlichen „Warnschüssen" mit dem Ziel der Abschreckung (Rothe u. a. 1953, S. 31). Kriminalstrafen, wie Jugendarrest oder Geldstrafen, werden als schädlich für die Entwicklung des Minderjährigen eingeschätzt (Rothe u. a. 1953, S. 31). Damit hat sich ein erheblicher Wandel in den bisherigen Schutzvorstellungen (vgl. Rothe 1953) und eine Verantwortungsverschiebung zwischen Minderjährigen und Erwachsenen vollzogen. Darüber hinaus wird mit dieser Verschiebung der staatliche erzieherische Zugriff auf Minderjährige nach dem Zweiten Weltkrieg weiter legitimiert und erheblich verstärkt. Der pädagogische Zugriff auf die nachwachsende Generation wird auch altersbezogen ausgedehnt, indem wiederholte Normverstöße durch Minderjährige nicht mehr über das Jugendstrafrecht (Strafrichter), sondern über das Jugendrecht (Vormundschaftsrichter) geahndet werden. So werden nicht nur strafmündige Jugendliche zwischen 14 und 18 Jahren, sondern vor allem auch Kinder unter 14 Jahren erreicht, auf die nur das Jugendhilferecht, nicht aber das Strafrecht Anwendung findet.

Als Weiteres wird die Interpretation der „Jugendgefährdung" über die im Gesetz ganz konkret ausformulierten Straftatbestände nicht mehr der individuellen Einschätzung überlassen, sondern einheitlich auf Bundesebene festgelegt. So soll beispielweise auch den faschingsfreudigen Weinbauern im Rheinland, die traditionell Kinder in ihre Feste einbezogen und Alkohol als nicht unbedingt schädlich ansahen, deutlich gemacht werden, dass dem Kinderschutz ein höherer gesellschaftlicher Stellenwert zukommt als kulturellen und volkstümlichen Bräuchen in einzelnen Regionen. Insofern kann das Gesetz als Meilenstein in der Vereinheitlichung der sozial-strukturellen und normativen Rahmenbedingungen von Kindheit gedeutet werden.

An den Debatten in den Fachzeitschriften wird allerdings deutlich, dass sich der Übergang von einem polizeistaatlichen, vor allem auf Jugendliche bezogenen Denken hin zu einem an Erziehung orientierten Gesetz (Rothe u. a. 1953, S. 33, 36) keinesfalls widerspruchslos vollzogen hatte – Skepsis bis hin zu Ablehnung bestand sowohl unter Fachleuten in Justiz, Polizei und Jugendhilfe als auch in der Bevölkerung (vgl. Rothe 1953, S. 12). Kritik kam vor allem aus jenen Kreisen, die bisher in obrigkeitsstaatlicher Logik für „Ordnung" gesorgt hatten. So wurde der Verzicht auf strafrechtliche Sanktionen und vor allem die ausschließliche Übergabe der Verantwortung an die (gewerbetreibenden) Erwachsenen zum Teil als Verlust staatlicher Einflussmöglichkeiten auf das Verhalten von Jugendlichen bewertet. In einer ganzen Reihe von politischen und fachlichen Auseinandersetzungen wurde der klassische strafrechtliche „Warnschuss" bei Verwahrlosung und Liederlichkeit als lehrreiche Erfahrung beschrieben, da erzieherische Maßnahmen bei einer ganzen Reihe von Jugendlichen nicht ausreichen würden (Überblick über die Diskussion Rothe u. a. 1953, S. 35). Und dennoch: eine solche strafsanktionsfreundliche Haltung konnte sich politisch nicht gegen die Befürworter des Erziehungsparadigmas durchsetzen. Nach dem Zweiten Weltkrieg gewannen die Befürworter eines umfassenden erzieherischen Jugendrechts in allen politischen Regulierungsbereichen an Bedeutung.[3]

Weitere Kritik wurde von Gewerbetreibenden geäußert, die die Freiheit des Marktes in Gefahr sahen. Auch der Gesetzgeber sah durchaus die Gratwanderung zwischen grundgesetzlich verbürgter Markt- und Meinungsfreiheit, dem Schutz von Persönlichkeit sowie dem staatlichen Schutzauftrag gegenüber der Familie und dem Kindeswohl. Begründet wird dieser Eingriff in die Freiheitsrechte von Erwachsenen mit dem grundgesetzlich verbürgten Schutzauftrag der Familie: „Zum Schutz der Jugend erlaubt nun aber unser Gesetzgeber einen Eingriff in die persönliche Freiheit, auch in das Gebaren einer die gesunde Entwicklung der Jugend bisher nicht beachtenden Vergnügungs-

3 Inwieweit dies auch mit den politischen Umerziehungsmaßnahmen durch die Alliierten, vornehmlich durch die US-amerikanische Besatzung zusammenhing, die beispielsweise einem bayrischen Gesetzesvorstoß *(Gesetz gegen ungebührliches Verhalten Minderjähriger in der Öffentlichkeit)* nicht zustimmten (Becker 1953, S. 31), kann an dieser Stelle nur vermutet, aber nicht belegt werden (vgl. hierzu auch Peukert/Münchmeier 1990).

industrie“ (Rothe 1953, S. 12). Der Schutz der sich entwickelnden Jugend wird verfassungsrechtlich also als Schutz der Familie nach Artikel 6 des Grundgesetzes interpretiert, da die Förderung der Entwicklung der eigenen Kinder das originäre Recht der Eltern sei, welches aber unter den sittlich prekären Bedingungen der Nachkriegszeit gefährdet ist.

An der Durchsetzung des Gesetzes gegen Widerstände in Politik, juristischer und polizeilicher Praxis und Bevölkerung wird die Bedeutung, die politische Regulierungen für die (Um)Gestaltung des Sozialen durch den Wohlfahrtsstaat (vgl. Donzelot 1984), also auch für die Gestaltung der Bedingungen von Kindheit und Jugend haben, deutlich. Der Schutz von Kindheit und Jugend vor einer als schädigend erachteten Vergnügungs- und Kommerzkultur wird über das Gesetz als zentrale Norm so breitenwirksam zu etablieren versucht. Insofern wird das Gesetz von einer ganzen Reihe von zeitgenössischen Kommentatoren aus Fachpraxis und Wissenschaft auch als wichtiger politischer Anstoß für eine breitenwirksame Aufklärung in Bezug auf den Kinder- und Jugendschutz gesehen, da zum einen nach wie vor ein strafrechtliches Paradigma im Denken der Fachpraxis vorherrschte, zum anderen aber in der Bevölkerung kaum ein Bewusstsein für die Notwendigkeit des Jugendschutzes bestanden habe (exempl. Rothe u. a. 1953, S. 37). Denn: Sowohl Gesetzgeber, Politiker als auch Staatsanwälte und Richter sahen durchaus, dass schädliches Vergnügen und Konsum nicht von Kindern und Jugendlichen ferngehalten werden könne. Insofern wurde der Wert des Gesetzes vor allem in der normativen und normalisierenden Kraft (vgl. Link 2008) hinsichtlich der Bewertung jugendgefährdender gesellschaftlicher und marktwirtschaftlicher Tendenzen und damit in seinem aufklärerischen Geist gesehen. Ein neues Denken, neues Wissen über Kindheit sollte transportiert werden. „Das Gesetz und seine gute Tendenz muß in der Hand aller verantwortlichen Staatsbürger, vor allem auch durch die Jugend selbst, zu einem wichtigen Werkzeug zur Gestaltung der öffentlichen Meinung werden“ (Rothe 1953, S. 15).[4]

a) Es sollten *Erwachsene* aufgeklärt und überzeugt werden, *die ein Gewerbe betrieben*. Diesen sollte die Verantwortung für die nachwachsende Generation nahegelegt, gegebenenfalls eindrücklich über strafrechtliche Sanktionen vermittelt werden (Hessisches Innenministerium 1952). Aufgeklärt werden sollten aber auch *Personen aus der pädagogischen und ordnungsstaatlichen Praxis,* die pädagogische Verantwortung übernehmen, erzieherisch wirken und Kinder und Jugendliche nicht mehr nach überkommenen strafrechtlichen Vorstellungen behandeln sollten (Rothe u. a. 1953, S. 36f.; Ratsch 1952, S. 215; Hessisches Innenministerium 1952, S. 342). Dass

4 Auch in den 1960er Jahren bleibt das Thema der Aufklärung der Öffentlichkeit und der Eltern eine zentrale Aufgabe des Jugendschutzes. Neu ist allerdings, dass zu diesem Zeitpunkt bereits die Situation der Gastarbeiter behandelt wird, da diese die deutschen Bestimmungen nicht kennen und Aufklärungsmaterial deutscher Sprache nicht verstehen würden. Eine exemplarische und sehr eindrückliche Studie zum Thema der Aufklärungsfunktion des Jugendamtes verfasste Wolfgang Gernet (1967).

innerhalb solcher Gruppen durchaus Skepsis bestand, verdeutlicht folgendes Zitat: „Es kann nicht unsere Aufgabe sein, hier etwa als Verteidiger eines Gesetzes aufzutreten. Nur darauf sei hingewiesen, daß ein Erziehungsgesetz gewiß etwas anderes ist als ein einfacher Befehl des Gesetzgebers, bestimmte klar umrissene Tatbestände zu behandeln. Wesentlich ist, daß *Juristen und Polizeibeamte den moralischen Imperativ erkennen, der mit dem Jugendschutzgesetz ausgesprochen ist.* Das Gesetz hat einen Anfang gemacht und will ein neues Denken über die Verantwortung und Verpflichtung der Erwachsenen anbahnen" (Rothe u. a. 1953, S. 36; Hervorhebung: J. M.).

b) Als Weiteres sollte aber auch die *Bevölkerung* mit den Gedanken des Kinder- und Jugendschutzes vertraut gemacht werden (Rothe u. a. 1953, S. 37; vgl. Kohlhaas 1952a; Hessisches Innenministerium 1952; Hinrichsen 1952; Ratsch 1952). Übereinstimmend kommen viele Autoren zu der Einschätzung, dass die Schädlichkeit von Alkohol, Tanz- und Filmveranstaltungen nicht ausreichend im öffentlichen Bewusstsein verankert sei, da viele Menschen in alten Traditionen und Bräuchen verhaftet oder aber in ein schädliches städtisches Leben involviert seien (Ratsch 1952, S. 215). So bewertet Max Kohlhaas denn auch ein scharfes Gerichtsurteil gegenüber Eltern, die bereits ihrem kleinen Kind erhebliche Mengen von Alkohol verabreicht hatten, als einen Meilenstein des Jugendschutzes: „Es gibt Landstriche, von denen man sagt, die Kinder bekämen beträchtliche Mengen von Alkohol und Bier oder Wein bzw. Most und es fällt mancherorts auf, daß eine große Anzahl geistig zurückgebliebener Menschen herumläuft … Jedoch halte ich die erzieherische Wirkung dieses Urteils, wenn es von Fürsorgern und Jugendämtern den Eltern, die ähnlich leichtfertig sind, beigebracht wird, für außerordentlich bedeutsam" (Kohlhaas 1952a, S. 305). Auch an den in der Literatur dokumentierten fachlichen Auseinandersetzungen über die Gewährung von Ausnahmegenehmigungen für Kinder auf Karnevals- und Volkstanzveranstaltungen durch das Jugendamt wird die Problematik im Umgang mit alten Traditionen deutlich (vgl. Hessisches Innenministerium 1952; Hinrichsen 1952, 1954; Rothe u. a. 1953, S. 21). Wahrgenommen wird eine Gratwanderung zwischen der Erhaltung alter volkstümlicher Traditionen, die dem neuen Kinderschutzgedanken entgegenstehen (Tanz auf Volksfesten oder Karnevalsveranstaltungen), und der Durchsetzung eines flächendeckenden Schutzes vor entwicklungsgefährdenden Tendenzen. Die kulturellen Vorstellungen von einer guten, geschützten Kindheit und Jugend, wie sie von einer immer größer werdenden Zahl von Entscheidungsträgern in Politik und Verbänden getragen wurde, stand teilweise quer zu den regionalen und milieuspezifischen Bräuchen. Vor allem aus dieser Perspektive wird dem Gesetz eine zentrale normative, aufklärerische Bedeutung beigemessen.

c) Letztendlich sollten die *Kinder und vor allem die Jugendlichen* selbst über die Schädlichkeit bestimmter Lebensweisen aufgeklärt und eben nicht mehr einfach nur abgeschreckt werden. Denn obwohl einigen der Jugendschutz, das heißt die Verbote für Kinder und Jugendliche noch nicht weit genug ging – gefordert wurde beispielsweise ein generelles Kinoverbot für Kinder auch in Begleitung Erwachsener (Hessisches Innenministerium 1952, S. 343) – betonte ein anderer Teil der Autorenschaft die Grenzen des Bewahrenkönnens: „Jugendschutz ist nicht so sehr eine Bewahrungspolitik, die über Kinder und Jugendliche gestülpte ‚Glasglocke', sondern vielmehr die Weckung der Verantwortung zum sauberen Leben selbst" (Becker 1953, S. 182f.).

Zusammenfassend kann also gesagt werden, dass das neue Gesetz vor allem als Instrument der Meinungsbildung verstanden wurde: „Er (der Gesetzgeber, J. M.) weiß sich für die Gestaltung der öffentlichen Meinung im Interesse einer gesunden Entwicklung unserer Jugend mit verantwortlich. Er möchte durch den Aufruf an Eltern und Erzieher, an Veranstalter und Behörden seinen Teil mit dazu beitragen, ein Mindestmaß an gemeinsamer sittlicher Haltung in der Öffentlichkeit wieder zu erreichen, die aufbauend unserer Jugend dient" (Rothe 1953, S. 15).

In späteren Auseinandersetzungen mit der Geschichte des Kinder- und Jugendschutzes wird die Phase vor, im und nach dem Zweiten Weltkrieg vor allem als negativer Kinder- und Jugendschutz durch gesetzliche Verbote und Gebote sowie deren Kontrolle bezeichnet – also als eine Praxis, die vor allem bewahren, abschirmen und absichern will (beispielsweise Fippinger 1995, S. 82; BMFJ 1992, S. 7). Diese Einschätzung, die sicherlich aus einer breiten Erfahrung mit der tatsächlich beobachteten Umsetzungspraxis in Sachen Jugendschutz gewonnen wurde, mag gerade aus der Praxisperspektive stimmen. Hervorheben möchte ich an dieser Stelle aber, dass an den vorangegangenen Ausführungen durchaus auch deutlich geworden ist, dass zwar Verbote und Gebote einen hohen Stellenwert hatten, dass aber bereits in den 1950er Jahren die Bausteine für einen erzieherischen Kinder- und Jugendschutz gelegt wurden. Kinder und Jugendliche sollten aufgeklärt und durch Erziehung stark gemacht werden, den als gefährlich eingeschätzten Tendenzen zu widerstehen. Dies ist eine Haltung, die der heutigen durchaus ähnlich ist. Für diese These spricht die Einführung der sogenannten „Jugendschutzwochen" in einer ganzen Reihe von Bundesländern, in denen unter anderem im Schulunterricht oder auf Elternabenden der Schutzgedanke vermittelt werden sollte (vgl. Hessisches Innenministerium 1952; Wanderer 1952). So schreibt der Stadtrechtsrat von Regensburg Dr. Silbereisen in Bezug auf eine durchgeführte „Jugendschutzwoche" in der Stadt Regensburg 1951, die ein Vorbild für viele folgende Aktionen in der Bundesrepublik werden sollte: „Die im Bundesgebiet auf Anregung und unter Mithilfe des Hauptgeschäftsstelle ‚Aktion Jugendschutz' in Hamm/Westfalen durchgeführten Jugendschutzwochen zielen mit besonderem Nachdruck auf die Pflege und Wiedererweckung des positiven Schutzgedankens in den fundamentalen Lebenskreisen (Familie, Schule, Betrieb, Gemeinde usw.) hin" (Silbereisen 1952, S. 5). Die

Einschätzung, dass es nur um Bewahren durch Abschirmung ging, kann so nicht bestätigt werden.

1957 wurde das Gesetz novelliert, blieb aber weitgehend in seiner Struktur und Ordnung erhalten. Allerdings kam es in Bezug auf Kinder zu einer Verschärfung der Schutzbestimmungen. So wurde für Kinder unter 6 Jahren ein Verbot für den Besuch von Veranstaltungen ausgesprochen. Die verfassungsrechtlich verbürgte Autonomie von Eltern, frei zu entscheiden, was gut für das Kind sei, wurde beschränkt, staatliche Lenkung erhöht. Diese Ambivalenz gegenüber Eltern zeigte sich über die gesamten 1950er/1960er Jahre hinweg: Einerseits wird die verfassungsrechtlich verbürgte Autonomie der Familie in Erziehungsfragen betont und grundgesetzlich bejaht. Andererseits wurde aber die Erziehungspraxis vieler Eltern in der pädagogischen Fachöffentlichkeit in Frage gestellt und ein stärkeres Einwirken auf Eltern durch das Jugendamt zumindest gefordert[5] (Mierendorff/Olk 2007, S. 549).

Erwähnenswert ist auch, dass 1957 Forderungen, die Jugendstrafe wieder einzuführen, falls Jugendliche zwischen 16 und 18 Jahren gegen das Jugendschutzgesetz verstoßen, zurückgewiesen wurden (Nikles 2002b, S. 121). Der Erziehungs- wie auch der Schutzgedanke, die konstituierend für die Kindheits- und Jugendphase sind, blieben auch bei steigendem Unmut über diese Regelung politisch geschützt.

6.1.2 Gesetz über die Verbreitung jugendgefährdender Schriften (GjS) von 1953[6] und 1961

1953

Das 1953 verabschiedete Gesetz über die Verbreitung jugendgefährdender Schriften muss in direktem Zusammenhang mit dem Gesetz zum Schutz der Jugend in der Öffentlichkeit gesehen werden. Es ist ebenso, vielleicht sogar

5 So findet sich beispielsweise in dem 1963 vorgelegten und 1965 veröffentlichten ersten Jugendbericht der Bundesregierung die Klage, dass Eltern bereits bei den ersten Anzeichen von Problemen ihre Kinder in Heime geben und kein Interesse daran hätten, die Aufsicht und Erziehung ihrer Kinder zu organisieren oder zu gewährleisten (Der Bundeskanzler 1965, S. 140). Gefordert wird eine stärkere Aufklärung der Mütter über die Wichtigkeit mütterlicher Erziehung für die Entwicklung des Kindes. Parallel dazu wird eine stärkere finanzielle Unterstützung von Müttern gefordert, damit diese überhaupt eine materielle Grundlage haben, ihrer Erziehungsaufgabe nachzukommen. Deutlich wird an dieser Auseinandersetzung, dass sich das „goldene Zeitalter der Familie“ Ende der 1950er Jahre normativ keinesfalls bereits etabliert hatte – Eltern, vor allem Mütter aus den unteren Schichten, mussten erst von der Notwendigkeit einer intensiven Familienerziehung überzeugt werden. Die Scheidungszahlen wie auch die Zahl der unehelich geborenen Kinder waren bis weit in die 1950er Jahre hoch. Auch in der Jugendschutznovelle von 1957 zeigt sich die Skepsis gegenüber der Fähigkeit von Eltern, angemessen für ihre Kinder zu entscheiden. (Zu dem wohlfahrtsstaatlichen Interesse der Rekonstruktion der (bürgerlichen) Familie auch Peukert/Münchmeier 1990, S. 33–40).

6 Das GjS tritt 1954 mit der Durchführungsverordnung vom 04. 03. 1954 in Kraft.

Kernpunkte des GjS von 1953

- auf Antrag müssen Schriften von der BPrSt geprüft werden
- vergeben werden die Label „jugendgefährdend" oder „jugendfördernd"
- generelles Verbot der Abgabe als jugendgefährdend bewerteter Schriften an Minderjährige
- Verkauf jugendgefährdender Schriften nur in gesonderten Räumen erlaubt
- die Abgabe jugendgefährdender Schriften in gewerblichen Zusammenhängen wird unter Strafe gestellt
- Einrichtung der Bundesprüfstelle für jugendgefährdende Schriften

noch stärker, ein Gesetz, das sich gegen das Verhalten von Erwachsenen, insbesondere von Gewerbetreibenden richtet, das als jugendgefährdend eingeschätzt wird. Es löst das *Schmutz- und Schundgesetz* von 1926 ab und führt vor allem die Einrichtung einer bundeseinheitlichen Prüfstelle für jugendgefährdende Schriften ein. Diese Prüfstelle (BPrSt) hat es zur Aufgabe, auf Antrag Schriften zu prüfen und die Label „jugendgefährdend" oder „jugendfördernd" zu vergeben. Der zentrale Inhalt des Gesetzes ist es, die Abgabe von jugendgefährdenden Schriften an Minderjährige unter 18 Jahren generell zu verbieten und vor allem, die kommerzielle Bewerbung dieser Schriften zu unterbinden. Diese dürfen ausschließlich in abgeschirmten Räumen verkauft werden. Der Vertrieb im offenen gewerblichen Bereich wird unter Strafe gestellt – hingegen die Weitergabe im privaten Bereich nicht. Auf letzteres kann über das Vormundschaftsgericht allerdings mit erzieherischen Maßnahmen (Weisungen) geantwortet werden, falls eine Kindeswohlgefährdung festgestellt wird. Insgesamt folgt das Gesetz also dem gleichen Duktus wie das JuSchG 1951, das die gewerblichen Vertreiber in die Pflicht nimmt und gegebenenfalls bestraft, die Jugendlichen selbst aber straffrei belässt und lediglich erzieherische Maßnahmen ansetzt (Seipp 1954, S. 131).

Wie auch im JSchG von 1951 wird die Frage nach dem Verhältnis von „Bewahren" und „Erziehen" sowohl im Gesetzgebungsprozess als auch in den Kommentaren nach dessen Verabschiedung stark thematisiert. Exemplarisch hierfür steht die Feststellung von Paul Seipp: „Das Fernhalten der Gefahren ist weniger Selbstzweck als nur Mittel zum Zweck, nämlich zur Ermöglichung einer ungestörten erzieherischen Vorbereitung auf den Zeitpunkt, von dem ab der junge Mensch aus eigener Entscheidung und Verantwortung die Gefahren überwinden muss" (Seipp, 1954, S. 131). Eine reine Bewahrungspolitik kann auch in den 1950er Jahren nicht festgestellt werden, wie beispielsweise in späteren historischen Einschätzungen rückblickend formuliert wird (vgl. Gernet 1982; Fippinger 1995, S. 82; Roll 1995, S. 96). Diese These wird auch dahingehend bestärkt, dass in der überwiegenden Zahl von Kommentaren darauf hingewiesen wird, dass das Gesetz und seine Verbote nicht für sich stehen, sondern der eigentliche Schutz nur über eine anzustrebende gesamtgesellschaftliche Ablehnung von „Schund“ und „Schmutz“ zu realisieren sei. „Für die Wirksamkeit des GjS jedoch werden folgende Umstände entscheidend sein: die Initiative der Antragsberechtigten in Richtung einer möglichst restlosen und rechtzeitigen Erfassung aller jugendgefährdenden Druckwerke, das Funktionieren des Strafschutzes des § 21 GjS hinsichtlich der auf der Liste gesetzten Druckwerke (also die Respektierung der Entscheidung der BPrSt) und vor allem die Erfolge positiven Jugendschutzes, also die Beseitigung der sonstigen Gefahrenquellen für die Jugend und deren Interessierung für das Positive, Gute und Schöne, ohne die die Bemühungen mit dem GjS zwecklos bleiben würden“ (Schilling 1954, S. 110).

Dass in der Realität keinesfalls eine solche übereinstimmende Zustimmung zu einer konzertierten erzieherischen Verantwortungsübernahme bestanden hatte, zeigt sich an den starken und sehr heterogenen Vorbehalten gegenüber dem neuen Gesetz. Sehr viel stärker als bei der Verabschiedung des JuSchG 1951 wurde die Beschränkung von Freiheitsrechten – insbesondere im Bereich von Kunst und Presse – kritisiert (Schilling 1954, S. 109). Überzogene Verbote wurden aus unterschiedlichen Perspektiven als unrealistisch und kontraproduktiv für den Erziehungsprozess beschrieben. Selbst Autoren wie Fritz Söhlmann, der ansonsten vehement gegen „Kitsch“, „Schmutz“ und „Schund“ wettert, sprechen sich gegen ein überzogenes Verbotswesen aus, da dieses lediglich die Opposition der Jugend anstachele (Söhlmann 1953, S. 42). Kritik wird aber auch an der Straflosigkeit von Erziehungsberechtigten geübt. Diese wird allerdings von Verfassungsrechtlern zurückgewiesen, da eine Ausdehnung des Geltungsbereiches des Gesetzes in die Familie hinein nicht angemessen sei: „Daß hier bei Strafloslassen der Erziehungsberechtigten etc. eine große Lücke gelassen ist, da nach Ansicht des Entwurfs der Erzieher selbst wissen müsse, was er dem Zögling gestatten wolle, liegt auf der Hand. Man muß die Lücke aber hinnehmen, will man nicht, die Sorgfaltspflicht des Erziehers überspannend, bis in die Familie hinein eine unerträgliche Schnüffelei ausdehnen. Bei bewußten groben Verstößen wird man ein Gefährdung des sittlichen Wohl durch Vernachlässigung der Fürsorgepflicht und Erziehungspflicht nach § 170d StGB annehmen können“ (Kohlhaas 1953a, S. 347). Insgesamt schwankt die Kritik zwischen zu weitreichenden und zu geringen Eingriffen des Staates zum Schutze der Jugend und dokumentiert den kontroversen gesellschaftlichen Diskurs über die Bedeutung und das Verhältnis unterschiedlicher Grundrechte in der Verfassung. Zentral dabei ist, dass der Gesetzesgeber hier eine Balance zwischen den unterschiedlichen Interessen- und Fachgruppen und verfassungsrechtlich verbürgten Rechten hat finden müssen, um den Kinder- und Jugendschutz überhaupt realistisch etablieren zu können.

1961

Die Kontroverse um die unterschiedlichen in der Verfassung verbürgten Grundrechte führte dann auch 1961 zur Novellierung des GjS. Anlass war ein Bundesverfassungsgerichtsurteil von 1958 (BV 42/56), in dem das Eltern-

Kernpunkte des GjS von 1961

- Stärkung des Elternrechts: Straffreiheit bei Weitergabe von Schriften der Nacktkultur, § 21, Abs. 3
- Ausdehnung des Gegenstandsbereichs auf Schallaufnahmen
- Beschränkung des Versandhandels in Bezug auf jugendgefährdende Schriften und Medien

recht gestärkt wurde. Das BVerfG hatte entschieden, dass Eltern freie Entscheidung darüber haben sollten, ob und ab welchem Alter die eigenen Kinder sogenannte „Zeitschriften der Nacktkultur" konsumieren dürften. Während in der Öffentlichkeit starke Proteste gegen solche Zeitschriften verbreitet waren, schlugen (erstaunlicherweise) Gremien des Jugendschutzes eine weitreichende Lockerung der Regelungen zur „Nacktkultur" vor, da vor allem die „Freiluftkultur" keinesfalls vergleichbar sei mit pornographischen Darstellungen (Aufhebung § 2, Abs.2) (Nikles 2002b, S. 123). Der Gesetzgeber reagierte auf das BVerfG-Urteil allerdings nur mit der notwendigsten Lockerung – Eltern blieben bei der Weitergabe von „Schriften der Nacktkultur" straffrei (allerdings nicht bei pornographischen Schriften) (Schilling 1961, S. 121; Stefen 1971, S. 14). Weitere Lockerungsvorschläge des praktischen Jugendschutzes wurden hingegen nicht berücksichtigt (Nikles 2002b, S. 122f.). Deutlich wird daran, dass in den politisch entscheidenden Gremien (Bundestag und Bundesrat) die Aufrechterhaltung des Schutzgedankens Vorrang hatte, gleichzeitig aber mit den verfassungsrechtlichen Grundlagen der Bundesrepublik in Einklang gebracht werden musste – das Paradigma des Schutzes sollte nicht geschwächt, gleichzeitig aber auch die Akzeptanz des Gesetzes aufrechterhalten werden – eine minimale Reform war also notwendig. Deutlich wird als Weiteres, dass das normative Muster der Familienkindheit, in dem vorrangig Eltern über die Geschicke des Kindes zu entscheiden haben, einen starken Einzug in das öffentliche Bewusstsein gefunden hatte. Man kann also von einer Stärkung des verfassungsrechtlich verankerten Elternprivilegs bei gleichzeitiger Aufrechterhaltung staatlicher Kontrollmöglichkeiten sprechen. In diesem Sinne könnte diese Entscheidung auch als Herstellung einer Balance zwischen dem kulturellen Muster der Familienkindheit und dem Interesse an einer staatlich geschützten und kontrollierten Kindheit bezeichnet werden. Der Gesetzgeber weicht in seiner gestalterischen Absicht also keineswegs hinter die grundsätzlichen normativen Vorstellungen von 1951 zurück.

Ansonsten wurden in dieser Novelle vor allem der Gegenstandsbereich auf „Schallaufnahmen" ausgeweitet und dem Versandhandel Schranken in der Abgabe an Minderjährige auferlegt. Die alte Schutzlogik bleibt also erhalten, es findet lediglich eine Anpassung an den technischen und gewerblichen Wandel statt, damit der Schutz der Kinder und Jugendlichen wirksam bleibt. Bruno W. Nikles (2002b, S. 123) hebt in einer rückblickenden Analyse hervor, dass diese Tendenz des Anpassens stets der eigentliche Motor der Novellen und Verordnungen gewesen sei.

6.1.3 Gesetz zum Schutz der arbeitenden Jugend (JArbSchG) von 1960

Im Kontext der reformierten Kinder- und Jugendschutzgesetzgebungen nach dem Zweiten Weltkrieg muss auch das *Gesetz zum Schutz der arbeitenden Jugend* eingeordnet werden. Wie in den folgenden Ausführungen zu sehen sein wird, ist dieses Gesetz den beiden anderen Schutzgesetzen (GjS und JSchÖG) von der Grundidee, der Systematik und der normativen Ziele her verwandt, auch wenn ein anderer Gegenstandsbereich, die Erwerbsarbeit, angesprochen ist.

Regulierung der Arbeitsbedingungen für nicht mehr volksschulpflichtige Kinder und Jugendliche

- Begrenzung täglicher Beschäftigungszeiten
- Pausen, Nachtruhe, Sonntagsruhe, Mindesturlaub
- Art der Beschäftigung (Verbot von Tätigkeiten, die Gesundheit und geistige und sittliche Entwicklung beeinträchtigen; generelles Verbot von Akkord- und Fließbandarbeit für Kinder und Jugendliche unter 16 Jahren)
- Teilnahme an Berufsschulen
- verbindlicher betrieblicher Gesundheitsschutz
- generelles Züchtigungsverbot
- Verbot der Abgabe von Alkohol an unter 16-Jährige
- Ausdehnung des Schutzalters von 16 auf 18 Jahre
- schärfere Schutzbedingungen für Kinder und Jugendliche unter 16 Jahren, für die die unten genannten Ausnahmeregelungen bestehen
- kein Geltungsbereich des Gesetzes für jugendliche Heimarbeiter und Beschäftigte im Familienbetrieb

Bis zur Novelle des *Jugendarbeitsschutzgesetzes* galt das *Jugendschutzgesetz* von 1938, das nach 1949 zum Bundesgesetz geworden war.[7] Nach 1945 wurden diverse Landesregelungen getroffen sowie Einzelverordnungen verabschiedet. Insofern stellt das Gesetz von 1960 eine Vereinheitlichung der in der Zwischenzeit veränderten Regulierungen und Vorschriften dar. Im Kasten oben sind die zentralen Regeln für die Beschäftigung von nicht mehr vollzeitschulpflichtigen Jugendlichen aufgeführt. Alle diese Regelungen stellen eine erhebliche Ausdehnung und Ausdifferenzierung der Regulierung hinsichtlich der Zeiten und Arten der Beschäftigung dar. Allerdings ist wie auch bereits in den Jugendschutzgesetzgebungen zum GjS und zum JSchÖG eine Verschiebung der Verantwortung von den Jugendlichen selbst auf die Erwachsenen zu erkennen. Im § 40 JArbSchG ist im Gegensatz zu 1938 nun explizit verankert,

7 Walter Becker, Gerhard Potrykus und Paul Seipp (1961) bieten eine hervorragende Übersicht, vor allem einen systematisch angelegten Vergleich der Unterschiede in den Gesetzgebungen von 1938 und 1960.

dass der Erwachsene Vorkehrungen zum Schutz von „Leben, Gesundheit und Sittlichkeit" der Kinder und Jugendlichen zu treffen hat.[8] Damit ist wie in den beiden anderen Gesetzen auch die Verpflichtung auf den Erwachsenen übergegangen (Becker 1961, S. 18/19). Die Arbeitsschutznormen „wenden sich vor allem an den Arbeitgeber und erlegen ihm im Interesse der Kinder und Jugendlichen bestimmte Pflichten auf. Diese Pflichten bestehen gegenüber dem Staat. *Der Beschäftigte kann auf ihre Befolgung nicht wirksam verzichten;* sie können nicht durch Tarifvertrag, Betriebsvereinbarung oder Einzelvertrag aufgehoben oder eingeschränkt werden" (Schulte-Langforth 1965, S. 5; Hervorhebung: J. M.). Die generelle Verantwortung aller mit Jugendlichen und Kindern Beschäftigten bezeichnen Walter Becker, Gerhard Potrykus und Paul Seipp (1961, S. 11/12) als „Generalklausel des Jugendarbeitsschutzes". Diese Verantwortungsverschiebung war bereits in Bezug auf das JSchÖG und das GjS festgestellt worden und kann als Prozess der Ausdehnung der Zuschreibung von unmündig interpretiert werden.

Der Gesetzgebungsprozess zog sich insgesamt über mehr als 5 Jahre hin, ein erster Entwurf lag bereits 1956 vor (Knopp/Kraegeloh 1985, S. 2; zum ersten Entwurf s. Becker 1961). „Nach 1945 wurde durch mehrere Landesgesetze in die Einheitlichkeit des Jugendarbeitsschutzrechts eingegriffen. Hier ist vor allem das niedersächsische Arbeitsschutzgesetz für Jugendliche von 1949 zu nennen, das den Jugendarbeitsschutz in vielen Punkten weiterentwickelte. Die mangelnde Einheitlichkeit und vor allem die Erkenntnis, daß das Gesetz von 1938 den Anforderungen, die an einen zeitgemäßen Jugendarbeitsschutz gestellt werden müssen, nicht mehr entsprach, führten 1960 zum Erlaß des Jugendarbeitsschutzgesetzes" (Schulte-Langforth 1965, S. 4). Wie auch alle anderen Gesetzgebungen im bundes-republikanischen Nachkriegsdeutschland zielt auch dieses auf eine Angleichung der strukturellen Bedingungen des Aufwachsens von Kindern und Jugendlichen in Westdeutschland.

Der Jugendarbeitsschutz wird in zwei Dimensionen realisiert – zum einen über das Verbot von Kinderarbeit sowie bestimmter Tätigkeiten für nicht mehr schulpflichtige Jugendliche, zum anderen über die Regulierung der Arbeitsbedingungen der Jugendlichen (siehe Kasten S. 173). Beide Aspekte werden im Folgenden besprochen.

8 Im Gesetzgebungsverfahren war eine Präambel mit etwa folgendem Text vorgeschlagen worden: „Jeder jugendliche Beschäftigte hat am Arbeitsplatz ein Recht auf Schutz seiner körperlichen, geistigen und sittlichen Entwicklung. Der Verwirklichung dieses Schutzes haben insbesondere der Arbeitgeber, seine Beauftragten und die Betriebsvertretungen Sorge zu tragen" (Becker 1961, S. 18). Ein solcher Text konnte sich nicht durchsetzen. Und dennoch ist im Gesetz die Grundidee verankert, dass der Erwachsene in der Pflicht ist, den minderjährigen Beschäftigten zu schützen und dass bei Missachtung dieser Vorschrift allein der Erwachsene strafrechtlich belangt werden kann.

Die schichtenübergreifende Ausweitung des Kinderarbeitsverbots[9]

Grundsätzlich war bereits mit dem *Kinderarbeitsschutzgesetz* von 1938 die Beschäftigung von volksschulpflichtigen Kindern verboten (vgl. Becker/Potrykus/Seipp 1961; Schulte-Langforth 1965). Dennoch war eine ganze Reihe von Ausnahmeregelungen erlassen worden, die erhebliche Teile der Kinder betrafen, wie der Kasten auf dieser Seite zeigt. An diesen Ausnahmeregelungen bzw. dem eingeschränkten Geltungsbereich des Gesetzes von 1938 setzte Mitte der 1950er Jahren dann auch die scharfe Kritik an, was an folgendem Auszug aus der Begründung zum ersten Regierungsentwurf vom März 1957 zum Ausdruck kommt: „Vor allem wird es als Mangel des geltenden Gesetzes empfunden, daß einige Wirtschaftszweige (Hauswirtschaft, Landwirtschaft, Forstwirtschaft, See- und Binnenwirtschaft), in denen Jugendliche in erheblicher Zahl beschäftigt werden …, vom Geltungsbereich des Gesetzes ausgeschlossen sind. Angesichts der Beanspruchung der Kinder und Jugendlichen in diesen Wirtschaftszweigen, in denen die Arbeitszeiten häufig übermäßig lang sind, […] dürfen die in diesen Wirtschaftszweigen beschäftigten Kinder und Jugendlichen nicht länger ohne wirksamen Schutz bleiben" (zitiert in Becker u. a. 1961, S. 9).

Ausnahmen vom generellen Kinderarbeitsverbot (1938)

- die Arbeit bei Musikveranstaltungen und Filmaufnahmen (ohne Altersbeschränkung)
- die Arbeit von Kindern über 12 Jahren in Familienbetrieben, soweit diese nicht unter der Katalog der verbotenen Arbeiten fielen
- leichte Arbeiten von Kindern über 12 Jahren in allen anderen Betrieben (bspw. Botengänge, Austragungen, Handreichungen)

Kinder, die in allen drei Bereichen mehr als gelegentlich arbeiteten, bedurften einer sogenannten Arbeitskarte vom Gewerbeaufsichtsamt.

Das Gesetz hatte keinen Geltungsbereich für Kinder in Hauswirtschaft, Landwirtschaft, See-/Binnenschifffahrt sowie Flößerei.

Mit dem Jugendarbeitsschutz von 1960 ist das bestehende Kinderarbeitsverbot bestätigt und vor allem ausgedehnt worden: „Das JArbSchG wiederholt zunächst das seit langem bestehende Verbot der Kinderarbeit, macht es aber dadurch gewichtiger, daß es alle bisher bestehenden Ausnahmen bis auf eine beseitigt. Verboten ist jetzt also auch die Beschäftigung von Kindern mit leichten Arbeiten im Handelsgewerbe, mit dem Austragen von Waren (z. B. Backwaren, Zeitungen), mit Botengängen und mit Handreichungen im Sport" (Schulte-Langforth 1965, S. 8). An den im Kasten auf der nächsten Seite aufgezeigten Ausnahmebereichen wird deutlich, dass sich erstens das Arbeitsverbot auf fast alle Kindergruppen ausgeweitet hat – nur noch im Kultur-

9 Eine hervorragende Übersicht über die verschiedenen Regelungen zum Kinderarbeitsverbot von 1938 und 1960 leistet Paul Seipp (1960).

Ausnahmen vom Kinderarbeitsverbot (1960)

Musikaufführungen, Theatervorstellungen oder Ton- und Fernsehfunk unter folgenden Bedingungen:

- bis 22.00 Uhr und nur Mitwirkung, nicht eigenverantwortliche Tätigkeit
- Genehmigung durch Eltern, Aufsichtsbehörde und Jugendamt
- Kontrolle kindgerechter Bedingungen (Pausen, Umgang und Versorgung)
- nur Kinder über drei Jahre

Landwirtschaft

- Beschäftigung fremder Kinder über 12 Jahren mit leichten Hilfsleistungen unter Berücksichtigung von Schutzregeln (Hilfsarbeiten, nicht regelmäßig, nicht über einen langen Zeitraum, nicht über die gesamten Ferien hinweg)
- das Gesetz hatte keinen Geltungsbereich für verwandte Kinder in Familienbetrieben und Landwirtschaft sowie für Kinder in der Seeschifffahrt (eigenes Gesetz)

betrieb sowie in der Landwirtschaft dürfen fremde Kinder beschäftigt werden, verwandte Kinder nur noch in Familienbetrieben (Handwerk, Heimarbeit und Landwirtschaft). Zweitens wird deutlich, dass sich die Schutzbestimmungen für alle Kinder, die unter diese Ausnahme fallen, verschärft haben und die Einhaltung dieser größeren Kontrolle der Aufsichtsbehörden unterliegt (Beschäftigungszeiten am Tag, in der Woche, vor und nach der Schule). Neu aufgenommen wurde in den Katalog der Ausnahmeregelung die Beschäftigungen zum Zwecke der Erziehung. Deutlich wird daran, dass Arbeit nun nicht mehr primär als Mittel zum Erwerb von Geld und zentralen Techniken gedeutet wurde, sondern auch als Mittel der Umerziehung im Falle fehlgeschlagener Sozialisation. Wurde Arbeit für Kinder generell als schädlich angesehen, wurde sie in diesem Fall als erzieherisches Mittel re-interpretiert.

Damit hat sich insgesamt das Verbot der erwerbsmäßigen Beschäftigung von *fremden* Kindern in allen Bereichen mit Ausnahme des Kulturbetriebs und der Landwirtschaft etabliert. Das Muster der De-Kommodifizierung hat sich somit normativ durchgesetzt, was an der nach wie vor bestehenden Kritik an der Aufrechterhaltung der Ausnahmebereiche deutlich wird (Becker u. a. 1961, S. 10).

So heben denn auch Walter Becker, Gerhard Potrykus und Paul Seipp (1961) in ihrem historischen Abriss über den Kinder- und Jugendarbeitsschutz hervor, dass zu allen Zeiten der Kinder- und Jugendarbeitsschutz absolut umstritten und umkämpft war. Im 19. und auch zu Beginn des 20. Jahrhunderts war das Verbot der Kinderarbeit für spezifische Berufsgruppen durchaus umstritten, denn Arbeit wurde für Kinder und Jugendliche aus den unteren Schichten als erzieherisch sinnvoll angesehen, da diese hier ausreichendes Wissen und Fertigkeiten für ihre späteren Berufe erwerben konnten und sollten. Dieser Gedanke findet sich im Jugendarbeitsschutzgesetz von 1960 und auch in dessen Kommentaren nicht mehr wieder. Schulische Bildung wird für alle Kinder als vorrangig vor konkreter beruflicher Erfahrung erachtet. Die

Einschränkung des generellen Verbots der Kinderarbeit gilt nur noch für wenige Bereiche, in denen sich Familienbetriebe mit Rückgriff auf den Schutz der Familie als starke Lobbygruppe durchsetzen konnten. Nur noch in diesen Bereichen ist der Zugriff der Erwachsenen auf die erwerbsförmige Produktivkraft der Kinder erhalten geblieben. Mit dieser Angleichung der Bedingungen und der Durchsetzung des Musters der Scholarisierung als basaler Bestandteil des Musters moderner Kindheit ist die Vorstellung herkunftsabhängiger Berufsbiographien von Jugendlichen durchbrochen. Es wird nun davon ausgegangen, dass Kinder nicht mehr den späteren Beruf ihrer Eltern erlernen werden und daher eine breitere Schulbildung benötigen. Die auf Kinder und Jugendliche bezogenen Regulierungen hinsichtlich der Kinderarbeit tragen m.E. erheblich zu dem Prozess bei, den Ulrich Beck später mit dem Begriff der „Individualisierung“, nämlich mit der „Herauslösung aus historisch vorgegebenen Sozialformen und -bindungen im Sinne traditioneller Herrschafts- und Versorgungszusammenhänge“ (Beck 1986, S. 206) charakterisiert hat.

Interessant ist in diesem Zusammenhang auch der Wandel der Bezeichnung der zu schützenden Minderjährigen: waren es im Gesetz von 1938 noch alle Kinder unter 14 Jahren, sind es nun alle jungen Menschen, die noch der Vollzeitschulpflicht unterliegen und sollte das nicht zutreffen, die unter 14 Jahre alt sind. Das Verbot der Kinderarbeit wird also entlang der Schulpflicht reguliert, nicht entlang anderer Maßstäbe wie Reife, körperliche Entwicklung etc. Zentral ist der Schutz der Lernzeit sowohl vor dem Zugriff der Erwachsenen als auch vor dem sich Entziehen des Kindes oder des Jugendlichen selbst. „Kinder im Sinne des JArbSchG sind Personen, die noch nicht oder noch zum Besuch einer Schule mit Vollunterricht verpflichtet sind oder die, falls sie einer solchen Schulpflicht nicht unterworfen oder von ihr befreit sind, noch nicht 14 Jahre alt sind“ (Becker/Potrykus/Seipp 1961, S. 25).

Kinderarbeitsschutz und die Familialisierung von Kindheit

Dass nach wie vor Familienbetriebe in Bezug auf die Beschäftigung verwandter Kinder aus dem Geltungsbereich des Gesetzes ausgenommen bleiben, ist ein Zeichen dafür, dass an den auch in anderen Regulierungsbereichen geltenden Elternprivilegien der Nachkriegszeit festgehalten und damit die Familialisierung von Kindheit weiter verfestigt wurde. Die Familialisierung von Kindheit war im theoretischen Teil dieser Arbeit zum einen als normative Zuordnung von Kindern in den Binnenraum der Familie und zum anderen als Verweisung der rechtlichen End-Verantwortung an die sorgeberechtigten Eltern bezeichnet worden (siehe Kapitel 1.2).

Eltern können im eigenen Betrieb über die Art und Weise der Beschäftigung verwandter Kinder entscheiden. Dies „zeigt sich bspw. an der Beschäftigung von Kindern bei ansonsten als ungeeignet eingeschätzten Veranstaltungen, wie in einem Varieté oder Zirkus. Hier können nach § 8 Abs. 1 Kinder über 6 Jahre mit Bewilligung der Aufsichtsbehörde mit artistischen Darbietungen bis zu

2 Stunden täglich beschäftigt werden, wenn die Beschäftigung gemeinsam mit einem Elternteil erfolgt. Man wollte durch diese Bestimmung den Artistenkindern die Möglichkeit einer guten und zweckvollen Ausbildung schon in jungen Jahren ermöglichen, hat aber die Verantwortung zum mindesten eines Elternteils für erforderlich gehalten. Auch hier hat sich die Überzeugung durchgesetzt, daß ein Kind am besten geschützt ist, wenn es sich in der Liebe und Sorge seiner Eltern gesichert weiß" (Becker 1961, S. 19). Ein weiteres Beispiel ist der Umgang mit körperlicher Züchtigung in Familienbetrieben: „Für die Eltern gelten auch nicht die Bestimmungen des § 43 über das Verbot körperlicher Züchtigung und über sittliche Sauberkeit im Betriebe und im Haushalt, weil es als Bestandteil der elterlichen Sorgen und Pflichten angesehen wird, daß nur im Rahmen des § 1631 BGB maßvolles elterliches Züchtigungsrecht angewendet und im übrigen für ein gesundes und sittlich einwandfreies Wachstumsklima gesorgt wird" (Becker 1961, S. 19f.). In diesem Sinne trägt die Familialisierung der Kindheit – also die rechtliche Letztverantwortung der Eltern[10] – nicht unerheblich zur Aufrechterhaltung differenzierter milieuspezifischer konkreter Kindheiten bei.

An diesen Beispielen wird die schwierige Balance sichtbar, die der Gesetzgeber zwischen dem Interesse an einer de-kommodifizierten Kindheit für alle Kinder und gleichzeitig dem in der Nachkriegszeit im Grundgesetz und in der Öffentlichkeit betonten Elternrecht herstellen musste. Es galt also, einen Mittelweg zwischen der Familialisierung auf der einen Seite und der staatlich organisierten De-kommodifizierung von Kindheit, die dem Schutze der Scholarisierung diente, auf der anderen Seite, zu finden.

Ausdehnung von Elternprivilegien – Verfestigung heterogener Kindheiten

Mit dem neuen Gesetz sind die Privilegien von Eltern arbeitender Minderjähriger in zweifacher Hinsicht gestärkt bzw. erst etabliert worden, was noch einmal die oben aufgeführte These des Regulierungsbalanceaktes zwischen De-Kommodifizierung und Familialisierung unterstützt. Zum einen sind Eltern in Bezug auf die neu eingeführte Gesundheitsversorgung im Betrieb (Kasten S. 173[11]) besondere Rechte eingeräumt worden. Sie haben das Recht, die Ergebnisse der Gesundheitsuntersuchung zu erfahren und können gegebenenfalls den Jugendlichen in einem anderen Betrieb unterbringen (Becker 1961, S. 19). Zum anderen gelten in Familienbetrieben die Bestimmungen des JArbSchG nur sehr eingeschränkt. Familienbetriebe sind von einem Großteil der Vorschriften befreit, da der Familie zugestanden wird, selbst zu wissen, was gut für den arbeitenden Jugendlichen bzw. für das Kind ist. (Der Staat hat hier nur nach GG Art. 6, Abs. 2 das Wächteramt inne). Eltern, die ihre

10 Der Staat hat hier nur nach GG Art. 6, Abs. 2 das Wächteramt inne.

11 Schulte-Langforth (1965) hebt hervor, dass die Ausführungen über den Gesundheitsschutz und die Gesundheitsversorgung sehr viel weiter ausgebaut sind als im Text von 1938. Neu ist, dass für die gesundheitliche Betreuung der minderjährigen Beschäftigten der Betrieb zuständig ist. Nun muss der Betrieb die Gesundheitsvorsorge gewähren.

Kinder in ihren eigenen Betrieben nicht ausreichend schützen, werden solange nicht strafrechtlich belangt, wie nicht das Kindeswohl gefährdet ist.

Diese starke Berücksichtigung des Elternrechts – und nicht die des Rechts des Kindes oder des Jugendlichen! – trägt dazu bei, dass Kindheiten in dieser Zeit nach wie vor wohlfahrtsstaatlich heterogen gerahmt wurden. Für Kinder und Jugendliche, die im traditionellen Familienbetrieb arbeiten oder eine Ausbildung absolvieren, galten andere Bestimmungen und Rechte. Deutlich wird dies am bereits oben angesprochenen Züchtigungsrecht, aber auch in Bezug auf die Abgabe von Alkohol und Tabak, die Entlohnungsregelungen, die Beschäftigung von Kindern unter 14 Jahren (s. o.). Arbeitende Minderjährige waren im öffentlichen Raum durch den Staat – also durch Verbote, Gebote und deren Kontrolle – sehr viel stärker normiert als arbeitende Kinder in der Familie.

Das zentrale Thema: Schutz der „sittlichen Entwicklung"

Einer der zentralen inhaltlichen Punkte des Jugendarbeitsschutzes, der sich zum einen in den konkreten Schutzbedingungen für die arbeitenden Jugendlichen, zum anderen aber auch in dem Verbot direkter Tätigkeiten von Kindern und Jugendlichen findet, ist der Schutz der „Sittlichkeitsentwicklung". Dieses wichtige kulturelle Schutzziel bringt Maria Schulte-Langforth in einem der ersten Gesetzeskommentare zum Ausdruck: „Der Jugendarbeitsschutz soll von Kindern und Jugendlichen Gefahren für Gesundheit und Sittlichkeit, die am Arbeitsplatz oder durch Arbeit entstehen können, fernhalten und verhüten, daß durch Art und Dauer der Arbeit ihre körperliche, *geistige und sittliche* Entwicklung beeinträchtigt wird" (Schulte-Langforth 1965, S. 5; Hervorhebung: J. M.). Gesundheit und „Sittlichkeit", dass sind die zentralen Themen im sich nach dem Zweiten Weltkrieg wirtschaftlich und strukturell erholenden Westdeutschland, die sich in allen Gesetzeskommentaren, der offiziellen Gesetzesbegründung sowie in Fachzeitschriften finden lassen. Sind Kinder bereits durch das Arbeitsverbot komplett vor sich unsittlich verhaltenden Erwerbstätigen geschützt, so soll dieser Schutz nun auch für arbeitende junge Menschen gelten, die nicht mehr als Kinder behandelt und vollständig abgeschirmt werden können.

So hatte der Gesetzgeber bei der Verabschiedung des JArbSchG die inhaltliche Integration der drei großen Schutzgesetze (JSchÖG, GjS und JArbSchG), die seit 1950 verabschiedet wurden, als Ideal vor Augen. Die Ideen des Schutzes vor Alkohol, unsittlichem Schrifttum, unsittlichen Personenkreisen etc. sollte auch in das Jugendarbeitsschutzgesetz integriert werden. Dabei ging es vor allem darum, grundlegende Vorstellungen vom Schutz der Persönlichkeitsentwicklung und von den wahrgenommenen Gefahren in allen Bereichen des Lebens – Öffentlichkeit, Privatheit und Arbeitsleben – einheitlich durchzusetzen. Walter Becker, Potrykus und Paul Seipp (1961, S. 11ff.) heben in einem Kommentar von 1961 hervor, dass Arbeitgeber nun zu berücksichtigen hätten, dass der Jugendarbeitsschutz integrierender Bestandteil des allgemeinen Jugendschutzes ist, dass also der allgemeine Jugendschutz nun auch im Rahmen des Jugendarbeitsschutzes gelte.[12]

Diese Haltung kommt zum einen in den konkreten Schutzvorschriften für die arbeitende Jugend zum Ausdruck: Es sollten sittlich korrekte Situationen der Ausbildung geschaffen werden, indem Personengruppen, denen unsittliches Verhalten strafrechtlich nachgewiesen worden war, Kinder und Jugendliche nicht beschäftigen durften (Schwere Delikte, Sittlichkeitsdelikte, Verstöße gegen Jugendschutzgesetzgebungen). Diese Haltung wird zum anderen aber auch im Verbot spezifischer Tätigkeiten offensichtlich. Für Revue- und Varieté-Veranstaltungen beispielsweise wurden generell keine Ausnahmegenehmigungen mehr an Kinder erteilt, auch wenn diese durch den künstlerischen Bereich legitimiert werden konnten. Für nicht mehr vollzeitschulpflichtige Jugendliche kommt es zu einem generellen Verbot von Beschäftigungen, die nach dem Gesetz zum Schutz der Jugend in der Öffentlichkeit als jugendgefährdend bewertet wurden: Zigarettenjunge, Platzanweiser in Varieté, Animierdame, Frauenringkampf, Verkauf von Erotika etc. (vgl. Becker 1961). Bereits in der Verhandlung über die Ausgestaltung eines neuen Gesetzes war die Integration der Schutzvorschriften, die in den unterschiedlichen Gesetzen verankert waren, gefordert worden (exempl. Becker 1959), da beispielsweise zu große Differenzen hinsichtlich der Bestimmungen zur Anwesenheit oder der Beschäftigung bei Tanzveranstaltungen aller Art bestanden haben. Denn Kindern über drei Jahren konnte bisher durch das Gewerbeaufsichtsamt die Mitwirkung unter Umständen erlaubt werden, was sittlich generell nicht zu vertreten sei. Aus dieser Argumentation heraus ist dann auch die Einschränkung der Zuständigkeiten des Gewerbeaufsichtsamtes bei der Erteilung von Ausnahmegenehmigungen für die Beschäftigung von Kindern zu deuten (Becker 1961, S. 17). Nicht mehr das Gewerbeaufsichtsamt ist seit Inkrafttreten des Gesetzes von 1961 für die Ausnahmegenehmigungen zuständig, da dieses vorrangig die Wirtschaftlichkeit des Betriebes im Blick habe, sondern vielmehr das Jugendamt (vgl. § 3 Ziff. 6 RJWG). Denn hier ginge es nicht allein um den Schutz der Gesundheit, sondern vielmehr um den erzieherischen Gedanken des Schutzes der Sittlichkeitserziehung (Becker 1959, S. 112). Die Gewerbeaufsicht sei bisher vor allem technisch verfahren, habe aber nicht auf den sittlichen Jugendschutz geachtet. Walter Becker unterstreicht, dass damit die Gesellschaft und nicht mehr vor allem das Gewerbe an sich mit den Aufgaben des Schutzes betraut worden war (Becker 1961, S. 18).

An dem als mangelhaft angesehenen Schutz der Sittlichkeit entzündet sich dann auch die stärkste Kritik am neuen Jugendarbeitsschutzgesetz: „Die Vorschriften über Straftaten und Ordnungswidrigkeiten (§§ 66–69) unterstreichen

---

12 Man kann also sagen, dass das Netz des Schutzes nicht mehr vor allem auf die ausgeübte Arbeitstätigkeit zielt, sondern dass dies an das Alter, und damit an die angenommene noch nicht abgeschlossene Entwicklungsphase, gebunden ist. So sind nicht nur Sonderräume für Kinder, sondern auch Sonderräume für Jugendliche geschaffen worden, die in Erwachsenenterrain sich bewegen und handeln.

die Pflichten des Arbeitsgebers in einer besonderen Weise. Allerdings wird in einzelnen Vorschriften (§ 66 Abs. 2 und § 67, Abs. 3) nur die Gefährdung eines Kindes oder eines Jugendlichen in seiner Arbeitskraft oder Gesundheit besonders hervorgehoben; die spezielle Gefährdung der sittlichen Entwicklung ist dabei nicht genannt worden, offenbar weil man aus rechtsstaatlichen Gründen derartige Tatbestandsmerkmale für zu unbestimmt hielt" (Becker 1961, S. 19). Der Autor hebt hervor, dass das Gesetz in seinem eigentlichen Sinn vor allem auf die Kontrolle des sittlichen Klimas eines Betriebes ziele, dass aber genau dies nicht gewährleistet werden könne, da keine geeigneten Kontrollinstanzen etabliert worden seien (vgl. Becker 1961).

Deutlich sollte anhand der etwas ausführlicheren Darstellung der Diskussionen um den Aspekt der „Sittlichkeit" sowie der materialen Regelungen werden, dass das Jugendarbeitsschutzgesetz – vielleicht sogar die gesamte Jugendschutzgesetzgebung – mit dazu beiträgt, dass die Trennung der Sphären von Erwachsenen und Minderjährigen sowohl räumlich als auch normativ immer stärker vorangetrieben wurde. Mit dem Hineinnehmen der Minderjährigen in ein spezielles Jugendschutzrecht sowie in den Zuständigkeitsbereich spezieller Jugendbehörden – jetzt sind nicht mehr die allgemeinen Aufsichtsbehörden die Kontrollinstanz des Jugendschutzes, sondern das spezialisierte Jugendamt – wird der Schutzraum spezifischer, enger und ausgedehnter.

Es soll des Weiteren angemerkt werden, dass sich auch diese Schutzgesetzgebung keinesfalls widerspruchslos vollzogen hat. Bereits in den 1960er Jahren ist das Dilemma der rechtlich unmündigen, aber nach Freiheit und Gleichberechtigung strebenden Jugendlichen erkannt und formuliert worden: „Wir stehen heute vor folgender paradoxer Situation: Jugend ist heute so etwas wie ein Wert an sich, Jungsein prägt den allgemeinen Lebensstil … In dem Maße aber, in dem die Älteren jung sein wollen, so lange wie möglich jung, wollen die Jungen erwachsen sein und so früh wie möglich als erwachsen gelten. Den Traum vom eigenen Jugendreich, den viele Ältere träumen, wenn sie an ihre eigene Jugend denken und für ihre Kinder etwas Förderliches tun wollen, den haben sie, die Jungen, längst ausgeträumt. Sie wollen Teil der Gesellschaft sein und keine Ausnahmegruppe; sie wollen voll am Erwachsenenleben teilhaben und lehnen jede ‚Sonderbehandlung' ab" (Barth 1964, S. 3f.). Diese Aussage erscheint mir exemplarisch: Erwachsene erkennen das Dilemma, in dem Jugendliche stehen und erkennen auch die Ungleichbehandlung an, gegen die sich Jugendliche wehren. Gleichzeitig aber versuchen sie, genau für diese Behandlung eine Erklärung und Legitimation sowie einen Kompromiss zu finden, wie und warum der Schutzraum dennoch erhalten bleiben muss. In Bezug auf Kindheit wird dazu im Gegensatz der umfassende Schutzraum weder in Frage gestellt noch als Dilemma anerkannt. Hier ist Schutz ein nicht hinterfragbarer Wert an sich. Die Jugend betreffend wird die Prekarität des sich immer stärker ausdehnenden Schutzgedankens, die fehlende Legitimierung durch die betroffene Gruppe selbst zum dauerhaften Verhandlungsgegenstand: Unmündigkeit in der und Zugriffsmöglichkeiten auf die Jugend sollen im Grundsatz erhalten bleiben, wenn auch unter dem bedingten Zugeständnis von Reife und eingeschränkter Mündigkeit. Das Gesetz von 1960 reagiert dennoch nicht auf dieses Dilemma und die daran anknüpfende Kritik.

6.1.4 Fazit: Etablierung und Ausdehnung des Schutzgedankens in der Kindheit

Die erste Phase nach dem Zweiten Weltkrieg stellt einen zentralen Schritt in der Etablierung eines umfassenden und integrierten Kinder- und Jugendschutzes dar, der auf der Idee des Schutzes der Erziehung und Entwicklung aufbaut. Der Gedanke, dass die Erziehungs- und Bildungsprozesse von Kindern und Jugendlichen zu schützen seien, liegt wohl den Schutzgesetzgebungen aller vorangegangenen Epochen zu Grunde und ist nicht neu. Dennoch möchte ich davon sprechen, dass das dem modernen Kindheitsmuster zugrunde liegende Erziehungsparadigma erst nach dem Zweiten Weltkrieg nachhaltig und profund in die Systematik der drei besprochenen Gesetze eingezogen ist. Es wird nicht mehr allein der Prozess der Erziehung vor schädlichen Einflüssen geschützt, sondern der Erziehungsgedanke selbst ist zum Grundprinzip des Kinder- und Jugendschutzes geworden. Dies zeigt sich auf mehreren Ebenen in allen drei Schutzgesetzgebungen: Auf das Fehlverhalten von Minderjährigen wird nicht mehr mit Kriminalstrafe, sondern mit erzieherischen Maßnahmen reagiert. Die Verantwortung für das Fehlverhalten wird nicht mehr bei den Minderjährigen selbst, sondern bei den involvierten Erwachsenen gesucht – diese werden entsprechend strafrechtlich verfolgt. Die Kontrolle und Durchsetzung des Schutzes geht zum Teil an das Jugendamt über, also an eine Fachbehörde, die in ihrer Grundlogik der Erziehung der nachwachsenden Generation verpflichtet ist – Gewerbeaufsichtsamt und Polizei treten in den Hintergrund, da diese nicht an der Logik der Erziehung ausgerichtet sind. Der Kinder- und Jugendschutz ist nicht mehr in der allgemeinen Gesetzgebung integriert, sondern es werden eigenständige Jugendgesetze geschaffen, die sich von den Logiken der erwachsenenbezogenen Gesetze unterscheiden. Durch die Ausdehnung der Kontrollbefugnisse der Jugendbehörden im Kinderschutz sowie durch die Schaffung eigenständiger Jugendschutzgesetze ist eine erwachsenenzentrierte Logik überwunden und eine kind- und jugendzentrierte Perspektive eingenommen worden, die den Gedanken der Unmündigkeit in den Mittelpunkt rückt – diese Perspektive beinhaltet immer zugleich eine Sonderstellung sowie eine generationale Differenz. Mit der generellen Verantwortungsverschiebung von den Jugendlichen auf den Erwachsenen ist ein Symbol gesetzt für die begrenzte Fähigkeit von Minderjährigen zur Verantwortungsübernahme. Insgesamt kann man anhand all dieser Beispiele sagen, dass über die Neujustierung und Ausdifferenzierung der Altersgrenzen sowie durch die Verschiebung von Verantwortlichkeit in allen drei Gesetzen des umfassenden Kinder- und Jugendschutzes die bestehende generationale Ordnung verfestigt wurde.[13]

---

13 Vorsichtig formuliert könnte man davon sprechen, dass das im Nationalsozialismus eingeführte und in vielen Bereichen etablierte Erziehungsparadigma nun unter rechts-

Als Weiteres möchte ich die These aufstellen, dass diese drei Gesetze keinesfalls lediglich eine beliebige Reaktion auf einen irgendwie gearteten Erziehungsnotstand darstellten, sondern als Ausdruck eines gesellschaftsbezogenen, kindheitsbezogenen Gestaltungswillens interpretiert werden können. Dies zeigt sich vor allem daran, dass in allen drei Gesetzgebungsprozessen in der noch jungen parlamentarischen Demokratie der Erziehungsgedanke als Grundlogik öffentlichen Handelns auf erheblichen Widerstand sowohl in der Bevölkerung als auch in den Institutionen stieß. Ging es zu Beginn des 20. Jahrhunderts in den wohlfahrtsstaatlichen Regulierungen vor allem darum, überhaupt so etwas wie einen Minimalstandard an schulischer Bildung für alle durchzusetzen und als Voraussetzung dafür einen minimalen körperlichen und geistigen Schutz zu gewähren, geht es jetzt sehr viel umfassender um die Durchsetzung der Idee, dass eine einheitliche Erziehung (Lebensführung) nach den Standards der bürgerlichen Gesellschaft notwendig sei. Dies drückte sich in den Begriffen der „Sittlichkeit“ und des „sauberen Lebens“ symbolhaft aus.

Als Weiteres sei darauf verwiesen, dass weitgehend alle Kinder bis 14 Jahren unabhängig von ihrer Herkunft über diese drei Gesetzgebungen aus allen Bereichen der Erwachsenenwelt mit dem Argument des Schutzes des Erziehungsprozesses rechtlich ausgeschlossen worden sind: von Arbeit, Tanzvergnügen und vom Erwerb von spezifischen, nur für Erwachsene bestimmten Gütern. Damit ist zum einen die generationale Ordnung, die sich über Altersnormen und bürgerliche Teilhaberechte konstituiert, verfestigt worden. Zum anderen sind aber auch die Unterschiede in den Lebensbedingungen von Kindern in gewisser Hinsicht angeglichen worden und es hat sich aus normativ rechtlicher Perspektive eine Angleichung von Kindheit vollzogen. Regionale Unterschiede, kulturelle Unterschiede, schichtspezifische Unterschiede, Nachlässigkeiten im Kinderschutz wurden zu überwinden versucht – die traditionellen Bräuche, die z.T. keinen gravierenden Unterschied nach Lebensalter der Beteiligten machten, wurden als schädlich für „das Kind“ erkannt. Am Beispiel des Karnevals zeigte sich, dass hier keinesfalls eine Unterscheidung zwischen Kindern und Erwachsenen gemacht wurde – alle nahmen an den ausschweifenden Veranstaltungen teil. Das Muster moderner Kindheit, das sich unter anderem über die Dimensionen des Schutzes, der De-Kommodifizierung sowie der Scholarisierung/Pädagogisierung definiert, ist für alle Kinder unabhängig von ihrer Herkunft verbindlicher geworden.

Obwohl davon gesprochen werden kann, dass mit diesen drei Gesetzen der Schutz von Kindern unabhängig von ihrer Herkunft weitgehend durchgesetzt worden ist, ist die Angleichung von Kindheiten jedoch durch das Muster der Familialisierung begrenzt. Soziale Ungleichheiten wurden über starke Elternprivilegien weiterhin aufrechterhalten. In der Familie war erwerbsförmige

---

staatlichen Bedingungen und unter Berücksichtigung der Elternrechte fortgeführt und ausgebaut wurde.

Arbeit, Alkohol- und Filmkonsum, Rauchen, Züchtigung nach wie vor möglich – soweit nicht insgesamt das Kindeswohl gefährdet wurde. (Aber der Nachweis der Kindeswohlgefährdung ist ein anderer Mechanismus als die Kontrolle öffentlicher Orte und Arbeitsstätten.) Deutlich wird, dass die Überwindung/Gestaltung des Spannungsverhältnisses zwischen Elternrecht und Kindesschutz eine der zentralen Aufgaben der staatlichen Kinder- und Jugendschutzgesetzgebung ist, um neben dem Element der Familialisierung das Element der De-Kommodifizierung und Scholarisierung zu stärken.

6.2 Phase 2: Die 1980er Reaktionen auf den sozialen Wandel und Erhalt der gesellschaftlichen Akzeptanz des Jugendschutzes

Nachdem Anfang der 1960er Jahre die drei zentralen gesetzlichen Bereiche des Jugendschutzes verabschiedet waren, wurden über mehr als 15 Jahren hinweg keine gravierenden Reformen durchgesetzt. Vereinzelte neue Regulierungen änderten an der Gesamtsystematik und Ausrichtung des gesetzlichen Kinder- und Jugendschutzes nichts. Erst Mitte der 1970er Jahre begann im Zeichen allgemeinen Aufbruchs erneut eine Reformtätigkeit auf allen drei Ebenen. Und dennoch stellen die im Folgenden dargestellten Novellen keine grundsätzlichen Veränderungen, sondern vielmehr – wie der Titel bereits besagt – eine Anpassung an veränderte soziale und vor allem technische Realitäten dar. Dies entspricht wohl insgesamt der gesamtgesellschaftlichen und politischen Situation der 1980er Jahre, in denen Grenzen, Problematiken einschließlich der „Krise des Wohlfahrtsstaates" (vgl. Greven u.a. 1980; Kittner 1982; Opielka u.a. 1983, Honecker 1985, Lessenich 2008, S. 12) aufgedeckt und diskutiert wurden, generell aber wenig politischer Platz für grundlegende Reformen war. Die nachfolgenden Gesetzesnovellen folgen der Idee, über die Modernisierung von einzelnen Normen Kindheit als Schutzraum, also den Raum für eine normale Entwicklung und Bildung von Kindern und Jugendlichen zu erhalten.

6.2.1 Die Novelle des Gesetzes zum Schutz der Jugend in der Öffentlichkeit (JÖSchG) von 1985 und die gleichzeitige Novelle des GjS 1984

JÖSchG von 1985

Bereits Mitte der 1970er Jahre war die Notwendigkeit einer umfassenden Reform des gesetzlichen Kinder- und Jugendschutzes angedacht und entsprechende Entwürfe parlamentarisch verhandelt worden (vgl. Gernet 1985). Die aus den 1950er und 1960er Jahren stammenden Regelungen erschienen angesichts der „sexuellen Revolution", der Reform des Scheidungsrechts sowie veränderter Autoritätsverhältnisse längst nicht mehr als zeitgemäß und vor

Kernpunkte der Reform des JÖSchG von 1985

- weitgehende Einschränkung der Abgabe als „jugendgefährdend" eingeschätzter Medien (Video) in der Öffentlichkeit
- generelles Alkoholabgabeverbot in der Öffentlichkeit, Verbot des Verkaufs von Alkohol in Automaten
- Verbot des öffentlichen Aufstellens von Bildschirmunterhaltungsmedien
- differenziertere zeitliche Regelungen für den Gaststättenaufenthalt von Kindern und Jugendlichen ohne Begleitung Erwachsener
- generelles Aufenthaltsverbot in Nachtbars etc.
- Aufhebung des generellen Kinoverbots für Kinder unter 6 Jahren, der Besuch mit den Erziehungsberechtigten wird möglich
- Neu: Kinder und Jugendliche müssen auf Verlangen Nachweis über Alter erbringen (stärkere Kontrolle)

allem als in der Bevölkerung nicht mehr akzeptiert.[14] Die Reformentwürfe zielten zum einen auf die Anpassung an veränderte Gefahrengegenstände wie neue Medien (Video) und Werbestrategien; zum anderen aber auch auf die Berücksichtigung gewandelter gesellschaftlicher Normvorstellungen hinsichtlich des Verhaltens von jungen Menschen – der Begriff der „Sittlichkeit", der die Gesetzgebung der Nachkriegszeit deutlich geprägt hatte, erschien angesichts der kulturellen und sozialen Veränderungen der 1970er Jahre als nicht mehr angemessen.

Gerade an der Frage aber, wie weit die Liberalisierung des bestehenden Schutzrechtes vorangetrieben werden sollte, entzündete sich der Streit um eine Reform, der diese um Jahre hinauszögerte. Im Zentrum stand die Aushandlung einer Balance zwischen dem traditionellen Schutz von Kindern und Jugendlichen vor immer neuen, als immer bedrohlicher wahrgenommenen Gefahren auf der einen Seite und einer angemessenen Berücksichtigung des fortschreitenden Aufbrechens überkommener Normalitätsvorstellungen auf der anderen Seite. Die strenge Kontrolle individuellen Verhaltens wie auch der staatliche Eingriff in die Persönlichkeitsrechte waren fragwürdig und legitimierungsbedürftig geworden (Stoffers 1985, S. 12). Dieser Streit zwischen Reformern und Bewahrern[15], der sich zwischen einem kollektiven Schutzauftrag

---

14 Vgl. die hierzu in jener Zeit viel und kontrovers diskutierten Werke von Wilhelm Reich (1966), Alexander Neill (1965) oder die drei Bände von Siegfried Bernfeld (1969–1979). Vgl. rückblickend Preuss-Lausitz u.a. (1983); Peukert/Münchmeier (1990); du Bois Reymond (1994); Ecarius (2002a).

15 Interessant ist diesbezüglich die Stellungnahme der Bundesarbeitsgemeinschaft Jugendschutz (BAJ) zum Entwurf einer Novelle des JÖSchuG zu Beginn der 1980er Jahre: Die Vereinheitlichung von Altersregelungen wird zurückgewiesen, vor allem aber die Aufhebung des Verbots des Kinobesuchs für Kinder unter 6 Jahren. Die BAJ war insgesamt strikt gegen eine Liberalisierung der Schutzgesetzgebung und für die Aufrechterhaltung strenger Altersnormen. Die zweite wesentliche Kritik richtete sich gegen den

und dem Zugeständnis individueller Persönlichkeitsrechte bewegte, zog sich über mehr als 10 Jahre hin[16] und konnte in einer recht abgespeckten Fassung erst unter der christlich-liberalen Koalition parlamentarische Mehrheiten finden.[17] Anfang der 1980er Jahre wurde der Liberalisierungsgedanke über einen neuen Gefahrendiskurs bedingt zurückgedrängt. Nach dem Regierungswechsel verstärkte sich die Diskussion um die Folgen der Ausbreitung von Videospielen und deren gewalt- und kriegsverherrlichenden Inhalten sowie des, als ansteigend wahrgenommenen, Alkoholmissbrauchs Minderjähriger (vgl. hierzu die Erklärung der Bundesministerin Anke Fuchs zum Entwurf einer Novelle zum JÖSchG von 1982, S. 143; auch Fippinger 1985, S. 84f.). Unter der neuen Regierung konnten dann parallel das Gesetz zum Schutz der Jugend in der Öffentlichkeit sowie das GjS (s. u.) novelliert werden. Es wurden zwar Liberalisierungen durchgesetzt, aber alles in allem blieb der Schutz der Erziehung vor schädlichen Einflüssen aufrechterhalten.

Am Interessantesten erscheint mir die Aufhebung des bisher bestehenden Generalverbots in Bezug auf den Besuch von Tanzveranstaltungen und Kinos für unter 6-Jährige sowie die parallele einheitliche Ausdifferenzierung der Altersregelungen in fast allen Bereichen des Schutzes. Angesicht einer sich immer stärker ausdifferenzierenden Kinder- und Jugendkultur, in der (Kinder-) Diskotheken und Clubs einen festen und akzeptierten Platz eingenommen hatten (vgl. Zinnecker 1987), galt das alte Verbot als überholt und vor allem als nicht mehr durchsetzbar, da es weder von den Jugendlichen, den Eltern, den Gewerbetreibenden noch von den Jugendarbeitern respektiert wurde. Von nun an sollte nur noch bei einer tatsächlich beobachteten Gefährdung fallbezogen reagiert werden, indem konkrete Veranstaltung oder Orte als jugendgefährdend erklärt werden und so spezifische Verbote für bestimmte Altersgruppen ausgesprochen werden konnten. Vor allem jüngere Jugendliche und Kinder sollten nicht mehr generell von bestimmten Orten ferngehalten (Kino, Gaststätten, Tanzveranstaltungen) werden, sondern nur noch dann, wenn sich dort etwas vollzog, was als gefährdend eingeschätzt wurde. Für alle Schutzbereiche (auch im GjS, s. u.) wurden die bisher sehr heterogenen Alters- und Zeitregelungen vereinheitlicht und gleichzeitig in einem erheblichen Maße „altersangemessen" ausdifferenziert[18], was Manfred Stoffers (1985, S. 12) als

---

Vorschlag, dass das Jugendamt in dem geplanten Gesetz nicht mehr grundsätzlich Meldung von Verstößen gegen das JÖSchG erhalten sollte und die Polizei selbst entscheiden könne, ob zwecks erzieherischer Maßnahmen Meldungen an das Jugendamt erteilt werden sollte (Stellungnahme BAJ 1982). An anderer Stelle war auch ein Verbot der Mitnahme von Kindern auf Demonstrationen gefordert worden.

16 Fippinger sieht das Scheitern der ersten Reformversuche vor allem in der mangelnden Popularität des gesetzlichen Jugendschutzes (Fippinger 1982, S. 85). Ich würde das Scheitern allerdings grundsätzlicher mit der dem Gesetz immanenten Widersprüchlichkeit zwischen Schutzgedanken und Freiheitsrechten begründen.

17 1. Referentenentwurf 1975, weiterer Entwurf 1982 (Fippinger 1982, S. 84).

18 Die starke Alters- und Zeitdifferenzierung wurde sowohl für die Teilnahme an öffentlichen Veranstaltungen, den Besuch von Gaststätten ohne Erwachsene als auch für die Abgabe von Medien aller Art durchgesetzt (s. u. die Altersfreigaben nach dem GjS).

„erhebliche Zuspitzung des Rechts bezeichnet". Kann man also einerseits vor allem von einer Veränderung normativer Vorstellungen in Bezug auf das sittliche Verhalten von Minderjährigen in der Öffentlichkeit sprechen, die gemeinhin als Lockerung empfunden wurden, ist doch gleichzeitig der Zugriff auf Kinder und Jugendliche durch die Ausdifferenzierungen verstärkt worden. Dies ist vor allem auch eine Frage der besseren Kontrollierbarkeit: Ist ein Ort erst einmal als gefährdend bewertet, gelingt der gezielte Eingriff besser. Insofern würde ich die Reform von 1985 nicht allein als eine Anpassung an veränderte Normen und Verhaltensweisen in der Gesellschaft interpretieren, wie es in vielen Kommentaren gemacht wird (vgl. Fippinger 1995; Hornstein 1995), sondern auch als Festigung des Schutzgedankens unter, oder besser durch die Anerkennung gewandelter Lebensweisen.

Als wirkliche Verschärfung sind alle Regelungen zu bezeichnen, die die Abgabe von als gefährlich eingeschätzten Waren an Kinder und Jugendliche betreffen: Die Abgabe von Alkohol an unter 16-Jährige wird generell verboten (nicht nur der Genuss). Ebenso wird der Verkauf von Alkohol in Getränkeautomaten sowie das Aufstellen von Bildschirmspielautomaten verboten. Die Abgabe von jugendgefährdenden Medien wird weiter altersbezogen ausdifferenziert. Ein Verbot der Werbung von und für Kinder sowie ein Verbot von Aufforderungen zum erziehungswidrigen Verhalten in der Werbung konnten sich nicht durchsetzen (Stoffers 1985, S. 12). Jugendschützer sahen in der Werbung einen schädlichen Einfluss, der den Erziehungsbemühungen von Eltern entgegenwirke. CDU und FDP erteilten diesem Anliegen allerdings eine Absage, da man sich nicht „zum moralischen Hüter der Werbung aufspielen wolle" (zitiert in Gernet 1985, S. 157). Deutlich wird an diesem Beispiel, dass im Gesetzgebungsprozess generell eine Balance zwischen Kinder- und Jugendschutz auf der einen Seite und Verfassungsrechten auf der anderen Seite gefunden werden muss, dass aber die bestehenden Möglichkeiten weitgehend ausgeschöpft wurden.

Interessant ist auch, dass sich die *Stellung des Jugendamtes im Jugendschutz* mit der Reform verändert hat. War die Polizei bisher verpflichtet, aufgegriffene Kinder und Jugendliche dem Jugendamt zu melden, damit hier direkt und individuell Einfluss auf das Verhalten der Minderjährigen genommen werden kann, soll dieses nun nur noch nach jeweiligem Ermessen der Polizeibehörden geschehen. Vermutlich resultiert dies einerseits aus der Realität eines veränderten Meldeverhaltens, andererseits aber auch aus einer Anpassung an ein sich veränderndes Selbstverständnis der Jugendbehörden von einer Kontrollinstanz hin zu einer bürgernahen Dienstleistungsbehörde (siehe Kapitel 5 Jugendhilfe). Damit hat sich die Trennung zwischen dem *Schutzgesetz* (JÖSchG) und dem *Erziehungsgesetz* (JWG) vollzogen. Diese Verschiebung und Trennung kommt auch darin zum Ausdruck, dass in Fachzeitschriften immer häufiger der präventive (erzieherische) Kinder- und Jugendschutz behandelt und explizit vom gesetzlichen Schutz abgegrenzt wird (vgl. rückblickend Fippinger 1995 sowie alle Jahrgänge der Zeitschrift *Jugendschutz* von 1956 bis 1990). Hier verbirgt sich ein Wandel von der Idee der reagierenden Umerziehung im Falle öffentlich gewordener Auffälligkeit hin zu einer Idee der generellen Prävention, die auf alle Minderjährigen unabhängig vom Alter gerichtet ist (Projekte in Schulen und Freizeitheimen, Beratungsstellen). Auch diese Idee der flächendeckenden Versorgung von Minderjährigen mit Angeboten des erzieherischen Jugendschutzes kann als Versuch gedeutet werden, die Bedingungen von Kindheit zu homogenisieren.

Insgesamt heißt das, dass sich die Bedeutung und Funktion des gesetzlichen Jugendschutzes in keiner Weise gewandelt hat, was in der rückblickenden Neubewertung der Reform durch Bruno W. Nikles zum Ausdruck kommt: „Zusammenfassend kann festgehalten werden, dass die Neufassung des Gesetzes im Jahre 1985 deutlich kritischer als in der bisherigen Kommentierung (z. B. Gernet/Stoffers 1993) einzuschätzen ist. Es gab über die Verschärfung der Vorschriften zur Alkoholabgabe und über einige wenige Anpassungen hinaus vor allem keine akzeptanzverbessernden Vereinfachungen im Hinblick auf veränderte Lebensgewohnheiten. Die heute gegenüber dem JuSchG zu erhebenden Vorwürfe nähern sich damit auch dem über mehr als zwanzig Jahre andauerndem Unbehagen an ausgebliebenen Vereinfachungen, Systematisierungen und lebensweltlichen Anpassungen an" (Nikles 2002b, S. 122). Die Verschärfung von Bestimmungen auf der einen Seite und die als Lockerungen empfundenen Veränderungen auf der anderen Seite verweisen also weniger auf eine generelle Liberalisierung, sondern vielmehr auf eine Verschiebung der normativen Vorstellungen über Gefährdungen und Gefährdungsgegenstände (Stoffers 1985, S. 12), die man wie folgt beschreiben könnte: vom Fernhalten von öffentlichen Veranstaltungen hin zum Fernhalten von Waren, die auf jugendspezifischen Veranstaltungen individuell genutzt werden. Möglicherweise könnte man diese Verschiebung damit erklären, dass sich mit der Herausbildung und Akzeptanz einer eigenen (räumlich getrennten) Jugendkultur die noch in den 1960er Jahren politisch vorangetriebene Trennung der Sphären von Erwachsenen und Minderjährigen (s. o.) bereits vollzogen hat, und dass es nun darum geht, in diesem neu entstandenen „Raum", also in dieser jugendkulturellen Sphäre den Gebrauch bestimmter Güter einzuschränken.

Gleich geblieben ist im Vergleich zu den 1950er Jahren in diesem Sinne auch die Einschätzung über den tatsächlichen Erfolg und die damit einhergehende Betonung, dass die Gesetze auch die Funktion haben, breitenbildend wirksam zu werden: „... dem Jugendschutz in der Öffentlichkeit soll in diesem Zusammenhang die Aufgabe zukommen, als Teilbereich der Erziehung das Erziehungsumfeld gegen ungünstige Einflußfaktoren abzuschirmen. Zugleich soll Jugendschutz durch seine Normen Maßstäbe bilden und auf diese Weise zu einer sozialethischen Orientierung beitragen" (Gernet 1985, S. 156). Auch in dieser Einschätzung hat sich wenig gegenüber den Kommentaren der 1950er Jahre verändert.

Das GjS von 1984

Die Reform des *Gesetzes zum Schutz vor jugendgefährdenden Schriften* ist in der gleichen Logik und Ausrichtung vollzogen worden wie die Reform des JÖSchG. Es ging um die Neudefinition bzw. Erweiterung der Gefahrengegenstände (Video) sowie um die Reaktion auf neue Werbe- und Verkaufsstrategien (Shop-in-Shop-Verkauf, Automaten). Eine Ausdifferenzierung der altersbezogenen Abgabevorschriften ist in Abstimmung mit dem JÖSchG vorgenommen worden – auch hier wird die Orientierungsfunktion (für Eltern und Minderjährige) der sogenannten Altersfreigaben hervorgehoben. So kommt dann auch das zuständige Ministerium in einer Informationsbroschüre zu dem Schluss: „Das Gesetz schützt nicht nur den durchschnittlichen Jugendlichen, sondern den Jugendlichen schlechthin einschließlich des gefährdungsgeneigten Jugendlichen" (BMFSFJ 1998b, 6. Aufl., S. 33). Wie bereits oben erwähnt, wird daran deutlich, dass inzwischen die gesamte Gruppe der Minderjährigen als potentiell gefährdet angesehen wird und nicht mehr primär der proletarische oder ländliche Jugendliche. Mit dieser Novelle wurde der Name des Gesetzes um den Begriff der „Medien" erweitert, um die aktuelle Ausrichtung zu betonen: *Gesetz zum Schutz vor jugendgefährdenden Schriften und Medieninhalten*.

Kernpunkte der Reform des GjS von 1984

- Anpassung des Gesetzesnamens: *Gesetz über die Verbreitung jugendgefährdender Schriften und Medieninhalte*
- sprachliche Anpassung: Schallaufnahmen = Ton- und Bildträger
- Ausdehnung der Schutzbestimmungen auf den Videobereich
- Verbot von Shop-in-Shop-Läden, in denen indizierte Medien abgegeben werden dürfen
- Freiwillige Selbstkontrolle (Gutachtliche Stelle im Auftrag der Obersten Landesjugendbehörden): alle Filme, die im Handel frei zugänglich sein sollen, werden durch das Gremium mit differenzierter Altersfreigabe ausgezeichnet

6.2.2 Das Gesetz zum Schutz der arbeitenden Jugend (JugArbSchG) von 1976 und die Änderung des Jugendarbeitsschutzgesetzes (JArbSchG) von 1984

Auch die Reform des *Jugendarbeitsschutzgesetzes* von 1976 stellt keine grundsätzliche Veränderung oder Neuformulierung dar, vielmehr dehnt sich in erster Linie der bisherige Schutzrahmen bezogen auf die Arbeits- und Ruhezeiten, Tätigkeiten sowie die Gesundheitsvorsorge aus, was im Kasten auf der nächsten Seite ersichtlich wird. Aus einer etwas anderen Perspektive könnte man diese Ausdehnung auch als generelle Verbesserung der Arbeitsbedingungen von Jugendlichen interpretieren, wie sie allgemein in den 1970er

Kernpunkte des Jugendarbeitsschutzgesetzes von 1976

- minimale Ausdehnung der Beschäftigungsmöglichkeiten von Kindern und vollzeitschulpflichtigen Jugendlichen ab 13 Jahren (Zeitungsaustragen, Handreichungen beim Sport)
- *Heraufsetzung des Mindestalters für Beschäftigung auf 15 Jahre*
- Durchsetzung der Fünftagewoche u. Freistellung am Wochenende (mit wenigen Ausnahmen)
- Verkürzung Wochenarbeitszeit auf 40 Stunden (auch in Landwirtschaft/ Erntezeit)
- Ausdehnung der Freistellung für den Berufsschulbesuch
- Höchstschichtzeit 10 Stunden
- Zeit der Nachtruhe um einen Stunde ausgedehnt
- Verlängerung des Jahresurlaubs
- Ausdehnung des Gesundheits- und Gefahrenschutzes sowie der Beschäftigungsverbote
- Ausdehnung gesundheitlicher Betreuung
- Einrichtung örtlicher Jugendschutzbehörden (bisher Landesebene)
- Erhöhung des Bußgeldrahmens bei Verstößen
- Ausdehnung des sachlichen Geltungsbereiches (Bundes- und Landesbeamte, Seeschifffahrt und Jugendliche im Strafvollzug)
- *Wegfall der Sonderbestimmung Heimarbeit, Familienhaushalt und Landwirtschaft*

Jahren von Gewerkschaften für alle Berufszweige ausgehandelt worden waren. Diese Verstärkung der Schutzvorschriften wird von einigen Kommentatoren als ökonomisch nachteilig für Gewerbetreibende und vor allem auch für die Auszubildenden bzw. die minderjährigen Arbeitnehmer selbst angesehen, da die Regeln in ihrer Allgemeinheit wenig Rücksicht auf Berufsspezifiken nähmen (Moritz 1976, S. 310; Schulte-Langforth 1965, S. 4f.). Vor allem vor dem Hintergrund einer latent hohen Jugendarbeitslosigkeit gewann dieser Aspekt an Relevanz, dennoch wurde der Schutzgedanke gegen solche Interessen und Argumente durchgesetzt.

Darüber hinaus fand mit der Reform eine Angleichung an internationales Recht statt, denn auch die Bundesrepublik Deutschland hatte 1973 das *ILO-Übereinkommen Nr. 138*[19] unterzeichnet, in dem neben anderen Regelungen zum Jugendarbeitsschutz das Mindestalter für die Zulassung der Beschäftigung Minderjähriger auf 15 Jahre angehoben worden war (Moritz 1976, S. 308f.; Knopp/Kraegeloh 1985, S. 3; Düwell 2000). Mit der Heraufsetzung des Mindestalters wird für Minderjährige der absolute Schutzraum ausgedehnt, also eine verlängerte de-kommodifizierte Kindheitsphase international angestrebt. In diesem Zusammenhang ist erwähnenswert, dass in dem

19 *„Übereinkommen über das Mindestalter für die Zulassung zur Beschäftigung"*, *ILO-Übereinkommen Nr. 138* von 1973, in Kraft getreten 1976.

Übereinkommen der „Jugend"-Begriff vermieden und der „Kindheits"-Begriff bewusst für alle Minderjährigen bis zum vollendeten 15. Lebensjahr angewendet wird. Angewandt also auf Personen, die in anderen – vor allem national spezifischen – Regulierungsbereichen ab 14 Jahren gezielt als Jugendliche bezeichnet und damit anders als Kinder behandelt werden, um die Phase des Übergangs in die Volljährigkeit zu markieren. Die einheitliche Verwendung des Begriffes „Kind" aber verweist auf Schutzbedürftigkeit, auf Besonderheit. Die Ausdehnung des Kindheitsstatus' auf Jugendliche, also der absolute Schutz vor Arbeit wird so als notwendig dargestellt und zu legitimieren versucht – vor allem in Ländern, in denen die Arbeit von Minderjährigen durchaus akzeptiert ist. Die bundesrepublikanische Gesetzgebung verzichtet allerdings auf dieses Sprachspiel und verwendet nach wie vor den Begriff des „vollzeitschulpflichtigen Jugendlichen". Dies mag ein Hinweis darauf sein, dass die Vollzeitschulpflicht hier als allgemein akzeptiertes und durchgesetztes kulturelles Muster gilt und nicht mehr verteidigt werden muss. In den meisten Bundesländern war die Vollzeitschulpflicht bereits auf 9 Schuljahre ausgedehnt worden, so dass hier eher von einer Angleichung der Altersgrenzen gesprochen werden kann. Sowohl an der internationalen als auch an der deutschen Begriffsgestaltung wird deutlich, dass die Altersgrenzen des Jugendarbeitsschutzes an der Logik der Vollzeitschulpflicht ansetzen, die sich weltweit zumindest gesetzlich als Rahmen von Kindheit durchgesetzt hat (vgl. Meyer/Kamens/Bevanot 1992).

Aus der Perspektive dieser Arbeit ist ein weiterer zentraler Reformaspekt, dass die in der Neufassung von 1960 noch beibehaltenden Sonderbestimmungen für bestimmte Berufszweige nun weitgehend aufgehoben wurden. Für die Bereiche der Heimarbeit, der Familienhaushalte und der Landwirtschaft wurde der Geltungsbereich des Gesetzes ausgedehnt: „Somit gilt das neue G. für alle Kinder und Jugendlichen (bis 18 Jahren) mit Ausnahme der in der Schiffahrt beschäftigten." (Potrykus 1976, S. 175, Abkürzungen so im Org.). Das heißt: auch in Familienbetrieben muss beispielsweise auf die Züchtigung der eigenen Kinder verzichtet, sie müssen entlohnt werden und regelmäßigen Urlaub erhalten usw. Bezogen auf die De-Kommodifizierung hat sich also ein einheitliches Kindheitsmuster für alle Kinder unabhängig von dem Ort der Beschäftigung und unabhängig von der beruflichen Herkunft der Eltern durchgesetzt.

Wenn auch überwiegend die bestehenden Regelungen verschärft und ausgedehnt wurden, so erfährt das Gesetz doch eine Lockerung hinsichtlich der Beschäftigung fremder Kinder ab 13 Jahren im Bereich der Landwirtschaft, beim Zeitungsaustragen sowie bei Handreichungen im Sport. Waren 1960 alle erwerbsförmigen Tätigkeiten mit Ausnahme des Kulturbetriebs, der Landwirtschaft, der Seeschifffahrt und in Familienbetrieben für Kinder verboten worden, sind leichte Tätigkeiten zeitlich beschränkt wieder legalisiert, sofern die Eltern dieser Tätigkeit zustimmen (vgl. Moritz 1976). Es kann davon ausgegangen werden, dass hier eine Angleichung an die realen Tätigkeiten jobbender Kinder und Jugendlicher stattfand – ein Bereich, der kaum über die

Aufsichtsbehörden kontrolliert werden kann und der vor allem auf eine hohe Akzeptanz in der – minderjährigen wie erwachsenen – Bevölkerung stößt.

Starke Kritik von Seiten traditioneller Jugendschützer setzt unter anderem daran an, dass der Jugendarbeitsschutz unter den Bedingungen des Gesetzes nicht umfassend umgesetzt werden kann, dass die Kontrollmechanismen nicht ausreichend seien. Bemängelt wird beispielsweise von Moritz (1976), dass Lehrer nicht dazu verpflichtet sind, Verstöße gegen das Jugendarbeitsschutzgesetz dem Jugendamt zu melden. Eine weitere Kritik setzt an den fehlenden Mitbestimmungsrechten von Jugendlichen in Betrieben an: „Das Schwergewicht der Neuregelung auf dem Gebiet der Durchführung liegt in der Verschärfung der Sanktionsnormen. Abgegangen ist der Gesetzgeber damit von dem noch bei den Diskussionen um die Neugestaltung der Jugendvertretung nach dem BetrVG ins Auge gefaßten Weg, die betroffenen Jugendlichen ihrer Objektstellung zu entheben und sie zur Wahrnehmung und Durchsetzung ihrer Interessen anzuregen“ (Moritz 1976, S. 312). Interessant ist vor allem der letzte Punkt, da anscheinend das Schutzmotiv so stark ist, dass normative Vorstellungen von Mitbestimmung, die sich in der Geschichte der Bundesrepublik in vielen Bereichen der Betriebspolitiken, der Stadtplanung etc. durchgesetzt haben, als für Jugendliche verzichtbar gelten. Reformer konnten sich hier nicht parlamentarisch durchsetzen. Einer Liberalisierung des Rechts wurde entgegengewirkt. Alles in allem kann die Reform von 1976 als Bestätigung und Verstärkung des Schutzgedankens und als Ausdehnung einer de-kommodifizierten Kindheit verstanden werden, in der die sonstigen Aufbrüche der 1970er Jahre kaum Resonanz finden.

6.2.3 Änderung des Jugendarbeitsschutzgesetzes (JArbSchG) von 1984

Die Änderung des *Jugendarbeitsschutzgesetzes* in der Fassung von 1976 soll hier nur kurz erwähnt werden, da hier die bereits damals kritisierten Teile der 1976 verschärften Schutzregelungen für arbeitende Jugendliche wieder zurückgenommen wurden. Es wird eine ganze Reihe der Beschäftigungseinschränkungen von Auszubildenden wieder abgemildert, um den einzelnen Gewerben und Handwerken eher gerecht zu werden (beispielsweise Wochenendarbeit, tägliche Arbeitszeiten etc.). Ziel ist es unter anderem auch, Jugendlichen angesichts der anhaltend hohen Jugendarbeitslosigkeit mehr Chancen auf eine Arbeitsstelle zu geben (vgl. sehr kritisch Knopp/Kraegeloh 1985). Deutlich daran wird erstens, dass eine so radikale Ausdehnung des Schutzraumes, wie sie 1976 vollzogen worden war, historisch nicht unter allen Bedingungen realisierbar ist. Zweitens, dass der umfassende Schutzgedanke unter Umständen zu erheblichen Benachteiligungen der geschützten Gruppen – insbesondere der Jugendlichen mit niedrigeren Schulabschlüssen – führen kann. Der Schutzgedanke steht also nicht isoliert als normative Vorstellung, sondern realisiert sich unter veränderbaren ökonomischen Bedingungen und vor allem auch unter Bedingungen starker sozialer Ungleichheit. Da, wo der Schutz nicht perspektivisch einer stabilen Integration in den Arbeitsmarkt dient, sondern zu weiteren Benachteiligungen führt, die der Wohlfahrtsstaat nicht ausgleichen kann – beispielsweise durch ein starkes Programm gegen Jugendarbeitslosigkeit – finden solche kontraproduktiven Schutzbestimmungen keine Akzeptanz – weder in der Bevölkerung, in der Wirtschaft noch in der Politik. Jugendarbeitsschutz kann also nicht gegen starke gesellschaftliche und ökonomische Widerstände stabil durchgesetzt werden. Während der Schutz von Kindern kaum zur Diskussion steht, stößt der Umstand, dass auch Jugendliche immer stärker dem Gesetz nach wie Kinder behandelt werden, vor dem Hintergrund anhaltender Jugendarbeitslosigkeit und wohlfahrtsstaatlicher Machtlosigkeit in den 1980er Jahren auf Seiten der Familien und der ausbildenden Wirtschaft nicht auf Akzeptanz. Dass es notwendig ist, im Gesetzgebungsprozess die Akzeptanz veränderter Normen in der Bevölkerung zu berücksichtigen, zeigt sich später auch in der *Kinderarbeitsschutzverordnung* von 1998 (siehe S. 194f.).

6.2.4 Fazit: Reformen als regulativer Balanceakt zur Aufrechterhaltung des Schutzes

Die 1980er Jahre stellen in Bezug auf den gesamten Jugendschutz im Gegensatz zur ersten Phase einen Zeitraum dar, der von den mit dieser Thematik beschäftigten Professionen zurückhaltend bewertet wird – ist für die einen eine grundsätzliche Reform verfehlt worden, sind also strukturelle Vereinfachungen und Lockerungen, um die Akzeptanz in der Bevölkerung zu erhalten versäumt worden, so ist für die anderen[20] der neue Schutz in allen drei Schutzgesetzen nicht weit genug vorangetrieben worden. Aus der Perspektive der in dieser Schrift verfolgten Frage nach der Bedeutung des Wohlfahrtsstaates für das Muster moderner Kindheit sind aber gerade die Heterogenität in der Bewertung wie auch der politische Umgang mit diesen Divergenzen von Interesse.

Obwohl sich in den 1970er Jahren viele Veränderungen in den normativen Vorstellungen und Lebensweisen vollzogen haben, bleibt der Schutz(gedanke)

---

20 So beispielsweise Manfred Stoffers in einer Buchbesprechung: „Jugendschutz – dem kritisch distanzierten Beobachter wird dieser Begriff in den letzten Jahren zunehmend suspekt. Ein Grund dafür kann in der galoppierend inflationären Verwendung dieses Begriffes als Appell, Forderung, Begründung und Legitimation für verschiedene Tätigkeiten oder Unterlassungen gesehen werden“ (Stoffers 1985, S. 425).
Außerdem fällt auf, dass sich weder die Zeitschrift *Zentralblatt für das Jugendrecht* noch die Zeitschrift *Recht der Jugend und des Bildungswesens* mit den Novellen der Jugendschutzgesetzgebungen auseinandersetzen. Dies war Anfang der 1960er anders – hier dominierte das Thema des Schutzes der Jugend. Inzwischen ist dies nur noch im Organ der BAJ *Jugendschutz* ausführlich besprochen, in dem immer wieder aus einer stark jugendschützerischen Perspektive fehlender Schutz und die Begrenztheit der neuen Gesetzgebungen hervorgehoben wird. In den 1980er Jahren ist das Thema „Jugendschutz“ augenscheinlich kein Thema herausgehobener gesellschaftlicher Dominanz – es ist ein ausdifferenziertes, teils unübersichtliches Feld, das vor allem die spezialisierten Professionellen beschäftigt.

in seiner basalen Funktion erhalten. Konstant bleiben also die Vorstellungen von den Bedingungen, unter denen sich eine als normal erachtete Entwicklung, Erziehung und schulische Bildung von Minderjährigen realisieren kann. Aber die gesellschaftlichen Bedingungen, unter denen der Kinder- und Jugendschutzgedanke durchgesetzt werden soll, haben sich eklatant verändert und damit auch die Regulierungsinstrumente und -gegenstände. Eine Publikation wie die von Heinz Hengst (1981) mit dem provokanten Titel *Kindheit als Fiktion*, in der angedeutet wird, dass in Wirtschaft und Bevölkerung längst genau diese traditionelle Schutzidee nicht mehr unter allen Umständen unterstützt wird, macht deutlich, dass traditionelle Formulierungen im Gesetz und soziale Vorstellungen inzwischen weit auseinanderklaffen. In diesen und ähnlich gelagerten Publikationen wird betont, dass sowohl Gewerbetreibende als auch Werbefirmen Kinder und Jugendliche als Konsumentengruppe erkannt haben und dementsprechend behandeln – und dies keinesfalls mit erzieherischen Implikationen. Darüber hinaus haben sich auch in den privaten Verhältnissen die Beziehungen zwischen Erwachsenen und Kindern verändert, die alten Autoritätsverhältnisse haben sich verschoben. Autoren wie Neil Postman sprechen aus dieser Perspektive vom *Verschwinden der Kindheit* (Postman 1982/1987). Der Jurist Walter Braun formuliert im *Zentralblatt für das Jugendrecht* eine „tödlichen Krise" für Kindheit, die deren Wesen bedrohe (Braun 1985, S. 149f.). Kindheit und Jugend werden als bedroht angesehen. Offensichtlich geht es im Vergleich zur ersten Phase des Kinder- und Jugendschutzes jetzt vor allem um die Bewahrung eines Kindheitsmusters, das sich erst in der Nachkriegszeit – unter anderem auch durch den Kinder- und Jugendschutz selbst – als ein zentrales Strukturmuster durchgesetzt hat. Es geht also nicht allein um den Schutz des Kindes, sondern um den Schutz eines spezifischen Kindheitsmusters. Der Gesetzgeber muss seine Schutzgesetzgebung den veränderten Bedingungen anpassen, ohne den eigentlichen Kern des Schutzes aufzugeben. Die Frage nach Lockerung oder Verschärfung ist somit die zentrale Aufgabe, die politisch bearbeitet wurde. Es musste eine Balance zwischen diesen Polen hergestellt werden, um den Schutz nicht zurückzunehmen und dennoch die Akzeptanz in der Bevölkerung soweit aufrecht zu erhalten, damit dieser sich in der Praxis realisiert.

Die detaillierte Ausdifferenzierung von Altersnormen (gestaffelte Freigabe von Schriften und Medien, Gaststättenbesuch)[21] scheint in diesem Zusammenhang zwei Funktionen zu haben: Zum einen dient sie der normativen Orientierung (s. o.), zum anderen dient sie aber auch dazu, die Akzeptanz des Gesetzes in der Gesellschaft zu fördern. Das generalisierte Fernhalten aller Minderjährigen unter 16 Jahren ist nicht mehr im bisherigen Maße legitimierbar, denn Praxen und normative Orientierungen haben sich verändert. Darüber hinaus ist die Jugendphase gemeinhin als Phase, in der Normverstöße „normal" sind und normalerweise ein solches Verhalten überwunden wird,

21 Eine gute tabellarische Übersicht findet sich in der Broschüre *Jugendschutzgesetze. Gesetze, Erläuterungen, Übersicht* (BMFSFJ 1998b, S. 20f.).

akzeptiert (vgl. Becker 1963/1971). Insofern wird ein zu starker staatlicher Eingriff, der sich vor allem auf diese Phase bezieht, als überzogen empfunden. Die generelle Abschaffung von Schutznormen ist wiederum auch nicht möglich. So ist die Altersdifferenzierung ein Mittelweg. Die Gesetze gewinnen in gewisser Weise so etwas wie eine entwicklungspsychologische Legitimation: Die einzelnen Phasen der Kindheit und Jugend sind unterschiedlich sensibel, insofern werden altersdifferenzierte Schutzlevel notwendig. In der Ausdifferenzierung sehe ich nicht nur einen Versuch der Akzeptanzsteigerung, sondern gleichzeitig auch die Ausdehnung des Schutzgedankens auf die Lebensphase Kindheit. Denn Kinder werden in den Formulierungen der Teilhabebeschränkungen sehr viel deutlicher sprachlich hervorgehoben als mit der generalisierten Formel der „unter 16-Jährigen". Der Jugendschutz ist also spätestens seit den 1980er Jahren kein reines Jugendthema mehr, sondern auch ein explizites Kinderthema. Denn auch die Kindheit in privaten Verhältnissen wird als durch Medien und Werbung gefährdet dargestellt. Die Familie gilt nicht mehr per se als Garant des Schutzes im Privaten, da deren Einflussmöglichkeiten als beschränkt angesehen werden. Zentral an dieser Argumentation ist, dass auch Kindheit in der Familie stärker als bisher allgemeiner Aufmerksamkeit ausgesetzt ist – zwar stellen die Regulierungen keinen direkten Eingriff in die Privatsphäre der Familie dar, dennoch wird deren normative Bedeutung für das Handeln im Privaten wichtig. Der Begriff des Kindes und dessen Verwendung hat hier eine erhebliche Signalwirkung, wie bereits in Bezug auf die Begriffsverschiebung im internationalen Recht formuliert worden war (vgl. S. 200f.).

Ein weiterer interessanter Aspekt ist, dass in dieser Phase deutlich wird, dass der Kinder- und Jugendschutz nicht allein dazu führt, dass Kindheiten und Jugend gleicher werden, da für alle die gleichen rechtlichen Bedingungen bestehen, sondern dass eben dieser Schutz durchaus soziale Ungleichheit im Kindes- und Jugendalter produzieren kann. In aktuellen kindheitssoziologischen Publikationen war der Aspekt der Ungleichheit vor allem aus einer generationalen Perspektive betrachtet worden – nämlich bezogen auf die ökonomische Schlechterstellung der nachwachsenden Generation gegenüber der Generation der Erwachsenen (vgl. Qvortrup 1995, 2000; Wintersberger 1994, 1998 a, b; Olk/Mierendorff 1998 in Bezug auf Armut). Anhand der Jugendarbeitsschutzgesetzgebung wird deutlich, dass unter ungünstigen gesellschaftlichen und ökonomischen Bedingungen – also wenn deren Folgen nicht mehr Integration, sondern Ungleichheit bedeuten und die Folgen damit als gemeinschaftsgefährdend eingeschätzt werden – Schutznormen, die auf die Sonderbehandlung einer Altersgruppe im Arbeitsleben zielen, nicht mehr durchsetzbar sind.[22]

22 Zu ähnlichen Schlussfolgerungen könnte man in Bezug auf die generationale Ungleichheit auch entlang der Kinderarmutsdiskussion in den 1990er Jahren kommen: Die ökonomische Ungleichheit bzw. die Schlechterstellung von Minderjährigen im Sozialrecht war so lange kein Thema, wie die Kinderarmutszahlen moderat waren und Kinder-

Als drittes ist hervorzuheben, dass sich die normativen Vorstellungen über Gefährdungen verschoben haben. So ist das noch in der Nachkriegsphase zentrale Thema der „Sittlichkeit", des „sittlichen Verhaltens" in der Öffentlichkeit und am Arbeitsplatz schon längst kein Diskurs-Gegenstand mehr. In den Vordergrund ist vielmehr das Thema der medial vermittelten Gewalt gerückt. Die Teilnahme an öffentlichen Veranstaltungen wird nicht mehr per se als „sittlichkeitsgefährdend" eingeschätzt. Vielmehr werden Medien, in denen Gewalt verherrlichende Inhalte vermittelt werden, als „entwicklungsschädigend" bewertet. Als „schädigend" vor allem deswegen, weil diese vor allem auch unkontrolliert in privaten wie halb-öffentlichen Räumen konsumiert werden können – und dies selbst in bürgerlichen Haushalten. Es hat also insgesamt eine Verschiebung der normativen Vorstellungen des Schutzes sowie die Ausdifferenzierung der Instrumente zur Aufrechterhaltung und Realisierbarkeit des Schutzes stattgefunden.

6.3 Phase 3: Vom Jugendschutz zum umfassenden Kinder- und Jugendschutz (seit 1990)

Seit den 1990er Jahren ist zu beobachten, dass sich die bereits in den 1980er Jahren abzeichnende Tendenz fortsetzt, nämlich dass der traditionelle Jugendschutz nicht mehr vorrangig für die Phase der Jugend formuliert ist, sondern explizit auch Kinder unterschiedlicher Altersstufen als Problemgruppe benennt. Dies macht sich vor allem an der endgültigen Festschreibung des Begriffes „Kind" in den Gesetzgebungen und in den Trägerorganisationen bemerkbar. So ist 1994 die BAJ in „Bundesarbeitsgemeinschaft Kinder- und Jugendschutz" umbenannt worden. Damit war eine Anpassung an die Kinder- und Jugendhilfe vorgenommen worden, die seit der Verabschiedung des KJHG im Jahre 1990 ebenfalls explizit den Begriff des Kindes aufgenommen hat. Im gesamten auf Kinder und Jugendliche bezogenen System vollzieht sich eine weitgehende Ausdifferenzierung zwischen Kindheit und Jugend. Es wird nicht mehr generell von der *Jugend* gesprochen, ein Begriff, der einstmals die gesamte Generation der Minderjährigen umfasste.

6.3.1 Verordnung über den Kinderarbeitsschutz (KindArbSchV) von 1998

Der Kinderarbeitsschutz hat seit der Verabschiedung der *UN-Kinderrechtskonvention* Ende der 1980er Jahre weltweit wieder verstärkt Eingang in die nationalen wie internationalen gesellschaftlichen, politischen, medialen und

armut als Phänomen nicht als gemeinschaftsgefährdend eingeschätzt wurden. Mit der Ausdehnung des Phänomens in die in der Bundesrepublik als kulturtragend eingeschätzten Mittelschichten hat dieses Thema an gesellschaftlicher Relevanz gewonnen. Veränderte politische Strategien in Bezug auf die Existenzsicherung von Kindern haben sich erst nach dieser Erkenntnis durchgesetzt (vgl. Olk/Mierendorff 1998).

wissenschaftlichen Debatten gefunden.[23] Setzt man am Begriff „Kinderarbeitsschutz" an, fällt zweierlei auf. Zum einen wird der Begriff des Kindes im internationalen Sprachgebrauch synonym für den Begriff der Jugend verwendet. In traditionellen westeuropäischen Diskursen, vor allem aber im deutschen Sprachgebrauch, wurde hingegen über eine lange Zeit hinweg der Begriff der Jugend verwendet, um die gesamte Phase der Minderjährigkeit zu benennen, was sich zum Beispiel im traditionellen Begriff der „Jugendhilfe" oder des „Jugendschutzes" zeigt, also in Regulierungsbereichen, die Kinder explizit mit einbeziehen. Spätestens mit der *UN-Kinderrechtskonvention* von 1989 ist der Begriff des Kindes als Synonym für Minderjährige an zentraler Stelle eingeführt worden. Dass die Begriffsverwendung in Deutschland allerdings nach wie vor eher ambivalent ist, habe ich bereits an anderer Stelle angedeutet (s. o.) und noch ausführlicher behandelt (s. u.).

Zum anderen geht es in diesen politischen Stellungnahmen und Regelungen um eine (minimale) Angleichung internationaler Regelungen zum Umgang mit der erwerbsförmigen Beschäftigung von Minderjährigen – Kindern wie Jugendlichen –, in der die nationalen Disparitäten handhabbar gemacht werden sollen. Auf internationaler Ebene hat die Diskussion um den Kinderarbeitsschutz zu einer ganzen Reihe von Übereinkommen geführt, die basale Schutzrechte – unter anderem auch Altersnormen – weltweit trotz erheblicher nationaler Unterschiede zu vereinheitlichen versuchten.[24] Diese Regelungen hatten Auswirkungen auch auf das nationale Recht. So kann die deutsche Kinderschutzverordnung nicht allein aus dem nationalen Kontext und der Geschichte des Jugendarbeitsschutzes heraus erklärt, sondern muss vor dem Hintergrund dieser internationalen Entwicklungen gedeutet werden.

Die *Kinderarbeitsschutzverordnung* ist aus der Novelle des Jugendarbeitsschutzgesetzes von 1997 hervorgegangen. In dieser war, neben ansonsten nur geringfügigen Veränderungen, aufgenommen worden, dass in Bezug auf die Beschäftigung von Kindern der Katalog der Ausnahmeregelungen konkretisiert und genauer bestimmt werden solle (§ 5, Abs. 3a). Am grundsätzlichen Arbeitsverbot für Kinder und vollzeitschulpflichtige Jugendliche, das 1976 (s. o.) auch in Deutschland vom 14. auf das vollendete 15. Lebensjahr

23 Exemplarisch hierfür können genannt werden: *World Labour Report*, ILO, Genf (1992, S. 13 Bezugnahme auf Kinderarbeit); *Bericht der Bundesregierung über Kinderarbeit in der Welt*. BT-Drucks. 12/8163 (1995); *Bericht des Kinderhilfswerks der Vereinten Nationen: Zur Situation der Kinder in der Welt*, New York 1997. Für Deutschland exemplarisch die Studien von Ingenhorst (2000); Wienhold (1997); Hengst/Zeiher (2000); sehr kritisch zum Thema arbeitende Kinder Liebel (2005) und Wihstutz 2009.

24 Exemplarisch hierfür können folgende Maßnahmen genannt werden: das bereits erwähnte *ILO-Übereinkommen Nr. 138* von 1973 *Übereinkommen über das Mindestalter für die Zulassung zur Beschäftigung* von 1973 (in Kraft getreten 1976; häufig auch irrtümlich benannt als Übereinkommen über das Kinderarbeitsverbot); Richtlinie 94/33/EG vom 22. Juni 1994 (ABL.EG Nr. L 216, S. 12) *EG-Jugendarbeitsschutzverordnung*; *ILO-Übereinkommen Nr. 182 Übereinkommen über das Verbot und unverzügliche Maßnahmen zur Beseitigung der schlimmsten Folgen der Kinderarbeit* von 1999 (in Kraft getreten 2000).

Übereinkommen 138: Übereinkommen über das Mindestalter für die Zulassung zur Beschäftigung, 1973 (19. Juni 1976 in Kraft)

Artikel 7, Abs. 1.

Die innerstaatliche Gesetzgebung kann zulassen, dass Personen im Alter von 13 bis 15 Jahren bei leichten Arbeiten beschäftigt werden oder solche Arbeiten ausführen, sofern diese Arbeiten a) für ihre Gesundheit oder Entwicklung voraussichtlich nicht schädlich sind und b) nicht so beschaffen sind, dass sie ihren Schulbesuch, ihre Teilnahme an den von der zuständigen Stelle genehmigten beruflichen Orientierungs- oder Ausbildungsprogrammen oder ihre Fähigkeit beeinträchtigen, dem Unterricht mit Nutzen zu folgen.

Artikel 7, Abs. 2.

Die innerstaatliche Gesetzgebung kann ferner zulassen, dass Personen, die mindestens 15 Jahre alt, aber noch schulpflichtig sind, bei Arbeiten beschäftigt werden oder Arbeiten ausführen, die die in Absatz 1 Buchstabe a) und b) dieses Artikels genannten Voraussetzungen erfüllen.

angehoben worden war, änderte sich damit allerdings nichts (bestätigt wurde das Verbot auch noch einmal in der EG-Richtlinie von 1994[25]).

Der Kern der Verordnung umfasst als erstes die Absenkung des Alters, in dem leichte Beschäftigungen ohne Genehmigung durch die zuständigen Aufsichtsbehörden gestattet sind, auf das 13. Lebensjahr. Während des Gesetzgebungsverfahrens war vom BAKJ ein Vorschlag eingebracht worden, die Altersgrenze auf 12 Jahre abzusenken, um auf die veränderten sozialen Realitäten angemessen zu reagieren. Klaus Bermig und Albert Schäfer (2000) vermuten, dass schätzungsweise 40 % der Kinder jobben (vgl. auch den Überblick bei Wihstutz 2007, S. 104). Eine solche Absenkung war allerdings vom Gesetzgeber zurückgewiesen worden, da die oben bereits angesprochene *EG-Jugendarbeitsschutzverordnung* Kinderarbeit unter 13 Jahren in keiner Form legitim zulässt. Mit der Ratifizierung hat sich auch die Bundesrepublik der Einhaltung dieses Mindeststandards verpflichtet. Deutlich wird hieran die hohe Bedeutung internationaler Abkommen für die Gestaltung deutschen Rechts und damit für die Ausgestaltung der legitimierten Handlungsspielräume von Kindern und Jugendlichen. Deutlich wird aber auch die bereits oben ausgeführte These, dass in den wohlfahrtsstaatlichen Regulierungsprozessen immer wieder neu eine Balance erstens zwischen den verschiedenen gesellschaftlichen Akteuren, zweitens zwischen den unterschiedlichen nationalen Gesetzen und drittens zwischen nationalem und internationalem Recht hergestellt wird.

Als weiteres umfasst die Verordnung die peinlich genaue Regelung derjenigen Bereiche, in denen Kinder erwerbsmäßig beschäftigt werden dürfen. Das sind Tätigkeiten im Haushalt, das Austragen von Zeitungen, Botengänge, Nachhilfeunterricht, die Betreuung von Haustieren, Einkäufe für andere, Babysitten, Tätigkeiten in der Landwirtschaft und im Verkauf von landwirtschaft-

25 Richtlinie 94/33/EG vom 22. Juni 1994 (ABL.EG Nr. L 216, S. 12).

lichen Produkten, Handreichungen im Sport. Die Beschäftigung im Medien- und Kulturbereich wird nach wie vor gesondert geregelt, da sie nicht als leichte Tätigkeit gedeutet wird und daher durch die zuständigen Aufsichtsbehörden unter Nachweis besonderer Schutzbedingungen jeweils individuell genehmigt werden muss. Insgesamt also hat sich der Katalog der erlaubten erwerbsförmigen Tätigkeiten erheblich erweitert. In der Fachzeitschrift *deutsche jugend* werden die genannten Ausnahmegenehmigungen als die „üblichen und gesellschaftlich anerkannten Tätigkeiten" bezeichnet (deutsche jugend 1998, H. 5, S. 195). Und schließlich wurden in Anlehnung an die bisherige Jugendarbeitsschutzverordnung das Ausmaß und die Verteilung der Arbeitszeiten am Tag und in der Woche bestätigt.

Interessant an der neuen Verordnung ist, dass nicht nur wie bisher Tätigkeitsbereiche vom generellen Kinderarbeitsverbot ausgenommen werden, die der Erziehung vermittelt über Arbeit[26] dienen – das waren Tätigkeiten im Rahmen einer Arbeitstherapie, während des Berufspraktikums oder aber aufgrund richterlicher Weisungen. Neu ist die Zulassung von „leichter Arbeit", die lediglich dem Gelderwerb dient, damit Kinder ihre Konsumwünsche erfüllen können, wie Klaus Bermig und Albert Schäfer sich in der Kommentierung der Verordnung ausdrücken (2000)[27]. In deren Bewertung ist ein deutliches Zeichen für die Abkehr von der bisherigen normativen Haltung unter Kinderschützern und Politikern, welche Tätigkeit als schädlich für Kinder erachtet wird, erkennbar. Gelderwerb und die Befriedigung der individuellen Konsumwünsche werden nicht mehr wie noch in den 1960er Jahren prinzipiell als Gefahr für die sittliche Entwicklung der Jugend wahrgenommen. Überhaupt spiegelt sich das Konzept der „sittlichen Entwicklung" nicht mehr als gesondert aufgeführter Schutzbereich im Kinderarbeitsschutz wider. „Sittliche Gefährdungen" sind inzwischen auf die Bereiche der Kinderpornographie, Kinderprostitution oder der Darstellung extremer Gewalt beschränkt und werden gesondert im Strafrecht behandelt. In dieser Verordnung spiegelt sich also nicht allein eine Anpassung an veränderte Gewohnheiten von Kindern, sondern vor allem auch ein Wandel in der öffentlichen Haltung gegenüber kindlicher Tätigkeit wider – eingegrenzt auf die gesellschaftlich akzeptierten Tätigkeitsbereiche findet eine Auseinandersetzung mit dem Autonomie-

---

26 Oder aber der Aufrechterhaltung eines Familienbetriebes wie noch in den Gesetzgebungen der Nachkriegszeit formuliert.

27 Vor dem Hintergrund internationaler Debatten um ein generelles Kinderarbeitsverbot formuliert der Kinderschützer Franz Josef Düwell: „Die moralische Verdammnis kann sich im übrigen auch als vorschnell erweisen, weil nicht alle von Kindern verrichtete Arbeit gleichermaßen als verwerflich einzustufen ist. Soweit Schulbildung, Erholung und Ruhepausen nicht beeinträchtigt werden, kann Arbeit für die körperliche, geistige, seelische und moralische Entwicklung förderlich sein" (Düwell 2000, S. 44). Wie auch Bermig und Schäfer (2000) argumentiert Düwell (2000), dass Kinderarbeit differenziert zu betrachten sei und dass es darum gehe, schulische Lernzeit zu schützen. Allerdings sieht er den Sinn von Kinderarbeit nicht im konsumorientierten Gelderwerb, sondern vielmehr in einem weiteren Lernarrangement begründet. Dies ist argumentativ eher im alten Duktus der Entwicklungskindheit zu denken.

bestreben von Kindern statt (vgl. hierzu kritisch Hengst/Zeiher 2000; Wihstutz 2007). Längst hat sich in den kritischen pädagogischen Praxen, wie auch im praktischen erzieherischen Jugendschutz die Haltung durchgesetzt, in der davon ausgegangen wird, dass die alte Schutzregelung den Lebensrealitäten der Kinder nicht mehr entspricht, sowie dass ein generelles Verbot kontraproduktiv und bevormundend ist an einer Stelle, an der dies nicht notwendig sei.[28] So kann die Verordnung insgesamt als eine Anpassung der gesetzlichen Grundlagen an eine von Minderjährigen, Eltern, weiten Teilen der Bevölkerung und Professionellen akzeptierte Entwicklung bezeichnet werden, die in eine Balance gebracht werden muss mit den europäischen und internationalen Rechtsnormen und normativen Vorstellungen.

Auch wenn generell in der Altersabsenkung wie in der Erweiterung des Katalogs eine Lockerung des Jugendarbeitsschutzes gesehen werden kann, ist darauf zu verweisen, dass *damit keinesfalls eine normative Aufhebung des Kinderarbeitsschutzgedankens* einherging. Vielmehr ist gleichzeitig der Rahmen, in dem sich die erwerbsförmige Beschäftigung von Kindern vollziehen kann, sehr eng abgesteckt worden.[29] Die aufgelisteten Tätigkeiten berücksichtigen alle gleichermaßen, dass die Schulfähigkeit der Kinder aufrechterhalten bleibt. Dies zeigt sich nicht nur in den Konkretisierungen sondern auch in den zeitlichen Beschränkungen, die die Zeit vor Schulbeginn und während des Unterrichts (sowie am Wochenende) umfassen. Schulische Lernzeit soll geschützt bleiben. Sondergenehmigungen werden nur für Kultur- und Filmveranstaltungen erteilt: „Das Verbot der Kinderarbeit mit seinen begrenzten Ausnahmen soll Kinder vor Überforderung, Überbeanspruchung und den Gefahren des Arbeitslebens schützen. Die Gesundheit und die Entwicklung der Kinder soll nicht durch für sie ungeeignete Arbeit gefährdet werden. Kinder werden in der Regel durch den *Schulbesuch und die Schularbeiten erheblich in Anspruch genommen*. Eine zusätzlich ausgeübte Tätigkeit kann sich nachteilig auf das *Lebensgefühl* und die *schulischen Leistungen* und damit auf die beruflichen Aussichten auswirken und damit die Kinder insgesamt in der Entwicklung beeinträchtigen. Die geltenden rechtlichen Regelungen zur Kinderarbeit sind zur Erfüllung der Ziele notwendig“ (Bermig/Schäfer 2000,

28 Exemplarisch für die kritische deutsche Diskussion die Ausführungen von Liebel 2005 und Wihstutz 2007; exemplarisch für eine eher moderate Diskussion das Themenheft *Kinderarbeitsschutz* der KJuG 2000, H. 4

29 Kinderschützer wie Klaus Bermig und Albert Schäfer (2000), aber auch Franz Josef Düwell (2000, S. 46) bemängeln allerdings, dass die staatliche Kontrolle von Kinderarbeit schwer realisierbar sei, da sich zum einen die meisten Tätigkeiten im privaten oder halb öffentlichen Bereich abspielen. Zum anderen da die Beschäftigungen im gewerblichen Bereich nicht der Meldepflicht an die zuständigen Aufsichtsämter unterliegen. Ein im Gesetzgebungsprozess vorgebrachter Antrag zur Aufnahme einer Meldepflicht war nicht berücksichtigt worden (ebenda, S. 39). Denn ein Gesetz gilt als hinfällig, wenn eine Regelung aufgestellt wird, die nicht im geeigneten Umfang kontrolliert werden kann – das kann im Bereich der Kinderarbeit angenommen werden, denn die flächendeckende Kontrolle aller arbeitenden Kinder ist kapazitär nicht möglich. An dieser Auseinandersetzung wird deutlich, dass der Wohlfahrtsstaat in seinen eigenen Regulierungslogiken gefangen ist und zwischen unterschiedlichen Bereichen vermitteln muss.

S. 40, Hervorhebung: J. M.). Verboten bleiben also alle Tätigkeiten, die die physische Entwicklung und den Gesundheitszustand des Kindes durch drohende Unfälle und Überanstrengung stören und die damit die Teilnahme am Schulunterricht gefährden könnten – also das Heben schwerer Gegenstände, die Bedienung komplexer Maschinen und der Umgang mit gefährlichen Tieren[30] sind verboten (vgl. auch Düwell 2000).

Um die *Legitimität deutscher Kinderarbeit* zu bestätigen, grenzen sich Klaus Bermig und Albert Schäfer (2000) bewusst von den strukturellen Bedingungen der Kinderarbeit in der Dritten Welt ab. Die Autoren betonen, dass die in Deutschland beobachtbare Kinderarbeit keinesfalls den „schlimmen Formen" von Kinderarbeit entspricht, die international durch das *ILO-Übereinkommen Nr. 182* von 1999 bekämpft werden. Der Wandel der Bedeutung von Kinderarbeit in Deutschland kommt auch im Editorial des Themenheftes *Kinderarbeitsschutz* der Zeitschrift *KJuG* (2000, H.4) zum Ausdruck: „Zu beobachten ist allerdings eine Veränderung in der Motivation von Kindern und Jugendlichen, zu arbeiten. Nicht mehr das Überleben der Familie gilt es zu sichern, sondern das Taschengeld aufzubessern, um die verlockenden Konsum- und Freizeitangebote nutzen und dabei mit den Gleichaltrigen mithalten zu können. Vor diesem Hintergrund wurde das Verbot der Kinderarbeit in § 5 Abs. 3 JArbSchG in der Kinderarbeitsschutzverordnung gelockert und der Begriff der ‚leichten und für Kinder geeigneten Beschäftigung' i. S. d. § 5 Abs. 3 JArbSchG in der Kinderarbeitsschutzverordnung – durch eine abschließende Aufzählung von Fallbeispielen – konkretisiert … Die zuletzt vorgenommenen Änderungen wurden begrüßt, weil sie den veränderten Lebensrealitäten von Kindern und Jugendlichen Rechnung tragen" (KJuG 2000, S. 35). An dieser Einschätzung der neuen Gesetzgebung kommt klar zum Ausdruck, dass die traditionelle Erwerbsarbeit nach wie vor normativ gering geschätzt, als schädlich, jedoch als weitgehend überwunden betrachtet wird. Trotz Lockerung hat kein grundsätzlicher Wandel in dieser Logik stattgefunden. Die ökonomische Sorge für die Familie obliegt normativ nach wie vor den Eltern bzw. den Sorgeberechtigten. Und so weicht der Staat nicht von seiner Wächterfunktion zurück: „Geeignet sind solche Beschäftigungen, die dem körperlichen

30 In dem Zitat von Klaus Bermig und Albert Schäfer (2000) zeigt sich gleichzeitig aber auch ein wesentlicher Wandel in der Argumentation bei Aufrechterhaltung des klassischen Schutzgedankens. Neu ist, dass Kinder im Hier und Jetzt beachtet werden – es geht um das Lebensgefühl, also nicht nur um die Leistung, wie es an zweiter Stelle formuliert wird. Neu ist auch, dass sehr deutlich Schularbeit als hohe Beanspruchung, als beanspruchende Tätigkeit gedeutet wird. Eine Tätigkeit also, die die kindlichen Kräfte absorbiert. Dies kann zum einen als Anerkennung kindlicher Tätigkeit gedeutet werden, zum anderen aber auch darauf hinweisen, dass sich von Beginn der Schulpflicht für alle Kinder der Umfang und die Intensität von täglicher Bildungsarbeit erheblich ausgedehnt haben. In der Argumentation wird also vor allem von dem erheblichen individuellen Aufwand und der Belastung durch das Lernen gesprochen. In einer solchen Klarheit, dass Bildung eine wesentliche Arbeit sei, wie beispielsweise Jens Qvortrup (2000) es aus einer kindheitssoziologischen Perspektive fast zu gleichen Zeit ausdrückte, habe ich Aussagen in den Kommentaren zu älteren Altersregelungen nicht gefunden.

und geistig seelischen Entwicklungsstand der Kinder bzw. vollzeitschulpflichtigen Jugendlichen entsprechen. *Welche Tätigkeiten dies im Einzelnen sind, ist jedoch nicht der Beurteilung der Arbeitgeber, Kinder oder Eltern überantwortet.* Vielmehr wird die Frage von der Kinderarbeitsschutzverordnung eindeutig geregelt, die die erlaubten Arbeiten abschließend ausführt" (Bermig/Schäfer 2000, S. 38; Hervorhebung: J. M.). Die im Gesetzestext ausgeführten erlaubten Arbeiten symbolisieren Tätigkeiten in geschützten, teils privaten oder halb-öffentlichen Räumen, die nicht auf maximalen ökonomischen Gewinn, die also nicht auf die maximale Ausbeutung der Arbeitskraft zielen. All dies sind von Charakter her wenig marktförmige Tätigkeiten. Innerhalb dieses Rahmens findet der Gesetzgeber eine Balance zwischen seinem grundsätzlichen Interesse, die Kindheitsphase als eine de-kommodifizierte zu erhalten, und der Notwendigkeit, sich den sich veränderten Bedingungen in den eigenen Regulierungen anzupassen. Deutlich wird an diesem Zitat aber auch, dass in Bezug auf das Kinderarbeitsverbot und in der klaren Ausformulierung der Ausnahmeregelungen der Staat keinesfalls das Elternprivileg, wie es in anderen Bereichen gewährt wird, zugesteht (hierzu auch Düwell 2000, S. 45). Eltern haben nach wie vor kein Recht, über die Schul*zeit* oder über die Art der Tätigkeit der Kinder zu bestimmen. Das gesellschaftliche Interesse an schulischer Bildung und Gesundheitserhaltung hat hier Vorrang.

Alles in allem kann man die Lockerung des Beschäftigungsverbots bei gleichzeitiger Ausdehnung normativer Vorgaben im Ergebnis als Vorgang des Erhalts des Musters einer de-kommodifizierten und scholarisierten Kindheit sehen.

Abschließend möchte ich noch einmal auf den in der Einleitung des Abschnittes angedeuteten Gedanken zurückkommen, dass sich die Verwendung des Begriffes „Kind" im internationalen Sprachgebrauch gewandelt hat und dass sich in deutschen Regulierungsbereichen keine einheitliche, sondern eher eine ausgesprochen kontextspezifische Anwendung findet (Ähnliches war bereits in Bezug auf das *ILO-Übereinkommen Nr. 138* auf S. 197 formuliert worden). So wird im Gesetzestext nach wie vor explizit zwischen „Kindern" und „vollzeitschulpflichtigen Jugendlichen" unterschieden, gleichzeitig aber wird die Verordnung *Kinder*arbeitsschutzverordnung genannt, und dies m. E. nicht allein der sprachlichen Geschmeidigkeit wegen. Im *ILO-Übereinkommen Nr. 182* von 1999 werden alle Minderjährigen unter 18 Jahren einheitlich als „Kinder" gefasst, der Begriff „Jugend" wird hingegen nicht verwendet. Auch hier wird wieder deutlich, dass sich mit dem Begriff des „Kindes" die Symbolik der Schutzbedürftigkeit nutzen lässt, um Regelungen gegen kulturelle und nationale Widerstände durchsetzbar zu machen, die fast schon erwachsene Jugendliche betreffen, die im Alltag kaum den Eindruck umfassender Schutzbedürftigkeit erwecken. Die Verwendung des Begriffes „Kind" symbolisiert hier deren Schutzbedürftigkeit und legitimiert damit den staatlichen Eingriff in die Lebensweisen und -bedingungen des Schutzbedürftigen. Nun erwecken 15-jährige deutsche Jugendliche nicht unter allen Umständen den Eindruck umfassender Mündigkeit – und doch zeigen die Statistiken, dass diese sich kaum in ihrem Interesse an bezahlter und ernst genommener Arbeit zurückdrängen lassen (vgl. Wihstutz 2007). Die Zuschreibung „Kind“ setzt hier ein eindeutiges Zeichen und verweist auf die normativen Schranken dieses Autonomiebestrebens. In der Unterscheidung zwischen „Kindern“ und „vollzeitschulpflichtigen Jugendlichen“ im eigentlichen Gesetzestext zeigt sich dann auch der Grund: Als Orientierung dient die „Vollzeitschulpflicht“. Der moderne Kinder- und Jugendarbeitsschutz hat vor allem die Funktion inne, eine de-kommodifizierte Phase im Lebenslauf aufrechtzuerhalten und nicht von den ökonomischen Bedingungen der Familie abhängig zu machen – unabhängig davon, unter welchen ökonomischen Belastungen die Familie die Bildungszeit der Kinder „überbrückt“ – dass dies nach wie vor und nicht allein im ausgehenden 19. Jahrhundert zu extremer sozialer Ungleichheit führt, ist in dieser Logik erst einmal irrelevant. Die Lösung der daraus entstehenden Probleme wird in andere Regelungsbereiche, wie die der Armuts- oder der Bildungspolitik, verlagert (vgl. Bermig/Schäfer 2000).

6.3.2 Neuordnung des Kinder- und Jugendschutzes von 2002

Die Neuordnung des gesamten Kinder- und Jugendschutzes war ein Anliegen, das den Gesetzgeber wie Jugendschutzorganisationen seit längerer Zeit bewegte. Hintergrund dieser Reformbemühungen war, dass ein effektiver gesetzlicher Kinder- und Jugendschutz mit all seinen verstreuten und diffusen Kontrollmechanismen und Verboten angesichts der ungebrochenen rasanten Entwicklung im Medien- und Technikbereich sowie in der Vermarktung von suchterzeugenden Waren, aber auch angesichts gewandelter Lebensweisen der Kinder und Jugendlichen als vollkommen unübersichtlich und so als kaum mehr realisierbar wahrgenommen wurde (vgl. Reichert-Garschhammer 2002). So zielte der Reformprozess erstens darauf, die diffus verteilten Schutzbestimmungen im alten *Gesetz zum Schutz der Jugend in der Öffentlichkeit* (JÖSchG), im *Gesetz über die Verbreitung jugendgefährdender Schriften und Medien* (GjS) sowie im Strafrecht zu verknüpfen bzw. anzugleichen. Zweitens zielte er darauf, die Kontrollkompetenzen zwischen Bund und Ländern zu klären, drittens den Gegenstandsbereich auf alle als gefährlich eingestuften Medien und Techniken auszuweiten und viertens gleichzeitig die als überkommen erachteten Regelungen zu lockern (KJuG 2000, S. 107; Reichert-Garschhammer 2000).

Wie auch die meisten Reformprozesse in den 1980er und 1990er Jahren verlief das Ringen um eine neue Struktur des Kinder- und Jugendschutzes zäh, scheiterte am Kompetenzgerangel von Bund und Ländern sowie an den unterschiedlichen normativen Vorstellungen über das Maß der Lockerung der Verbote. Eckpunkte für die Neuordnung lagen bereits im Mai 2000 vor. Ein erster Reformentwurf von 2001 hat sich dann aufgrund der erheblich differierenden Vorstellungen zwischen Bund und Ländern beziehungsweise zwischen den einzelnen Bundesländern nicht durchsetzen können (KJuG 2000, S. 107; Scholz/Liesching 2004, S. V). Hätte sich nicht der tragische

Amoklauf an einem Erfurter Gymnasium ereignet, wäre der Reformprozess möglicherweise noch über Jahre hinausgezögert worden. Noch im selben Jahr wurde das neue *Jugendschutzgesetz* (JSchuG) 2002 verabschiedet und trat bereits 2003 in Kraft.

Dieses ungewöhnlich schnelle Gesetzgebungsverfahren, das unter anderem zum Ziel hatte, die staatliche Handlungsfähigkeit in Bezug auf den Kinder- und Jugendschutz zu demonstrieren, ist gerade aus der Perspektive der wohlfahrtsstaatlichen Regulierung der Bedingungen von Kindheit von besonderem Interesse – deswegen an dieser Stelle einige ausführlichere Gedanken hierzu. Die Radikalität des Verlaufsprozesses war heftiger Kritik ausgesetzt. Von Wirtschaftsvertretern (vgl. Kreile/Diesbach 2002; Nikles 2002a, S. 109) und vor allem auch von Seiten der Jugendschutzorganisationen (vgl. die Beiträge in KJuG 2002, H. 2) war scharf kritisiert worden, dass die verschiedenen gesellschaftlichen Gruppen nicht ausreichend in den Gesetzgebungsprozess einbezogen worden waren: „1. Es zeigen sich deutliche Tendenzen einer Abkoppelung der Jugendschutz-Regelungen hinein in die administrative Welt der regulierenden Institutionen, 2. Die Chance der Führung eines gesellschaftlichen Diskurses blieb ungenutzt, 3. Die partizipative Programmatik, in der Jugend- und Gesellschaftspolitik der letzten Jahre stark bemüht, wurde empfindlich verletzt“ (Nikles u.a. 2005, S. 27). Im abschließenden Gesetzgebungsverfahren sind weder die im Vorfeld vorgebrachten Vorwürfe von Wirtschaftsvertretern hinsichtlich der zu starken Einschränkung der Marktfreiheit, noch die Forderungen der Jugendbehörden nach einer stärkeren Berücksichtigung der gewandelten Lebensgewohnheiten der nachwachsenden Generation berücksichtigt worden (vgl. Reichert-Garschhammer 2000).[31] Der Fokus in der Gesetzgebung lag dann auch eher auf der Verstärkung der Kontrollen moderner Medien durch eine effektivere und besser abgestimmte Organisation und Kompetenzverteilung sowie in der Ausweitung der Kontrollbereiche der zuständigen Aufsichtsbehörden. An der recht heftigen Kritik von Bruno W. Nikles und seinen Kollegen (Nikles u.a. 2005, S. 27) lässt sich die These entwickeln, dass wohlfahrtsstaatliche Regulierungsinstrumente sehr empfindlich reagieren, wenn das Muster des Schutzes, also Kindheit in ihrer basalen normativen Ordnung als gefährdet eingeschätzt wird und gleichzeitig die Kompetenz des Staates, diesen Schutz gewähren zu können, angezweifelt zu werden droht. Und dieser Umstand schien mit dem für Deutschland bisher kaum erwartbaren und folgenreichen Handeln eines ehemaligen Schülers gegenüber Lehrern und Schülern als gegeben – denn es wurde als Zeichen gedeutet, dass der Staat seiner Pflicht, die nachwachsende Generation vor

31 So hatten die Jugendbehörden im Gesetzgebungsprozess für eine Lockerung der Altersregelungen plädiert (vgl. Strick 2002). Strick sieht aus der Perspektive des Jugendamtes vor allem Widersprüche in der Praxis von Jugendämtern: Einerseits werden politisch verantwortungsvolle Aufgaben im Sinne partizipativer Strukturen bereits an sehr junge Menschen übertragen und Selbständigkeit verlangt, andererseits seien diese in ihrem außerinstitutionellen Freizeitverhalten extrem stark durch die Jugendschutzregeln bevormundet.

gewaltverherrlichenden Medien und der Nutzung von Waffen zu schützen, nicht nachgekommen sei. Weniger wurde in dieser konkreten Debatte um das neue Jugendschutzgesetz hingegen der Zustand des Bildungssystems und damit die ausstehenden Reformen auf diesem Gebiet thematisiert. Angesichts der hohen Bedeutung, die einer solchen Gefährdung der nachwachsenden Generation beigemessen wurde, rückten dann auch die eigentlichen politischen Standards, die sich in der politischen Aushandlung von Reformen seit den 1970er Jahren entwickelt haben (diskursive Aushandlungen, Beteiligung unterschiedlicher Interessengruppen im Gesetzgebungsprozess; vgl. Kapitel 3.3) in den Hintergrund. Kindheit und Jugend als durch den Staat zu schützendes Kulturmuster scheinen also keinesfalls – wie An-Magritt Jensen (2003) dies beispielsweise für den Bereich privater Beziehungen (Ehe und Scheidung) herausgearbeitet hat – die normative symbolische Kraft verloren zu haben. Damit erhält das Handeln des Wohlfahrtsstaates, vermittelt über politische Regulierungen, im Falle einer Krise eine große Durchsetzungskraft. Denn zum Schutz der Kindheit scheint es auch erlaubt, auf anerkannte politische Regeln, in diesem Falle auf demokratische partizipative Strukturen, zu verzichten. Das Paradigma der geschützten Kindheit bleibt als normativer Bezugspunkt für politische Regulierungen trotz aller Modernisierungserscheinungen erhalten. Das politische Verhalten in einer als „Krise" interpretierten Situation hat dies ausgesprochen klar zum Ausdruck gebracht.

Die geschlossene Zustimmung des Bundesrates zum Reformgesetz verdeutlicht darüber hinaus, wie die Vereinheitlichung der Rahmenbedingungen einer geschützten Kindheit und Jugend ein weiteres Mal voranschreitet bzw. vorangetrieben wird. Selbst Bayern, das im Vorfeld an der eigenständigen Kontrolle des Jugendmedienschutzes festhalten wollte, unterzeichnete angesichts des Vorfalls und der daran anschließenden Debatten den Gesetzesentwurf für das Jugendschutzgesetz und den Jugendmedien-Staatsvertrag (Bayern, vgl. Brenner 2002; Nikles u. a. 2005, S. 23). Die generellen, als „gesellschaftsbedrohend" definierten Entwicklungen werden so zum Motor für gemeinsames Vorgehen und damit für die Vereinheitlichung der Bedingungen der Gestaltung des zu schützenden Aufwachsens.

Im Folgenden sollen die konkreten Veränderungen des neuen *Jugendschutzgesetzes* kurz ausgeführt werden. Wie bereits angedeutet, ist parallel zum neuen *Jugendschutzgesetz* (JuSchG) der *Jugendmedienschutz-Staatsvertrag* (JMStV) verabschiedet worden. Dies diente vor allem der Klärung der Kontroll-Zuständigkeiten zwischen Bund und Ländern, damit der Kinder- und Jugendschutz durchsetzbar bliebe. Der Durchsetzbarkeit des Gesetzes war immer besondere Aufmerksamkeit gewidmet worden, auch wenn diese gleichzeitig stets als ungenügend kritisiert worden war. Johannes Kreile und Martin Diesbach (2002) heben aus der Perspektive internationaler Entwicklungen als weiteres hervor, dass die Bundesrepublik mit diesem Gesetz Neuland betreten habe, indem erstmals der Versuch einer eigenständigen Zusammenfassung der Schutzregelungen angestrebt worden sei. So begründen Rainer

Kernpunkte des Kinder- und Jugendschutzgesetzes von 2002

- Zusammenfassung und Vereinheitlichung der Bestimmungen im JÖSchG und des GSJ
- Ausdehnung der Alterskennzeichnung auf Computerspiele und Bildschirmgeräte
- Erweiterung der Befugnisse der Kontrollbehörde – Indizierung aller gefährdenden Medien ermöglicht
- Indizierung von Medien auch ohne Antrag möglich
- generelles Abgabeverbot von Tabakwaren an Kinder und Jugendliche unter 16 Jahren
- Verbot der Werbung für Alkohol und Zigaretten
- Eltern dürfen Kinder mit in Kinofilme nehmen, die erst ab 12 Jahren freigegeben sind
- beim Besuch von Gaststätten und Tanzveranstaltungen die Übertragung der Aufsicht an „Erziehungsbeauftragte" möglich

Scholz und Marc Liesching die Erweiterung des bereits mehrfach aufgelegten Gesetzeskommentars wie folgt: „Insbesondere auf Verbote des Strafgesetzbuches nehmen die Regelungen des JuSchG und des JMStV in erheblichem Maße Bezug, sodass eine Erweiterung des Kommentars insoweit unerläßlich werde" (Scholz/Liesching 2004, S. V).

Zentral im neuen Gesetz ist die Ausdehnung des Gegenstandsbereiches des Gesetzes, um umfassender und flexibler die sich rasant entwickelnden Technologien und Medien in den Kontrollbereich einbeziehen zu können. So wurde die Alterskennzeichnung auch auf Computerspiele und Bildschirmspielgeräte ausgedehnt. Als Weiteres wurden die Befugnisse der Bundesprüfstelle erweitert. Es können nun alle Arten von jugendgefährdenden Medien indiziert werden, das heißt es wird auch jegliche Art von Online-Medien einbezogen. Darüber hinaus kann eine solche Indizierung nun auch ohne Antrag vorgenommen werden. Im Sinne der Kompetenzerweiterung ist die „Bundesprüfstelle für jugendgefährdende Schriften" auch in „Bundesprüfstelle für jugendgefährdende Schriften und *Medien*" umbenannt worden (vgl. Brenner 2002). Die umfassendere Einbeziehung von traditionellen und modernen Medien aller Art wird dann auch in Gesetzeskommentaren als die eigentliche Reform bezeichnet (Nikles u. a. 2005, S. 23).

Als Weiteres wurden Regelungen hinsichtlich der Abgabe legaler suchterzeugender Substanzen verändert. Es ist ein generelles Abgabeverbot von Tabakwaren an Kinder und Jugendliche unter 16 Jahren in der Öffentlichkeit durchgesetzt worden. Dies ersetzt das Verbot, Kindern und Jugendlichen unter 16 Jahren den Genuss von Tabakwaren zu gestatten. Hiermit hat einerseits eine Angleichung an das Abgabeverbot von Alkohol stattgefunden, andererseits ist aber das bisher geltende indirekte Rauchverbot in der Öffentlichkeit aufgehoben worden. Darüber hinaus ist auch die Alkohol- und Zigarettenwerbung für Kinder und Jugendliche unter 16 Jahren verboten worden.[32]

Siegmar Roll (2002) hebt als Weiteres die Stärkung des Elternprivilegs hervor: Eltern können Kinder unter 12 Jahren auch mit in Filme nehmen, die erst ab 12 Jahren freigegeben sind. Dieser Passus war hart umkämpft und auch nach der Reform stark kritisiert worden (Strick 2002, S. 108). Eine ähnliche Lockerung findet sich in der Regelung, die Aufsicht über Minderjährige, die eine Gaststätte oder Tanzveranstaltung besuchen, auf sogenannte *Erziehungsbeauftragte* – also beliebige Volljährige – übertragen zu können. Auch dieser Passus löste starke Kritik aus, da angenommen wurde, dass nun in Jugendcliquen immer das Argument des Erziehungsbeauftragten herangezogen werde, auch wenn keine elterliche Zustimmung bestehe.

Schaut man sich den Tenor dieser neu geregelten Schutzbestimmungen an, wird deutlich, dass sich die bereits in den 1980er Jahren einsetzende *normative Verschiebung im Schutzgedanken* fortsetzt. So stehen die Teilhabe von Jugendlichen an öffentlichen Veranstaltungen oder die Besuche in Gaststätten noch weniger im Vordergrund als zuvor. Im Vorfeld des Gesetzgebungsverfahrens waren hier sogar noch weiter gehende Lockerungen gefordert worden, die angesichts des Ereignisses in Erfurt nicht in der ganzen Breite aufgenommen wurden. Vielmehr weitet das Gesetz vor allem die Einschränkung bei der Abgabe und dem Erwerb von als gefährdend erachteten Waren aus, die zum einen unkontrolliert erworben werden können, zum anderen in privaten Räumen genutzt werden und so quasi unter Ausschluss erwachsener Öffentlichkeit Schaden anrichten können. Dies ist vor allem der Erwerb von Medien und suchterzeugenden legalen Substanzen über das Internet und an Automaten. Es geht also um diejenigen Bereiche, zu denen Erwachsene nicht unbedingt Zugang haben. Und es geht vor allem um die Bereiche, zu denen auch „das kompetente Kind", gegebenenfalls ohne dass dies von Erwachsenen bemerkt wird, Zugang hat. Im Kino hingegen bestehen idealerweise immer Eingangskontrollen, Gaststätten sind zumindest potentiell öffentlicher sozialer Kontrolle ausgesetzt – sind Eltern dabei, liegt die Verantwortung generell in deren Händen. Das Kinder- und Jugendzimmer ist nur dann kontrolliert, wenn Eltern dies auch wollen. Deutlich wird daran erneut, dass auch mit der vorliegenden Reform des Kinder- und Jugendschutzes auf die Verselbständigung der Kindheitsphase (Hengst bereits 1981 und 1996; Preuss-Lausitz u. a. 1983; sowie rückblickend du Bois-Reymond u. a. 1994) sowie auf die *Verhäuslichung von Kindheit* (vgl. Zinnecker 1990) reagiert wurde. Es wird nicht mehr davon ausgegangen, dass der normale elterliche Haushalt – auch nicht der

32 Weitere dieser Thematik zuordenbare Schutzverordnungen (das *Gesetz zur Verbesserung des Schutzes junger Menschen vor Gefahren des Alkohol- und Tabakkonsums* von 2003; die Steuer auf Alkopops; das Etikettengesetz: Aufdruck „Unter 18 Jahren verboten"; die Mindestmenge 17 Zigaretten pro Packung) werden nicht in die Ausführungen einbezogen. Diese zielen vor allem darauf, Kindern und Jugendlichen den eigenständigen Erwerb von als gefährlich eingeschätzten Gütern zu erschweren.

bürgerliche – generell den als notwendig erachteten Schutz gewähren kann. Damit wird der Kinder- und Jugendschutz sehr viel umfassender, denn er dehnt sich in seiner normativen Logik in die Sphäre des Privaten aus und will vor allem auch die Gruppe der Kinder erreichen, die in den vergangenen Reformen nicht unbedingt die vorrangige Zielgruppe war. Es bestätigt sich, dass es explizit nicht mehr allein um die „Kontrolllücke zwischen Schule und Ausbildung“ geht, wie es die Schutzgesetzgebung der Weimarer Zeit und die der Zeit nach dem Zweiten Weltkrieg implizierte. Die Schutzgesetzgebung zielt normativ also heute nicht mehr in erster Linie auf den sich in einer Ausbildung befindenden Jugendlichen, der sich in der Öffentlichkeit „ungebührlich“ verhält. Vielmehr umfassen diese Regelungen nun generell alle Kinder und Jugendlichen, die die Fähigkeit besitzen, eigenständig zu handeln. Es geht um die Bewahrung von Kindheit als Schutzraum. Als Weiteres geht der Kinder- und Jugendschutz davon aus, dass Eltern nicht nur in der Öffentlichkeit keine Kontrolle über ihre Kinder haben, sondern auch in (bürgerlichen) privaten Arrangements. Dies alles drückt sich m. E. vor allem auch in der Benennung des Gesetzes als *Kinder- und Jugendschutzgesetz* aus – in diesem Begriff sind alle Altersstufen sowie alle Bereiche des Lebens symbolhaft mit einbezogen. Wenn die Reform insgesamt aus den jeweiligen Fachperspektiven des eigentlichen Jugendschutzes „als weit hinter den Erwartungen zurückgeblieben bewertet“ wurde (vgl. die Kritik im KJuG 2002, H4; sowie bei Scholz/ Liesching 2004), so ist doch aus der Perspektive normativer Logiken in Bezug auf Kindheit die in den 1980er Jahren einsetzende Tendenz verstärkt worden: Es hat nämlich eine weitere Verschiebung vom Schutz der (städtisch-proletarischen und bäuerlichen) Jugend in der Öffentlichkeit zum schicht-, milieu-, alters- und raumübergreifenden Schutz der Kinder und Jugendlichen vor der Marktwirtschaft stattgefunden, die sich aus dem Erziehungsprojekt der Moderne verabschiedet zu haben scheint (vgl. Hengst 1996). Es kann zwar nicht unbedingt von einem direkten Zugriff auf das Private gesprochen werden, denn das Elternprivileg und der Schutz der Wohnung, als Ausdruck von „Familienkindheit“, bleiben unangetastet. Aber dennoch kann die Reform als fortgesetzter Versuch genommen werden, das Verhalten von Kindern und Jugendlichen im Privatbereich zu steuern, also zumindest Grenzen in der eigenständigen Nutzung zu setzen.

Abschließend kann gesagt werden, dass die Kritik, die am Reformgesetz geübt wird, vor allem auf die Organisationsstrukturen des Kinder- und Jugendschutzes zielt[33], weniger aber auf die konkreten Gegenstandsbereiche des Schutzes – hier scheint so etwas wie weitgehende gesellschaftliche Übereinstimmung zu herrschen. So formulieren Bruno W. Nikles u. a. in ihrem Kommentar zum Abschluss: „Trotz der erkennbaren strukturellen Verbesserungen wird sich insgesamt allerdings noch erweisen müssen, welche Wirkungen diese

33 So zum Beispiel folgende Bewertung „Zwar gelang es, wesentliche Materien in einem Gesetz zu vereinen, doch blieben Forderungen nach einer systematisierten, zwischen den einzelnen Rechtsmaterien abgleichenden Zusammenfassung des gesamten Jugendschutzrechts unerfüllt“ (Nikles u. a. 2005, S. 23).

zeitigen und ob man einem funktionsfähigen, aufeinander abgestimmten System näher kommt“ (Nikles u.a. 2005, S. 24). Die insgesamt doch verhaltene Einschätzung des Jugendschutzgesetzes von 2002 sowie dessen Geschichte bringen sehr deutlich das Dilemma zum Ausdruck, in dem der staatliche Kinder- und Jugendschutz von Anbeginn steht: „Im historischen Vergleich der bisherigen Jugendschutzgesetzgebung fallen die ständige Zunahme der formalen Regelungsdichte und Detaillierungen der Vorschriften sowie eine eher komplexer werdende und keineswegs lesbarere Sprache auf. Gesellschaft und Politik stehen nach wie vor möglicherweise verstärkt unter Legitimitätsdruck, Wert- und Grundorientierungen, formale rechtliche Regelungen, die Gestaltung der Lebensbedingungen und die konkrete Lebensführung durch die Bürgerinnen und Bürger in ein ausgewogenes Verhältnis zu bringen. Viele diesbezügliche Fragen sind und werden vermutlich ungeklärt bleiben“ (Nikles u. a. 2005, S. 25).

Im Jahre 2009 ereigneten sich erneut tragische Amokläufe, die weitere Diskussionen um den Schutz der Jugend in Deutschland auslösten. Es bleibt abzuwarten, ob die gleichen politischen Mechanismen wie 2002 einsetzen werden und es zu einer erneuten Modernisierung der Schutzgesetzgebung kommen wird. Der Argumentation dieser Arbeit folgend ist dies zu erwarten. Das KICK von 2005 war – wenn auch andere Auslöser bestanden haben – ein solcher Vorläufer bezogen auf die Gruppe der jüngeren Kinder.

6.4 Vom Jugendschutz zum Kinder- und Jugendschutz: ein Prozess der erheblichen Ausdifferenzierung

Abschließend möchte ich entlang von Thesen und Beobachtungen die Bedeutung wohlfahrtsstaatlicher Regulierungen in Bezug auf den Kinder- und Jugendschutz für das Muster moderner Kindheit und für den generationalen Abgrenzungsprozess bewerten.

These 1: Verfestigung der generationalen Ordnung durch einen umfassenden Kinder- und Jugendschutz

Die überregionale Ausdehnung und die Ausdifferenzierung des gesetzlichen Kinder- und Jugendschutzes haben mit dazu beigetragen, dass sich eine generationale Ordnung, die sich über Altersgrenzen bereits über einen längeren Zeitraum kulturell formiert hatte, nach dem Zweiten Weltkrieg verfestigte und generalisierte. Zentral für diesen Akt der Verfestigung war, dass über die gesetzlichen Reformen und Regulierungen in dieser ersten Phase vor allem eine Angleichung der Schutzbedingungen sowohl über regionale als auch über herkunftsbezogene Grenzen und Widerstände hinweg durchgesetzt wurde. Sowohl am Schutz der Jugend in der Öffentlichkeit (zum Beispiel die Karnevals- und Kinodiskussion) wie auch am Arbeitsschutz (zum Beispiel die Dispute über Ausnahmeregelungen bezogen auf Kinderarbeit bis in die 1970er Jahre) wurde deutlich, dass traditionsbezogene, partikularistische oder berufsgruppenspezifische Barrieren sukzessive überwunden werden sollten und mussten. Kindheit als generell und Jugend als bedingt geschützt vor den vermeintlich „schädlichen" Einflüssen des kommerziellen Kulturbetriebs, des Marktes und des Arbeitsmarktes entwickelte sich zu einem umfassenden kulturellen Wert – der Kinder- und Jugendschutz ist in diesem Prozess gleichzeitig Produkt dieser Entwicklung wie Wegbereiter für diesen Generalisierungsprozess. Struktureller Schutz wird als eine wesentliche Bedingung für die Entwicklung *aller* Kinder und Jugendlichen angenommen. Mit diesem „normativen Gleichheitspostulat" kann dieser Prozess aber nicht allein als einer der Reduzierung von sozialer Differenz im horizontalen Sinne – beispielsweise geschützte Lernbedingungen für alle – begriffen werden, sondern auch als ein Prozess der Ausdehnung von Differenz aus einer generationalen Perspektive. Deutlich wird dies vor allem daran, dass nicht allein die Abgabe als „gesundheitsschädlich" definierter Waren verboten wurde, sondern vor allem auch die Teilhabe an kulturellen Veranstaltungen (mit Abstufungen: Tanz, Karneval, Revue, Kino), bei denen eine Trennung der Generationen (regional unterschiedlich) bisher nicht vollzogen war. Dass dies keineswegs selbstverständlich war, zeigten die sich über drei Jahrzehnte hinziehenden Auseinandersetzungen um Ausnahmeregelungen bezüglich des Kinderarbeitsverbots und des Jugendarbeitsschutzes in Familien- und landwirtschaftlichen Betrieben oder aber die Dispute darüber, unter welchen Bedingungen Kinder und Jugendliche an Kulturveranstaltungen teilnehmen dürfen. Die Trennung zwischen Erwachsenen und Nachwachsenden verschärfte sich also sukzessive über die kompromisslosen gesetzlichen Formulierungen des Ausschlusses aller Kinder und Jugendlichen unter 18 oder 16 Jahren von öffentlichen, als „schädlich" eingestuften Veranstaltungen und etwas allmählicher von Arbeit jeglicher Art.

Die spätere differenzierte Rücknahme der anfangs sehr absolut gesetzten Einschränkungen führte dazu, dass beispielsweise das Arbeitsverbot entsprechend dieser Logik nicht als Regel, sondern als Ausnahmefall formuliert wurde, der die Entwicklung des jungen Menschen nicht stört. Das macht den hohen kulturellen Wert, die hohe Bedeutung des Schutzparadigmas deutlich, was ich auch in der folgenden These näher erläutern werde.

These 2: Aufrechterhaltung der gesetzlichen Schutzes über gleichzeitige Lockerungen und Intensivierung des normativen Zugriffs

Der in den 1950er und 1960er Jahren etablierte Kinder- und Jugendschutz kann als kompromisslos bezeichnet werden, als wenig tolerant gegenüber Andersartigkeit und Abweichung. Es wurde in den vorangegangenen Kapiteln rekonstruiert, dass sich diese Art des Zugriffs über die Zeit und den sozialen Wandel hinweg erheblich verändert hat, ohne dass sich aber der Schutzgedanke an sich aufgelöst hätte. Meine These lautet daher, dass sich der etablierte Schutzapparat, der Persönlichkeitsrechte im eigentlichen Sinne stark einschränkt, trotz Individualisierungs- und Pluralisierungstendenzen durch die allmählich stärkere Integration von Persönlichkeitsrechten und die

Berücksichtigung von Interessen und gewandelten Lebensweisen von Minderjährigen in das Recht erhalten konnte. Die Anerkennung von Rechten führt keinesfalls zur Erosion des Schutzes, sondern zu einem veränderten Schutzmodus. Man kann davon sprechen, dass der neue Modus die Aufrechterhaltung des Schutzes unter veränderten, modernisierten gesellschaftlichen Bedingungen unterstützt. Nachdem sich der Schutz in der Nachkriegszeit gesetzlich radikalisiert hat, indem Kinder und Jugendliche von bestimmten Tätigkeiten, Veranstaltungen und Räumen immer stärker ausgeschlossen wurden, sind seit den 1980er (!) Jahren in gewisser Hinsicht Lockerungen zu beobachten – die Teilnahme an öffentlichen Kultur- und Freizeitveranstaltungen hat die Zuschreibung der Gefährlichkeit verloren – so sind Tanzveranstaltungen nicht mehr generell verboten, Kino für unter Sechsjährige erlaubt, Arbeit für über 13-Jährige etc. Es wurde beschrieben, dass eine Tendenz weg von altersübergreifenden Generalverboten hin zu sehr altersdifferenzierten Spezialverboten, die sich auf konkrete Gefahrenorte und Gefahrengegenstände richten, stattgefunden hat. Lediglich im Bereich der Abgabe legaler Drogen ist eine Verschärfung und eine Generalisierung durchgesetzt worden.

In der Altersdifferenzierung drückt sich einerseits die Anerkennung der Autonomiebestrebungen und der größeren Eigenverantwortlichkeit mit zunehmendem Alter aus, was sich generell seit den 1980er Jahren im gesamten auf Kinder und Jugendliche bezogenen Recht zeigt (vgl. Wiesner 2003). Andererseits haben aber in den mit der Altersdifferenzierung einhergehenden Begründungen, was in welchem Alter als „entwicklungsschädlich" bezeichnet wird, entwicklungspsychologische Argumentationen Einzug gehalten, die den Schutzgedanken stärker psychologisiert und wissenschaftlich fundiert und damit weniger angreifbar gemacht haben. Auch das ist m. E. ein Aspekt der Stabilisierung des Schutzes von Kindheit und Jugend unter Bedingungen einer Moderne, in der sich die Anerkennung von allgemeinen Rechten und die Befreiung aus willkürlichen Abhängigkeitsverhältnissen zum Grundwert herausgebildet hat, von der Kinder und Jugendliche nicht mehr per se ausgeschlossen werden können. Damit wurde der Schutzgedanke einerseits gelockert, andererseits aber auch ausdifferenziert und unter modernen, die Persönlichkeit anerkennenden Bedingungen verfestigt. Der Schutz und die Schutzbedürftigkeit von Kindern und Jugendlichen bleiben auf diese Weise als Grunddifferenz in der generationalen Ordnung auch gegen gesellschaftliche Widerstände und unter Bedingungen raschen sozialen Wandels erhalten.

These 3: Vom „Schutz der Jugend" zum umfassenden „Schutz von Kindern und Jugendlichen"

Eine weitere zentrale Erkenntnis ist, dass sich eine Verschiebung zwischen den Begriffen „Jugend" und „Kind/Kindheit" über die Zeit vollzogen hat – auch dies deute ich als Teil eines Prozesses, der der Aufrechterhaltung des Kindheitsmusters und der generationalen Ordnung in einer sich rasch wandelnden Gesellschaft und unter beschleunigter Technologieentwicklung gedient hat.

Der Begriff der „Jugend“ wurde in der sich ausdehnenden Schutzgesetzgebung nach dem Zweiten Weltkrieg zum einen sehr allgemein und undifferenziert auf alle Minderjährigen angewendet, häufig auch als Oberbegriff für Minderjährige als gesellschaftliche Gruppe. Zum anderen wurden mit diesem Begriff tatsächlich diejenigen Minderjährigen benannt, die am Übergang ins Erwerbsleben standen, wobei hier in der Jugendschutzpraxis ein besonderer Fokus auf allen jenen normverstoßenden Jugendlichen lag, deren Familien und soziales Umfeld fehlender normierender und kontrollierender Einfluss attestiert wurde. Kinder, vor allem jüngere Kinder, wurden in den Auseinandersetzungen um den gesetzlichen Jugendschutz so gut wie nicht genannt, galten sie doch im öffentlichen Raum und durch die Familie als ausreichend geschützt. Der Schutz der Kinder „liederlicher Eltern“ galt als durch das RJWG realisiert (Fürsorgeerziehung). Die allgemeine Fassung der Minderjährigen unter den Begriff der Jugend, wie es in den Namen der Schutzgesetzgebungen (Jugendschutz, Jugendarbeitsschutz) sowie in der Fokussierung auf Jugendliche zum Ausdruck kam, erschienen ausreichend, um einen umfassenden Schutz der nachwachsenden Generation zu gewähren.

Als in den 1970er Jahren ein beschleunigter medialer-technologischer Umbruch, die Veränderung von Familie und von Autoritätsbeziehungen einsetzten, in deren Folge die Kinderrechtebewegung voranschritt und die Autonomiebestrebungen von Kindern und Jugendlichen offensichtlich wurden, drohte der bisherige Jugendschutz, der – überspitzt formuliert – vor allem die abweichende, proletarische männliche Jugend in den Blick nahm, seine Geltungskraft zu verlieren. Vor allem die immer häufiger als „gefährdet“ eingeschätzte Phase der Kindheit galt als nicht mehr ausreichend geschützt – denn ein diffus auf die Jugend gerichteter Jugendschutz war den veränderten Problemen nicht mehr gewachsen. Familie (unabhängig von ihrem sozialen Status) galt nicht mehr als unumwundener Schutzraum für Kinder, Kinder nicht mehr als weitgehend vor schädlichen äußeren Einflüssen geschützt. In der Folge hat sich der Fokus auf Kinder und Kindheit ausgeweitet.

Die explizite Einbeziehung von Kindern lässt eine weitere Interpretation zu: Über die scharfe begriffliche Differenzierung zwischen Kindern und Jugendlichen in den Gesetzgebungen und die damit eingeführten sehr differenzierten Altersnormen hat – wie bereits mehrfach erwähnt – eine entwicklungspsychologische Argumentation Einzug gehalten. Die sehr generalisierten Verbote im Bereich des Arbeitsschutzes und des Schutzes vor Medien und in der Öffentlichkeit wurden zwar gelockert, aber gleichzeitig der Zugriff auf Kinder und Jugendliche über die Altersdifferenzierung und die damit einhergehenden Kontrollmechanismen enger. Darüber hinaus kann die synonyme Verwendung des Begriffes „Kind“ für alle Minderjährigen, einem Begriff hinter dem sich die Schutzbedürftigkeit verbirgt, als psychologisches Figur gedeutet werden, um den nach wie vor starken Zugriff auf bzw. den Eingriff in die Rechte von Kindern und Jugendlichen gleichermaßen zu legitimieren.

Kinderschutz dient dem Schutz des Musters moderner Kindheit. Kindheit als Schutzraum bleibt trotz des Eindringens moderner Werbe- und Technologiestrukturen sowie ökonomischer Logiken in das Private erhalten.

These 4: Die Herstellung von Balancen als zentraler Regulierungsakt zur Durchsetzung und Aufrechterhaltung eines umfassenden Kinder- und Jugendschutzes

Die Analyse der einzelnen Phasen hat gezeigt, dass in Bezug auf den Schutz von Kindern und Jugendlichen sowohl hinsichtlich der Gegenstandbereiche, der Intensität als auch der Altersgrenzen gruppenspezifisch heterogene und sich im Zeitverlauf wandelnde Vorstellungen bestanden haben. In den wohlfahrtsstaatlichen Reformprozessen ist stets eine Balance zwischen diesen Vorstellungen herzustellen gewesen, um die Akzeptanz der Schutzaktivitäten zu erhalten und damit den konkreten Schutz auch realisierbar zu machen. Die Ausdifferenzierung von Altersgrenzen, die als Lockerung erlebt werden, die Veränderung der Gefahrengegenstände, die Ausweitung auf Kinder können nicht allein als Reaktion auf neu definierte Gefahren gedeutet werden, sondern auch als Befriedung unterschiedlicher Interessengruppen. Explizit kommen die unterschiedlichen Interessen von Wirtschaftsgruppierungen, politischen Gruppen, Familieninteressenverbänden, Vertretern des Kinder- und Jugendschutzes in den einzelnen Phasen zum Ausdruck. Wohl in keinem anderen Regulierungsbereich stoßen so unterschiedliche Interessen an der Produktivität der nachwachsenden Generation (Selbstbildung – Erwerbsarbeitskraft – Kaufkraft) so stark aufeinander. Haben die einen Interesse an der Gegenwart (Kaufkraft, preiswerte Arbeitskraft der Minderjährigen), haben die anderen Interesse an der Zukunft (Bürger und langfristige gut qualifizierte Arbeitskraft).

Als zweites musste dauerhaft eine Balance hergestellt werden zwischen den nach dem Zweiten Weltkrieg verfassungsrechtlich verbürgten Elternrechten, die die starke Familialisierung bundesrepublikanischer Kindheit zum Ausdruck bringen, und dem allgemeinen Interesse an strukturell gleichen Grundbedingungen zum Schutze des Kindeswohls und der Entwicklung der Minderjährigen. Am deutlichsten wird dies m.E. an der sehr langsamen, aber sukzessiven Einschränkung von Elternrechten hinsichtlich der Erwerbstätigkeit der eigenen Kinder: Ging es erst um die Tätigkeit in fremden Betrieben, dann um die Anerkennung von Rechten arbeitender Kinder und Jugendlicher im Familienbetrieb, ging es zum Schluss um das generelle Verbot der Erwerbstätigkeit auch im Familienbetrieb. Kindererwerbsarbeit wurde generell unabhängig von der Herkunft, den beruflichen Aspirationen der Eltern und von der Familiensituation als „schädlich“ bewertet.[34] Die Annahme, dass Eltern schon das Beste für das Kind oder den Jugendlichen realisieren werden, wurde

34 Die Durchsetzung des Verbots der Kinderarbeit, also die De-Kommodifizierung von Kindheit war also kein Prozess, der im frühen 20. Jahrhundert bereits abgeschlossen war.

bezogen auf Erwerbsarbeit negiert – vorrangig sollten strukturell gleiche Ausgangbedingungen für den Bildungsprozess von Minderjährigen geschaffen werden. Die komplette De-Kommodifizierung von Kindheit wurde auch gegen familiale Interessen durchgesetzt – die spätere Lockerung bezüglich des Jobbens kann dann eher als Recht der Minderjährigen auf Konsumteilhabe, denn als Anspruch von Eltern auf die Arbeitskraft des eigenen Kindes gedeutet werden.[35]

These 5: Das Eindringen des Erziehungsgedankens auch in den gesetzlichen Kinder- und Jugendschutz

Wie auch im Jugendstraf- und im Jugendhilferecht hat im gesetzlichen Kinder- und Jugendschutz der Erziehungsgedanke über die Zeit hinweg immer stärker Einzug gehalten. Zwar war Erziehung stets Teil des Schutzes – denn zu allen Zeiten einer Schutzgesetzgebung herrschte Übereinstimmung darüber, dass das Fernhalten von Gefahren nicht realisierbar sei, sondern dass über die Förderung von Einsicht der Eigenschutz gefördert werden müsse. Dennoch ist erst nach dem Zweiten Weltkrieg auf den kriminalrechtlichen „Warnschuss" verzichtet, die strafrechtliche Verantwortung auf den erwachsenen Gewerbetreibenden verschoben worden. Sukzessive wurde die Idee eines präventiven erzieherischen Kinder- und Jugendschutzes ausgebaut, der alle Kinder und Jugendlichen erreichen sollte (nicht nur die bereits Normverstoßenden). Deutlich wird dies unter anderem daran, dass das Jugendamt seine traditionelle Kontrollfunktion immer stärker verlor und sich immer mehr auf die erzieherischen Aufgaben zu spezialisieren hatte. Interessant am präventiven Kinder- und Jugendschutz ist, dass damit auch die Schicht- und Herkunftsabhängigkeit zu überwinden versucht wurde – Erziehung und Schutz wurde zum Generalthema für *alle* Kinder und Jugendlichen in der Moderne.

Abschließend kann also festgestellt werden, dass sich an den Entwicklungen im gesamten Kinder- und Jugendschutz ganz besonders deutlich die staatlichen Reaktionen auf den gesellschaftlichen Wandel sowie die gestalterische Funktion wohlfahrtsstaatlicher Regulierungen zeigen – aufrechterhalten und gestaltet werden Kindheit und Jugend als geschützte Phasen. So kann hier meine These aus dem Theorieteil (Kapitel 3) bestätigt werden, dass staatliche Regulierungen in Bezug auf Kindheit und Jugend die Aufrechterhaltung des Musters moderner Kindheit und der generationalen Ordnung zum Ziel haben. „Mit welcher Geschwindigkeit, Sorgfalt und Konsequenz die Veränderungsabsichten umgesetzt werden: die fünfzigjährige Geschichte des Jugendschutzes in der Bundesrepublik zeigt, dass sich zwar die Akzente und Instrumente ändern, die Themen der Jugendgefährdung aber nur unwesentlich" (KJuG 2000, S. 107; vgl. auch Nikles u. a. 2005).

---

35 Die derzeitigen Debatten um die Aufnahme von Kinderrechten in die Verfassung – Artikel 2 versus Artikel 6 – zeigen eine neue Dimension der Ausbalancierung auf (vgl. Schmidt 2008).

7. Jugendstrafe

Bereits seit Ende des 19. Jahrhunderts spielte die Frage, wie mit jungen Menschen – Kindern wie Jugendlichen – umgegangen werden solle, die eine im allgemeinen strafrechtlichen Sinne normverletzende Tat begangen haben, eine zentrale Rolle. Ging es dabei zum einen um Schutz vor Strafen, die den Körper und die Entwicklung der Persönlichkeit schädigen, ging es zum anderen aber auch um die Frage der Art und Weise des staatlichen Eingriffs in, als misslungen eingeschätzte, Erziehungs- und Sozialisationsprozesse. Im Mittelpunkt stand (und steht bis heute) die entscheidende Frage, ab welchem Alter ein Mensch für die Folgen seines Handelns strafrechtlich verantwortlich gemacht werden soll (vgl. Dörner 1992). Damit rückte die Klärung des Verhältnisses zwischen Erziehung und Gefängnisstrafe ins Zentrum – also das Verhältnis zwischen Erziehung des Individuums und Sühne der Tat zum Schutz und Befriedung der Allgemeinheit. Diese Frage wurde erstmalig im Reichsstrafgesetz von 1871 „bearbeitet“, in dem das Alter der Strafmündigkeit auf das vollendete 12. Lebensjahr festgelegt wurde. Mit dieser normativen Entscheidung war wohl neben der Bestimmung der Volljährigkeit sowie der Durchsetzung der Schulpflicht einer der zentralen Eckpunkte für die Differenz zwischen Kindern und Jugendlichen sowie Nicht-Erwachsenen und Erwachsenen gesetzt worden. Die Phase der Kindheit wurde als eine der ausgesetzten strafrechtlichen Verantwortlichkeit für die Folgen des kindlichen Handelns definiert. Erziehung wurde damit zum einzigen legitimen staatlichen Mittel erklärt, mit dem auf Normverletzungen und Fehlentwicklungen reagiert werden sollte. Erst durch die argumentative Figur, dass Kinderdelinquenz eine Folge mangelnder Erziehung sei, wurde der stärkere staatliche erzieherische Zugriff auf delinquente und verwahrloste Kinder auch gegen deren Willen und gegen den der Eltern möglich (Dörner 1992, S. 145). Diese Form des erzieherischen Eingriffs war der entscheidende Unterschied zu den Bedingungen des Erwachsenseins. Inwieweit sich hier ein Wandel vollzogen hat, wird im Folgenden aufzuzeigen sein.

Über das 20. Jahrhundert hinweg sind eine ganze Reihe von strafrechtlichen und jugendstrafrechtlichen Reformen vollzogen worden, in denen zum einen die Grenze der Strafmündigkeit – also die Differenz zwischen Kindern, Jugendlichen und Erwachsenen – immer wieder neu verhandelt wurde. Zum anderen wurde aber auch die Frage nach der Legitimität sowie der Art und Weise des erzieherischen Zugriffs auf strafmündige Jugendliche gestellt, denen ansonsten in anderen Bereichen entsprechend des angenommenen Entwicklungsstandes mehr Persönlichkeitsrechte zugestanden wurden als Kindern. Im umseitigen Kasten sind die zentralen jugendstrafrechtlichen Reformen, in denen solche Fragen verhandelt wurden, aufgelistet.

Jugendstrafrecht[1]

1871	Reichsstrafgesetzbuch (RSTGB): Einführung altersbezogener Regelungen
1878	Preußisches Zwangserziehungsgesetz für Kinder unter 12 Jahren (Erziehung statt Strafe)
1923	Verabschiedung Jugendgerichtsgesetz (JGG) (teilweise Ablösung von Erwachsenenstrafrecht)
1933	Ausführungsgesetz zu dem Gesetz gegen gefährliche Gewohnheitsverbrecher (ggf. Sicherheitsverwahrung auch für Jugendliche)
1939	Verordnung zum Schutz gegen jugendliche Schwerverbrecher (Strafausdehnung)
1940	Verordnung zur Ergänzung des Jugendstrafrechts (Einführung Mindestgefängnisstrafe, Jugendstrafe auf unbestimmte Dauer und Jugendarrest)
1941	Verordnung zum JGG (Jugendgefängnisstrafe auf unbestimmte Dauer)
1943	Verabschiedung Reichsjugendgerichtsgesetz (weitgehende Ablösung vom Erwachsenenstrafrecht/Durchsetzung des Erziehungsgedankens)
1953	Verabschiedung Jugendgerichtsgesetz
1971	Gesetz über das Zentralregister und das Erziehungsregister (Bundeszentralregister)
1973	Bekanntmachung der Neufassung des JGG
1974	Gesetz zur Neuregelung des Volljährigkeitsalters
1974	Bekanntmachung der Neufassung des Jugendgerichtsgesetzes
1977	Bundeseinheitliche Verwaltungsvorschriften zum Jugendstrafvollzug (VV-Jug)
1990	1. JGG-Änderungs-Gesetz

7.1 Zentrale Reformen und Novellen um das Jugendstrafrecht

Im Folgenden sollen vier richtungsweisende Reformen bzw. Gesetzesnovellen betrachtet werden, an denen deutlich wird, dass sich Kindheit erstens als geschützte Phase unter anderem auch durch die politischen Entscheidungen über die normativen Regelungen eines Jugendstrafrechts fest etablieren konnte und dass sich zweitens die Idee eines starken erzieherischen Zugriffs auf Normabweichler, der anfangs vor allem für Kinder bestand, allmählich auch bezogen auf das Jugendalter immer stärker durchsetzten konnte. Offensichtlich wird hieran die große Bedeutung, die staatliche Regulierungen für die Durchsetzung und Aufrechterhaltung der Idee des öffentlichen erzieherischen Zugriffs auf Minderjährige über das gesamte 20. Jahrhundert hinweg hatten.

1 Diese chronologische Aufzählung ist weitgehend vollständig, allerdings sind randständige Verordnungen, in denen es vor allem um allgemeine verfahrensrechtliche Fragen ging, hier ausgelassen.

Denn gerade an den kontroversen Verhandlungen über das Verhältnis öffentliche Erziehung – Gefängnisstrafe beziehungsweise deren Aussetzung wird deutlich, dass keineswegs von allen gesellschaftlichen Gruppen die Idee, allen Kindern und Jugendlichen einen umfassenden und generellen Schutz zu gewähren, geteilt wurde. Kriminalstrafe wurde durchaus als legitimes Abschreckungsmittel geschätzt. Unter bestimmten gesellschaftlich-historischen Bedingungen sowie in Bezug auf bestimmte Gruppen von Kindern und Jugendlichen war die Notwendigkeit eines solchen Schutzes sowie einer umfassenden öffentlichen Erziehung angezweifelt worden.

Vorgestellt und interpretiert werden die Einführung des RJGG 1923, die Reform des RJGG von 1943, die Novelle des RJGG von 1953 und die Novelle des JGG von 1990. In diesen Novellen ist die Distanz zum Erwachsenenstrafrecht immer deutlicher vergrößert sowie ein einheitlicheres Recht für alle Kinder und Jugendlichen in Deutschland durchgesetzt worden. In diesen vier Gesetzgebungs- bzw. Novellierungsverfahren ist es jeweils zu einer Vereinheitlichung der über einen längeren Zeitverlauf verabschiedeten Einzelverordnungen und landesbezogenen Ausführungsvorschriften sowie von regionalen Rechtspraxen gekommen, die zur immer weiteren Durchsetzung des Erziehungsgedankens, der Sonderstellung junger Menschen im Strafrecht sowie generell zur Vereinheitlichung im Jugendstrafverfahren führten. Dies ist insofern relevant, als dass von diesen Zeitpunkten an jeweils – zumindest vom Grundsatz her – rechtlich gleiche und einforderbare Bedingungen für den strafrechtlichen Umgang mit delinquenten Kindern und Jugendlichen in Deutschland bestanden. Die anderen oben aufgeführten Veränderungen sind einzelne Anpassungen an veränderte Praxis oder aber an Novellen in anderen Rechtsbereichen wie die des Jugendwohlfahrtsrechts, des Erwachsenenstrafrechts oder des Zivilrechts. Diesen wird allerdings nicht der Stellenwert in Bezug auf das Muster moderner Kindheit beigemessen.

7.2 Die Einführung eines gesonderten Jugendstrafrechts in der Weimarer Republik: Das Jugendgerichtsgesetz von 1923

Die Einführung des *Reichsjugendgerichtsgesetzes* von 1923 stellt einen der Marksteine erstens in der weiteren Ausformung des Musters moderner Kindheit und zweitens in der weiteren Ausdifferenzierung (im Sinne von Trennung) von Kindheit und Jugend dar. So wurde als erstes die Strafmündigkeitsgrenze von 12 auf 14 Jahre angehoben, was als Verlängerung der geschützten Kindheitsphase gedeutet werden kann. Als zweites wurde über eine ganze Reihe von Regelungen der Erziehungsgedanke in das Jugendstrafrecht eingeführt (siehe Kasten). So ist die Sonderstellung von Jugendlichen im Strafrecht forciert worden. Als drittes wurden die Bedingungen der Verurteilung von Jugendlichen auf dem gesamten Gebiet der Weimarer Republik hinweg angeglichen – es fand also eine formale Angleichung des strafrechtlichen Umgangs

Das Jugendgerichtsgesetz von 1923

Heraufsetzung der *Strafmündigkeit* auf das vollendete 14. Lebensjahr

Sonderbehandlung von Jugendlichen im Strafrechtverfahren:

- Verfahren möglichst an Jugendgerichten, unter jugendgerechten Bedingungen: Ausschluss der Öffentlichkeit, Einschränkung des Legalitätsprinzips
- Einführung eines Systems erzieherischer Rechtsfolgen (Erziehungsmaßregeln)
- Voraussetzung einer Gefängnis- oder Geldstrafe: Geistige Reife und „Nicht-Anschlagen" von Erziehungsmaßregeln
- Aussetzung der Strafe bei geistiger Unreife (jedoch noch keine Bewährungshilfe oder parallele erzieherische Maßnahmen)
- Auch bei Aussetzung der Strafe erfolgt ein Eintrag in das Strafregister
- Einführung der Jugendgerichtshilfe, Einbeziehung des Jugendamts bei der Beurteilung der Täterpersönlichkeit. Persönlichkeitseinschätzung wird Voraussetzung für die Entscheidung über die Rechtsfolge

Im geschlossenen *Strafvollzug* zwar Trennung von Erwachsenen, aber keine besondere erzieherische, jugendgemäße Behandlung während der Gefängnisstrafe. Geldstrafen wie bei Erwachsenen zulässig.

mit Kindern und Jugendlichen unabhängig von Klasse und Schicht statt. Wobei dies keinesfalls bedeutete, dass das Jugendrecht nicht ausgesprochen schichtbezogen angewendet wurde. Dies ist allerdings eine Frage anderer Art, die auf der Ebene der Mechanismen sozialer Ungleichheit verhandelt werden muss. Über die einheitlichen Rechtsbestimmungen ist erst einmal eine formale Gleichbehandlung der Gruppe der Kinder sowie der Gruppe der Jugendlichen durchgesetzt worden.

Die Anhebung der Strafmündigkeitsgrenze war im Vorfeld des Gesetzgebungsverfahrens durchaus kontrovers diskutiert, keinesfalls aber von allen gesellschaftlichen Gruppen, vor allem nicht von allen Berufsgruppen, in gleicher Weise getragen worden. War in der Jugendgerichtsbewegung vor dem Ersten Weltkrieg noch dafür plädiert worden, dass junge Menschen aufgrund der angenommenen fehlenden Reife generell erst ab dem vollendeten 16. Lebensjahr strafrechtlich belangt und vorher lediglich die Persönlichkeit erzieherisch „beeinflusst" werden sollten, wurde dieser Gedanke im eigentlichen Gesetzgebungsverfahren nach dem Ersten Weltkrieg nicht bestätigt (Dörner 1992, S. 151f.). Vielmehr wurde die Grenzziehung in den schwierigen Nachkriegsjahren damit begründet, dass Jugendliche mit 14 Jahren die Schule verlassen, also die Volksschulreife erlangen. Da junge Menschen bereits zu jenem biographischen Zeitpunkt in die Erwachsenenwelt einmünden würden, sei zusätzlich zu erzieherischen Maßnahmen unter Umständen Strafe oder aber zumindest die Feststellung einer strafrechtlich zu behandelnden Schuld notwendig – wenngleich unter anderen, „schonenderen" Bedingungen als bei

Erwachsenen. Es kann also davon gesprochen werden, dass sich mit der Setzung der Strafmündigkeitsgrenze auf das vollendete 14. Lebensjahr eine Homogenisierung der Alterslogiken in dem sich ausdifferenzierenden Erziehungs- und Rechtssystem vollzogen hat – denn auch im RJWG, im die privaten Beziehungen regulierenden BGB sowie im Bildungssystem orientierte man sich an dieser Altersmarke. Mit dieser einheitlichen normativen Alters-Festlegung ist Kindheit vorläufig als die Phase im Leben konstituiert worden, in der öffentliche Erziehung absoluten Vorrang vor staatlicher Kriminalstrafe erhalten hat.

Wenn auch die Einführung des Jugendgerichtsgesetzes 1923 eine zentrale Bedeutung für die normative wie faktische Unterscheidung zwischen Kindheit und Jugend hatte, fand doch keine vollständige Ablösung vom Erwachsenenstrafrecht statt. Denn: Wurde erst einmal die „Straffähigkeit" festgestellt, erfolgte eine weitgehende Gleichbehandlung minderjähriger Jugendlicher und volljähriger Erwachsener. Die zentrale Unterscheidung wurde also vor allem entlang der Frage gezogen, ob ein junger Mensch strafmündig, also verantwortlich für sein Handeln sei oder nicht: Für Kinder bis 14 Jahren galt eine Generalbefreiung von diesem Verdacht – für Jugendliche zwischen 14 und 18 Jahren wurde die „bedingte Strafunmündigkeit" potentiell angenommen, über die strafrechtliche Reaktion erst nach individueller Feststellung der Reife entschieden.

Bezogen auf die Sonderbehandlung von Jugendlichen im Strafrecht kann gesagt werden, dass hier zwar mildere Kriminalstrafen sowie auch eine Strafaussetzung ermöglicht wurde. Die eigentliche Gefängnisstrafe an sich war aber noch nicht erzieherisch gestaltet. Strafe galt als Generalprävention, also als Mittel der Abschreckung und Individualprävention im Sinne der Abschreckung vor weiteren Straftaten.

7.3 Die Jugendstrafrechtsreform im Nationalsozialismus: Das RJGG von 1943

Das 1943 reformierte *Reichsjugendgerichtsgetz* wird allgemein, jedoch insbesondere in der Literatur nach dem Zweiten Weltkrieg (Becker 1953, S. IV; Dallinger/Lackner 1955, S. 39) als der zentrale Schritt in der Durchsetzung des Erziehungsgedankens im Jugendstrafrecht behandelt (teils bei irritierender Ausblendung der menschenunwürdigen Selektionsfunktionen, die das Jugendstrafrecht und dessen Anwendung im Nationalsozialismus einnahm sowie auch der Persönlichkeitsrechte beschneidenden erzieherischen Eingriffe (Becker 1953, S. IV). So formuliert Walter Becker rückblickend: „Das Gesetz bildet das Jugendstrafrecht zu einem echten Erziehungsstrafrecht fort" (ebenda, S. VII). In späteren rechtswissenschaftlichen Ausführungen wird allerdings darauf hingewiesen, dass es sich hierbei keinesfalls lediglich um eine Fortführung des RJGG von 1923 handelt, sondern vielmehr ein neues

Die Reform des RJGG von 1943

Loslösung des JGG vom allgemeinen Strafrecht

Intensivierung des Erziehungsgedankens im Strafrecht:

- Einheitliche Abfolge der erzieherischen und strafenden Rechtsfolgen: Erziehungsmaßregeln – Zuchtmittel (Jugendarrest) – Jugendgefängnisstrafe als „ultima ratio“
- Unterordnung der Bemessung der Gefängnisstrafe unter den Erziehungsgedanken: Loslösung der Gefängnisstrafe vom Strafrahmen des allg. Strafrechts
- Bestätigung Mindestgefängnisstrafe von 3 Monaten aus erzieherischen Gründen (Verordnung von 1940)
- Bestätigung der Gefängnisstrafe von unbestimmter Dauer (Verordnung von 1941)
- Strafverfahren bleibt unverändert (Feststellung der Strafe wie im allg. Strafrecht), aber in der weiteren Urteilsbegründung findet eine stärkere Persönlichkeitserforschung statt; weitere Durchbrechung des Legalitätsprinzips
- Stärkung der Rechtsstellung Erziehungsberechtigter
- Verzicht auf Mitteilung der Urteilsbegründung, falls der Erziehung abträglich
- Verzicht auf Verfahrenskosten, wenn dies für den Jugendlichen mit einer Geldstrafe gleichzusetzen sei
- Vorrang der Einsetzung pädagogisch vorgebildeten Personals im Strafvollzug und Strafverfahren
- Einbeziehung des Richters in Vollstreckung und Vollzug („erzieherische“ Kontrollfunktion)
- Abmilderung der registerlichen Folgen der Strafe: Reduktion der Fristen für Auskunft und Tilgung; Beseitigung des Strafmakels durch Richterspruch (Abmilderung der Folgen für den Lebenslauf)
- HJ sowie das Jugendamt werden im gesamten Verfahren als Erziehungsinstitutionen einbezogen
- Aufhebung des Aussetzens von Strafe zur Bewährung

Bedingte *Absenkung der Altersgrenzen* der Strafmündigkeit:

- Strafrechtliche Behandlung von Kindern ab dem vollendeten 12. Lebensjahr zum Schutz des Volkes möglich
- Anwendung des allgemeinen Strafrechts auf Personen unter 18 Jahren möglich, wenn diese als frühreif oder als „charakterlich abartige Schwerverbrecher“ eingeschätzt werden (Todesstrafe, langjährige Zuchthausstrafe): zum Schutz der Volksgemeinschaft und als Sühne für Volksgemeinschaft

Einführung von Jugendschutzlagern der Polizei (Einweisung unerziehbarer Minderjähriger)

Ausgrenzung Nicht-Deutscher aus dem Anwendungsbereich des RJGG

Heranwachsende (18 bis 21 Jahre) generell nicht im Anwendungsbereich des RJGG

Verhältnis zwischen Erziehung und Strafe geschaffen wurde, das die unbedingte Erziehungsnotwendigkeit des Menschen zu einer national-sozialistischen Persönlichkeit durch den Staat betonte. Mit dieser Radikalisierung des Erziehungsgedankens sei eine Abkehr von der eher sozialliberalen Idee des RJGG von 1923 vollzogen worden (Wolf 1984, S. 120ff).

Der intensivierte erzieherische Zugriff zeigt sich anhand einer ganzen Reihe neuer Bestimmungen. Als erstes an der fein abgestimmten Aufeinanderfolge von erzieherischen Mitteln und Strafe (Erziehungsmaßregeln, Zuchtmittel/Jugendarrest) als Rechtsfolgen vor der eigentlichen Erziehungsstrafe im Gefängnis. Als zweites aber auch in der Idee der Persönlichkeitserforschung, um die geeigneten erzieherischen Mittel zu finden. Die Strafbemessung wird als drittes so nicht allein aufgrund der Tat gewählt, sondern aufgrund der Persönlichkeit des Täters und der Annahme der erzieherischen Wirkung einzelner Erziehungsmaßnahmen. Insofern wird die Dauer der Strafe oder der erzieherischen Maßnahme auch hinsichtlich der Realisierung des Erziehungsgedankens bestimmt. Die Gefängnisstrafe erhält einen spezialpräventiven Zweck. Sühne als primärer Zweck wird zurückgestellt. Insgesamt findet damit eine Loslösung der Gefängnisstrafe vom Strafrahmen des allgemeinen Strafrechts statt. Hervorzuheben ist in diesem Zusammenhang vor allem auch die Einführung der sogenannten „Bewährungsstrafe", um eine stärkere Kontrolle des Sozialisationsprozesses bei der Aussetzung der Gefängnisstrafe zu erreichen. Dieser Zugriffswille zeigt sich in der angestrebten Zusammenarbeit aller Jugendbehörden und -organisationen, also in der starken Einbeziehung des Jugendamtes und der staatlichen Jugendorganisation „Hitlerjugend".

Insgesamt kann die radikale Durchsetzung des Erziehungsgedankens für junge Menschen, die in anderen Rechtsbereichen und vor allem im Erwerbsleben nicht mehr als komplett unmündige Kinder eingestuft werden, als zentraler Schritt in der staatlich vorangetriebenen generationalen Grenzziehung bezeichnet werden.

Aus der Perspektive dieser Arbeit ist neben der Durchsetzung des Erziehungsgedankens in Bezug auf Jugendliche vor allem aber die scharfe Selektion zwischen einer Gruppe von Kindern, die absoluter staatlicher Erziehung unterworfen ist (Zwangserziehungsmaßnahmen) und einer Gruppe von Kindern und Jugendlichen, die nicht in dieses Normsystem integriert und wie bisher nach Erwachsenenlogiken behandelt wird. Ausgegrenzt aus dem schützenden Sonderbedingungen des Jugendstrafrechts wurden Nicht-Erziehbare, Nicht-Deutsche, Nicht-Arier – die Strafmündigkeitsgrenze wurde für diese Gruppen (potentiell) auf das vollendete 12. Lebensjahr abgesenkt. Als Weiteres wurde ab diesem Alter gegebenenfalls Erwachsenenstrafe angewandt (s. o.). Geschützt wurde also nur, wer erzogen werden sollte. Deutlich wird daran, dass der gesamte Schutz vor der Gleichbehandlung mit Erwachsenen vor allem aus dem Erziehungsgedanken erwachsen ist. Es kann also die These der staatlichen Homogenisierung der Rahmenbedingungen von Kindheit und Jugend bei Ausschluss einzelner Gruppen aus diesem Homogenisierungsprozess aufgestellt werden. Zwei Sorten von Kindheiten wurden etabliert, mit der es zu einer radikalisierten Unterscheidung zwischen „erziehungswürdigen“ und „erziehungsunwürdigen“ Kindern kam.

7.4 Die Novelle des Jugendgerichtsgesetzes von 1953

Mit der Jugendrechtsreform von 1953 wurde vor allem die Ungleichbehandlung verschiedener Gruppen von Kindern und Jugendlichen im Recht aufgehoben, formal gleiches Recht für alle Kinder und Jugendlichen verankert und Kindheit als absoluter Schutzraum wieder hergestellt. Im Großen und Ganzen aber wurde die Etablierung des Erziehungsgedankens im Jugendstrafrecht von 1943 bestätigt und verstärkt (Becker 1953, S. IX). Gerhard Wolf (1984) hebt hervor, dass es keine grundsätzliche Abkehr von der starken Erziehungsideologie gab, wenn auch betont werden müsse, dass dies nicht im Duktus des Nationalsozialismus geschah. Der Erziehungsgedanke hatte sich als ein Wert an sich, wie auch in anderen Bereichen des Jugendrechts, verfestigt. Heutige Autoren sprechen davon, dass diese Novelle einen Höhepunkt des ideologisierten Erziehungsgedankens darstelle (besonders deutlich Ostendorf 2007, S. 16 f., aber auch Heinz 1992). Persönlichkeitsrechte von Jugendlichen seien auf eklatante Weise missachtet worden, um Erziehungsarrangements durchzusetzen. Im allgemeinen Strafrecht hingegen bestanden Persönlichkeitsrechte wie das Verhältnismäßigkeitsgebot von Tat und Strafe. Eine solche Radikalisierung des Erziehungsgedankens in den 1950er Jahren bestätigen auch Wilhelm Dallinger und Karl Lackner, wenn sie in ihrem Kommentar zum JGG feststellen: „Nichts ist mehr von dem Gedanken übrig geblieben, daß es Sache der Verurteilten sein müsse, aus eigener Kraft den rechten Weg zu finden. Es sind vielmehr alle Anstrengungen zu machen, um durch sozialkonstruktive Methoden den Erziehungsnotstand des Verurteilten zu überwinden“ (Dallinger/Lackner 1955, S. 60). An anderer Stelle wird dies noch deutlicher, wenn sie die Einführung eines Jugendgerichtsgesetzes wie folgt begründen: „Es mußte also als Mittel zur Umgestaltung der charakterlichen Haltung eines Straffälligen die Erziehung in den Bereich des Strafrechts einbezogen werden“ (Dallinger/Lackner 1955, S. 39).

Mit der Festlegung der absoluten Strafmündigkeitsgrenze auf das vollendete 14. Lebensjahr und der damit einhergehenden Gleichbehandlung aller Kinder als „Kinder“ ist es zu einer Renaissance des geschützten Kindheitsmusters gekommen. Kindheit wird wieder frei von Erwachsenenstrafe – Kinder werden generell als nicht verantwortlich für die Folgen ihres Handelns konstituiert – normverletzendes Handeln gilt strafrechtlich nicht als kriminell. Kindheit ist also lediglich den Bedingungen der öffentlichen Erziehung, nicht aber der öffentlichen Strafe ausgesetzt. Bei einem offensichtlichen, nachgewiesenen Fehlverhalten tritt die Jugendwohlfahrt mit ihrer rigorosen Fürsorgeerziehung als Pendant zum jugendbezogenen Jugendstrafrecht auf den Plan.

Jugendgerichtsnovelle von 1953

- Aufhebung der Vorschriften über „jugendliche Schwerverbrecher“ (Verurteilung ab dem 16. Lebensjahr nach Erwachsenenstrafrecht)
- Wiedereinsetzung von Jugendschöffen in Gerichtsverfahren
- Ausschluss von Jugendorganisationen aus dem Jugendgerichtsverfahren
- Ersetzung des Begriffes Jugendgefängnis durch den der Jugendstrafe (Betonung der Erziehungsstrafe)
- Erweiterung des Anwendungsbereichs des JGG auf Heranwachsende (19 bis 21) Jahre; Zuständigkeit der Jugendgerichte für Personen, die zur Tatzeit Heranwachsende waren
- Erziehungsmaßregeln erhalten Vorrang (Weisungen, Schutzaufsicht, Fürsorgeerziehung) vor Zuchtmitteln (Jugendarrest)

Interessant ist allerdings, dass diese Novelle noch hinter den Vorstellungen von Reformern des Jugendstrafrechts zurück bleibt, die eine Anhebung der absoluten Strafmündigkeitsgrenze auf das vollendete 16. Lebensjahr forderten (Stellungnahme der Arbeitsgemeinschaft für die Reform des Jugendstrafvollzugs 1952, S. 211). Begründet wurde eine solche Anhebung mit dem Erziehungsnotstand und der von Jugendpsychologen und Wissenschaftlern erklärten „Unreife“ der Nachkriegsjugend, die eine Ausdehnung eines rein erzieherischen Zugriffs erfordere. Argumentiert wurde vor allem auch mit der Angleichung dieser Altersgrenze an die allgemeine Volksschulpflicht, die mit dem 16. Lebensjahr und nicht mit dem 14. endete. Eine solche Ausdehnung der Zuschreibung von mangelnder Verantwortlichkeit für das eigene Handeln war jedoch politisch nicht durchsetzbar. Zum einen wurde der Jugendgefängnisstrafe ein erheblicher erzieherischer Wert beigemessen, was an folgendem Zitat aus einem anerkannten Rechtskommentar von 1955 deutlich wird: „Der kriminellen Strafe kommt in gewissen – besonders schweren – Fällen auch ein erheblicher erzieherischer Wert zu, weil dies dem Täter die Möglichkeit der Entsühnung bietet und ihm die Erkenntnis vermittelt, daß er um der Tat willen Leid auf sich nehmen muss“ (Dallinger/Lackner 1955, S. 47). Zum anderen wird aber in Weiterführung der im Nationalsozialismus geprägten Figur der „schädlichen Neigung“ argumentiert, dass es durchaus jugendliche Persönlichkeiten gäbe, die die kriminelle Reife Erwachsener besitzen und in diesem Sinne auch wie solche behandelt werden müssten. So plädiert Max Kohlhaas im Vorfeld des Gesetzgebungsprozesses für die Beibehaltung der Anwendung des Erwachsenenstrafrechts auch für Jugendliche, wenn diese besonders „schädliche Neigungen“ zeigen und als reif wie Erwachsene eingeschätzt werden können. Dann sollten diese nicht mehr unter den Schutz des Erziehungsgedankens fallen, sondern vor allem die begangene Tat sühnen: „Entscheidend ist m.E. aber gerade der Gesichtspunkt, daß Schuld und Sühne nur dann richtig im Verhältnis stehen, wenn losgelöst vom Geburtsdatum der seiner Reife nach Erwachsene in den besonderen Fällen schwer und einer besonders verwerflichen Gesinnung auch wie in dem Gesetz nach Erwachsenen bestraft wird und umgekehrt der in der Entwicklung zurückgebliebene Mensch milder bestraft werden muß, als es seinem Geburtsdatum entspricht" (Kohlhaas 1952b, S. 168). Auch Walter Becker hebt in dem Kommentar von 1953 die Bedeutung von Sühne im Jugendstrafprozess noch einmal aus einer anderen Perspektive hervor: „Fachkreise der Jugendfürsorge haben bei den Gesetzesberatungen geltend gemacht, daß bei jugendlichen Rechtsbrechern allein der Gedanke der Erziehung ausschlaggebend sein dürfe, und daß die im ersten Entwurf gewählte Formulierung ‚Erziehung durch Strafe' glücklich sei. So sehr das Gesetz aber den Gedanken der Erziehung gerade bei Jugendlichen und Heranwachsenden in den Vordergrund gestellt hat, so hat es auch die für eine echte Schuldstrafe sprechenden Gesichtspunkte nicht völlig außer acht lassen können" (Becker 1953, S. X). So kann zusammenfassend gesagt werden, dass parallel zum Erziehungsanliegen der Straf- und Sühnegedanken für die Phase der Jugend erhalten blieb, das heißt dass es nicht zu einer Ausdehnung des absoluten Schutzraumes Kindheit kam – aus generalpräventiven Gründen (Strafe als Abschreckung), aus persönlichkeitsbezogenen Gründen (Strafe als Erziehung bei „schädlichen Neigungen") und aus gesellschaftsbefriedenden Gründen der Sühne von besonders schweren kriminellen Taten (Strafe als Genugtuung). Anders als 1923 wurde eine Angleichung an schulbezogene Altersnormen jetzt nicht mehr als dringlich erachtet, sondern die besondere Notsituation der Nachkriegsjugend geltend gemacht (Becker 1953, S. VI).

Der Logik des starken Erziehungsgedankens folgend, blieben die bürgerlichen Rechte von Jugendlichen im Strafverfahren in der Reform von 1953 weiterhin erheblich eingeschränkt, um die vermuteten Einwirkungsmöglichkeiten durch Erziehung nicht einzuschränken: Die Strafbemessung überstieg häufig den Strafrahmen des allgemeinen Strafrechts, das heißt Taten, die im Erwachsenenstrafrecht mit kurzen Gefängnisstrafen gesühnt wurden, wurden zeitlich stark ausgedehnt, mit der Begründung, dass die Erziehung im Gefängnis mehr Zeit benötige (Mindestgefängnisstrafe von 6 Monaten): „Von der kurzfristigen Strafe ist man abgekommen, weil eine planvolle Erziehung in einem kürzeren Zeitraum als 6 Monate nicht durchgeführt werden kann" (Becker 1953, S. VII). Als weiteres konnte Jugendlichen gegebenenfalls die Begründung des Urteils vorenthalten werden, falls dies als schädlich für den Erziehungsprozess eingeschätzt wurde. Auch das Einlegen von Rechtsmitteln war begrenzt, um Strafvollstreckung und -vollzug nicht unnötig zeitlich hinauszuzögern und somit den Erziehungsprozess im Jugendgefängnis zu verhindern. Bei meinen Literaturrecherchen habe ich nur wenige historische Beiträge gefunden, die diese Ungleichbehandlung von Jugendlichen und Erwachsenen als Benachteiligung und Rechtsverletzung interpretiert haben – so stellt beispielsweise Hellmer, allerdings aus der Perspektive des Elternrechts, bereits 1955 die Frage, ob die Anordnung von Erziehungsmaßregeln als Rechtsfolge einer Straftat verfassungswidrig, also ein Verstoß gegen das Elternrecht sei. Denn wenn keine Verwahrlosung durch mangelnde Erziehung vorläge, hätte das Strafrecht lediglich das Recht zur Verhängung von Strafe, nicht aber zur

Die Jugendstrafe ab 1953

- Wiedereinführung der Jugendstrafe zur Bewährung
- Einführung des Aussetzens der Verhängung einer Jugendstrafe zur Bewährung
- Bewährungshilfe und Bewährungsauflagen während der Bewährungszeit/ hauptamtlicher Bewährungshelfer
- Beseitigung des Strafmakels (Eintragung Strafregister) nach erfolgreicher Bewährungszeit
- Ausbau der Sonderstellung von jungen Menschen im Jugendstrafvollzug: Stärkung des Erziehungsgedankens bspw. durch „Freigang" und Vollzugslockerungen
- Einführung der Mindeststrafe von 6 Monaten für Jugendliche und ggf. Heranwachsende
- Beibehaltung der Jugendstrafe von unbestimmter Dauer
- Rechtsmittelbeschränkung aus erzieherischen Gründen (Verkürzung der Prozessdauer)

Verordnung von Erziehungsmaßnahmen – das sei das verfassungsrechtlich verbürgte Recht der Eltern. Erst ab den 1970er Jahren wurde verstärkt die ideologisierte Erziehungsstrafe kritisiert und die Beschränkung von Jugendrechten hervorgehoben (bspw. Ostendorf 2007, S. 17). Ganz besonders deutlich zeigt sich diese Logik zum Beispiel in einer Abhandlung über das Verhältnis von Schuldstrafrecht und Erziehungsstrafrecht von Gerhard Potrykus: „Es ist anerkannt, daß die Jugendstrafe die einzige kriminelle Strafe des JGG, wesensverschieden von der Gefängnisstrafe und überhaupt von den Freiheitsstrafen des allgemeinen Strafrechts ist. Die Jugendstrafe ist in erster Linie eine Erziehungsstrafe. Der Strafzweck der Abschreckung darf bei ihrer Verhängung keine Rolle spielen. Der Sühnezweck muß hinter dem Erziehungsgedanken und der beabsichtigten Resozialisierung des Täters zurücktreten. Eben weil die Erziehung im Vordergrund steht, ist der Richter befugt, eine Strafe zu verhängen, die dem Erziehungsbedürfnis im ausreichenden Umfange Rechnung trägt, auch wenn dadurch nach dem allgemeinen Grundsätzen das Maß der Schuld überschritten wird. Im Jugendrecht sind also nicht so sehr das Maß der Schuld und die Höhe der Strafe gekoppelt, als das Ausmaß der Strafe und die erzieherische Wirkung" (Potrykus 1959, S. 65). Die Feststellung „mangelnder Reife" und eines „Erziehungsnotstandes" legitimierten die Ungleichbehandlung von Jugendlichen sowie das Aberkennen von bürgerlichen Rechten, die im allgemeinen Strafrecht gewährt werden (beispielsweise die Einschränkung von Rechtsmitteln). Insbesondere an dieser mit der Erziehungsnotwendigkeit begründeten Ungleichbehandlung von Jugendlichen und Erwachsenen bei gleichen Straftaten wird die hohe Bedeutung staatlicher Regulierungen für die Aufrechterhaltung der generationalen Ordnung, die Differenz zwischen Erwachsenen und Jugendlichen deutlich.

Deutlich wird die Bedeutung staatlicher Regulierung für die Durchsetzung des Erziehungsgedankens im Jugendstrafrecht aber auch in den Ausführungen von Wolff Middendorff, der bereits 1953 darauf hinweist, dass durch das neue Recht Richter, die nach wie vor in der Logik des Erwachsenenrechts urteilten, in ihrer Rechtspraxis gezwungen werden sollten, einer jugendgerechten Rechtsprechung nachzukommen (Middendorff 1953, S. 13). Denn in der alltäglichen Rechtsprechung ist die Einschätzung von Wilhelm Dallinger und Karl Lackner wohl nicht immer geteilt worden: „Je tiefer der Richter in die Persönlichkeit des Täters eindringt und die letzten Ursachen seiner Verfehlung bloßlegt, umso leichter wird es ihm fallen, die richtige Frage auf die Antwort zu finden, ob es vom Erziehungsstandpunkt aussichtsreich erscheint, den Täter einer Behandlung in der Freiheit zu unterwerfen" (Dallinger/Lackner 1955, S. 60). So weist Middendorff darauf hin, dass ein Urteilsspruch gegebenenfalls nicht rechtskräftig sei, wenn nicht auf eine jugendgemäße Erforschung der Täterpersönlichkeit und seiner Lebensumstände geachtet wurde, wie es im Gesetz und in der Urteilsbegründung formuliert sei – dies sei häufig dem realen Fehlen von Jugendgerichten und pädagogisch-psychologisch geschultem Personal zuzuschreiben (Middendorff 1953, S. 15).

Abschließend kann also festgehalten werden, dass es in der jungen Bundesrepublik Deutschland zu einer Ausdehnung des im Nationalsozialismus etablierten Erziehungsgedankens im gesamten Jugendstrafrechtsverfahren kam. Es galten die Maxime *Erziehung vor Strafe* (Erziehungsmaßregeln und Zuchtmittel) sowie gegebenenfalls *Jugendstrafe als Erziehung*. An der Legitimität eines solch starken staatlichen Zugriffes in das Erziehungsgeschehen wurde zumindest in den ersten Jahren nach der Novelle kaum gezweifelt. Als Weiteres ist hervorzuheben, dass Kindheit endgültig als Schutzraum für alle Kinder unabhängig von der Herkunft und Persönlichkeitsentwicklung definiert und rechtlich normiert wurde.

7.5 Die Novelle des Jugendgerichtsgesetzes von 1990

Die Jugendstrafrechtsnovelle von 1990 wird sowohl in den direkten Bewertungen nach dessen Inkrafttreten Anfang der 1990er Jahre als auch in aktuellen Lehrbüchern und Kommentaren von 2007 nicht als eigene Reform, sondern als Anpassung an das neu verabschiedete KJHG, an Einzelverordnungen der vorangegangenen Jahre zum JGG sowie an die landes-bezogenen Ausführungsverordnungen bewertet (Heinz 1990, S. 133; Ostendorf 1992, S. 3; Herz 1993, S. 291). So spricht Ulrich Eisenberg (2007, S. 3) von einer „technischen Anpassung" an Entwicklungen bzw. Belange der Praxis; Günther Kaiser hebt lapidar hervor, dass man weder von Rück- noch von Fortschritten sprechen könnte (Kaiser 1997, S. 36). Die meisten Kommentierungen spiegeln eine relativ große „Ernüchterung" wider, da bereits seit den 1970er Jahren mehrere Entwürfe für das Jugendgerichtsgesetz sowie für ein Jugendstrafvollzugsgesetz vorgelegt worden waren (hierzu ausführlich Ostendorf 2007; Kaiser 1997, S. 36, 38). Insgesamt kann diese Novelle vor allem als erneute bundes-

Die Novelle des JGG von 1990

- Stärkung der informellen Reaktionsmöglichkeiten des Jugendrichters und Jugendstaatsanwalts
- Erweiterung/Ausdifferenzierung der erzieherisch wirksamen Reaktionsmöglichkeiten des Jugendrichters (Betreuungsweisungen, Täter-Opfer-Ausgleich, Soziale Arbeit und Soziale Trainingskurse)
- Vereinfachung und Vereinheitlichung von Verfahrenseinstellungen, also Durchsetzung des Diversionsgedankens
- Verfahrenseinstellung als Regelfall, d. h. ambulante Maßnahmen werden subsidiär vor stationären behandelt sowie Ausbau der Strafaussetzung zur Bewährung
- Verschärfung der Voraussetzung Anordnung von Arrest (Ungehorsamsarrest, Freizeitarrest, Arrest wegen Ordnungswidrigkeiten)
- *Aufhebung der Jugendstrafe von unbestimmter Dauer*
- Erweiterung der Funktion der Jugendgerichtshilfe in Untersuchungshaft (bisher war Untersuchungshaft den Bedingungen des allgemeinen Strafrechts unterstellt)
- Verschärfung der Voraussetzungen für die Anordnung von Untersuchungshaft für Jugendliche zwischen 14 und 15 Jahren

weite Vereinheitlichung der rechtlichen Rahmenbedingungen für den Umgang mit jugendlichen Straftätern sowie für die Bedingungen des Strafverfahrens und der Vollstreckung von Rechtsfolgen gesehen werden.

Auch wenn diese Novelle von den meistens juristischen Kommentatoren als wenig progressiv eingeschätzt wird, ist sie für meine Analyse dennoch wertvoll: Denn zum einen kann aufgezeigt werden, dass sich in dieser Novelle der Erziehungsgedanke durch die Angleichung der bundesweiten Rechtspraxen auch ohne grundlegende Reformen weiter vertieft hat. Zum anderen ist es interessant, dass sich eine solche Ausdehnung des Erziehungsgedankens durchsetzen konnte, trotz einer über die Jahre hinweg immer breiter gewordenen Kritik an einer (vermeintlich falsch verstandenen) Idee der Erziehungsstrafe (vgl. Wolf 1984, auch Herz 1993, S. 297).

Festhalten an der unteren Strafmündigkeitsgrenze – die Bestätigung des Musters moderner Kindheit als Phase absoluter Strafunmündigkeit

Interessant an der Änderung des JGG von 1990 ist die Bedeutung wohlfahrtsstaatlicher Regulierungen für die erneute Bestätigung des Musters moderner Kindheit in Bezug auf die Abgrenzung zum Muster der Jugend und der Erwachsenheit. Interessant deshalb, weil mit dieser Novelle Kindheit in ihrer normativen Verfasstheit als absoluter Schutz vor Kriminalstrafe auch in Zeiten extrem sozialen Wandels unangetastet bleibt. Die Strafmündigkeitsgrenze von 14 Jahren wurde trotz unterschiedlichster fachwissenschaftlicher Argumentationen gegen deren Fortbestand in keiner Weise angetastet. Es konnten sich die – zu diesem Zeitpunkt Ende der 1980er Jahre allerdings noch sehr wenigen – Vertreter durchsetzen, die in besonders schweren Fällen von Kinderdelinquenz eine Behandlung nach dem Jugendgerichtsgesetz bereits ab dem vollendeten 12. Lebensjahr forcieren wollten (vgl. Weinschenk 1984).[2] Mit einer solchen Absenkung des Strafmündigkeitsalters wäre das delinquente Kind aus der alleinigen Zuständigkeit der öffentlichen Kinder- und Jugendhilfe und der Familiengerichte gelöst und eine andere Form des Zugriffs – nämlich des strafrechtlichen – ermöglicht worden. Die Straffreiheit, also die Behandlung als „Kind", das für seine Taten nicht strafrechtlich behandelt werden kann, blieb bestehen und damit Kindheit als Phase des absoluten Schutzes vor strafrechtlichen Zugriff unberührt. Damit wurde die Vorrangigkeit des Jugendamtes und der Familiengerichte im Falle elterlichen Erziehungsversagens betont. Dies ist insofern von Bedeutung, als dass mit dem Inkrafttreten des *Kinder- und Jugendhilfegesetzes* 1990/91 das Elternrecht in allen Belangen der Jugendhilfe noch einmal bestätigt, in einigen Bereichen auch stark ausgedehnt wurde (siehe Kapitel 5). Wird im Rahmen der Anwendungsbereiche des KJHGs und des BGBs über Kindeswohlgefährdung entschieden, ist das Recht der Eltern, über die Erziehungsmaßnahmen mitzubestimmen beziehungsweise angehört zu werden, sehr stark. Das Muster der Familienkindheit wird also auch in den 1990er Jahren durch die Entscheidung gegen eine Absenkung der Strafmündigkeitsgrenze aufrechterhalten – der direktere Zugriff auf Kinder über das Strafrecht bleibt untersagt und damit die Rechtsposition von Eltern, deren Kinder starke Normverletzungen verübt haben, aufrechterhalten. Kindheit verbleibt als ein Schutzraum vor strafrechtlich erziehenden und strafrechtlich strafenden Einflüssen – der gesellschaftlich hoch bewertete Eigenwert von Kindheit als geschützter Phase wird nicht in Frage gestellt, sondern bleibt *für alle Kinder* unabhängig von deren Persönlichkeit bestehen. Auch ist so die basale Abgrenzung zwischen Kindheit und Jugend aufrechterhalten.

Forcierung des Erziehungsgedankens im gesamten Jugendstrafrecht – Verhinderung der Anhebung der Strafmündigkeitsgrenze

Die Strafmündigkeitsgrenze blieb nicht nur in einer Abgrenzung nach unten erhalten. Auch wurde eine Anhebung dieser Grenze verhindert. Vertreter einer solchen Anhebung der Strafmündigkeitsgrenze auf das vollendete 16. Lebensjahr konnten sich nicht durchsetzen, obwohl dieser Vorschlag bereits in den vorangegangenen Gesetzesentwürfen seit den 1970er Jahren von einer recht breiten, disziplinübergreifenden Fachöffentlichkeit positiv verhandelt worden war (Heinz 1990, S. 134, 143; Ostendorf 1992, S.2). Begründet wurde diese Forderung mit kriminal- und sozialwissenschaftlichen Erkenntnissen (vgl. Cohen 1961) – vor allem unter Bezugnahme auf den „labeling approach" (vgl. Nothacker 1986; Becker 1963/1971). Der besagt, dass zum einen jugendliche Delinquenz ein „passageres" und vor allem „normales", jugendspezifischen Phänomen sei, das im Übergang zum Erwachsensein

2 Einen guten Überblick über die Debatte in den 1980er Jahren bieten Frehsee (1988), später auch Frehsee (1993) und Ostendorf (2007, S. 27f.).

überwunden wird (vgl. exempl. Nothacker 1986; Heinz 1990, S. 140). Strafe sei deshalb die falsche, unter Umständen rechtswidrige Antwort, da jugendliches delinquentes Verhalten nicht als kriminelle Handlung bewertet werden könne. Vielmehr müsse es zu einer „Entkriminalisierung“ kommen. Folgt man dieser Argumentation, muss konsequenterweise eine rein erzieherische Antwort durch die Jugendhilfe gegeben werden, die den jungen Menschen dabei unterstützen muss, langfristig ein normgerechtes Verhalten zu entwickeln.[3] Als weiteres Argument wurde angeführt, dass Jugendstrafe dem eigentlichen Erziehungsprozess und der langfristigen biographischen Entwicklung, also der Integration in die Gesellschaft und der Prävention vor weiteren Straftaten schade. Aus dieser Perspektive war für eine generelle Strafunmündigkeit (eingeschränkter: eine Bestrafungsunmündigkeit) bis zum vollendeten 16. Lebensjahr plädiert worden. Wie auch in den Gesetzgebungs- und Novellierungsprozessen von 1923 und 1953 sind solche Reformvorschläge allerdings erneut zurückgewiesen worden, da eine strafrechtliche Sonderbehandlung von Jugendlichen im Einzelfall gewährt und legitimiert bleiben sollte. Damit war die Idee eines einheitlichen Jugendrechts politisch nicht durchsetzbar. Es sollte die Bedeutung eines generalpräventiven Gedankens des Strafrechts aufrechterhalten werden sowie Erziehung unter geschlossenen Bedingungen möglich bleiben – mit dem KJHG von 1990 war eine solche Form der geschlossenen Fürsorgeerziehung aber abgeschafft worden.

Insofern kann die Novelle von 1990 als Kompromiss verstanden werden zwischen denjenigen, die eine Alleinzuständigkeit der Jugendhilfe *aus erzieherischen Überlegungen* und denjenigen, die eine Aufrechterhaltung der Zugriffsmöglichkeiten der Strafbehörden ebenfalls *aus erzieherischen Gründen* forderten – der Rückgriff auf *„Erziehung“* ist beiden Argumentationen immanent. Ein Kompromiss insofern, als dass trotz (und vielleicht gerade wegen) der Zurückweisung der Veränderung von Altersgrenzen nach oben – und damit der Zurückweisung eines rein erzieherischen Zugriffs im Sinne der Jugendhilfe – mit dem 1. JGGÄndG von 1990 die Bedingungen für die einheitliche Durchsetzung des Erziehungsgedankens unter strafrechtlichen Bedingungen für alle (delinquenten) Jugendlichen zwischen 14 und 18 Jahren unabhängig von länderspezifischen Unterschieden formuliert wurden. Der Erziehungsgedanke ist also keineswegs zurückgewiesen, sondern vielmehr ausgedehnt und vereinheitlicht worden. Dies lässt sich erstens an der Ausweitung der Möglichkeit der generellen subsidiären Anwendung von inzwischen sehr ausdifferenzierten Erziehungsmaßregeln vor Zuchtmitteln und Jugendstrafe erkennen, zweitens an der Forcierung der Aussetzung von Jugendstrafe auf Bewährung (Diversion), die nun stets mit einer pädagogischen Begleitung durch einen Bewährungshelfer einhergehen soll, und schließlich drittens am Aussetzen der Verhängung einer Jugendstrafe. Die Grundgedanken hierbei

3 So die Grundargumentation im Band von Müller/Otto (1986) oder auch bei Nothacker (1986); vgl. auch Heinz (1992); kritisch Herz (1993), auch Kaiser (1986 und 1997, S. 38).

sind wie gesagt keinesfalls neu, jedoch ist durch die stark ausformulierte Spezifizierung von Erziehungsmaßregeln eine markante Setzung vorgenommen worden, um der Subsidiarität von erzieherischen Maßnahmen zu einer einheitlichen Anwendung zu verhelfen. Es sind also – ähnlich wie im KJHG von 1990 in Bezug auf die Hilfen zur Erziehung – sehr spezifische Konzepte formuliert worden, in denen erzieherische Maßnahmen im Falle jugendbedingten Fehlverhaltens zum Ausdruck kommen, die sehr individuell und auf die Täterpersönlichkeit bezogen angewendet werden können. Dies soll Richtern mehr Möglichkeiten geben, persönlichkeitsbezogen erzieherische Maßnahmen auch in der „Freiheit" anzuordnen. Als viertes lässt sich der Wille, den Erziehungsgedanken auch unter der Voraussetzung der bedingten Strafmündigkeit weiter auszudehnen, aber auch an der Verbesserung der Position der Jugendgerichtshilfe in der Untersuchungshaft erkennen. Es findet nämlich eine Ausdehnung des Erziehungsgedankens in einen Bereich hinein, in dem vormals eher der Logik des allgemeinen Strafrechts gefolgt wurde, statt. Auch Robert Wagner bestätigt dies und spricht davon, dass sich im konkreten Jugendstrafvollzug seit 1977 der Erziehungsgedanke durchgesetzt habe, obwohl nach wie vor ein konkretes Jugendstrafvollzugsgesetz fehle und sehr viel stärker der Erziehungsgedanke, trotz aller verfassungsrechtlicher und professionstheoretischer Bedenken, festgeschrieben werden müsse (Wagner 1992, S. 413).

Auch wenn die Aufrechterhaltung beziehungsweise die Ausdehnung des Erziehungsgedankens als der Kern des 1. JGGÄndG von 1990 bezeichnet werden kann, vollzog sich die Anpassung der genau auf Erziehung ausgerichteten Rechtspraxis im Vorfeld keinesfalls widerspruchslos. Wie bereits weiter oben in Bezug auf die Strafmündigkeitsgrenze ausgeführt, hatte sich in den Jahren vor der Novelle breite Kritik an einer zu starken „Erziehungsideologie" im Strafrecht entzündet, nämlich an der Durchsetzung eines Erziehungsgedankens, der die Persönlichkeitsrechte von jungen Menschen eklatant einschränke. Die den vorgelegten Gesetzesentwurf verabschiedenden Gremien (Bundestag und Bundesrat) standen damit im Dilemma, zum einen das breite fachpolitische und öffentliche Interesse an einem starken erzieherischen Zugriff – unter Umständen auch unter Zwangsbedingungen – zu befriedigen und zum anderen diejenigen Positionen zu berücksichtigen, die auf die Verletzung von Grundrechten durch einen solchen Zugriff auf die Persönlichkeit aufmerksam machten. Denn seit den 1980er Jahren waren in allen auf Kinder und Jugendliche bezogenen Regulierungsbereichen die Rechte von Kindern und Jugendlichen immer häufiger thematisiert und politisch behandelt worden. Die entscheidenden Parteien entschlossen sich also zu einem weiteren Kompromiss – die notwendigen Reformen wurden verschoben (vgl. Ostendorf 1992). In einer Entschließung, die der Deutsche Bundestag mit der Verabschiedung des 1. JGGÄndG von 1990 vorlegte, wurden konkrete Reformpunkte formuliert. Bis 1992 (!) hätte ein 2. JGGÄndG vorgelegt werden sollen, in dem genau diese Dilemmata Gegenstand waren:

- „... das Verhältnis zwischen Erziehungsmaßregeln und Zuchtmitteln
- die Voraussetzungen für die Verhängung von Jugendstrafe
- die vermehrte Mitwirkung von Verteidigern im Jugendstrafverfahren, die Gefahr der Überbetreuung Jugendlicher (Erziehungsgedanke/Grundsatz der Verhältnismäßigkeit)
- die Stellung und die Aufgabe der Jugendgerichtshilfe im Jugendstrafverfahren
- die Aus- und Fortbildung von Richtern, Staatsanwälten und Rechtsanwälten in Bezug auf jugendstrafrechtliche Besonderheiten ...“ (Ostendorf 1992, S. 2)

Insbesondere in der Anmerkung zur Verhältnismäßigkeit zwischen Tat und „Erziehungsstrafe“ (Strafbemessung) wird das rechtstaatliche Dilemma in Bezug auf eine ausgedehnte Sonderbehandlung, die mit der Notwendigkeit von Erziehung begründet wird, deutlich.

Vergleicht man das sehr stark auf die Ausdehnung des Erziehungsgedankens fokussierte 1. JGGÄndG mit den Reformvorschlägen in der Entschließung zu einem zweiten 2. JGGÄndG, das unter anderem diese Ausdehnung gerade in Frage stellt, wird die ganze Problematik deutlich, unter der die neuen Regulierungen beziehungsweise die Veränderungen bestehender Regulierungen in Bezug auf Kindheit und Jugend politisch realisiert werden. Denn es müssen heterogene Logiken des Rechtsstaates sowie unterschiedlichste kulturelle Vorstellungen in Bezug auf die zu regulierenden Bereiche integriert werden. Die verschiedenen kulturellen Vorstellungen von Kindheit und Jugend sowie von Professionalität stießen hier direkt aufeinander. Der Umgang mit dem Erziehungsgedanken sowie die damit verbundene Frage nach einem absoluten Schutzraum ist politisch stets kontrovers verhandelt worden. Seit den 1980ern wird allerdings diese Frage durch die ausgedehnten Diskussionen um Bürgerrechte von jungen Menschen (vgl. die Vorbereitung der *UN-Kinderrechtskonvention*) dringlicher. Die noch 1923 und 1953 halbwegs einheitliche Vorstellung von notwendiger Erziehung ist nicht mehr vorhanden, so werden Regulierungen komplizierter. Das Festhalten am Status quo bei gleichzeitiger Anmahnung einer Reform kann als Kompromiss dieser Kontroverse bezeichnet werden.

So kann zum Abschluss dieses Kapitels festgehalten werden, dass die Differenz zwischen Kindern und Jugendlichen sowie zwischen Erwachsenen und Jugendlichen durch das 1. JGGÄndG von 1990 bestätigt und teilweise ausgebaut worden ist. Die generationale Ordnung bleibt durch die Novelle erhalten. Denn: die Rückbeziehung auf den Erziehungsgedanken und die damit etablierte Sonderbehandlung (sowohl in der Strafaussetzung, in der Verordnung von den zur Jugendstrafe subsidiären Erziehungsmaßnahmen, in der Strafbemessung als auch in der Behandlung in der Untersuchungshaft) stellt die größtmögliche Differenz zu Erwachsenen dar. Eine Differenz, die im Großen und Ganzen auf gesellschaftlichen und politischen Konsens stößt – seit den 1980ern zunehmend – aber auch auf kritische Hinterfragung. Deswegen sei im Folgenden kurz auf die Entwicklung von 1990 bis heute eingegangen, obwohl hier über neue Entwürfe zu einem Jugendstrafvollzugsgesetz wie auch zum 2. JGGÄndG hinaus keine relevanten Reformen stattgefunden haben.

7.6 Die Entwicklungen im Jugendstrafrecht seit 1990

Schaut man sich die Entwicklungen im Jugendstrafrecht seit 1990 genauer an, also die seit den letzten 19 Jahren, fällt auf, dass es faktisch keine relevanten Veränderungen gegeben hat, obwohl in der Entschließung zum 1. Änderungsgesetz von 1990 eine Reihe von Reformen bis 1992 explizit angemahnt waren (siehe Abschnitt 7.5) Vor allem hat es auf den Vorwurf der Verfassungswidrigkeit in Bezug auf die Verhängung von Erziehungsmaßregeln (Weisungen) bisher keine politischen Antworten gegeben. Kritisiert wurde von unterschiedlichster Seite, dass durch Erziehungsmaßregeln, die im Vorfeld der Strafe oder im Falle ihres Aussetzens angeordnet werden, massiv in das im Grundgesetz Art. 2 eingeräumte Persönlichkeitsrecht auf freie Entfaltung eingegriffen wird. Denn es werde gezielt versucht, die Lebensführung von Menschen zu verändern (Ostendorf 2007, S. 19; auch Herz 1993). Ein solcher Eingriff in die Persönlichkeitsrechte sei bezogen auf das allgemeine Strafrecht bereits mit der Bundesverfassungsgerichtsurteil von 1967 (BVerfG 22, 180)[4] als verfassungswidrig eingestuft worden. Als weiteres wird bereits seit den 1950er Jahren kritisiert, dass angeordnete Erziehungsmaßnahmen in das per Grundgesetz verbriefte Elternrecht eingreifen. Aus verfassungsrechtlicher Perspektive sei ein solches Eingreifen in den Erziehungsprozess nur dann möglich, wenn ein Versagen der Eltern festgestellt wird (bereits Hellmers 1952). Wenn Jugenddelinquenz aber als normales, passageres Phänomen gedeutet wird, dann kann dies gleichsam nicht auf einen „Mangel" an Erziehung zurückgeführt werden. Staatlicher Eingriff per Jugendgerichtsgesetz wäre dann also rechtswidrig. Als drittes wird seit den 1990er Jahren in empirischen Studien verstärkt die verfassungswidrige Ungleichbehandlung von Jugendlichen und Erwachsenen im Recht hervorgehoben (exempl. Pfeiffer 1991a, b; Ostendorf 2007, S. 19; kritisch hierzu Kaiser 1997, S. 36). Heribert Ostendorf führt aus, dass Jugendliche aufgrund der Feststellung des Erziehungsmangels zu deutlich höheren freiheitsentziehenden Strafen verurteilt werden (Ostendorf 1992, S. 10). Außerdem werden Strafverfahren bei Jugendlichen wesentlich seltener eingestellt als bei Erwachsenen, um erzieherisch tätig werden zu können (Ostendorf 1992; Zurückweisung dieses Vorwurfs durch Kaiser 1997). Das bedeutet, dass die Forderung der Verhältnismäßigkeit zwischen Tat und Strafe bisher nicht eingelöst worden ist (Kaiser 1997, S. 37).

Interessant ist auch, dass sich seit Mitte der 1990er Jahre die Debatte um „Kinderdelinquenz" und um die damit verbundene Frage der Strafmündigkeits-

4 Die zwangsweise Anstalts- oder Heimunterbringung eines Erwachsenen, die weder dem Schutz der Allgemeinheit noch dem Schutz des Betroffenen selbst, sondern ausschließlich seiner „Besserung" dient, ist verfassungswidrig.

grenze sowohl in der medialen Öffentlichkeit, in den parlamentarischen Debatten als auch in den fachpolitischen und fachwissenschaftlichen Auseinandersetzungen verstärkt hat. Verwiesen sei auf die parlamentarische Anfrage eines Abgeordneten im Jahre 1992 bezüglich der Absenkung der Strafmündigkeitsgrenze (zitiert in Frehsee 1993, S. 380) oder aber auf die bayerische Gesetzesinitiative von 1998, in der angestrebt worden war, das Familiengericht stärker in die Reaktion auf „Kinderdelinquenz" einzubinden (Ostendorf 2007, S. 27). In den fachwissenschaftlichen Auseinandersetzungen hat das Thema Kinderdelinquenz seit den 1990er Jahren ebenfalls Verbreitung gefunden (z. B. Wolfslast 1997; Dünkel 1999; Seeliger 2003; Momsen 2005; Ostendorf 2007, S. 26ff. – als Beispiel für die Forderung einer Verschärfung bspw. Verrel 2001). Aber auch wenn nach vereinzelten, besonders Aufsehen erregenden Taten von Kindern die Wogen in Presse und Parlament hoch schlugen, konnte bisher keine ernst zu nehmende Gesetzesinitiative durchgesetzt werden, in der an der unteren Grenze der Strafmündigkeit und damit am Schutzraum Kindheit gerüttelt wurde. (Anders zum Beispiel in Großbritannien, wo der europaweit diskutierte „Bulgar-Fall" zu einer Absenkung der Strafmündigkeit geführt hatte, vgl. Schütter 2006.)

Auch in Bezug auf die alte Frage nach der generellen Aussetzung von Jugendstrafe (Bestrafungsmündigkeit) für Jugendliche zwischen 14 und 15 Jahren lässt sich ein Reformstillstand wie in Bezug auf „Kinderdelinquenz" konstatieren. Stärker als noch in den 1980er Jahren wird heute gefordert, dass es zumindest für eine kleine Personengruppe, die besonders schwere und häufige Straftaten begehe, keinesfalls eine Aussetzung der Strafe geben dürfe, dass also keinesfalls die Strafmündigkeitsgrenze auf 16 Jahre angehoben werden sollte (etwa vgl. Schaffstein 1993, Wagner 1992, Kaiser 1997; kritisch hierzu Ostendorf 1992, S. 304 sowie 2007). Denn seit den 1990ern wird eine Verschärfung der Jugendkriminalität hinsichtlich der Schwere wie hinsichtlich der Häufigkeit angenommen und damit die alten Forderungen einer Jugendgerichtsbewegung als überholt zurückgewiesen (exemplarisch Schaffstein 1993, der einstmals für eine Anhebung plädierte). Jugend bleibt in ihrer Differenz zu Kindheit und Erwachsenheit bestehen.

Trotz der Debatten in Presse und Parlament, trotz vereinzelter Gesetzgebungsversuche auf der Ebene der Bundesländer und trotz politischer Kampagnen in Wahlkämpfen (z. B. Roland Koch im hessischen Landtagswahlkampf von 2008) ist es weder zu einer Absenkung des Strafmündigkeitsalters noch zu einer Strafverschärfung im Ausnahmefall (Schwere der Tat oder Schädlichkeit der Neigung) gekommen. Vielmehr scheint es so, dass zu einer Pattsituation zwischen den Vertretern von Strafverschärfungen, den Verfechtern einer Vertiefung des Erziehungsgedankens und den Kämpfern für Persönlichkeitsrechte gekommen ist. Der Gesetzgeber hält derzeit am Status quo der gängigen, wenn auch kritisierten Jugendgerichtspraxis fest, die sich an einem starken Erziehungsgedanken orientiert.

7.7 Von „sühnender Strafe“ über „Erziehung durch Strafe“ zur „Spezialprävention im Jugendalter“

Im folgenden, die Auseinandersetzung mit dem Jugendrecht abschließenden Kapitel möchte ich entlang von vier Thesen die vorangegangenen Analyseergebnisse noch einmal in Bezug auf die Bedeutung wohlfahrtsstaatlicher Regulierungen für das Muster moderner Kindheit und für den Abgrenzungsprozess zwischen Kindheit und Jugend bewerten.

These 1: Aufrechterhaltung von Kindheit als absolutem Schutzraum vor strafrechtlichen Zugriffen

In der Entwicklung des Jugendstrafrechts nach dem Zweiten Weltkrieg – vor allem in der Verteidigung der Strafmündigkeitsgrenze gegen ihre Absenkung, kommt die Stabilität des Musters moderner Kindheit als Schutzraum mit einem kulturell eigenen und hohen Wert zum Ausdruck. Während im Nationalsozialismus eine Teilung der Gruppe der Kinder zu konstatieren ist in diejenigen, die unter die Anwendung des ideologisch extrem erziehungsorientierten RJGG fielen und in solche, denen dieses per se verwehrt wurde und die nach dem Erwachsenenstrafrecht verurteilt wurden, hat sich in der Bundesrepublik Deutschland ein stabile Angleichung der Bedingungen von Kindheit durchgesetzt. Kindheit bleibt als Phase aufrechterhalten, in der nur Erziehung im Sinne des Kinder- und Jugendhilferechts als Antwort auf Normabweichung gültig und legitimiert ist sowie als Phase, in der delinquente Normverletzungen generell strafrechtlich folgenlos bleiben, da generalisiert Unreife vorausgesetzt wird. Die von Christine Dörner in Bezug auf die historische Entstehung eines Jugendstrafrechts formulierte Frage bis „... zu welchem Alter sollte und konnte auf die Kriminalstrafe zugunsten von staatlicher Erziehung verzichtet werden?“ (Dörner 1992, S. 144), wird zwar auch heute immer wieder gestellt, hat aber bisher zu keiner die Altersnormen verändernden Gesetzgebung geführt. Für alle Kinder und Jugendlichen gelten seither gleiche formale Regeln im Umgang mit strafrechtsrelevanten Normverletzungen. In keiner Phase nach dem Zweiten Weltkrieg konnten mediale, politische oder fachbezogene Diskurse eine solche Überzeugungskraft erringen, dass ein politischer Wille zur Änderung dieser normativen Grundbedingungen von Kindheit entstanden wäre. Es hat sich also über die Zeit hinweg eine stabile Norm herausgebildet, welcher Zeitraum als Kindheit und damit als Phase absoluter Strafunmündigkeit definiert wird. So bleibt Kindheit als ein Muster, das sich von Erwachsenheit explizit in jeglicher Hinsicht unterscheidet, bestehen: Kinder werden im strafrechtlichen Sinne als unmündig und schützenswert erklärt und damit vor den Folgen ihres eigenen Handelns geschützt. Das Jugendstrafrecht ist also ein Bereich staatlicher Regulierung von Kindheit, der mit zur Aufrechterhaltung der generationalen Ordnung beiträgt. Denn mit der überdauernden – kaum hintergehbaren – Bewertung des Kindes als „unreif“ und des kindlichen Handelns als strafrechtlich folgenlos ist ein zentraler Differenzierungsmodus zwischen Kindheit und Erwachsenheit, aber auch zwischen Kindheit und Jugend etabliert.

These 2: Abgrenzung von Kindheit und Jugend einerseits und Ausdehnung des Erziehungsgedankens auf Jugend andererseits

Als Weiteres kann anhand der Entwicklung des Jugendstrafrechts nachvollzogen werden, dass die Novellen nach dem Zweiten Weltkrieg einerseits, wie zuvor beschrieben, zur Abgrenzung von Kindheit und Jugend beigetragen haben, dass gleichzeitig aber andererseits der starke Erziehungsgedanke, der, in seiner dominanten Form, lange Zeit in erster Linie in Bezug auf Kindheit formuliert, nun auch auf die Phase der Jugend ausgedehnt wurde. Mit dem Zurückdrängen des Strafgedankens zum Schutze der Entwicklung ist der erzieherische Zugriff auf die Persönlichkeit entgegen aller Persönlichkeitsrechte, die jungen Menschen in der Jugendphase zugestanden werden, ausgedehnt worden. Die Sonderstellung junger Menschen im Strafrecht[5] legitimiert den erzieherischen Zugriff auch gegen den expliziten Willen des jungen Menschen oder dessen sorgeberechtigter Eltern. Dies wird daran ersichtlich, dass sich im Laufe der Zeit eine Strafbemessungspraxis durchgesetzt hat, in der immer weniger die Tat nach den allgemeinen Regeln der Verhältnismäßigkeit des allgemeinen Strafrechts beurteilt wird, sondern vielmehr die Persönlichkeit des Täters. Längere Strafen und andere Rechtsfolgen als bei Erwachsenen sind ermöglicht worden. Jugendstrafe – als Rechtsfolge, die dem Erwachsenenstrafrecht noch am Ähnlichsten ist – ist in jeglicher Hinsicht legitimierungsbedürftig geworden und kann nicht mehr aufgrund des Straftatbestandes verhängt werden. Vielmehr muss sie in engen Zusammenhang zur Erziehungsnotwendigkeit gesetzt werden. Insgesamt haben sich spezialpräventive erzieherische Maßnahmen (wie beispielsweise soziales Training) als angemessen erscheinende Reaktionsformen auf normverletzendes, kriminelles Verhalten intensiviert. Auch wenn man also von einer Ausdehnung des Erziehungsgedankens auf die Phase der Jugend sprechen kann, muss betont werden, dass sich im Zeitverlauf die Vorstellungen darüber verändert haben, was unter „Erziehung“ als Antwort auf Normverletzung zu verstehen ist. Zurückgedrängt – aber in der Praxis nicht gänzlich aufgegeben – wurde die Idee, dass „Erziehung durch Strafe“ möglich sei. Ausgeweitet hat sich hingegen die erziehungswissenschaftliche Vorstellung von „Prävention vor Strafe“ sowie von „Prävention unter freiheitsentziehenden Bedingungen“ (Jugendstrafe) als letztes Mittel in der Reaktion auf normverletzendes Verhalten.

Insgesamt hat sich also über den Erziehungsgedanken eine immer stärkere Abtrennung des Jugendstrafrechts vom Erwachsenenstrafrecht vollzogen. In diesem Sinne wurde die bestehende generationale Ordnung in Bezug auf das Muster der Jugend, vermittelt über den Erziehungsgedanken, bestätigt, vielleicht sogar verfestigt. Der Erziehungs- und Sozialisationsspielraum soll auch im Jugendalter unter allen Umständen (vor allem bei krimineller Normverletzung, bei gegenläufigen Tendenzen in der Vollstreckungs- und Vollzugs-

5 „Sonderstellung im Recht“ bedeutet die Bewertung der Tat basierend auf der Einschätzung der Mündigkeit auf der einen Seite und die Reaktion auf Normverletzungen unter Durchsetzung der Erziehungsgedankens auf der anderen Seite.

praxis im Rahmen der Jugendgerichtsbarkeit sowie bei gegenläufigen Meinungen in der Öffentlichkeit) erhalten bleiben. Der Gesetzgeber hat jeweils den Erziehungsgedanken ausgeweitet, verschärft und keine Angleichung an das auf Erwachsene bezogene allgemeine Strafrecht zugelassen, auch wenn die öffentlichen Debatten eine härtere Gangart forderten beziehungsweise auch heute noch immer fordern. Dies kann als ein wichtiges Zeichen für die Bedeutung, die wohlfahrtsstaatliche Regulierungen in Bezug auf die Aufrechterhaltung des Musters moderner Kindheit (und Jugend) haben, gewertet werden.

These 3: Aufrechterhaltung der Einschränkung bürgerlicher Rechte zugunsten des Erziehungsgedankens

An der Entwicklung des Jugendstrafrechts wird als Weiteres deutlich, dass mit dem Schutz vor sühnender Geld- und Gefängnisstrafe und deren langfristigen Folgen für den Lebenslauf eine starke Einschränkung bürgerlicher *Grundrechte* einhergegangen ist, obwohl dieser Umstand seit den 1980er Jahren zunehmend kritisiert und teilweise als verfassungswidrig eingeschätzt worden ist. Deutlich wird, dass das Interesse am staatlich-erzieherischen Zugriff auch in der Phase der Jugend und bei strafrechtlichen Vergehen unter allen Bedingungen realisiert werden soll. Diese Haltung trägt dazu bei, dass Grundrechte von Minderjährigen gegenüber dem Erziehungsanspruch nachrangig bewertet und behandelt werden. Mit einer solchen Ausrichtung des Jugendstrafrechts aber bleibt die zentrale Differenz zwischen dem Muster der Jugend und dem der Erwachsenheit aufrechterhalten. Jugend bleibt trotz des Zugeständnisses von bürgerlichen Rechten in anderen Bereichen des öffentlichen und privaten Lebens (Gewaltfreiheit in der Erziehung, politische Mitbestimmung, Mitbestimmung in Prozessen der Kinder- und Jugendhilfe, altersbezogene Teilmündigkeiten im Zivilrecht) eine Phase der Unmündigkeit und eine der eingeschränkten Rechte.

These 4: Im Rahmen des Jugendstrafrechts ist es zu einer Durchsetzung einer normativ einheitlichen Behandlung von Kindheit (Kindern) und Jugend (Jugendlichen) über schichtbezogene und regionale Differenzen hinweg gekommen

Wie bereits oben angedeutet, ist über die stabile Festlegung von Altersnormen nach dem Zweiten Weltkrieg sowie über die Anpassung der Jugendgerichtspraxis eine Vereinheitlichung der normativen wie faktischen Bedingungen der Reaktion auf strafrechtsrelevante Normverletzungen für alle Kinder und Jugendlichen durchgesetzt worden. Differenzen, die trotz allem bestehen, ergeben sich nicht aus dem Jugendstrafrecht selbst, sondern werden vielmehr durch andere Faktoren sozialer Ungleichheit hervorgebracht, die in der praktischen Anwendung des Jugendgerichtsgesetzes zu suchen sind (Zuschreibung von Schicht, Geld, Position der Eltern).

8. Wohlfahrtsstaatliche Regulierungen – Kontinuität und Wandel

In den Kapiteln 5 bis 7 wurde eine detaillierte Auseinandersetzung mit der staatlichen Regulierung von Hilfe, Kontrolle, Schutz und Strafe im Jugendrecht des zwanzigsten Jahrhunderts geführt. Die Verabschiedung von Gesetzen und deren Reformen und Novellen wurden im Zeitverlauf analysiert und in ihrer Bedeutung für das Muster moderner Kindheit eingeschätzt. Die Ergebnisse sollen nun im Zusammenhang betrachtet werden. Im Fokus der Synthese stehen jetzt die Regulierungsmodi, die Intentionen und die Gegenstandsbereiche der Regulierung. Die übergreifende Gesamtstruktur normativer Annahmen über die einzelnen Regulierungsbereiche hinweg soll nun herausgearbeitet werden. Dabei geht es erstens um die Frage, ob im Jugendrecht eine übergreifende Grundlogik, Ausrichtung und Funktionsweise festgestellt werden kann. Dies hätte große Bedeutung für Kindheit – so lautete meine These im ersten Teil dieser Arbeit. Und zweitens geht es darum, ob sich im Prozess der Herausbildung und Etablierung des Jugendrechts Wandlungen vollzogen haben, die in allen drei Bereichen festgestellt werden können. Im Folgenden wird also eine Synthese der bisherigen Ergebnisse des zweiten Teils versucht und damit der zweite Teil dieser Studie abgeschlossen.

8.1 Modi und Ansatzstellen der Regulierung im Zeitverlauf

Im Folgenden werden die Art und Weise der wohlfahrtsstaatlichen Regulierung der Bedingungen von Kindheit – die ich als den Modus der Regulierungen bezeichnen werde – sowie die gegenständlichen Ansatzstellen der Regulierungen herausgearbeitet. Dies geschieht mit der Frage nach Kontinuität und Wandel. Fünf Ergebnisse sind in den Analysen hervorgetreten:

- Die Regulierung der Altersgrenzen,
- die Verhaltenssteuerung von Erwachsenen,
- die Durchsetzung von Erziehung als grundlegende Begründung im gesamten Jugendrecht,
- die Ausdehnung wohlfahrtsstaatlich organisierter Erziehung auf alle Lebensphasen der Kindheit,
- soziale Ungleichheiten in den strukturellen Bedingungen des Kindseins.

Regulierung der Altersgrenzen

Die wohlfahrtsstaatliche Regulierung der Lebensbedingungen von Kindern vollzieht sich zum Ersten über die Bestimmung und Kontrolle von Altersgrenzen. Das Lebensalter ist eine zentrale Kategorie zur Differenzierung zwischen Erwachsenen und Kindern. Durch das Ziehen von Altersgrenzen zwischen Erwachsenen und Minderjährigen sowie zwischen Kindern und Jugendlichen wird über Handlungsspielräume, also über Teilhabemöglichkeiten und Ausschluss entschieden. In der Auseinandersetzung um Altersgrenzen im Hinblick auf Hilfe und Kontrolle, Schutz und Strafe sind unterschiedliche Intentionen wirksam. Die unteren Altersgrenzen zielen vor allem auf die Schaffung eines absoluten Schutzraums (etwa Schutz vor schädigender Kriminalstrafe, vor schädlicher Arbeit, vor schädlichen Einflüssen oder beispielsweise vor emotionaler und kognitiver Überforderung im Rahmen von Jugendhilfeverfahren). Die oberen Altersgrenzen bestimmen, bis zu welchem Alter das staatliche Erziehungssystem Zugriffsrechte hat und auch, wie lange das Handeln eines Menschen potentiell als „unreif“ betrachtet wird und ihm deshalb die Folgen nur bedingt angelastet werden sollen und dürfen, und dies selbst dann, wenn dieser Mensch sexuell, körperlich und kognitiv als durchaus entwickelt eingeschätzt werden kann.

In allen drei Rechtsbereichen sind Altersgrenzen nach oben wie nach unten immer wieder politisch ausgehandelt worden. In solchen politischen Aushandlungsprozessen finden nicht selten Machtkämpfe zwischen konkurrierenden Entscheidungsträgern und Interessengruppen statt: Welche Interessengruppe hat Zugriffsrechte auf welche Altersgruppe von Minderjährigen? Wer kann seine Interessen durchsetzen? Die Wirtschaft ihre Marktinteressen? Die Gesellschaft ihre Interessen an gelingender Erziehung und Sozialisation der nachwachsenden Generationen? Das institutionalisierte Erziehungssystem seine Interessen an funktionierenden Organisationsabläufen und am „erzieherischen Erfolg“? Die extrem heterogene und schwach organisierte Gruppe der Eltern ihre diffusen Interessen an den eigenen Kindern? In der Verhandlung der Strafmündigkeitsgrenze oder aber in der Ausdifferenzierung von Altersgrenzen im Kinder- und Jugendschutz sind solche, freilich moderaten, Machtkämpfe deutlich erkennbar geworden.

Die in der Weimarer Republik eingeführten Altersregelungen (Strafmündigkeit, Arbeitsverbot, Teilmündigkeiten, Geschäftsfähigkeit) sind nach dem Zweiten Weltkrieg zwar an gesellschaftliche Entwicklungen angepasst, aber kaum nach unten hin korrigiert worden. Als grundlegende Strukturen sind sie aufrechterhalten worden; eine die drei Bereiche übergreifende Erosion ist nicht festzustellen, ebenso wenig eine größere Ausdehnung der altersbezogenen Schutzräume. Die staatlichen Akteure haben sich in allen drei Rechtsbereichen immer wieder gegen eine Auflösung von Schutzräumen gestellt und schutzbezogene Altersregeln nicht zurückgenommen. Zwar hat eine Anpassung an gesellschaftliche Entwicklungen stattgefunden, doch wurde eine grundsätzliche, nicht hinterfragbare Altersgraduierung beibehalten. Durch die zunehmende Ausdifferenzierung der Altersstufen wurde der Zugriff sogar intensiviert. Die politischen Akteure in der Jugendgesetzgebung haben sich stets gegen gegenläufige Interessen entschieden – weder die Kinderrechtebewegung oder Vertreter von Marktinteressen der Wirtschaft noch Advokaten der verfassungsrechtlich verbürgten Grundrechte konnten sich zu irgendeinem Zeitpunkt entscheidend durchsetzen. Die über das Alter hergestellte Differenz zu Erwachsenen wurde geschützt und aufrechterhalten. Allein in der Zeit des Nationalsozialismus wurden jene Gruppen von Minderjährigen von den Schutzregeln ausgenommen, die als „erbkrank" oder „systemfeindlich" etikettiert wurden.

Die Setzung von Altersgrenzen im Jugendrecht dient der Aufrechterhaltung von Differenz zwischen den Generationen. Diese Absicht ist über den Zeitverlauf hinweg unangefochten geblieben, wenngleich sich Einzelheiten in den Gesetzen graduell verändert haben.

Steuerung des Verhaltens Erwachsener

Ein weiterer wesentlicher Kristallisationspunkt im Jugendrecht liegt in dem impliziten und expliziten Ziel, Erwachsene in ihrem Handeln gegenüber Minderjährigen zu beeinflussen und verantwortungsbewusstes sowie die gängigen Erziehungsideologien respektierendes Handeln hervorzurufen – dies bezeichnet Rüdiger Voigt (1986, S. 16) als „die rechtliche Regulierung durch Verhaltenssteuerung". An drei Punkten lässt sich dies verdeutlichen:

Erstens ist in allen drei Rechtsbereichen eine Entwicklung von der Bestrafung Jugendlicher, denen Fehlverhalten oder Fehlentwicklung nachgewiesen werden konnte, hin zur Bestrafung von Erwachsenen, die dies ermöglicht oder vorangetrieben haben, festzustellen. Man kann die Strafandrohung an Erwachsene als eine Form der indirekten Erziehung sehen, damit sie daran mitwirken, das Erziehungsprojekt der Moderne zu realisieren. Ablesbar wird dies am Verbot der Abgabe von bestimmten Gegenständen an Minderjährige, am Verbot, Minderjährige zu bestimmten Veranstaltungen zuzulassen, an der Verpflichtung der Gerichte, ein jugendgerechtes Strafverfahren durchzuführen und an der Kontrolle der Vorstrafen der Mitarbeiter in der Kinder- und Jugendhilfe sowie der Pflegepersonen im, vom Jugendamt kontrollierten, privaten Bereich der Pflegschaft oder Adoption. Das Verhalten Erwachsener wird durch Verbote, durch Androhung und Vollzug von Strafe bei Missachtung der Verbote und durch die Auswahl von geeigneten Personen zu beeinflussen versucht.

Zweitens wird anhand der Diskussionen und Kommentare, die die Gesetzgebungsverfahren begleiten, deutlich, dass die Gesetze neben den konkreten Verboten, Verfahrensregeln und Hilfen auch die Funktion haben, die Öffentlichkeit im Allgemeinen und die im gesamten Kinder- und Jugendbereich Tätigen im Besonderen aufzuklären. Dass die gesetzten Rechtsnormen nicht immer durchgesetzt werden und deren Einhaltung schon gar nicht flächendeckend und umfassend kontrolliert werden kann (insbesondere im Kinder- und

Jugendschutz), ist dem Gesetzgeber stets deutlich. Aus einer normalismustheoretischen Perspektive (Link 2008) liegen die Intention des Jugendrechts wie auch seine Bedeutung vor allem in der diskursiven, normalisierenden Wirkung. Dies wurde insbesondere in den Jahren nach dem Zweiten Weltkrieg wichtig: Allen politischen Begründungen der damaligen Reformen liegt die Absicht zugrunde, Erwachsenen durch das Gesetz Orientierungshilfen zu geben. Dies richtet sich an die erwachsene Öffentlichkeit insgesamt, an Eltern und vor allem an alle Professionellen, die im Jugendwesen tätig sind. Die Unwissenheit von Juristen und von Mitarbeitern im Jugendstrafvollzug in Bezug auf die Jugendphase war ebenso kritisiert worden wie die Sorglosigkeit bei der Abgabe von Alkohol an Minderjährige auf Tanz- und Karnevalsveranstaltungen.

Ein dritter Aspekt liegt in dem über die Jahre immer deutlicher hervortretenden Anliegen, die Kompetenzen Erwachsener im Umgang mit jungen Menschen zu stärken. Dies geschah sowohl durch Professionalisierung der Mitarbeiter in den Organisationen (in den Jugendstrafanstalten, im Jugendamt, bei den Freien Trägern der Jugendhilfe) als auch durch die Erziehung von Eltern mit Hilfe von Elternschulen und anderen Maßnahmen im Rahmen der Hilfen zur Erziehung. Darüber hinaus wird bei festgestelltem elterlichem Erziehungsversagen zunehmend die Erziehung der Eltern als die effektivere Form der Einflussnahme gegenüber der Herausnahme der Minderjährigen aus der Familie bevorzugt.

Die Intention, Erwachsene aufzuklären und zu erziehen und eine neue verantwortete Elternschaft und ein verantwortliches Verhältnis gegenüber jungen Menschen zu fördern, bestand bereits bei der Einführung des Jugendrechts zu Beginn des 20. Jahrhunderts. Diese Intention hat sich über das Jahrhundert hinweg verstärkt, sie hat inzwischen einen zentralen Stellenwert in den Regulierungen eingenommen. Neben die Beeinflussung junger Menschen ist die Beeinflussung der Erwachsenen – ich möchte fast sagen: gleichrangig – getreten. Es ging und geht um die Durchsetzung neuen Wissens über Kindheit und Jugend, genauer: um das Wissen über die Unmündigkeit und die Besonderheit des Minderjährigen und über daraus abgeleitetes Wissen betreffend den notwendig besonderen Umgang mit jungen Menschen.

Erziehung als grundlegende Begründung im gesamten Jugendrecht

Bereits im vorangegangenen Abschnitt wurde ersichtlich, dass das gesamte Jugendrecht sowie die Politiken, die dieses vorantreiben, auf die Erziehung der nachwachsenden Generation sowie auf die dafür als notwendig erachteten Sozialisationsbedingungen gerichtet sind. Die Analysen haben allerdings deutlich gemacht, dass diese Intention zwar seit langem bestand – das zeigen insbesondere die ersten, sehr euphorischen Jugendrechtskommentare in allen drei Rechtsbereichen aus der Weimarer Republik – dass sich Erziehung aber erst allmählich als grundlegende Begründung durchgesetzt hat. Dies wird zum Beispiel daran erkennbar, dass sich in der Jugendhilfe, im Jugendschutz und ganz besonders auch im Bereich der Jugendstrafe allmählich eine Bewegung weg von Kontrolle, Verbot und Bestrafung zur vorrangigen Idee der Erziehung und Hilfe in den konkreten Problemlagen der Jugendlichen vollzogen hat.[1] Die grundlegenden normativen Ideen des Erziehungsprojekts der Moderne – die als normative Gesellschaftsidee und Utopie (Zinnecker 2000) bereits im neunzehnten Jahrhundert bestanden und im bürgerlichen romantischen Kindheitsbild verbreitet waren (Baader 1996) – setzen sich in der Praxis der wohlfahrtsstaatlichen Regulierung erst sukzessive im 20. Jahrhundert durch.

Von besonderer Bedeutung für diesen Prozess waren die Erziehungs- und Rechtspraxen in der Periode des Nationalsozialismus. Die einheitlich radikale politische Erziehung der „erbgesunden" Jugend war eines der wichtigsten gesellschaftspolitischen Ziele. Das gesamte, auf die junge Generation bezogene Handeln wurde uneingeschränkt unter die Idee der Erziehung gestellt – so wurden aus erzieherischen Gründen im Strafrecht die „Erziehungsmaßregeln", das „Zuchtmittel des Jugendarrests" und die „Mindestgefängnisstrafe von drei Monaten" eingeführt. Die Ausgrenzung der als „nicht erbgesund" Bezeichneten wurde über die Aberkennung von Schutz- und Erziehungsrechten legalisiert. Über die Nationale Volkswohlfahrt wurden umfassende Mütterschulungen etabliert. Die Jugend sollte in den faschistischen Jugendorganisationen durch das Gesetz komplett erfasst werden, um nur einiges zu nennen. Von den menschenverachtenden Verfahren und Zielen dieses Erziehungsprimats ist nach dem Zweiten Weltkrieg dezidiert und umfassend Abstand genommen worden; die damals betonte Grundidee aber, dass das Verhältnis zwischen den Generationen vor allem über Erziehung zu gestalten sei, hat sich bis heute erhalten. Daran hat auch weder die verfassungsrechtliche Auseinandersetzung um das Kind als Grundrechtsträger noch die Kritik an einer Jugendstrafe, in der das Strafmaß nicht an der Tat, sondern an der angenommenen Dauer des Erziehungsprozesses bestimmt wird, wenig ausrichten können. Ebenso wenig haben daran die vor allem kommunalpolitischen Bestrebungen, politische Partizipationsprojekte fest zu etablieren, geändert – selbst diese Absicht wird in Fachliteratur und Praxis zum großen Teil als Sozialisations- und Erziehungsprojekt gedeutet und nicht als politisches Votum der Kinder und Jugendlichen (z. B. bei Oerter/Höfling 2001).[2]

Man kann also davon sprechen, dass durch das 20. Jahrhundert hindurch über das Jugendrecht eine zeitliche und inhaltliche Intensivierung sowohl des erzieherischen Zugriffs auf Kindheit und Jugend als auch der erziehungsorientierten Gestaltung des Verhältnisses zwischen Erwachsenen und Kindern stattgefunden hat. Dass dabei die Formen der Erziehung immer weniger

1 Dieser Prozess der Intensivierung von Regulierung durch Erziehung dauert bis heute an. So wird auf Kinderarmut vor allem mit dem Ruf nach Bildung geantwortet (kritisch hierzu Mierendorff 2008a und b; Dollinger 2007, S. 315).

2 Zur Entstehungsgeschichte des politischen Interesses an einer partizipativen Kinder- und Jugendpolitik siehe Prout (2003).

repressiv wurden, dass antipädagogische – an sich ein Paradox – Erziehungsvorstellungen in die Erziehungsdebatten und -praxen Einzug gehalten haben, dass das Verhältnis zwischen Erwachsenen und Kindern weniger als ein Gewalt- denn als ein partnerschaftliches Verhältnis gesehen wird (vgl. du Bois-Reymond 1994; du Bois-Reymond u. a. 1994; Ecarius 1998; 2002a; Fölling-Albers 2000), dass Minderjährige als Personen mit einer eigenen Meinung in die Hilfeplanverfahren einbezogen werden – das alles deutet keinesfalls darauf hin, dass die erzieherische Ausrichtung aufgegeben wurde. Gewandelt hat sich nur die Art und Weise der Realisierung. Wir haben es also mit einer Reduktion der Gewaltverhältnisse bei gleichzeitiger Aufrechterhaltung der Abhängigkeits- und Unmündigkeitsverhältnisse zu tun, also mit einer Reduktion personaler Kontrolle bei Aufrechterhaltung und Intensivierung struktureller Kontrolle. Dies – so meine These – dient der Aufrechterhaltung der generationalen Ordnung, was ich später genauer ausführen werde.

Ausdehnung wohlfahrtsstaatlich organisierter Erziehung auf alle Altersphasen der Kindheit

Nach den ersten fundamentalen altersbezogenen Grenzziehungen über das Jugendstrafrecht (1871 und 1923) und über den Kinder- und Jugendarbeitsschutz (1903), durch die Kindheit formal von Jugend abgetrennt worden war (siehe oben), verschwand Kindheit erst einmal als Diskussionsgegenstand aus den jugendrechtlichen Debatten und damit aus dem Regulierungsgeschehen.[3] Erst seit den 1970er Jahren setzte eine allmähliche, aber kontinuierliche Verschiebung der jugendrechtlichen und jugendpolitischen Aufmerksamkeit von der Altersphase der Jugend hin zur Kindheit und auch zur frühen Kindheit ein – was ich sowohl an der Transformation des Jugendschutzes als auch an der der Kinder- und Jugendhilfe nachgezeichnet habe. In den meisten Regulierungsbereichen vor und nach dem Zweiten Weltkrieg wurden vor allem Jugendfragen öffentlich diskutiert und geregelt. Der Bereich der Kindheit, explizit der der frühen Kindheit, war nach den oben genannten Grenzziehungen bewusst aus jugendpolitischen Debatten ausgeklammert und der – wenig diskutierten – familialen Alleinverantwortlichkeit überlassen worden; die Familie galt im Regelfall als unhinterfragter Garant des Schutzes und der Erziehung (Mierendorff/Olk 2007, S. 549). Nur wenn die verfassungsrechtlich verankerte Pflege- und Erziehungspflicht der Familie verletzt war, also im Ausnahmefall, wurde eingegriffen. Im Allgemeinen war Kindheit – außerhalb von Schule – aber zunächst nicht als Regulierungsgegenstand im jugendpolitischen Bewusstsein. Besonders deutlich wird dies an den Entwicklungen im Jugendschutz: Dort standen anfangs vor allem Jugendthemen wie das (aus

3 Allerdings genossen in der Weimarer Republik und verstärkt im Nationalsozialismus familien- und gesundheitsfürsorgerische Themen hohe politische und öffentliche Aufmerksamkeit; im Zentrum standen Kindersterblichkeit, Gesundheit und Hygiene. Behandelt wurden weniger Fragen der Erziehung und Bildung als vielmehr der Regulierung des Kinderkörpers (vgl. hierzu Kelle/Tervooren 2008; für Kanada sehr ausführlich Turmel 2008).

heutiger Perspektive moderate) „ausschweifende“ und „unsittliche“ Konsum- und Freizeitverhalten im Vordergrund. Die einzelnen Regelungen betrafen formal auch Kinder, da keine Altersgrenze nach unten bestimmt war. Doch waren Kinder keinesfalls die Zielgruppe. Erst über die immer ausdifferenzierteren Altersnormen rückte das Kind in den Blick. So galt z. B. durch das aggressive Eindringen von Markt- und Medienlogiken in das Private der Schutz der Kinder als gefährdet und als nicht mehr von den Eltern ausreichend realisierbar. Damit dehnte sich der erzieherische Jugendschutz immer weiter in jüngere Altersphasen aus.

Im Bereich der Jugendhilfe lässt sich eine ähnliche Entwicklung am Beispiel der frühkindlichen Bildung beobachten. Seit dem Zweiten Weltkrieg hat eine langsame, aber stetige Zunahme der Diskussionen um frühkindliche Erziehung und Bildung in öffentlicher Verantwortung stattgefunden. Nachdem seit Ende der 1960er Jahre vor allem kritische, linke ErziehungswissenschaftlerInnen die Bedeutung frühkindlicher Bildung für das lebenslange Lernen, für den Ausgleich herkunftsbedingter sozialer Ungleichheiten in Zusammenhang mit den späteren Chancen im Beruf angemahnt hatten und dann in den 1970er Jahren auch den Ausbau der Vorschulerziehung anstoßen konnten (vgl. du Bois-Reymond 1971), breitete sich die Einsicht in die Wichtigkeit strukturierter Bildungsprozesse in der frühen Kindheit über alle Bevölkerungsschichten hinweg aus. Nach der Regierungsbildung von 2002 wurde diese „plötzlich“ auch zur Standardüberzeugung wohl eines Großteils der PolitikerInnen über Parteigrenzen hinweg. Heute ist frühe Kindheit nicht mehr von den jugendrechtlichen Verhandlungen und Regulierungsbestrebungen ausgenommen, sondern steht in deren Zentrum (vgl. Rauschenbach/Otto 2008; kritisch Ostner 2004 und 2009).

Interessant daran ist nicht nur die unerwartete Geschwindigkeit, mit der die über Jahrzehnte hinweg blockierte Reform des Systems der frühkindlichen Bildung, die ja schon in allen Jugendhilferechtsreformvorschlägen seit den 1960er Jahren gefordert war (!), zustande kam. Vielmehr erstaunt die fraglose rapide Akzeptanz und Verbreitung des Wissens über die gesellschaftliche, ökonomische und bildungsbiographische Notwendigkeit öffentlich strukturierter Erziehung und Kontrolle des Bildungs- und Entwicklungsprozesses in der frühen Kindheit (vgl. Kelle 2009; Kelle/Tervooren 2008). Frühe Kindheit hatte bis dahin in weiten Teilen der Bevölkerung als Phase gegolten, die vor allzu zudringlichen Zugriffen öffentlicher Institutionen zu schützen sei. Politische Programme wie *Starting Strong* und *Bildung von Anfang an* stehen exemplarisch für diesen Wechsel und den damit einhergehenden Normalisierungsprozess. Die Ausdehnung der Aufmerksamkeit auf öffentliche Erziehung und des Schutzes auf alle Altersgruppen kann auch an begrifflichen Verschiebungen abgelesen werden. Die *Jugendschutzgesetze* wurden zum einheitlichen *Kinder- und Jugendschutzgesetz* und das *Jugendwohlfahrtsgesetz* zum *Kinder- und Jugendhilfegesetz* (ausführlich begründet in Kapitel 5).

Die Entwicklung der Ausdehnung der Aufmerksamkeit auf den Bereich der Kindheit und der frühen Kindheit kann nicht getrennt von europäischen und internationalen kinder- und jugendpolitischen Entwicklungen verstanden werden. Die Kinderrechtebewegung war kein deutscher Impuls, die Unterzeichnung der *UN-Kinderrechtskonvention* von 1989 war ein langwieriger, politisch kontroverser Akt. Dennoch haben die *UN-Kinderrechtskonvention* und die weltweite Diskussion um Kinderrechte letztendlich für die deutsche Jugendrechtsgesetzgebung Bedeutung erhalten (vgl. Wiesner 2003) – und dies nicht allein aufgrund der kritischen Begutachtung der familien- und jugendrechtlichen Rahmenbedingungen durch die National Coalition (vgl. Kiehl/ Salgo 1995) oder der kritischen Antwort der UN-Gremien auf den ersten und zweiten Bericht der Bundesregierung über die Umsetzung der Konvention an die Vereinten Nationen (National Coalition 1996, 2002). Mit dem internationalen Übereinkommen ist eine Entwicklung in Deutschland in Gang gesetzt worden, in der die Rechte der Kinder in öffentlichen und privaten Verhältnissen zum Beobachtungsgegenstand erklärt und kritisch bewertet wurden. Vor allem individuelle Anhörungsrechte der Kinder und Jugendlichen wurden in der Rechtsprechung und Praxis stärker berücksichtigt (im KJHG von 1990, in der Kindschaftsrechtsreform von 1998, die hier nicht näher behandelt wurde, vgl. Wiesner 2003). Allerdings ging es hierbei insgesamt weniger um eine tatsächliche Ausweitung individueller Mitbestimmungs- und Anspruchsrechte, als vielmehr um die Anhörung des Kindes sowie die advokatorische Vertretung und Berücksichtigung des kindlichen Willens aus der Perspektive des Kindeswohls.

Die Vorstellung der Gefährdung der Kindheit durch Marktprozesse, die Vorstellung der Gefährdung der Gesellschaft durch das arme Kind (Bühler-Niederberger 2005a, 149ff.) sowie das Hervorheben der ökonomischen Notwendigkeit lebenslanger und andauernder strukturierter und angeleiteter Bildungsprozesse (vgl. Esping-Andersen 2002) sind Anpassungen an veränderte ökonomische und gesellschaftliche Bedingungen, mit denen das Verhältnis zwischen öffentlicher und privater Verantwortung für das Aufwachsen, die Erziehung und die Bildung von Kindern neu verhandelt wurde. Michael-Sebastian Honig und Ilona Ostner haben bereits 2001 von einer „Neujustierung von Kindheit" gesprochen (vgl. auch Joos 2003). Gleichzeitig wird durch veränderte jugendrechtliche Normsetzung der Wandel von Kindheit mit vorangetrieben, was weiter unten ausgeführt wird.

Soziale Ungleichheiten in den strukturellen Bedingungen des Kindseins

In allen Einführungen von Gesetzen, Reformen und Novellen in den drei Bereichen des Jugendrechts ging es von Anfang an darum, in der öffentlichen und teilweise auch privaten Behandlung von Minderjährigen vergleichbare Ausgangsbedingungen zu schaffen.

Es ging und geht also zuerst um die regionale Gleichheit von Grundstandards in der Organisation der Bedingungen des Aufwachsens. Unabhängig von regionalen Unterschieden sollten möglichst alle Minderjährigen durch die Maßnahmen erreicht werden. So sollte bspw. das Pflegekinderwesen deutschlandweit nach gleichen Regeln durchgeführt werden. Der Jugendschutz sollte nicht allein im protestantischen Stadtstaat Bremen, sondern auch im katholischen Rheinland gelten. Überregional sollten standardisierte Bedingungen geschaffen und erhalten werden, in denen die Behandlung von Minderjährigen an den geltenden Vorstellungen von Erziehung und Sozialisation ausgerichtet ist.

Von zentraler Bedeutung ist die Verankerung der drei Rechtsbereiche auf Reichs- bzw. Bundesebene. In einem nicht zentralistisch organisierten Staatenbund oder Bundesstaat ist die Voraussetzung dafür eine verbindliche Verfassung, in der die konkurrierende Gesetzgebung des Reichs bzw. des Bundes ermöglicht ist. Trotz der Wahrung länderspezifischer Regelungsinteressen wurde dem Reich und später dem Bund das Recht vorbehalten, Reichs- bzw. Bundesgesetze in bestimmten gesellschaftsrelevanten Bereichen zu erlassen – dazu zählte beispielsweise das Bürgerliche Recht. Und dazu gehörte auch die öffentliche Fürsorge (GG Art. 74 [1] 7) unter die die Jugendhilfe subsumiert wurde. Auch das Strafrecht, das Arbeitsrecht und der Arbeitsschutz liegen in der Zuständigkeit des Bundes. Alle drei Rechtsbereiche gelten in ihrer Anlage für das gesamte Reichs- bzw. Bundesgebiet. Die Setzung verbindlicher überregionaler Regelungen und Standards, die die kulturellen Eigenheiten einzelner Regionen unberücksichtigt lassen, haben dazu beigetragen, dass das Muster moderner Kindheit nicht nur für einige Gruppen und in einigen Regionen durchgesetzt wurde, sondern für alle überall. Indem Kindheitsstrukturen auch über das Jugendrecht auf Bundesebene fest etabliert sind, sind für alle Minderjährigen die gleichen grundlegenden Bedingungen geschaffen worden, in denen sich die individuellen Kindheiten realisieren und die Sozialstruktur Kindheit sich permanent immer wieder neu herstellt.

Die Aufhebung herkunftsbedingter sozialer Unterschiede war mit der Angleichung der strukturellen Bedingungen der Kindheit keinesfalls intendiert. Zur Auflösung sozialer und regionaler Ungleichheiten zwischen Gruppen von Kindern ist es nicht gekommen – dies haben meine Analysen in mehrfacher Hinsicht gezeigt. Auch Tanja Betz (2008) hat in ihrer Untersuchung der konkreten Lebensbedingungen von Kindern auf der Basis von personenbezogenen Surveydaten zeigen können, dass sich weder soziale Ungleichheiten noch regionale Differenzen in den vergangenen Jahren reduziert haben.

Während die Gesetze allgemeinen Charakter haben und keine sozialen Unterschiede machen, lassen sich auf der Ebene der Durchführung solche Unterschiede dennoch beobachten. Die Tatsache, dass der deutsche Wohlfahrtsstaat dazu beigetragen hat, Kindheit als Strukturmuster der Moderne einheitlich für alle Kinder durchzusetzen und fest zu etablieren, bedeutet keinesfalls, dass alle Kinder in gleichartigen konkreten Bedingungen aufwachsen. Einige Beispiele:

- In allen Bundesländern besteht für alle Kinder Schulpflicht; allen muss ein kostenloser Schulplatz zur Verfügung gestellt werden – inwieweit über die Organisation dieser Aufgabe in den Bundesländern soziale Ungleichheiten transportiert werden, ist eine andere Frage.
- Kinder bis zu 14 Jahren sind in allen Bundesländern frei von strafrechtlicher Verfolgung – wie aber die Jugendämter einzelner Regionen mit Kindern umgehen, die als stark gegen Normen verstoßend auffallen, ist unterschiedlich.
- Die Bereitstellung von Angeboten der Kinder- und Jugendarbeit ist nach dem KJHG eine Regelleistung der Jugendämter – wie aber die Ausgestaltung der Angebote und ihrer Erreichbarkeit aussehen, obliegt den einzelnen Kommunen.
- Alkohol darf an Kinder weder in Berlin noch auf Sylt verkauft werden – wie die Kontrolle der Einhaltung realisiert wird, liegt in den Händen der Kommunen.
- Alle Bundesländer müssen Betreuungsplätze für Kinder ab drei Jahren bereithalten – wie die konkreten Erziehungs- und Bildungskonzepte aussehen, ist davon unberührt. Qualitätsuntersuchungen in Kindertagesstätten haben gezeigt, dass die Qualität der Angebote für die Drei- bis Sechsjährigen sehr unterschiedlich sind, was erhebliche Folgen für den Entwicklungsstand habe (vgl. Tietze 1998; Schmitt u. a. 2009).

Deutlich wird an diesen Beispielen, dass die konkreten Lebensbedingungen und damit auch die alltäglichen und biographischen Handlungschancen von Teilgruppen der Kinder nicht allein durch die gesellschaftliche Ordnung des Generationenverhältnisses, also durch die Konstruktion der Kindheit, bestimmt sind. Vielmehr finden sich innerhalb des Kindheitskonstrukts Bedingungen sozialer Ungleichheit: soziale und regionale Lagen, kulturelle Herkunft und Geschlecht sind Merkmale, die nicht nur zwischen Kindern unterscheiden, sondern auch die konkreten Umstände, auf die Kinder in Einrichtungen der Jugendhilfe und bei kinder- und jugendrechtlichen Maßnahmen treffen.

Regionale Ungleichheiten unterstützen die föderalistische Struktur der Bundesrepublik dadurch, dass Ausführungsvorschriften, mit denen Bundesgesetze umgesetzt werden, in den einzelnen Bundesländern sehr unterschiedlich sein können. Soziale Ungleichheiten werden ferner durch das Grundprinzip der individualisierten Sonderbehandlung des einzelnen Kindes in der konkreten Erziehungssituation befördert. Dieses hat seine Bedeutung seit Bestehen des Jugendrechts sukzessive ausgedehnt. Hierfür können Erziehungsmaßnahmen bei Jugenddelinquenz, sozialpädagogische Einzelfallhilfe und anderes angeführt werden. Eine weitere Ungleichheitsförderung kann in der, in dieser Studie nicht näher ausgeführten, politischen Grundsatzentscheidung gesehen werden, die finanzielle Unterstützung von Minderjährigen über die Familie zu regulieren und somit herkunftsbedingte Unterschiede nicht auszugleichen zu suchen (vgl. Olk/Mierendorff 1998).[4]

---

4 Ich hatte dies in Kapitel 5.4 an der endgültigen Entscheidung Anfang der 1960er Jahre aufgezeigt, die materielle Sicherung von Kindern in die Bundessozialhilfe auszulagern

Wir haben es also mit zwei gegenläufigen Entwicklungen zu tun: *Der Verallgemeinerung der strukturellen Bedingungen der Kindheit steht die Entwicklung besonderer Ausführungsbestimmungen und -praxen gegenüber, die ungleiche Behandlung einzelner Kindergruppen bedeuten.*

Es ist freilich auch eine Entwicklung erkennbar, die der Ungleichbehandlung entgegenwirkt. In allen drei Rechtsbereichen zeigt sich im Zeitverlauf eine Verschiebung von der ausschließlichen Behandlung von Randgruppen hin zur Behandlung aller Minderjährigen. Der professionelle Umgang mit Problemgruppen ist inzwischen in das auf Kinder und Jugendliche insgesamt gerichtete System wohlfahrtsstaatlicher Leistungen und Regelungen integriert, und nicht mehr in einem Randgruppen-Bereich ausgegrenzt. Ein Beispiel aus dem Kinder- und Jugendschutz: Während Mitte des 20. Jahrhunderts vor allem auffällige Jugendliche aus den unteren Schichten in der Öffentlichkeit kontrolliert wurden, werden nun alle Kinder und Jugendlichen vor Gefahren aufgeklärt und zu einem angemessenen Verhalten aufgefordert. Ein weiteres prominentes Beispiel ist die Entwicklung der Kindertagesbetreuung von einem Notfallangebot zu einem bildungsbezogenen Regelangebot für alle Kinder in der frühen Kindheit.

8.2 Der Anteil der wohlfahrtsstaatlichen Regulierungen am Erziehungsprojekt der Moderne – ein Fazit

Eine der zentralen Thesen, die sich hier abschließend formulieren lässt, lautet, dass *Erziehung und Sozialisation* gegenwärtig die zentralen Intentionen rechtlicher wohlfahrtsstaatlicher Regulierung der Bedingungen von Kindheit sind. Andere wohlfahrtsstaatliche Wertideen (Lessenich 2003b, S. 73ff.), wie die der Sicherheit (vgl. Kaufmann 2003c), der Gerechtigkeit (vgl. Kersting 2003), der Freiheit (vgl. Vobruba 2003) oder der Solidarität (vgl. Prisching 2003), haben zwar auch ihren Platz im komplexen Regulierungsgeschehen, dies allerdings nicht mit einer solchen Dominanz wie die Wertideen Erziehung und Sozialisation. Die Leitmaxime der *Freiheit* zum Beispiel gilt für Kinder und Jugendliche eingeschränkt. Insbesondere Ilona Ostner hat überzeugend herausgearbeitet, dass die soziale Position von Kindern im Wohlfahrtsstaat vor allem durch die Einschränkung bürgerlicher Freiheitsrechte gekennzeichnet ist (Ostner 2007; Olk 2009; Olk/Wintersberger 2007). Soziale Sicherheit wird in Deutschland explizit nicht über das Jugendrecht gewährt, sondern über das erwachsenenzentrierte System der sozialen Sicherung sowie über den Familienlastenausgleich – mit der BSHG-Reform von 1961 waren endgültig die Weichen für eine solche Orientierung gestellt worden.

---

und nicht im Jugendrecht anzusiedeln. Ebenso könnten hier die politischen Entscheidungen in den 1950er Jahren bezüglich der Ausrichtung des Rentensystems herangezogen werden: Während die Kosten für die aus dem Erwerbssystem Ausgeschiedenen sozialisiert wurden, blieben die Kosten für die Pflege und Versorgung der minderjährigen Kinder privatisiert (vgl. Olk/Mierendorff 1998). Damit sind die herkunftsbedingten Unterschiede Motor für sozial ungleiche Kindheitsverläufe in Deutschland (vgl. Betz 2008).

An den historisch weiter zurückgreifenden Analysen wurde weiterhin deutlich, dass die Erziehungs- und Sozialisationsintention nicht von Anfang an die Regulierungsprozesse in so dominanter Weise durchzogen hat wie heute. Es waren anfangs vor allem erwachsenenzentrierte Logiken wie die der Strafe wirksam – die Intention, Kinder und Jugendliche an die Normen der Gesellschaft mit Mitteln der Disziplinierung anzupassen, war dominant. Kontrolle und Strafe waren grundlegende Mittel in allen drei Jugendrechtsbereichen. Es ging ordnungspolitisch um die Aufrechterhaltung und Gestaltung der öffentlichen Ordnung und im Übrigen primär um den Schutz und die Kontrolle der minderjährigen Person durch Sonderbehandlung. Deutlich wurde als Weiteres, dass den meisten Erwachsenen der Erziehungsgedanke als legitime Antwort auf Fehlverhalten und Fehlentwicklung fremd war. Das neue Recht hatte auch die Funktion, diesen Gedanken erst einmal zu verbreiten. Das Jugendrecht hat insgesamt dazu beigetragen, dass die Idee der Erziehung sich in vielen Bereichen des öffentlichen Raums durchsetzen konnte. Meine These lautet, *dass über das Jugendrecht die Durchdringung aller Lebensbereiche von Minderjährigen mit dem Primat der Erziehung vorangetrieben und gestaltet wurde. Dies war ein langer historischer Prozess, der der Gesetzbildung keinesfalls vorangestellt war, sondern sich in diesem vollzogen hat.* Nach den ersten Gesetzgebungen in der Weimarer Republik war dieser Prozess keinesfalls abgeschlossen.

Bei der Diskussion der Erziehungsintention sind auch die Regulierungsmodi in Bezug auf die Gestaltung und Steuerung der Bedingungen von Kindheit zu beachten. Es handelt sich erstens um die Steuerung des Verhaltens durch Verbote und Gebote gegenüber Erwachsenen und Kindern und zweitens um die Steuerung der Organisation der Institutionen des Bildungs- und Erziehungssystems (zum Beispiel die Etablierung von Jugendgerichten, Jugendämtern, Jugendschutzstellen, öffentlichen Kindertagesstätten u. a.).[5] Es geht also bei der Realisierung von Erziehung und Sozialisation im Jugendhilfe- und Jugendrechtsbereich nicht allein – wie in der Schule – um die Bereitstellung von Erziehungs- und Bildungsmöglichkeiten, sondern viel umfassender um die Kontrolle und Gestaltung von Lebensweisen. Das – auch das den Körper und den Lebensstil Betreffende – was einer gedeihlichen Entwicklung als abträglich vermutet wird, wird über das Strafrecht, den Jugendschutz, die Kinder- und Jugendhilfe sanktioniert und behandelt. Die Herstellung und die Kontrolle des Kindeswohls und der Bedingungen des Aufwachsens sind umfassend und werden über Verhaltens- und über Organisationssteuerung hergestellt. Daran ändert auch nicht, dass positive Ideen von Erziehung, wie die Erziehungsmaßregeln, in das Jugendrecht und vor allem in die unterschiedlichen Praxen eingezogen sind.

Die vorangegangenen Analysen haben gezeigt, dass das Jugendrecht immer dann reformiert wird, wenn die Realisierung von Erziehung und Sozialisation unter den bestehenden Regelsetzungen nicht mehr ausreichend gesichert zu

---

5 Zur Typologie der Steuerungsmodi siehe Voigt 1986, S. 16f.

sein scheint. Hiermit reagiert das Jugendrecht auf sozialen Wandel. Die hier skizzierte Erfolgsgeschichte der Erziehungsidee im Jugendrecht kann widersprüchlich bewertet werden: Einerseits können wir mit Gøran Therborn (1992) und auch Ilona Ostner (2007) von einer „nachholenden Humanisierung" der Gewaltverhältnisse zwischen Erwachsenen und Kindern sprechen. Gleichzeitig ist zu sehen, dass der Ausschluss der Minderjährigen aus den Sphären der Erwachsenen weitergetrieben, die Differenz zwischen Erwachsenen und Kindern also größer wurde. Zudem hat die Kontrolle der Minderjährigen zugenommen: Jugendrechtliche Zugriffsmöglichkeiten sind auf mehr, vorher als solche definierte und differenzierte, Altersphasen des Kindesalterns ausgedehnt und die Kontrollinstrumente und Kontrollbereiche (Wissen, Sprache, Persönlichkeit, Körper, Haltung, Entwicklung) sind verfeinert und effektiver bearbeitet worden. Wir haben es also mit einem ambivalenten Prozess zwischen Freiheitsgewinn und zunehmender Kontrolldichte zu tun. Abschließend ist anzumerken, dass die zu Beginn des 20. Jahrhunderts eingeführten Regulierungsmodi – Schutz, Strafe, Hilfe und Kontrolle – über die Zeit erhalten geblieben sind. Kein einziger wurde zurückgenommen und in das Erwachsenenrecht zurückgeführt.[6] Altersbezogene Sonderrechte und Sonderbehandlungen blieben in ihrer grundlegenden Gestalt bestehen. Und dennoch zeigten sich die wohlfahrtsstaatlichen jugendrechtlichen Regulierungen als nicht in starren Formen und Inhalten verhaftet. Alle drei Regulierungsbereiche haben sich gewandelt und mit Ausnahme des Strafrechts in ihrem Geltungsbereich ausgedehnt. Die Art und Weise der Regulierungen und die Weisen der Realisierung haben sich verändert, einschließlich der Gestaltung der sozialen Beziehungen. Mit den Veränderungen der Regulierungen ist auf die gewandelten gesellschaftlichen Verhältnisse reagiert und gleichzeitig Wandel vorangetrieben worden.

Zum Wandel hat die bundeseinheitliche Grundlegung der Normen beigetragen. Denn veränderte Rechtsnormen werden über das Bundesrecht für alle Bundesländer unabhängig von deren kultureller Besonderheit verbindlich. Rechtliche Regulierungen finden nicht im luftleeren Raum statt, sie entstehen im permanenten Prozess sozialen und kulturellen Wandels, und sie müssen unter widerstreitenden Interessengruppen ausgehandelt werden. Gesellschaftliche Veränderungen, wie die Erosion von Normalitätsannahmen für Erwerbsarbeit, Hausarbeit, Ehe und Familie, politische Veränderungen, ökonomische Krisen, internationale politische und rechtliche Entscheidungen (zum Beispiel die Lissabon Agenda von 2000) haben erhebliche Auswirkungen auf die Ausgestaltung der Regulierungsbereiche.

---

6 Eine Ausnahme stellt die Existenzsicherung von Minderjährigen dar. 1922 war diese als Ziel in das RJWG eingeführt, dann aber durch die Notstandsverordnungen im gleichen Jahr sofort wieder ausgesetzt worden. Erst mit der Einführung des BSHG 1961 wurde sie endgültig aus dem Jugendrecht herausgelöst und im erwachsenenzentrierten Recht (BSHG und FLA) belassen. Dies stellt eine tiefgreifende wohlfahrtsstaatliche Entscheidung hinsichtlich der sozialen Positionierung von Kindern im System der sozialen Sicherung dar.

Und dennoch: Die Zielrichtung ist nie grundlegend revidiert worden. Es ging und geht immer um den Schutz von Sozialisations-, Entwicklungs- und Erziehungsprozessen. Man kann eher von einer Integration neuer Elemente, nicht aber von einer grundlegenden Revision alter Grundlogiken sprechen. Verändert wurde und wird, was jeweils als schützenswert oder als Gefahren- oder Regulierungsbedarf definiert wird. Was aber jeweils als schützenswert, als Gefahren- oder Regulierungsgegenstand definiert wird, unterliegt der historischen gesellschaftlichen Entwicklung. Die Verschiebung in den Regulierungsgegenständen beziehungsweise in den normativen Vorstellungen darüber erhält den Schutzraum an sich. Die wohlfahrtsstaatlichen Regulierungen der strukturellen Bedingungen von Kindheit lassen sich also zwischen Kontinuität und Wandel verorten. Stephan Lessenich (2003a, S. 291ff.) spricht diesbezüglich von einem „dynamischen Immobilismus". Es findet eine schleichende Veränderung von Normalitätsannahmen über Kinder statt, ohne dass das Strukturmuster der Kindheit in Frage gestellt wird.

Teil III

Wandel und Kontinuität von Kindheit – die Kindheitsforschung und der Wohlfahrtsstaat

9. Kindheit im Wohlfahrtsstaat – Konstanz und Wandel

Kindheit stellt sich zu Beginn des 21. Jahrhunderts keinesfalls widerspruchsfrei und eindeutig dar. In Kapitel 1.2 habe ich in vier Dimensionen dieses Musters Brüche, Verwerfungen und Ambivalenzen aufgezeigt, die sowohl in den Sozialwissenschaften als auch in öffentlichen Diskursen als Erosionen oder gar als Ende der Kindheit interpretiert werden. In solchen Diagnosen werden zum Beispiel Beobachtungen angeführt, dass Kinder sich heute zentrales Wissen immer mehr außerhalb arrangierter Lernarrangements aneignen und wesentlich seltener auf den Erfahrungsschatz der älteren Generation zurückgreifen (können) (Hengst 2002, S. 74[1]; 2008). Markt-, Medien- und Internetwelten wie auch die Peergroup sind alternative Orte der Aneignung von gesellschaftlich relevantem Wissen – und dies, ohne dass hier von Erwachsenen durchdachte erzieherische Ziele realisiert werden. Der Umgang der Kinder mit Markt und Medien folgen einem „an Marktinteressen orientierten Script" (Hengst 2002, S. 81). Erziehungswissenschaftler sehen in dieser Hinsicht das Erziehungsprojekt der Moderne als unterwandert und gefährdet an (vgl. Zinnecker 2000). Dieter Lenzen (2002) sieht die Scheidelinie zwischen Kindern und Erwachsenen schwinden, da inzwischen lebenslang für alle Altersgruppen viele „nicht pädagogische Lebenswelten durch die Pädagogik annektiert" seien (ebenda, S. 46) und es zu einer „Expansion der Kindheit" komme (ebenda, S. 47). Angeführt wird auch das Eindringen ökonomischer Strukturen, Logiken und Zeitmuster in das Kinderleben und den Kinderalltag, der lange Zeit als durch die Hausfrauenehe hiervon geschützt galt (Zeiher 2005a). Weitere Indikatoren werden in der Ausbreitung von Armut in die Erfahrungswelten von Kindern wie auch in der Notwendigkeit, dass Kinder ihre erwerbstätigen Mütter von der Hausarbeit entlasten, gesehen (vgl. Jurczyk/Lange 2007, Zeiher 2005b). Auch die als zunehmend wahrgenommene Beschäftigung der Kinder mit einstmals vermeintlich Erwachsenen vorbehaltenen Themen in den Medien, insbesondere mit Gewaltdarstellungen, die frei zugänglich in Fernsehen, Kino und anderen elektronischen Unterhaltungsmedien sind, führen zu der These, dass der Schutzraum Kindheit nicht mehr gewährt sei und damit ein wesentliches Element von moderner Kindheit verschwinde (so schon

1 „Entscheidend ist, dass die Kinder der Gegenwart bei ihrer Kulturarbeit nicht mehr in traditioneller Manier auf das Wissen, die Erfahrungen – und damit die Ratgeberkompetenz – Erwachsener zurückgreifen können. In der Forschung ist daher die Rede von der kulturellen bzw. soziokulturellen Freisetzung heutiger Kinder (und Jugendlicher)" (Hengst 2002, S. 74).

Postman 1982/1987).[2] Als gefährdet angesehen – so Zeitdiagnosen – werden vor allem Kindheit als Erziehungsmoratorium und Kindheit als Schutzraum. Vom „Umbruch der gesellschaftlichen Generationenordnung" ist die Rede (Zeiher 2005a, S. 204). Moderatere Stimmen sprechen von einer „Neujustierung der Kindheit" zu Beginn des 21. Jahrhunderts (z. B. Joos 2003, Honig/Ostner 2001). So interessant diese Vielzahl an Einzeldiagnosen auch ist, hinsichtlich der Frage nach der Erosion von Kindheit bleiben sie doch insoweit unbefriedigend, als hier jeweils nur eine einzelne Dimension von Kindheit oder des Kindseins betrachtet wird. Irritationen entstehen spätestens dann, wenn diese Diagnosen mit anderen Beobachtungen kontrastiert werden, die scheinbar das Gegenteil behaupten, also Erosionen von Kindheit nicht feststellen können – wie es beispielsweise Christiane Feil (2003) in einer Auseinandersetzung mit dem Marktverhalten von Kindern getan hat.

Die in den Kapiteln 5 bis 8 dargestellten Analysen haben gezeigt, dass die Frage nach dem Wandel oder gar nach der Erosion von Kindheit nicht allein an einzelnen der oben angeführten Beobachtungen festzumachen ist. Eine Bewertung anhand nur eines einzelnen Phänomens – etwa in den Bereichen der Erziehung, des Schutzes, der Marktvermitteltheit von Aneignung wichtigen Wissens oder des Erwachsenen-Kind-Verhältnisses – unterschätzt die Komplexität des Kultur- und Strukturmusters moderner Kindheit, das eine große Bedeutung für eine Gesellschaft wie die der deutschen hat. Die Vielfalt der Formen formal geregelter Differenz zu Erwachsenen, die institutionalisierte Altershierarchie, die sozial- und bildungspolitisch gewollte Freistellung von Erwerbsarbeit dürfen bei einer weitgreifenden Diagnose des „Endes von Kindheit" nicht unberücksichtigt bleiben. In den Blick muss die komplexe Gesamtheit der sozio-kulturellen und strukturellen Verhältnisse kommen, die Kindheit zu einem spezifischen Kultur- und Strukturmuster ausformen und zu einem relativ stabilen Teil moderner Sozialstruktur gemacht haben. Denn die einzelnen Dimensionen sind aufeinander bezogen, es sind nur analytisch trennbare Teile eines Ganzen.

Da das Ziel der vorliegenden Arbeit nicht allein darin bestand, das Verhältnis zwischen Wohlfahrtsstaat und Kindheit zu klären und ein theoretisches Modell hierfür zu entwerfen, sondern auch der Frage nachzugehen, was es mit den Thesen der Erosion und des Wandels von Kindheit auf sich hat, wenn man aus einer wohlfahrtsstaatstheoretisch-kindheitssoziologischen Perspektive schaut, werde ich im Folgenden entlang der in Kapitel 1.2 entwickelten Dimensionen: institutionalisierte Altershierarchie, Scholarisierung und Pädagogisierung, Familialisierung und De-Kommodifizierung, die Ergebnisse der

2 Allerdings wird bei der Sichtung der Literatur sehr schnell deutlich, dass die Verwendung des Begriffes „Schutzraum" ausgesprochen heterogen ist. Fassen die einen damit vor allem den Schutz der frühen Kindheit vor strukturierten und institutionalisierten Lernformen, fassen andere dies als Schutz von Kindheit und Jugend vor Themen und Phänomenen, die als für Erwachsene reserviert gelten (Gewalt, Sexualität, Marktvermitteltheit, Armut).

vorangegangenen Analyse rechtlicher Regulierungen der Bedingungen von Kindheit noch einmal aus der Perspektive solcher Erosions-Thesen interpretieren. Zwar sind die Thesen der „Fiktion“, der „Erosion“, des „Endes von Kindheit“ heute nicht mehr so scharf formuliert wie in den 1980er Jahren – insgesamt werden eher moderatere Formulierungen des Wandels und des Umbruch gewählt – aber dennoch möchte ich abschließend der Frage nachgehen, was genau sich wandelt – zur Zeit, aber auch über einen längeren Zeitverlauf hinweg? Was bleibt bislang erhalten? Im Kontext dieser Arbeit heißt dies vor allem: In welcher Beziehung steht der Wohlfahrtsstaat zu dem sozialwissenschaftlich seit Jahren festgestellten Wandel von Kindheit? Diesen Fragen werde ich entlang der vier Dimensionen des Musters moderner Kindheit nachgehen und hierbei die Bedeutung des aufgezeigten wohlfahrtstaatlichen Ordnungs- und Regulierungsprozesses für den Wandel von Kindheit und die Stabilität des Musters moderner Kindheit zusammenfassen. Dies mündet dann in die abschließende These der vorliegenden Studie.

Altershierarchie

Das Lebensalter, so hatte ich in Kapitel 1.2 aufgezeigt, ist eine der zentralen und überdauernden Ansatzstellen wohlfahrtsstaatlicher Regulierung der Kindheit. Viele Altersregulierungen haben sich trotz kulturell gegenläufiger Entwicklungen über lange Zeit erhalten. Die zu Beginn des 20. Jahrhunderts an entwicklungspsychologischen Erkenntnissen festgemachten Unterscheidungen zwischen Erwachsenen und Kindern sind bis heute wirksam. Sie wurden zwar nach oben wie nach unten korrigiert und aufgrund immer wieder neuer entwicklungspsychologischer Annahmen ausdifferenziert, als solche aber nie grundlegend in Frage gestellt. In der institutionalisierten Altershierarchie manifestiert sich die Differenz zwischen Erwachsenen und Kindern im Wohlfahrtsstaat. Durch die institutionalisierten Altersstufen werden Selbstbestimmung, Mitbestimmung und selbst verantwortetes Handeln ermöglicht oder eingeschränkt. Hierbei geht es nicht um die Handlungsbefähigung von Kindern, die in vielen empirischen Studien der Kindheitsforschung eindrücklich aufgezeigt wurde (vgl. Chassé/Zander/Rasch 2003; du Bois-Reymond u. a. 1994; Breidenstein/Kelle 1998, Krappmann/Oswald 1995; Ridge 2007; Roppelt 2003; Wihstutz 2009; Zeiher/Zeiher 1994). Vielmehr geht es um den strukturellen Rahmen, in dem das Verhältnis zwischen Erwachsenen und Kindern hierarchisch organisiert ist. Begrenzt werden die Möglichkeiten der Kinder, an wichtigen Entscheidungen teilzuhaben, die zum einen die eigene Person betreffen (wie die Bestimmung des Aufenthalts, die Wahl des Kindergartens oder der Schule, die Durchsetzung von Rechten gegenüber Dritten), und die zum anderen die Gestalt der eigenen Umwelten berühren (wie Schulgestaltung, Bildungspläne, Volksbegehren, Bürgerentscheid, Wahlen). Die Folgen der umfassenden Regulierungen werden unterschiedlich bewertet. Aus der einen Perspektive sind Kinder durch solche Regulierungen vor Folgen des eigenen Handelns (durch Verzicht auf Kriminalstrafe), vor Erwerbsarbeit, die die eigene Existenz und die der Familie sichert, und vor ausufernden Geschäftsinteressen der Wirtschaft geschützt. Dieser rechtliche Schutzraum ist über die Zeit hinweg vor allem über die Setzung von Altersgrenzen in unterschiedlichen jugendrechtlichen Bereichen erhalten geblieben. Aus einer anderen Perspektive gesehen, werden Kinder mittels solcher Regulierungen nach wie vor von der Teilhabe am Rechts- und Geschäftsverkehr und von politischen Entscheidungen ausgeschlossen. Citizenship im Sinne einer vollen Inanspruchnahme bürgerlicher Rechte bleibt Kindern bewusst verwehrt. Das Jugendrecht ist – über die Altersnormen im BGB hinaus – an dieser Setzung erheblich beteiligt. Trotz radikaler Kinderrechtsdebatten (zum Beispiel initiiert durch den Verein *Kinderrechtszänker*[3] in Berlin oder durch öffentliche Verhandlung von Interessen von Wirtschaftsvertretern in Bezug auf den Kinder- und Jugendschutz) hat in keinem der drei Rechtsbereiche eine grundlegende Lockerung der Altersregelungen stattgefunden.

Christiane Feil (2003) hat unter der Überschrift *Kinder, Geld und Konsum* aufgezeigt, wie beharrend die Kinder schützenden Regulierungen zur Geschäftsfähigkeit gegenüber jeglichen wirtschaftlichen Geschäftsinteressen sind und welche Folgen dies für das Kinderleben hat, das sich aus einer soziokulturellen Perspektive doch ganz anders – nämlich hin zu einer größeren Autonomie – zu entwickeln scheine. Auf Emanzipierungsprozesse im Kinderleben in den Bereichen des Umgangs mit Medien, sozialen Beziehungen und die gesellschaftlich veränderte Wahrnehmung von Kindern als Akteuren und Rechtssubjekten ist im Rahmen wohlfahrtsstaatlichen Regulierungshandelns mit ausdifferenzierteren Altersnormen reagiert worden, die die kategoriale Trennung zwischen Kindern und Jugendlichen verwischt. Die strukturelle Differenz zwischen Minderjährigen und Erwachsenen ist jedoch durch solche Ausdifferenzierungen nicht berührt. Die altersbezogene Anpassung des Jugendrechts an gesellschaftliche Entwicklungen trägt vielmehr zur Stabilität der Akzeptanz des Jugendrechts insgesamt und insbesondere der Altersnormen bei und damit zum Erhalt einer der vier zentralen Dimensionen des Musters moderner Kindheit – nämlich der institutionalisierten Altershierarchie.

Scholarisierung/Pädagogisierung

In den Prozessen der Scholarisierung und Pädagogisierung lässt sich weniger als in denen der Alterhierarchisierung ein starkes Beharren wohlfahrtsstaatlicher Regulierung auf, zu Beginn des 20. Jahrhunderts bereits festgesetzten, Normen feststellen. Vielmehr ist ein kontinuierlicher Bedeutungszuwachs von pädagogischen Begründungen und Zielen festzustellen: Ging es zu Beginn vor allem um die direkte Bestrafung und Kontrolle von Fehlverhalten sowie um reine Verbote, ist das Jugendrecht zunehmend als Erziehungsrecht im Sinne pädagogisch gestalteter Sozialisationsbedingungen (Sachße 1996, 561f.) bis hin zur normativen und faktischen Durchdringung des gesamten Jugendrechts mit der Logik von Erziehung und Bildung verstanden worden. Es geht in

3 Näheres unter http://www.kraetzae.de/home/.

diesem Durchdringungsprozess sowohl um eine umfassende Begründung und Legitimation eines Sonderrechts mit Hilfe der Argumentationsfigur der „Erziehungsnotwendigkeit“, als auch um die Betonung von Erziehung als Antwort auf festgestellte Defizite (Erziehung statt Strafe) sowie um konkrete Bedingungen von Bildung und Erziehung, die durch das Recht zunehmend ermöglicht, vorangetrieben und vor allem umfassend verbreitet wurden.

Deutlich wurde dies in den dargestellten Analysen erstens an der Einbeziehung immer jüngerer Altersgruppen in die jugendrechtlichen Bemühungen: Formalisierte Bildungsprozesse wurden in immer früheren Lebensphasen in institutionalisierten Arrangements durchgesetzt (frühkindliche Bildung, erzieherischer Kinder- und Jugendschutz). Zweitens wurde dies deutlich an immer intensiverer und engerer Kontrolle der körperlichen und geistigen Entwicklung, des erworbenen Wissens, der sozialen Kompetenzen und der körperlichen Voraussetzungen dafür. Solche Kontrollverfahren benutzen zwar weniger die originären Instrumente, die über das Jugendrecht geregelt sind,[4] doch reagiert insbesondere die Kinder- und Jugendhilfe mit Hilfemaßnahmen auf Entwicklungsdefizite, die mit Kontrollverfahren festgestellt und häufig auf das Fehlverhalten von Eltern zurückgeführt werden. Damit gelangt der pädagogische Aspekt in den Zuständigkeitsbereich der Kinder- und Jugendhilfe. Drittens schließlich wurde dies deutlich an der Durchdringung aller drei Rechtsbereiche – Jugendstrafrecht, Kinder- und Jugendschutz und Kinder- und Jugendhilfe – mit der Orientierung an Erziehung und Bildung als hohem Wert. So versteht sich die Kinder- und Jugendhilfe inzwischen als wichtige Bildungsinstitution neben Familie und Schule (vgl. Rauschenbach/Otto 2008), der Jugendstrafvollzug versteht sich weniger als sühnende, denn als erziehende Institution und der Kinder- und Jugendschutz setzt neben Verboten vor allem auf den erzieherischen Kinder- und Jugendschutz. Organisierte und institutionalisierte Bildung und Erziehung ist also keineswegs alleiniges Merkmal des schulischen Bildungssystems, sondern durchzieht alle kinder- und jugendbezogenen Regulierungsbereiche des Wohlfahrtsstaats. Scholarisierung und Pädagogisierung der Kindheit durchdringen also einen großen Teil der außerschulischen Bereiche der Kindheit.

Damit wird das Bildungs- und Erziehungsmoratorium als struktureller Rahmen der Kindheit auch durch wohlfahrtstaatliche Aktivität weiter ausgebaut, und zwar explizit in dieser Absicht. Denn alle an der nachwachsenden Generation ausgerichteten institutionalisierten Orte sind von dieser Wertidee durchdrungen. Kinder und Jugendliche, die sich in einem erheblichen Teil des Tages und der Monate in solchen institutionalisierten Settings bewegen, können sich dieser Dimension kaum entziehen. Die Gegenmodelle des Marktes, der Webcommunities oder der Peergroups müssen in ihrer Ambivalenz zum Erziehungsmoratorium permanent in die alltägliche Lebensführung des einzelnen jungen Menschen integriert werden (vgl. Jurczyk 2009, S. 63). Heutige Kindheit ist unter anderem durch diese Ambivalenz unterschiedlicher

4 Hierfür sind das Bildungssystem sowie das Gesundheitssystem verantwortlich.

(Lern)Orte und Lebensweisen geprägt. Wenn aus anderen Perspektiven vom „Verlust des Lernmonopols der Schule" (Hengst 2008a, S. 71) die Rede ist, so widerspricht das der verstärkten Durchsetzung des Bildungsmoratoriums keineswegs. Auch wenn sich Kinder und Jugendliche mit Hilfe von Medien und Markt neben der Schule relevantes Wissen zunehmend selbstständig aneignen, bleiben die institutionellen Rahmenbedingungen der Bildung und Erziehung in ihrer Gesamtheit doch bestehen, werden ausgebaut und haben nach wie vor Macht über Teilhabechancen der jungen Generation. Sie stellen heute ein enges und machtvolles Wirkungsgeflecht dar[5] – sowohl im Hinblick auf die Eröffnung von Zukunftschancen durch die Vergabe von Zertifikaten (vgl. Solga 2003) als auch durch die Pflicht und zugleich Normalität, sich in solchen Settings zu bewegen. Denn die Wirkungen des gesamten institutionalisierten Erziehungssystems, das Jugendrecht eingeschlossen, sind erheblich und als institutionelle Strukturen kaum zu hintergehen (vgl. Meyer/Kamens/Benavot 1992).

Insgesamt lässt sich von einem Höhepunkt der Scholarisierung und Pädagogisierung der Kindheit sprechen, wenn man deren jüngste Ausdehnung und Intensivierung im Zuge der sogenannten „Sozialinvestitionsstrategie" betrachtet, die den Umbau des deutschen Sozialstaates charakterisiert und die Investition in Bildung und in die frühe Kindheit als Voraussetzung für gesellschaftlichen Wohlstand und ökonomische Fortentwicklung erkannt hat (vgl. Esping-Andersen 2002; kritisch Schütter 2006, S. 471; Olk 2007). Wenn auch gerade aus der Idee des „aktivierenden Sozialinvestitionsstaats" heraus Bildungserwerb nicht mehr allein als Aufgabe im Kindes- und Jugendalter bezeichnet werden kann, sondern aktives lebenslanges Lernen in allen Altersphasen des Lebenslaufs erwartet wird (vgl. Lenzen 2002; Lessenich 2008), so manifestiert sich die Bildungsorientierung doch in der Kindheit auf besondere Weise: Es ist die Unausweichlichkeit, die kaum mögliche Hintergehbarkeit dieser Dimension, die Kindern einen ganz besonderen Status im Erziehungs- und Bildungsgeschehen zuweist – dies ist die Basis der generationalen Ordnung westlicher moderner Gesellschaften. Dass die Teilhabe an formaler Bildung kaum hintergehbar ist, dafür sorgt der Wohlfahrtsstaat nicht allein durch Schulgesetze, sondern auch mit seinen kinder- und jugendrechtlichen Maßnahmen, durch die die zuvor beschriebenen Altersgrenzen sehr ausdifferenziert wirksam werden und durch die abweichendes Verhalten von Kindern und Jugendlichen sanktioniert wird. So wird die Altersdifferenz erhalten und das Muster moderner Kindheit gestützt und geschützt. Die generationale

5 Heinz Hengst weist darauf hin, wie stark die normative Kraft der Idee des Lernens und Sich-Bildens auch in der Selbstkonstitution von Kindern wirkt: „Einiges spricht dafür, dass die bereits in den sechziger Jahren von Ivan Illich erhobene Forderung nach Bildungsgeflechten und der Förderung eines Systems vielfältiger Bildungsorte und -formen auch von Kindern und Jugendlichen geteilt wird (vgl. Burke und Grosvenor 2003). Es ist nicht bei Wünschen und Forderungen geblieben. Kinder und Jugendliche sind in ihren Alltagswelten längst dabei, Weichen für Bildungsgeflechte, vielfältige Lernformen, Lernorte und Netzwerke zu stellen" (Hengst 2008a, S. 75f.).

Ordnung der Sozialstruktur löst sich auch unter der Annahme, also der Normsetzung des lebenslangen Lernens in der Wissensgesellschaft nicht auf. Es verändern sich aber die Arten und Weisen, wie diese im kulturellen Wandel der Aneignungsmodi, der Erziehungsstile, des Verhältnisses zwischen Lehrenden und Lernenden und der Herstellung von Bildungsnetzwerken erfolgreich realisiert wird.

De-Kommodifizierung

Das Muster moderner Kindheit ist von Beginn an durch die Vorstellung arbeitsfreier Kindheit gekennzeichnet. Scholarisierung geht mit dem Verbot von Erwerbsarbeit einher, De-Kommodifizierung ist die Voraussetzung für die Scholarisierung und Pädagogisierung der Kindheit für alle Kinder – für Kinder aller Sozialschichten und beider Geschlechter. Auch in Bezug auf die De-Kommodifizierung der Kindheit hat sich das Kindheitsmuster der Moderne bis heute erhalten. Das gilt für die normativen Annahmen wie auch für die grundlegenden Regelungen zum Verbot bzw. der Einschränkung von Erwerbsarbeit. Das Kinderarbeitsverbot wurde im 20. Jahrhundert gegen alle familialen und wirtschaftlichen Interessen durchgesetzt. Ich habe aufgezeigt, dass dies in einem langwierigen Interessenkampf zwischen Staat, Familien bzw. Familienbetrieben und der übrigen Wirtschaft bis in die 1970er Jahre hinein (!) geschah. Seit den 1990er Jahren tragen auch intensive transnationale Bestrebungen zu einer globalen erwerbsarbeitsfreien Kindheit dazu bei. So sind durch internationale Übereinkommen nationale Bestrebungen zurückgewiesen worden, die advokatorisch aus der Perspektive der Kinder deren Interessen am Jobben vorantreiben wollten (siehe Reform von 1998, Kapitel 6.3). Eine Angleichung der Rechtsnormen an die Realitäten jobbender Kinder, die selbst von deutschen Jugendschützern getragen worden war, musste durch die Bundespolitik zurückgewiesen werden, weil diese an internationale Abkommen gebunden war. Angesicht einer internationalen sozialinvestiven, aktivierenden Wohlfahrtsstaatspolitik, die sich von der Investition in Bildung Stabilität, gesellschaftlichen Wohlstand und wirtschaftliche Standortvorteile versprach, findet Erwerbsarbeit von Kindern und Jugendlichen, die sich außerhalb von Bildungsinteressen bewegt, keinen politisch durchsetzungsfähigen Unterstützer. Sowohl jugendrechtliche Regulierungen als auch internationale Abkommen und daraus resultierende Verpflichtungen spielen hierbei eine bedeutende Rolle.

Ausnahmen vom Arbeitsverbot für schulpflichtige junge Menschen sind nur an den Rändern der Schulzeit möglich – zu bestimmten Tageszeiten und in den Schulferien – auch an dieser bildungsbezogenen Logik und Praxis hat sich über die Zeit hinweg nichts verändert. Ausschlaggebend waren stets Annahmen darüber, welche Formen von Arbeit das Lernvermögen und die körperliche Entwicklung beeinträchtigen. Zwar sind seit 1998 die Regeln über die nicht genehmigungspflichtigen Tätigkeiten Minderjähriger gelockert worden, dafür wurden aber die Gegenstandsbereiche in sich differenzierter benannt – was eine parallele Entwicklung wie im Kinder- und Jugendschutz darstellt. Die stärkere Ausdifferenzierung hat dazu geführt, dass neuartige und verbreitete erwerbsförmige Tätigkeiten von Minderjährigen intensiver verhandelt und nicht mehr pauschal verboten werden – dadurch wächst die öffentliche Aufmerksamkeit und die Kontrolle der Kinder steigt.

Dass das Muster moderner Kindheit nach wie vor stark ist, zeigt sich in Zeiten der ökonomischen Krise, wenn Familieneinkommen nicht ausreichen. Hier gibt es keine Rücksicht auf besonderen Bedarf: Kinder, deren Eltern nicht in der Lage sind, das Existenzminimum für die Familie zu erwirtschaften, sollen ebenso wenig arbeiten wie die aus wohlhabenden Familien. Daran hat auch der Anstieg der Kinderarmutsraten seit den 1980er Jahren nichts verändert. Dass die Freistellung von Erwerbsarbeit so umfassend realisiert werden konnte und nach wie vor kann, liegt – das ist keine neue Erkenntnis – vor allem an den wohlfahrtsstaatlichen Leistungen (finanzielle Transfer- wie Infrastrukturleistungen). Diese sind seit den erstmals im besonderen Maß verhandelten öffentlichen Kinderarmutsdebatten anlässlich des 10. Kinder- und Jugendberichts von 1998 erhöht worden. Zu nennen sind hier der „bedarfsbezogene Kinderzuschlag" seit 2005, das „Schulpaket" von hundert Euro je Kind für bedürftige Familien zum Schuljahresbeginn, die Staffelung der Beiträge zu den Kindergartenkosten, der kostenfreie Kindergartenbesuch im letzten Jahr vor der Schule in vielen Bundesländern, die Befreiung von den Zuzahlungen zu Lehrmitteln in der Schule. Diese Maßnahmen gelten zwar als nicht ausreichend, um langfristig die Folgen herkunftsbedingter ökonomischer Schlechterstellung im Bildungssystem auszugleichen (vgl. Mierendorff 2008a, b), doch sind es Schritte zum Erhalt der De-Kommodifizierung aller Kinder.

Kinder und Jugendliche sind aufgrund dieser wohlfahrtsstaatlichen Leistungen nicht unbedingt gezwungen, zum Überleben der Familie durch Erwerbsarbeit beizutragen. Wenn sie dies dennoch im umfangreichen Maße tun, droht ihnen Stigmatisierung und Kriminalisierung. Der Wohlfahrtsstaat reagiert hier seit jeher und auch jetzt auf das Verhältnis Armut – Familie – Bildungsteilhabe. Sicherlich trägt Armut dazu bei, dass Kinder aus bedürftigen Familien nicht einfach nur aus Lust oder weil sie als den Erwachsenen gleichwertig anerkannt sein wollen Geld verdienen; sondern sie arbeiten auch um das Familienbudget aufzubessern und nicht zuletzt um die eigene Teilhabe an einer Kinderkultur zu ermöglichen (Bekleidung, elektronische Artikel, Sportartikel, Spielwaren, vgl. hierzu Tess Ridge 2007). Jedoch ist gegenwärtig die Erwerbsarbeit von Kindern neben der Schule kein so gravierendes Phänomen, dass man davon sprechen könnte, dass sich die De-Kommodifizierung als zentrales Strukturelement von Kindheit in Deutschland aufzulösen beginnt. Kinderarmut stellt nicht das Muster der Kindheit in Frage, sondern ist ein Zeichen dafür, dass die gesellschaftliche Position von Kindern nicht allein durch die generationale Ordnung bestimmt ist, sondern auch durch Klasse, Geschlecht und Ethnie. Mechanismen sozialer Ungleichheit setzen sich innerhalb der bestehenden generationalen Ordnung durch (vgl. Betz 2008; Bühler-Niederberger/Sünker 2003). De-Kommodifizierung der Kindheit ist ein kultureller Wert, der von einem Großteil der Gesellschaft geteilt wird[6] und der durch die jugendrechtlichen Regulierungen sowie die Leistungen des Systems der sozialen Sicherung gestützt und gegen die Widrigkeiten ökonomischer Entwicklungen relativ stabil gesichert ist. Diese Ambivalenz prägt Kindheit in Deutschland und wird permanent durch wohlfahrtsstaatliche Regulierungen bearbeitet.

Familialisierung

Im Gegensatz zu den Dimensionen der institutionalisierten Altershierarchie, der Scholarisierung und Pädagogisierung sowie der De-Kommodifizierung fällt in Bezug auf die Dimension der Familialisierung die abschließende Betrachtung widersprüchlicher und schwieriger aus. Zu beobachten waren sowohl Tendenzen der Familialisierung wie auch der De-Familialisierung – sowohl als zeitliche Aufeinanderfolge als auch als parallele Entwicklungen. In den jugendrechtlichen Regulierungen wie auch in der Kinder- und Jugendpolitik lassen sich über das zwanzigste Jahrhundert hinweg starke Ambivalenzen beobachten:

Zu Beginn des 20. Jahrhunderts hatte eine Entwicklung eingesetzt, in der Eltern im Jugendrecht wenig Mitsprache- und Mitentscheidungsmöglichkeiten erhalten hatten: Vor allem proletarische und vom bürgerlichen Muster abweichende Familien kamen zunehmend in den Fokus staatlicher Kontrolle und Disziplinierung. Gleichzeitig setzte sich aber das Muster bürgerlicher Kindheit in der Lebensrealität durch, indem die Kindheit im staatlich nicht kontrollierten rechtsfreien Binnenraum der dem bürgerlichen Ideal folgenden Familie ihren primären Ort erhielt (Sachße 1996, S. 561). Einerseits hat das Jugendrecht bedingt zu einer De-Familialisierung von Kindheit, andererseits haben sowohl die Verabschiedung des Bürgerlichen Gesetzbuchs als auch später die Weimarer Reichsverfassung zu einer Verallgemeinerung der Familialisierung von Kindheit beigetragen. In diesen beiden Texten wurde durch die Kodifizierung von Freiheitsrechten der Familie bewusst ein Gegenpol zu den staatszentrierten Ambitionen im Jugendrecht, Kindheit und Jugend stärker öffentlich zu kontrollieren und einheitlich als institutionalisierte Erziehungskindheit zu gestalten, gesetzt. Damit war die Ambivalenz von Anfang an durch eine Gegenläufigkeit von Bürgerlichem Recht und Jugendrecht angelegt (vgl. Marthaler 2009).

Nach dem Zweiten Weltkrieg, als sich das bürgerliche Familienmodell sowohl als normatives Muster wie auch in allen sozialen Schichten als empirische Realität durchgesetzt hatte, gleichzeitig der Staat in einer veränderten mitglie-

6 Die Studie von Ariane Sondermann (im Erscheinen) hat darüber hinaus gezeigt, dass diese Bewertung weniger in gut situierten Mittelschichtfamilien gepflegt wird. Es sind vielmehr Arbeitslosengeld II empfangende Eltern, die nicht wollen, dass ihre Kinder neben der Schule erwerbstätig sind. Manche stellen sogar die eigene Erwerbsarbeit zurück, um Zeit zu haben, die Schullaufbahn der Kinder zu unterstützen und diesen eine bessere Zukunft durch Bildung zu ermöglichen. Wie erfolgreich diese Strategie im Bildungssystem dann tatsächlich ist, steht auf einem anderen Blatt geschrieben.

derbezogenen Familienpolitik (vgl. Bleses/Rose 1998) wie auch im Familienrecht die Rechte der einzelnen Familienmitglieder (vgl. Sachße 1996; Marthaler 2009) stärkte, wurde im Jugendrecht ebenfalls nach einer Ausdehnung der Freiheitsrechte der Familie gegenüber dem Staat gesucht (Sachße 1996, S. 567). Dies war auch auf Bedarfe von Mittelschichtfamilien gerichtet. Denn trotz der traditionellen Ausrichtung des Jugendrechts auf die proletarische Familie und Jugend waren und sind auch diesen Familien durch den Jugendschutz, den Kinderarbeitsschutz und die fehlenden Mitwirkungsrechte in Jugendstrafverfahren Grenzen gesetzt und elterliche Mitbestimmungsrechte relativiert worden. Damit hatte nach dem Zweiten Weltkrieg ein Prozess der Familialisierung des Jugendrechts eingesetzt, von dem Familien aller Schichten gleichermaßen profitiert haben. Abzulesen ist dies zum Beispiel an den Bestrebungen, die Bevormundung alleinerziehender Mütter durch Amtspfleger zu reduzieren sowie die Rechte der Eltern im Falle eines Jugendstraf- oder Jugendhilfeverfahrens zu stärken. Einen Höhepunkt dieses Prozesses stellt die Verabschiedung des KJHGs von 1990 dar. Es lässt sich also feststellen, dass seit den 1950er/1960er Jahren in allen drei Bereichen des Jugendrechts eine Familialisierung stattfand. Damit ging jedoch eine Schwächung der Rechtsposition von Kindern einher. Dies geschah nicht, indem Rechtsansprüche, die generell ausgebaut worden waren, reduziert wurden, sondern vielmehr, indem Kindern und Jugendlichen nur vermittelt über die Sorgeberechtigten Leistungen gewährt und ihnen lediglich Anhörungs-, aber keine Mitbestimmungs- oder Antragsrechte eingeräumt wurden.

Erst gegen Ende des 20. Jahrhunderts ist eine Tendenz zurück zu einer Rechtsentwicklung zu beobachten, in der der Staat wieder seine stärkere Kontrollfunktion zum Ausdruck bringt, wobei aber gleichzeitig im Gegensatz zu den 1920er Jahren die Rechtstellung der Eltern im KJHG nicht angetastet wird (§ 8a KJHG; Sprachstandtests, Frühwarnsystem, Frühe Hilfen). Über die Fokussierung auf die kindlichen Entwicklungsverläufe und auf die frühkindlichen Bildungsprozesse werden Eltern wieder stärker kontrolliert und in ihren Freiheitsrechten unter Umständen eingeschränkt. Sowohl außerfamiliale institutionalisierte Bildung als auch der klassische staatliche Kinderschutz wurden gestärkt. Dies kann auf mehrfache Weise gedeutet werden: Erstens als Zeichen einer verstärkten Kontrolle unterer Schichten, denen eine ablehnende Haltung gegenüber schulischen Bildungsprozessen und kindlichen Entwicklungsverläufen nachgesagt wird (vgl. Bühler-Niederberger/Lange/Mierendorff 2009), zweitens als Reaktion auf den von An-Magritt Jensen (2003) beschriebenen *„symbolic loss of power“*, den Kinder generell durch die Ablösung der Elternschaft von Ehe und dauerhafter Partnerschaft erfahren haben, und drittens als Ausbreitung staatlicher Kolonialisierung kindlichen Lernens, die sich einerseits über die nach wie vor bestehende Hausfrauenehe hinwegsetzt, anderseits aber von den bildungsnahen Familien getragen wird (vgl. Hadjar 2006).

In der Entwicklung des Kinder- und Jugendrechts lassen sich also parallel und gleichzeitig gegenläufig verlaufende Prozesse der Familialisierung und

De-Familialisierung von Kindheit feststellen. Beide Prozesse erhielten ihre Entwicklungsdynamik daraus, dass auf die ungleiche soziale Lage von Familien, vor allem auf die als unterschiedlich wahrgenommene Leistungsfähigkeit von Familien in Bezug auf die Pflege, Bildung und Erziehung von Kindern reagiert wurde. Es zeigt sich, dass immer dann besonders familienkritisch verhandelt wird, wenn angenommen ist, dass eine größere Gruppe von Familien ihre Funktion der Primärsozialisation nicht ausreichend erfolgreich realisiert. So entsteht im Zeitverlauf ein immer wieder etwas anders gelagertes Verhältnis zwischen Staat und Familie (Joos 2001, S. 13, 227ff.), ohne dass aber die im bundesrepublikanischen Wohlfahrtsstaat verfassungsrechtlich garantierte Primärverantwortung der Familie als Ganzes aufgehoben oder in Frage gestellt wird. Auch die kulturelle Bedeutung der Familie wird nicht angezweifelt. Gesellschaftlicher und familialer Wandel werden in diese Entwicklung integriert, indem die Sozialisationsbedingungen als komplexer Bedingungszusammenhang in den Blick genommen werden und damit ins Regulierungsinteresse rücken. Immer wieder wird die Wohlfahrtsproduktion, also die Übernahme der Verantwortung für einzelne Dimensionen des Kindeswohls, auch für Bildung und Erziehung, neu justiert. Dies kann als die permanente Herstellung von Wissen über „gute Kindheit" und als ein permanenter Ordnungsprozess des Sozialen bezeichnet werden. In diesem Prozess stabilisieren sich die Sozialisationsbedingungen über den Wandel von Familie, Politik und Ökonomie hinweg. Die generationale Ordnung des Sozialen wird – alle Schichten einbeziehend – erhalten. In diesen Prozessen hat im Zeitverlauf eine gewisse soziale Homogenisierung der Kindheit als Erziehungs- und Familienkindheit stattgefunden.

Familialisierung ist also weiterhin ein wesentlicher Teil des Strukturmusters Kindheit, wenn auch dessen Ausformung starkem Wandel unterworfen ist (vgl. Jensen 2003; Jurczyk/Lange 2007; Zeiher 2005a). Ich würde aber nicht, wie Helga Zeiher, von einem „Umbruch des gesellschaftlichen Generationenordnung" sprechen, sondern eher von der aktuell beobachtbaren Neujustierung der Beziehung zwischen Eltern, Staat, intermediären Organisationen und Markt in Bezug auf die Sorge für Kinder, also von der Sicherung der Wohlfahrt der Kinder, in der Gestaltung zentraler Bedingungen von Kindheit. Die Familie ist in dem „Wohlfahrtsmix" heute anders eingebunden als zwanzig Jahre zuvor, ohne dass sie dabei aber ihre dominante Funktion verloren hätte. Das Verhältnis zwischen den Generationen ist davon insofern betroffen, als dass Pflege- und Bildungsfunktionen derzeit vermehrt in den öffentlichen Bereich ausgelagert werden. Durch mehr Verlagerung des alltäglichen Lebens und Lernens in formal organisierte Institutionen verändert sich die gesellschaftliche Positionierung der Kinder: Solchen Institutionen stehen Kinder als Individuen und nicht als Familienabhängige gegenüber. Kindheitssoziologen diskutieren diesen Aspekt zunehmender Institutionalisierung der Kindheit als Tendenz zur „Individuation" in der gegenwärtigen Kindheit (insbesondere Näsmann 1994; Frønes 1994; Zeiher 2009).

In der Betrachtung des Wandels wohlfahrtsstaatlicher Regulierungen, systematisiert durch die vier zentralen Dimensionen des Strukturmusters der Kindheit der Moderne, ist die ganz eigene Rolle deutlich geworden, die wohlfahrtsstaatliche Regulierungen für Wandel und Kontinuität der Kindheit einnehmen. Aus makrotheoretischer Perspektive lässt sich von einer Stabilität der institutionalisierten Altershierarchie, der Scholarisierung/Pädagogisierung und der De-Kommodifizierung sprechen, und trotz deutlicher De-Familialisierungstendenzen, oder besser trotz einer sichtbaren Neujustierung des Verhältnisses zwischen Familie und Staat, auch von der der Familialisierung. Die Grundstruktur des Musters der modernen Kindheit – in ihren vier Dimensionen – bleibt auch in den Bedingungen des Umbaus des Wohlfahrtsstaates und vielfältiger Destandardisierungen und Entgrenzungen in vielen Bereichen der Gesellschaft (Familie, Arbeit, Lernen) erhalten. In der vorliegenden Untersuchung ließ sich zeigen, dass das Jugendrecht, aber auch weitere kind- und jugendbezogene Politiken, erhebliche Bedeutung für die Beständigkeit dieses Strukturmusters Kindheit haben und dass gerade durch die Gestaltung der und die Reaktion auf die sich wandelnden gesellschaftlichen, ökonomischen und familialen Bedingungen diese Grundstruktur aufrechterhalten wurde und nach wie vor wird. Die Altershierarchie wurde gesichert und ausgebaut, die wohlfahrtsstaatlichen Voraussetzungen für strukturiertes Lernen wurden nicht nur aufrechterhalten, sondern in mehrfacher Hinsicht ausgedehnt, die Freistellung von Erwerbsarbeit wurde bestätigt und materiell flankiert und die verfassungsrechtlich verbürgte Hauptverantwortlichkeit der Familie für die Entwicklung und das Aufwachsen von Kindern wurde im Kern nicht angetastet.

Der bisher schon ungebremste wohlfahrtsstaatliche „Regulierungswille" ist im Nachklang des sogenannten „PISA-Schocks" und im Zusammenhang der vielfach konstatierten Wirtschaftskrise seit 2008 gesellschaftlich und politisch so groß, dass die Kontinuität des Strukturmusters auch in naher Zukunft wenig gefährdet erscheint. Die aktuellen Diskussionen um die wohlfahrtsstaatlichen Investitionen in die außerfamiliale Bildung von Kindern unabhängig von deren Alter bei gleichzeitiger Berücksichtigung einer umfassenden Erziehungspartnerschaft zwischen Eltern, Lehrern und Erziehern untermauern diese These (Hendrick 1997, S. 63; Baader 2004; Olk 2007). Kindheit als Differenzkonstrukt manifestiert sich in den wohlfahrtsstaatlichen Regulierungen. Die generationale Ordnung zeigt sich also in der Grundstruktur stabil, nicht zuletzt weil die Differenz zwischen Erwachsenen und Kindern durch das strukturell immer wichtiger gewordene Leitbild der Bildungs- und Erziehungsbedürftigkeit der jungen Generation stabilisiert wird. Auch bei dem von Helga Zeiher behaupteten „Umbruch der gesellschaftlichen Generationenordnung" infolge der veränderten Sorgebeziehungen (2005, S. 204), handelt es sich meines Erachtens nicht bereits um einen radikalen Umbruch dieser Ordnung, sondern vielmehr um eine Verschiebung im Verhältnis zwischen Staat, dem privaten Sektor (Familie, Verwandtschaft, Bekannte), dem intermediären Sektor und dem Markt, der die strukturelle Generationenordnung nur modifiziert.

Die Herstellung der Wohlfahrt von Kindern im weitesten Sinne, also die Herstellung der Bedingungen von Kindheit realisiert sich innerhalb veränderter Beziehungen dieser vier Akteursgruppen zueinander. So wird beispielsweise Sorgearbeit aus der gewandelten Familie ausgelagert; Bildungsprozesse waren ja bereits zu Beginn des 20. Jahrhunderts aus der Familie in die Schule ausgelagert worden. Weitere Beispiele sind in Teil II dieser Arbeit hinreichend beschrieben worden.

Fasst man die wohlfahrtsstaatlichen Regulierungen der Bedingungen von Kindheit als einen Teil einer sozialen Praxis, die Alanen (2005, S. 79) mit dem Begriff des „generationing" kennzeichnet, dann wird auf der Folie der vorliegenden Ergebnisse deutlich, dass sich der Wandel von Kindheit eben gerade auf dieser Ebene vollzieht. Es sind die Praxen der Hervorbringung von Kindheit, die heutige Kindheit verändern, in denen sich aber gleichzeitig die Grundstruktur erhält. Die wohlfahrtsstaatlichen Regulierungen der Kindheit sind Teil dieser gesellschaftlichen Praxis.

In der vorliegenden Arbeit wurde ein Nacheinander und Nebeneinander unterschiedlicher wohlfahrtsstaatlicher Weisen der Regulierung in verschiedenen Kinder und Kindheit betreffenden Bereichen aufgezeigt. Hierin zeigten sich die historisch sich verändernden Normalitätsannahmen über Kindheit sowie die sich wandelnden Vorstellungen über die professionellen und gesellschaftlichen Reaktionen auf das immer als krisenhaft wahrgenommene Aufwachsen von Kindern (vgl. Dollinger 2004). Der Wandel der Annahmen, wovor Minderjährige in welchem Alter zu schützen seien, die im Kinder- und Jugendschutzbereich wirksam sind, ist hierfür ein Beispiel (Kapitel 6): Wurde die Differenz zwischen Erwachsenen und Kindern anfangs vor allem über Verbote und über Bestrafung der dieses Verbot missachtenden Minderjährigen hergestellt, setzten sich allmählich Bestrafung der Erwachsenen und präventive Aufklärung und Erziehung der Minderjährigen durch. Generationale Differenz besteht in beiden Epochen, doch die Durchsetzung ist eine andere geworden. Ähnliches ließ sich im Jugendstrafrecht nachzeichnen (Kapitel 7), nämlich bei der Durchsetzung erzieherischer Maßnahmen vor dem Einsetzen einer Jugendstrafe. Im Kinder- und Jugendhilferecht (Kapitel 5) findet sich diese Tendenz in einer Entwicklung, die vom Separieren der Kinder und Kontrollieren der Erwachsenen hin zur Unterstützung von Eltern und zur Integration von Kindern in Normalangebote der Kinder- und Jugendhilfe verlief. Zwar hat sich die Art der Differenz zwischen Kindern und Erwachsenen in diesen Fällen erheblich verändert und somit auch wichtige Momente in der sozialen Konstruktion der Kindheit, doch bleibt die Tatsache der Differenz zwischen Kindern und Erwachsenen bestehen. Der Wandel von Kindheit wird vorangetrieben, ohne dass sich dadurch die Grundstruktur der Kindheit oder aber die Grundstruktur der generationalen Ordnung auflöst.

Die Formung des Generationenverhältnisses über das Kinder- und Jugendrecht und über andere Kinder- und Jugendpolitiken hat sich stets in Bedingungen gesellschaftlicher Umbrüche vollzogen. Heutige Kindheit ist von

Brüchen, Ambivalenzen, Widersprüchen oder Entgrenzungen[7] durchzogen, die sich nicht einfach an Unterschieden zwischen sozialen Schichten festmachen lassen. Tradierte moderne Vorstellungen von Kind und Kindheit stehen neben spätmodernen Vorstellungen, und manche empirischen Beobachtungen stehen dem entgegen – am prominentesten kommt dies in der aktuellen Debatte über Heinz Hengsts Konzept der „Zeitgenossenschaft" zum Ausdruck (Hengst 2003; 2005, 2009). In den gegenwärtigen gesellschaftlichen Krisen und Umbrüchen scheinen manche Normalitätsannahmen des 20. Jahrhunderts über Kindheit an Gültigkeit zu verlieren, neue Konzepte beginnen sich durchzusetzen (Qvortrup u. a. 1994; James/Prout 1990; Honig 1998; Hengst 2008b, 560ff., 2008a; Zeiher u. a. 2007). Der Paradigmenwechsel hat sich keinesfalls allein in der Kindheitssoziologie, sondern auch in der Sozialisationsforschung (vgl. Popp 2002) und in eigener Weise auch in den Erziehungswissenschaften (Lenzen 2002, S. 46; kritisch Baader 2002, S. 71) vollzogen. Und die veränderten Perspektiven auf Kinder und Kindheit durchziehen auch die wohlfahrtsstaatlichen Regulierungen der Bedingungen von Kindheit, die über das Kinder- und Jugendrecht vermittelt sind. Man findet dies in den Begründungen für Reformen und Novellen und auch in den Gesetzestexten selbst; die Brüche, Dilemmata und Ambivalenzen in gegenwärtiger Kindheit stellen eine zentrale, permanente Herausforderung für wohlfahrtsstaatliche und jugendrechtliche Regulierung der Bedingungen von Kindheit dar. Durch seinen spezifischen Umgang mit sozialem Wandel gestaltet der Wohlfahrtsstaat daher die Bedingungen des Kindseins in nicht unerheblicher Weise mit.

Zusammenfassend lässt sich festhalten: Der Wandel von Kindheit vollzieht sich innerhalb des relativ stabilen Strukturmusters moderner Kindheit. Die wohlfahrtsstaatlichen auf Kindheit bezogenen Regulierungsmechanismen reagieren auf sozialen Wandel relativ flexibel – die Bedingungen der Kindheit werden immer wieder unter neuen Bedingungen reguliert. Dabei bleiben die Grundstrukturen der generationalen Ordnung der Moderne gewahrt; es hat in den vergangenen hundert Jahren keine jugendrechtliche Reform gegeben, die diese Ordnung grundsätzlich in Frage gestellt hätte. Durch das Beharren auf *stabilen Ordnungsmustern und durch flexible Integration veränderter kultureller Konzepte tragen die wohlfahrtsstaatlichen Regulierungen – wohlgemerkt neben den Praktiken anderer gesellschaftlicher Akteure – zum Überdauern der generationalen Ordnung bei. Kindheit als Kulturmuster wandelt sich, Kindheit als Strukturmuster bleibt erhalten.* Mit diesem grundlegenden Ergebnis bestätigt sich das in Kapitel 3 entwickelte Modell über das Verhältnis zwischen Kindheit und Wohlfahrtsstaat.

7 Gemeint ist hiermit das, was Heinz Hengst mit veränderten Bedingungen der Aneignung von Kultur und Subjektbildung in Zeiten der Entgrenzung, Mediatisierung von Kindheit und Ökonomisierung der Lebensverhältnisse von Kindern und ihren Familien anspricht (ebenda 2008a).

10. And what now? Perspektiven für eine wohlfahrtsstaatstheoretische Kindheitsforschung

Viele der in der vorliegenden Studie angesprochenen Aspekte sind weder überraschend noch vollständig neu. Dass das Muster moderner Kindheit etwas mit der wohlfahrtsstaatlichen Entwicklung zu tun hat, ist seit langem bekannt (vgl. Therborn 1992). Dass Neil Postmans These vom *„Verschwinden der Kindheit"* zwar eine gute rhetorische Figur, aber doch etwas einseitig in Bezug auf langfristige Diagnosen war, wurde ebenfalls bereits von vielen Autoren angemerkt. In der vorliegenden Arbeit sind solche alten Erkenntnisse aus einer kindheitssoziologischen Perspektive neu zusammengestellt und interpretiert worden. Im Weber'schen Sinne ist damit eine Synthese von bereits Bekanntem vorgenommen, die gerade aus dieser zusammenführenden Interpretation eine veränderte Perspektive auf Bekanntes und damit neue Erkenntnisse ermöglicht (Weber 1904/1988, S. 214).

So ist die These, dass die auf Kinder bezogenen Politiken vor allem auf eine gelingende Sozialisation und Disziplinierung der jeweils nachwachsenden Generation zielen, bereits in dem Konzept einer *„integralen Generationenpolitik"* von Kurt Lüscher (2007) entfaltet worden. Der Autor zielt damit auf die politische Gestaltung von Sozialisationswelten, in denen die Ambivalenz von Abhängigkeit und Autonomie in der Kindheit bewusst integriert wird. Auf diese Weise soll eine gelingende Sozialisation für alle Kinder unabhängig von der Herkunft ermöglicht werden (vgl. Lüscher 2003; 2007). Neu an der vorliegenden Studie ist die Erkenntnis der bis zum heutigen Tag radikalen Durchsetzungsfähigkeit des Sozialisationsparadigmas in den wohlfahrtsstaatlichen Regulierungen gegen alle politischen wie wissenschaftlichen Bedenken und die schwere Hintergehbarkeit der seit Beginn des 20. Jahrhunderts fest etablierten Regulierungslogiken. Neu ist auch die Erkenntnis, dass es dem Wohlfahrtsstaat anscheinend derzeit (noch) gelingt, alle neuen kulturellen und wissenschaftlichen Impulse und gegenläufigen Entwicklungen – wie beispielsweise die durchaus staatskritische Kinderrechtsbewegung und den Ruf nach der Anerkennung des Kindes als Akteur (vgl. Hein 2007) – in die bestehende wohlfahrtsstaatliche Grundlogik einzupassen und damit zu entschärfen. Man denke hier z. B. an die Übernahme akteurstheoretischer Argumentationen einer neuen Kindheitsforschung in die Logik des neuen aktivierenden Sozialinvestitionsstaates (vgl. Olk 2007), in dem das Kind als Akteur in einem anscheinend ungebremsten Prozess der Selbstbildung nicht etwa aus seiner politischen, geschäftlichen oder entscheidungsbezogenen Unmündigkeit entlassen, sondern vielmehr für seine eigene Biographie qua Bildungsanstrengungen verantwortlich gemacht wird. Das aktive Kind wird zur permanenten selbstbezogenen Aktivität unter den Prämissen eines aktivierenden Sozialstaats angehalten. Meike Baader hat hier den treffenden Ausdruck des *„hochtourigen Lerners"* geprägt (2004, S. 424). Nicht anders ist die derzeitige Debatte um Bildungsinvestitionen als Mittel der Armutsbekämpfung zu interpretieren (vgl. Mierendorff 2008a, b), die sich explizit gegen die traditionelle sozialpädagogische Idee der Hilfe oder gegen eine Sozialpolitik des materiellen Ausgleichs wenden. Das Kind als Akteur, das sich selbst bildende Kind, wird zum einen für den eigenen Bildungserfolg verantwortlich gemacht und zum anderen durch immer neue Curricula und frühere professionelle Bildungsarrangements, die den Selbstbildungsprozess argumentativ und praktisch in den Vordergrund stellen, dazu angehalten, die maximale Leistung aus sich herauszuholen. Und dass nicht nur, damit es später einmal durch Wissen und Bildungsabschlüsse vor Armut geschützt sein wird, sondern auch um – gleichsam als Zukunftsversprechen – der zukünftigen Gesellschaft zum Wohlstand und der Wirtschaft zum Standortvorteil zu verhelfen (kritisch Baader 2004; Lessenich 2008, S. 97ff.). Die Übernahme und Umdeutung kindheitssoziologischer Argumentationen, wie beispielsweise die der epistemologischen Forderung nach der konzeptionellen Befreiung des Kindes aus der statistischen Zähleinheit Familie (vgl. Sgritta 1994, 2005; Saporiti 1994; Lange/Mierendorff 2009) in eine ökonomische Argumentation, ist bemerkenswert. Diese radikale Integration einstmals kritischer Diskussionen um Sozialisation in die Begründung für Novellen und Reformen ist wohl das spannendste und gleichzeitig ernüchterndste Ergebnis der vorliegenden Studie. Der Wohlfahrtsstaat ist hier ein großartiger und geschickter Akteur.

Folgt man den Ausführungen in den vorangegangenen Kapiteln, insbesondere denjenigen über die Verfestigung und Ausdehnung der Dimension Scholarisierung und Pädagogisierung, dann kann man nicht zu Unrecht derzeit von einem Höhepunkt des Musters moderner Kindheit sprechen – noch nie waren die vier Dimensionen des Strukturmusters moderner Kindheit so umfassend für alle Kinder durchgesetzt, noch nie war eine so dominante Durchdringung aller Lebensbereiche mit der Idee und der Logik von Bildung und Erziehung zu beobachten. Dass Höhepunkte möglicherweise auch Scheitelpunkte sind, wird in den kommenden Jahren ein wichtiger Gegenstand der Kindheits-, Erziehungs- und Bildungswissenschaften sein. Denn dass sich das Muster moderner Kindheit über Jahrhunderte als eine sozialstrukturell relevante Kategorie moderner Gesellschaften herausgebildet und weiter entwickelt hat, ist die fundamentale Annahme der soziologischen Kindheitsforschung. Dass relativ stabile Muster keineswegs dauerhaft stabil sind, ist darin eingeschlossen. In der Frage nach der langfristigen Erosion des Musters moderner Kindheit werden all die auch in der vorliegenden Untersuchung erwähnten mikrosoziologischen, sehr genauen kleinteiligen Beobachtungen zum Wandel der Alltagswelten, Handlungsweisen und Aneignungsweisen von Kindern von Gewicht sein, die so ganz und gar nicht den erziehungswissenschaftlichen und politischen Diskursen entsprechen. Heinz Hengsts (2008a, b und 2009) zentrale These, dass sich derzeit auf der Ebene der Konstitution des Selbst allmählich und kontinuierlich ein neuer Modus durchzusetzen beginnt, muss ernst genommen werden. Auch die langfristigen Folgen der veränderten Sichtweisen auf Kinder – der Paradigmenwechsel, der derzeit anscheinend fraglos in traditionelle Forschungszugänge zu Kindheit integriert werden kann – wird zu beobachten bleiben.

Und als Drittes bleibt die Feststellung, dass Bildung kein Differenzkriterium mehr zwischen den Generationen ist – wer Arbeitslosengeld II erhalten möchte, ist durch Androhung der Leistungskürzung zu Bildungsmaßnahmen verpflichtet – eine kritische Auseinandersetzung wert. Was das alles langfristig für Kindheit, für die wohlfahrtsstaatlichen Arrangements, also für die Systeme der Hilfe, der Kontrolle, der Strafe und des Schutzes bedeutet, muss an dieser Stelle offen bleiben; es ist eine der zentralen, den historischen und aktuellen Wandlungsprozess begleitenden Forschungsfragen für die Zukunft. Derzeit gelingt es über wohlfahrtsstaatliche Regulierungen, das Muster moderner Kindheit und damit die bisherige Gestalt der generationalen Ordnung gegenläufigen Entwicklungen zum Trotz zu erhalten. Die Beobachtung des weiteren Verlaufs ist die Herausforderung einer Soziologie der Kindheit, insbesondere ihrer wohlfahrtsstaatstheoretischen Ausrichtung.

Literatur

Achinger, Hans (1971): Sozialpolitik als Gesellschaftspolitik. Frankfurt a. M.: Eigenverlag des Deutschen Vereins für Öffentliche und Private Fürsorge

Alanen, Leena (1992): Modern Childhood? Exploring the 'Child Question' in Sociology. Jyväskylä: University of Jyväskylä

Alanen, Leena (1996): Die Ordnung des Sozialen und die generationalen Beziehungen: Die Politik für Kinder in einem nordischen Land. Recht der Jugend und des Bildungswesens, Jg. 44, H. 4, S. 418-429

Alanen, Leena (2005): Kindheit als generationales Konzept. In: Hengst, H./Zeiher, H. (Hrsg.): Kindheit soziologisch. Wiesbaden: VS Verlag, S. 65-82

Alanen, Leena (2009): Generational Order. In: Qvortrup, J./Corsaro, W./Honig, M.-S. (Hrsg.): The Palgrave Handbook of Childhood Studies. Houndsmill/Basingstoke: Palgrave Macmillan, S. 159-174

Alanen, Leena/Sauli, Hannele/Strandell, Harriett (2004): Children and Childhood in a Welfare State: The Case of Finland. In: Jensen, A.-M. et al. (Hrsg.): Children's Welfare in Ageing Europe, Vol. I. Trondheim: NOSEB, S. 143-209

Alber, Jens (1982): Vom Armenhaus zum Wohlfahrtsstaat. Analysen zur Entwicklung der Sozialversicherung in Westeuropa. Frankfurt a. M: Campus Verlag

Alber, Jens (1989): Der Sozialstaat in der Bundesrepublik 1950–1983. Frankfurt a. M./New York: Campus Verlag

Alber, Jens (1993): Sozialstaat/Wohlfahrtsstaat. In: Dohlen, D. (Hrsg.): Wörterbuch Staat und Politik. Bonn: Bundeszentrale für politische Bildung, S. 636-645

Albers (Vorname unbekannt) (1954): Die Einheit der Jugendhilfe im neuen Jugendamt. In: Das neue Jugendamt. Bericht der Hauptversammlung der Arbeitsgemeinschaft für Jugendpflege und Jugendfürsorge am 5. und 6. Juni 1953. Achtes Beiheft zu „Unsere Jugend", S. 9-22

Allmendinger, Jutta/Ludwig-Mayerhofer, Wolfgang (Hrsg.) (2000): Soziologie des Sozialstaats. Gesellschaftliche Grundlagen, historische Zusammenhänge und aktuelle Entwicklungstendenzen. Weinheim/München: Juventa Verlag

Amberg, Lucia (2004): Wissenswerte Kindheit. Zur Rekonstruktion von Kindheit in deutschsprachigen Enzyklopädien des 18. Jahrhunderts. Bern: Verlag Peter Lang

Arbeitsgemeinschaft für Jugendhilfe (Hrsg.) (1982): 60 Jahre Gesetz für Jugendwohlfahrt. 1922–1982. Bonn: Eigenverlag

Ariès, Philippe (1960/1994): Geschichte der Kindheit. München: dtv (Original 1960)

Baader, Meike Sophia (1996): Die romantische Idee des Kindes und der Kindheit. Auf der Suche nach der verlorenen Unschuld. Neuwied/Kriftel/Berlin: Luchterhand Verlag

Baader, Meike Sophia (2002): Der romantische Kindheitsmythos: lediglich von historischer oder auch von aktueller Relevanz? In: Rathmayr, B. (Hrsg.): Kindheit – Neue Perspektiven. Theorie, Lebenswelt, Erziehung, Politik. Innsbruck: Studia Universitätsverlag, S. 59-73

Baader, Meike Sophia (2004): Der romantische Kindheitsmythos und seine Kontinuitäten in der Pädagogik und in der Kindheitsforschung. Zeitschrift für Erziehungswissenschaft, Jg. 7, H. 3, S. 416-430

Bamberger, Elisabeth (1961): Doch eine Novelle. Unsere Jugend, Jg. 13, H. 1, S. 2-6

Barth (Vorname unbekannt) (1964): Sichert der Jugend ihren Lebensraum! Jugendschutz, Jg. 9, H. 1, S. 3-17

Bauer Ullrich/Hurrelmann, Klaus (2007): Sozialisation. In: Tenorth, H.-E./Tippelt, R. (Hrsg.): Lexikon Pädagogik. Weinheim/Basel: Beltz Verlag, S. 672-675

Bauer, Jost/Dohmel, Wolfgang/Schimke, Hans-Jürgen (1995): Recht und Familie. Rechtsgrundlagen der Sozialisation. Neuwied/Kriftel/Berlin: Luchterhand Verlag

Bäumer, Gertrud (1929): Die historischen und sozialen Voraussetzungen der Sozialpädagogik und ihre Theorie. In: Nohl, H./Pallat, L. (Hrsg.): Handbuch der Pädagogik, Bd. 5. Langensalza: Beltz Verlag, S. 4-17

Beck, Ulrich (1986): Risikogesellschaft. Auf dem Weg in eine andere Moderne. Frankfurt a. M.: Suhrkamp Verlag

Becker, Howard S. (1960/1971): Außenseiter. Zur Soziologie abweichenden Verhaltens. Frankfurt a. M.: S. Fischer Verlag

Becker, Rolf/Lauterbach, Wolfgang (Hrsg.) (2004): Bildung als Privileg? Erklärungen und Befunde zu den Ursachen der Bildungsungleichheit. Wiesbaden: VS Verlag

Becker, Walter (1952): Jugendschutz und Jugendamt. Unsere Jugend, Jg. 4, H. 3, S. 94-95

Becker, Walter (1953a): Bilanz des Jugendschutzes. Unsere Jugend, Jg. 5, H. 4, S. 181-183

Becker, Walter (1953b): Das Jugendschutzgesetz in der Praxis der Polizei. In: Rothe, F. u. a. (Hrsg.): Jugendschutz und Öffentlichkeit. Ein Kommentar für den Gebrauch der Jugendämter. Polizei und Justiz, der freien Verbände und Schulen. Beiheft zu „Unsere Jugend", Bd. 5. Düsseldorf/München: Steinebach Verlag, S. 31-56

Becker, Walter (1959): Zum Verhältnis des Jugendarbeitsschutzes in der Öffentlichkeit. Die Beschäftigung Jugendlicher in Gast- und Vergnügungsstätten im gegenwärtigen und kommenden Recht. RdJ, Jg. 7, H. 7, S. 110-112

Becker, Walter (1961): Der Jugendarbeitsschutz als integrierender Bestandteil des allgemeinen Jugendschutzes. RdJ, Jg. 9, H. 2, S. 17-23

Becker, Walter/Potkrykus, Gerhard/Seipp, Paul (1961): Jugendarbeitsschutz. Ein Grundriss des gesamten Jugendarbeitsschutzes unter besonderer Berücksichtigung des Jugendschutzgesetzes für Eltern, Lehrer, Sozialpädagogen und Jugendgruppenleiter. Reihe: Jugend im Blickpunkt. Berlin/Neuwied: Luchterhand Verlag

Becker, Wolfgang (1953): Jugendgerichtsgesetz vom 4. August 1953. Textausgabe mit ergänzenden Gesetzen, Vorschriften und Materialien. Aschendorffsche Juristische Bücher, Bd. 35. Münster Westf.: Aschendorffsche Verlagsbuchhandlung

Behnken, Imbke/Zinnecker, Jürgen (1987): Vom Straßenkind zum verhäuslichten Kind. Zur Modernisierung städtischer Kindheit 1900–1980. Sozialwissenschaftliche Informationen, Nr. 2, S. 87-96

Benedict, Ruth (1938): Continuities and Discontinuities in Cultural Conditioning. Psychiatry, Jg. 1, H. 2, S. 161-167

Berger, Peter L./Luckmann, Thomas (1969/1980): Die gesellschaftliche Konstruktion der Wirklichkeit. Eine Theorie der Wissenssoziologie. Frankfurt a. M.: Fischer Taschenbuch Verlag

Bermig, Klaus/Schäfer, Albert (2000): Kinderarbeit in Deutschland. Die rechtlichen Grundlagen. KJuG, Jg. 45, H. 2, S. 37-41

Bernfeld, Siegfried (1969/1979): Antiautoritäre Erziehung: ausgewählte Schriften. Von Werder, L. (Hrsg.), Bd. 1–3, März Archiv

Bertram, Hans (1997): Familie leben. Neue Wege zur flexiblen Gestaltung von Lebenszeit, Arbeitszeit und Familienzeit. Gütersloh: Verlag Bertelsmannstiftung

Betz, Tanja (2008): Ungleiche Kindheiten. Theoretische und empirische Analysen zur Sozialberichterstattung über Kinder. Weinheim/München: Juventa Verlag

Beutel, (Vorname unbekannt, Pastor) (1924): Ohne Titel (Ausführungen über einen Lehrgang über Kirche und Jugendwohlfahrt). ZfJJ, Jg. 16, Nr. 4, S. 95-97

Bilden, Helga (1991): Geschlechtsspezifische Sozialisation. In: Hurrelmann, K./ Ulich, D. (Hrsg.): Handbuch der Sozialisationsforschung. Weinheim: Beltz PVU, 2. Auflage

Bleses, Peter (2003): Wenig Neues in der Familienpolitik. In: Gohr, A./Seeleib-Kaiser, M. (Hrsg.): Sozial- und Wirtschaftspolitik unter Rot-Grün. Wiesbaden: Westdeutscher Verlag, S. 189-207

Bleses, Peter/Rose, Edgar (1998): Deutungswandel in der Sozialpolitik. Die Arbeitsmarkt- und Familienpolitik im parlamentarischen Diskurs. Frankfurt a. M./New York: Campus Verlag

BMBF (Hrsg.) (2007): Auf den Anfang kommt es an: Perspektiven für eine Neuorientierung kindlicher Bildung. Bildungsforschung Bd. 16. Bonn/Berlin

BMFJ (Hrsg.) (1992): Jugendschutz in Stichworten. Ziele, Aufgaben, Organisationen in der Bundesrepublik Deutschland. Bonn

BMFSFJ (Hrsg.) (1994): Neunter Jugendbericht. Bericht über die Situation der Kinder und Jugendlichen und die Entwicklung der Jugendhilfe in den neuen Bundesländern. Bonn

BMFSFJ (Hrsg.) (1998a): Zehnter Kinder- und Jugendbericht. Bericht über die Lebenssituation von Kindern und die Leistungen der Kinderhilfen in Deutschland. Bonn

BMFSFJ (Hrsg.) (1998b): Jugendschutzgesetze. Gesetze, Erläuterungen, Übersicht. Bonn

BMFSFJ (Hrsg.) (2002): Elfter Kinder- und Jugendbericht. Bericht über die Lebenssituation junger Menschen und die Leistungen der Kinder- und Jugendhilfe in Deutschland. Bonn

BMFSFJ (Hrsg.) (2005a): Zwölfter Kinder- und Jugendbericht. Bericht über die Lebenssituation junger Menschen und die Leistungen der Kinder- und Jugendhilfe in Deutschland. Berlin

BMFSFJ (Hrsg.) (2005b): Siebter Familienbericht. Zukunft der Familie – Familie zwischen Flexibilität und Verlässlichkeit. Bonn

BMFSFJ (Hrsg.) (2008): Nationaler Aktionsplan. Für ein kindgerechtes Deutschland 2005–2010. Zwischenbericht. Berlin

BMJFFG (Hrsg.) (1990): Achter Jugendbericht. Bericht über Bestrebungen und Leistungen der Jugendhilfe. Bonn

BMJFG (Hrsg.) (1972): Dritter Jugendbericht. Bericht über Bestrebungen und Leistungen der Jugendhilfe gemäß § 25 Abs. 2 des Jugendwohlfahrtsgesetzes. Bonn

BMJFG (Hrsg.) (1986): Siebter Jugendbericht. Jugendhilfe und Familie – die Entwicklung familienunterstützender Leistungen der Jugendhilfe und ihre Perspektiven. Bonn

Böhnisch, Lothar/Schroer, Wolfgang/Thiersch, Hans (2005): Sozialpädagogisches Denken. Wege zu einer Neubestimmung. Weinheim/München: Juventa Verlag

Borchorst, Anette (2009): Danish Child-Care Policies within Path-Timing, Sequance, Actors and Opportunity Structures. In: Scheiwe, K./Willekens, H. (Hrsg.): Childcare and Pre-school Developments in Europe – Institutional Perspectives. Houndsmill u.a.: Palgrave Macmillan, S. 126-141

Bradbury, B. Bruce/Jäntti, Markus (2001): Child poverty across the industrialised world. In: Smeeding, T. M./Vleminck, K. (Hrsg.): Child Well-being, Child Poverty and Child Policy in Modern Nations: What Do We Know? Bristol: The Policy Press, S. 11-32

Bradshaw, Jonathan/Finch, Naomi (2003): A Comparison of Child Benefit Packages in 22 Countries. Department for Work and Pension ResearchReport No.174, Leeds: Corporate Document Services

Brandt, Willy (Hrsg.) (1968): Zweiter Jugendbericht: Zweiter Bericht über die Lage der Jugend und die Bestrebungen auf dem Gebiet der Jugendhilfe gemäß § 25 Abs. 2 des Jugendwohlfahrtsgesetzes. Bonn

Braun, Walter (1985): Das Ende von Kindheit und Jugend? ZfJ, Jg. 72, H. 4, S. 149-180

Breidenstein, Georg/Kelle, Helga (1998): Geschlechteralltag in der Schulklasse. Ethnographische Studien zur Gleichaltrigenkultur. Weinheim/München: Juventa Verlag

Brenner, Gerd (2002): Jugendschutz: Neuregelungen nach dem Amoklauf in Erfurt. Deutsche Jugend, Jg. 50, H. 7-8, S. 296-297

Büchner, Peter (1994): (Schul-) Kindsein heute zwischen Familie, Schule und außerschulischen Freizeiteinrichtungen: zum Wandel des heutigen Kinderlebens in der Folge von gesellschaftlichen Modernisierungsprozessen. Kindliche Lebenswelten, Bildung und innerfamiliale Beziehungen. München: DJI Verl., S. 9-39

Büchner, Peter u. a. (1998): Teenie-Welten. Aufwachsen in drei europäischen Regionen. Opladen: Verlag Leske + Budrich

Bühler-Niederberger, Doris (2005a): Kindheit und die Ordnung der Verhältnisse. Von der gesellschaftlichen Macht der Unschuld und dem kreativen Individuum. Weinheim/München: Juventa Verlag

Bühler-Niederberger, Doris (2005b): Generationale Ordnung und „moralische Unternehmen". In: Hengst, H./Zeiher, H. (Hrsg.): Kindheit soziologisch. Wiesbaden: VS Verlag, S. 111-133

Bühler-Niederberger, Doris/Lange, Andreas/Mierendorff, Johanna (im Erscheinen): Kindheit zwischen fürsorglichem Zugriff und gesellschaftlicher Teilhabe. Wiesbaden: VS-Verlag

Bühler-Niederberger, Doris/Sünker, Heinz (2003): Von der Sozialisationsforschung zur Kindheitssoziologie – Fortschritte und Hypotheken. Bernhard, A./Kremer, A./ Rieß, F. (Hrsg.): Kritische Erziehungswissenschaft zwischen Bildungsreform und Restauration. Hohengehren: Schneider Verlag, S. 200-220

Bund-Länder-Kommission für Bildungsplanung (1973): Bildungsgesamtplan. Stuttgart

Burke, Catherine/Grosvenor, Ian (2003): The School I'd Like: Children And Young People's Reflections On An Education For The 21st Century. London/New York: Routledge Falmer

Carspecken, Ferdinand (1953a): Das Jugendamt als Aufgabe der Selbstverwaltung (Teil I). RdJ, Jg. 1, H. 3, S. 35-37

Carspecken, Ferdinand (1953b): Das Landesjugendamt nach den Änderungsbestimmungen zum RJWG. RdJ, Jg. 1, H. 4, S. 51-52

Carspecken, Ferdinand (1953c): Die Zusammenarbeit – ein entscheidendes Anliegen des neuen Jugendamtes. RdJ, Jg. 1, H. 5, S. 67-68

Carspecken, Ferdinand (1961a): Entwurf eines zweiten Änderungsgesetzes zum Reichsjugendwohlfahrtsgesetz. RdJ, Jg. 9, H. 3, S. 40-43

Carspecken, Ferdinand (1961b): Die pädagogische Situation der Fürsorgeerziehung nach dem Inkrafttreten des „Gesetzes zur Änderung und Ergänzung des Reichsjugendwohlfahrtsgesetzes". RdJ, Jg. 9, H. 22, S. 347-351

Castles, Francis G. (Hrsg.) (1993): Families of Nations. Patterns of Public Policy in Western Democracies. Aldershot: Darthmouth

Chassé, Karl August/Zander, Margeritha/Rasch, Konstanze (2003): Meine Familie ist arm. Wie Kinder im Grundschulalter Armut erleben und bewältigen. Opladen: VS Verlag

Cloer, Ernst (1979): Familienerziehung. Klinkhardts Pädagogische Quellentexte. Bad Heilbrunn: Klinkhardt Verlag

Cockburn, Tom (1998): Children and Citizenship in Britain. Childhood, Jg. 5, H. 1, S. 99-117

Cockburn, Tom (2005): Children as Participative Citizens: A Radical Pluralist Case for 'Child-friendly'. Public Communication, Vol. 9, S.19-29

Coester, Michael (1991): Die Bedeutung des KJHG für das Familienrecht. FamRZ, Jg. 38, S. 253-263

Cohen, Albert K. (1961): Kriminelle Jugend. Zur Soziologie jugendlichen Bandenwesens. Reinbek bei Hamburg: Rowohlt Verlag

Cohen, Ada/Rutter, Jeremy B. (Hrsg.) (2008): Constructions of Childhood in Ancient Greece and Italy. American School of Classical Studies at Athens, Princeton, New Jersey: Eigenverlag

Commaille, Jacques (2000): The role of the family in establishing the social and political order: The double defamilialization. In: Cavanna, H. (Hrsg.): The New Citizenship of the Family, Comparative perspectives. Aldershot et al.: Ashgate Publishing, S. 202-215

Coninck-Smith, Ning de (2000): Der Kampf um die Zeit der Kinder. Zur Revision der Geschichte der Kinderarbeit in den nordischen Ländern. In: Hengst, H./Zeiher, H. (Hrsg.): Die Arbeit der Kinder. Kindheitskonzept und Arbeitsteilung zwischen den Generationen. Weinheim/München: Juventa Verlag, S. 209-218

Conrad, Christoph (1996): Wohlfahrtsstaaten im Vergleich: Historische und sozialwissenschaftliche Ansätze. In: Haupt, H.-G./Kocka, J. (Hrsg.): Geschichte und Vergleich. Frankfurt a. M./New York: Campus Fachbuch, S. 155-180

Conrad, Christoph (2003): Die Sprachen des Wohlfahrtsstaates. In: Lessenich, S. (Hrsg.): Wohlfahrtsstaatliche Grundbegriffe. Frankfurt a. M.: Campus Verlag, S. 55-72

Dallinger, Wilhelm/Lackner, Karl (1955): Jugendgerichtsgesetz, Kommentar. München/Berlin: Verlag C. H. Beck

Daniel, Paul/Ivatts, John (1998): Children and Social Policy. Basingstoke: Macmillan Publishers

de Mause, Lloyd (1974): The History of Childhood. New York: Souvenir Press Ltd.

Der Bundeskanzler (Hrsg.) (1965): Erster Jugendbericht – Bericht über die Lage der Jugend und die Bestrebungen auf dem Gebiet der Jugendhilfe in der Bundesrepublik und Berlin (West). Bonn

Deutscher Bildungsrat (1970): Empfehlungen des Deutschen Bildungsrates. In: Hölterschinken, D. (Hrsg. 1971): Vorschulerziehung. Eine Dokumentation. Freiburg i. Br.: Herder Verlag, S. 191-206

Dierckes, Julian/Zorn, Dirk (2005): Neoinstitutionalismus. In: Kaesler, D. (Hrsg.): Aktuelle Theorien der Soziologie von Shmuel N. Eisenstadt bis Postmoderne. München: Verlag C. H. Beck, S. 313-331

Dingeldey, Irene (2002): „Der blinde Fleck" in der vergleichenden Wohlfahrtsstaatsforschung. Kritik und Erweiterung der Forschungsperspektiven. Zes-Arbeitspapier 2/2002, Zentrum für Sozialpolitik, Universität Bremen

Diskowski, Detlef (2005): Neuer Schwung für die Bildungsdebatte: Bildungspläne für den Kindergarten. Unsere Jugend, Jg. 57, H. 11, S. 450-462

Dobbin, Frank (1993): The social construction of the Great Depression: Industrial policy during the 1930s in the United States, Britain, and France. Theory and Society, Vol 22/1, S. 1-56

Dobbin, Frank (1994): Cultural Models of Organization: The Social Construction of Rational Organizing Principles. In: Crane, D. (Hrsg.): The Sociology of Culture: Emerging Theoretical Perspectives. Oxford: Wiley, S. 117-141

Dobbin, Frank/Sutton, John, R. (1998): The Strengths of a Weak State: The Rights Revolution and the Rise of Human Resources Management Division. American Journal for Sociology, Vol. 104, No 2, S. 441-476

Dollinger, Bernd (2004): Strukturmerkmale sozialpädagogischen Wissens. Ein Beitrag zur historischen Rekonstruktion. Zeitschrift für Sozialpädagogik, Jg. 2, H. 1, S. 120-142

Dollinger, Bernd (2007): Meritokratische Inklusion und sozialpädagogische Reaktion. Oder: Teilhabe durch Leistungsnachweis. Zeitschrift für Sozialpädagogik, Jg. 5, H. 3, S. 300-319

Donzelot, Jacques (1979): Die Ordnung der Familie. Frankfurt a. M.: Suhrkamp

Donzelot, Jacques (1984): L'invention du social. Essay sur le déclin des passions des politiques. Paris: Fayard

Donzelot, Jacques (1988): The Promotion of the Social. Economy and Society, Jg. 17, H. 3, S. 395-427

Dörner, Christine (1992): Erziehung oder Strafe? Die Diskussion des Strafunmündigkeitsalters bis zum JGG 1923. RdJB, Jg. 40, H. 1, S. 144-157

du Bois-Reymond, Manuela (1971): Strategien kompensatorischer Erziehung. Das Beispiel der USA. Frankfurt a. M.: Suhrkamp Verlag

du Bois-Reymond, Manuela (1994): Die moderne Familie als Verhandlungshaushalt. In: du Bois-Reymond, M./Büchner, P./Krüger, H.-H./Ecarius, J./Fuhs, B. (Hrsg.): Kinderleben. Modernisierung von Kindheit im interkulturellen Vergleich. Opladen: Verlag Leske + Budrich, S. 137-219

du Bois-Reymond, Manuela (2005): Neue Lernformen – neues Generationenverhältnis. In: Hengst, H./Zeiher, H. (Hrsg.): Kindheit soziologisch. Wiesbaden: VS Verlag, S. 227-244

du Bois-Reymond, Manuela (2007): Europas neue Lerner. Ein bildungskritischer Essay. Opladen: Verlag Leske + Budrich

du Bois-Reymond, Manuela/Büchner, Peter/Krüger, Heinz-Hermann/Ecarius, Jutta/Fuhs, Burkhard (Hrsg.) (1994): Kinderleben: Modernisierung von Kindheit im interkulturellen Vergleich. Opladen: Verlag Leske + Budrich

Duncker, Ludwig/Scheunpflug, Annett/Schultheis, Klaudia (2004): Schulkindheit. Anthropologie des Lernens im Schulalter. Stuttgart: Kohlhammer Verlag

Dünkel, Frieder (1999): Strafmündigkeitsalter im internationalen Vergleich. RdJB, Jg. 47, S. 291-306

Düwell, Franz Josef (2000): Die Bekämpfung der Kinderarbeit. KJuG, Jg. 45, H. 2, S. 44-46

Ecarius, Jutta (Hrsg.) (1998): Was will die jüngere mit der älteren Generation? Generationenbeziehungen in der Erziehungswissenschaft. Opladen: Verlag Leske + Budrich

Ecarius, Jutta (2002a): Familienerziehung im historischen Wandel. Eine qualitative Studie über Erziehung und Erziehungserfahrungen von drei Generationen. Opladen: Verlag Leske + Budrich

Ecarius, Jutta (2002b): Zum Wandel von Generationenbeziehungen und seine Bedeutung für Erziehungsverhältnisse. In: Schweppe, C. (Hrsg.): Generation und Sozialpädagogik. Theoriebildung, öffentliche und familiale Generationenverhältnisse. Weinheim/München: Juventa Verlag, S. 201-221

Ecarius, Jutta (2006): Konflikte in Familie und Schule um die Erziehung der Kinder: Wer hat welche Erziehungsbefugnisse? In: Rehberg, K.-S. (Hrsg.): Soziale Ungleichheit, Kulturelle Unterschiede. Verhandlungen des 32. Kongresses der Deutschen Gesellschaft für Soziologie in München, 2004. Frankfurt a. M./New York: Campus Verlag, S. 898-909

Eisenberg, Ulrich (2007): Jugendgerichtsgesetz. Beck'sche Kurz-Kommentare, Bd. 48, 12. Vollständig neu bearbeitete Auflage. München: Verlag C. H. Beck

Elias, Norbert (1997): Über den Prozeß der Zivilisation. Soziogenetische und psychogenetische Untersuchungen, Bd. 1 und 2. Frankfurt a.M.: Suhrkamp Verlag

Engelbert, Angelika/Kaufmann, Franz-Xaver (2003): Der Wohlfahrtsstaat und seine Kinder. Bedingungen der Produktion von Humanvermögen. In: Kränzl-Nagl, R./ Mierendorff, J./Olk, T. (Hrsg.): Kindheit im Wohlfahrtsstaat. Gesellschaftliche und politische Herausforderungen. Frankfurt a. M./New York: Campus Verlag, S. 59-95

Esping-Andersen, Gøsta (1990): The Three Worlds of Welfare Capitalism. Cambridge: Princeton University Press

Esping-Andersen, Gøsta (2002): A Child-Centred Social Investment Strategy. In: Esping-Andersen, G. (Hrsg.): Why We Need a New Welfare State. Oxford: Oxford University Press, S. 26-67

Evers, Adalbert/Nowotny, Helga (1987): Über den Umgang mit Unsicherheit. Die Entdeckung der Gestaltbarkeit von Gesellschaft. Frankfurt a. M.: Suhrkamp Verlag

Evers, Adalbert/Olk, Thomas (Hrsg.) (1996): Wohlfahrtspluralismus. Vom Wohlfahrtsstaat zur Wohlfahrtsgesellschaft. Opladen: Westdeutscher Verlag

Evers, Adalbert/Wintersberger, Helmut (1990): Shifts in the Welfare Mix. Volume 1 in the book series 'Public Policy and Social Welfare'. Frankfurt a. M./New York: European Centre and Campus Verlag

Feil, Christine (2003): Kinder, Geld und Konsum. Die Kommerzialisierung der Kindheit. Weinheim/München: Juventa Verlag

Fend, Helmut (1988): Sozialgeschichte des Aufwachsens. Bedingungen des Aufwachsens und Jugendgestalten im zwanzigsten Jahrhundert. Frankfurt a. M.: Suhrkamp Verlag

Ferber, Christian von/Kaufmann, Franz-Xaver (1977): Soziologie und Sozialpolitik. Sonderheft Nr. 19 der Kölner Zeitschrift für Soziologie und Sozialpsychologie. Opladen

Filler, Ewald (2002): The Impact of Different Welfare State Models on the Child Welfare System. In: Riepl, B./Wilk, L./Berman, Y. (Hrsg.): Policies and Services for Children at Risk. Documentation of an International Expert Meeting. Eurosocial Report, Vol. 70, Vienna: European Centre for Social Welfare Policy and Research, S. 43-50

Fippinger, Franz (1982): Jugendschutz heute. Jugendschutz, Jg. 26, H. 5, S. 132-135

Fippinger, Franz (1985): Die neuen Bestimmungen des Gesetzes zum Schutz der Jugend in der Öffentlichkeit. Ihre Bedeutung für Unterricht und Erziehung. Jugendschutz, Jg. 30, H. 3, S. 85-94

Fippinger, Franz (1995): Zur Geschichte des institutionalisierten Jugendschutzes. In: Bienemann, G./Hasenbrink, M./Nikles, B. W. (Hrsg.): Handbuch des Kinder- und Jugendschutzes. Grundlagen, Kontexte und Arbeitsfelder. Münster: Votum Verlag, S. 78-85

Flora, Peter (Hrsg.) (1986): Growth to the Limits. The Western European Welfare States since World War II. Berlin: De Gruyter Verlag
Fölling-Albers, Maria (2000): Entscholarisierung von Schule und Scholarisierung von Freizeit? Überlegungen zu Formen der Entgrenzung von Schule und Kindheit. ZSE, Jg. 20, H. 2, S. 118-131
Fölling-Albers, Maria (2009): Alte und neue Rhythmen schulischer Zeit. In: Zeiher, H./Schroeder, S. (Hrsg.): Schulzeiten, Lernzeiten, Lebenszeiten. Pädagogische Konsequenzen und zeitpolitische Perspektiven schulischer Zeitordnungen. Weinheim/München: Juventa Verlag, S. 133-141
Frehsee, Detlev (1988): Strafverfolgung von unmündigen Kindern. Zeitschrift für die gesamte Strafrechtswissenschaft, Jg. 18, H. 2, S. 290-328
Frehsee, Detlev (1993): Strafreife – Reife des Jugendlichen oder Reife der Gesellschaft? In: Albrecht, P.-A. (Hrsg.): Festschrift für Horst Schüler-Springorum zum 65. Geburtstag. Köln/Berlin/Bonn/München: Heymann Verlag, S. 379-395
Frehsee, Detlev (1996): Stellungnahme zum Thema „12–13jährige Kinder zum Jugendgericht? Heranwachsende zum Strafgericht?“, DVJJ-Journal, Jg. 7, H. 4, S. 321-322
Friedeberg, Edmund (1922): Einleitung zum Reichsjugendwohlfahrtsgesetz. In: Reichsjugendwohlfahrtsgesetz nebst Einführungsgesetz. Textausgabe. Berlin: Carl Heymanns Verlag
Friedeberg, Edmund/Polligkeit, Wilhelm (1923): Das Reichsgesetz für Jugendwohlfahrt, Komm. Berlin: Carl Heymanns Verlag.
Friedeburg, Ludwig von (1989): Bildungsreform in Deutschland. Geschichte und gesellschaftlicher Widerspruch. Frankfurt a. M.: Suhrkamp Verlag
Frønes, Ivar (1994): Dimensions of childhood. In: Qvortrup, J./Bardy, M./Sgritta, G./Wintersberger, H. (Hrsg.): Childhood Matters. Social Theory, Practice and Politics. Aldershot: Avebury, S. 145–64
Fuchs, Anke (1982): Zur Reform des JÖSchG. Erklärung. Jugendschutz, Jg. 27, H. 5, S. 143-145
Gehrken, Kurt G. (1961): Miteinander für die Jugend – kein Vorrang freier Verbände. RdJ, Jg. 9, H. 22, S. 344-347
Gerlach, Irene (1996): Familie und staatliches Handeln. Ideologie und politische Praxis in Deutschland. Opladen: Verlag Leske + Budrich
Gerlach, Irene (2004): Familienpolitik. Lehrbuch. Wiesbaden: VS Verlag
Gernet, Wolfgang (1967): Jugendamt und Jugendschutz. Beiträge zum Jugendschutz, H. 14. Hamm/Westf.: Hoheneck-Verlag
Gernet, Wolfgang (1982): Zur Geschichte des Jugendschutzes. Jugendschutz, Jg. 26, H. 5, S. 154-155
Gernet, Wolfgang (1985): „Die Kuh ist vom Eis“: Öffentlicher Jugendschutz endlich neu geregelt. ZfJ, Jg. 72, H. 4, S. 156-158
Gernet, Wolfgang (1990): Das Gesetz zur Neuordnung des Kinder- und Jugendhilfegesetzes (KJHG). Unsere Jugend, Jg. 42, H. 8, S. 352-364
Gerstein, Hartmut (2005): Änderungen im SGB VIII durch das Tagesbetreuungsausbaugesetz. ZfJ, Jg. 92, H. 7/8, S. 267-274
Gloger-Tippelt, Gabriele/Tippelt, Rudolf (1986): Kindheit und kindliche Entwicklung als soziale Konstruktion. Bildung und Erziehung, Jg. 39, S. 149-164
Golden, Mark (1990/1993): Children and Childhood in Classical Athens. Baltimore (Maryland): The Johns Hopkins University Press
Greven, Michael Th./Prätorius, Rainer/Schiller, Theo (1980) : Sozialstaat und Sozialpolitik: Krise und Perspektiven. Reihe: Demokratie und Rechtsstaat, 51. Neuwied u. a.: Luchterhand Verlag

Groh-Samberg, Olaf/Grundmann, Matthias (2006): Soziale Ungleichheit im Kindes- und Jugendalter. Aus Politik und Zeitgeschichte, H. 26/2006, S. 11-18
Hadjar, Andreas (2006). Familiale Praxen und aufstiegsorientierte Werthaltungen – Zur Genese des hierarchischen Selbstinteresses. In: Rehberg, K.-S. (Hrsg.): Soziale Ungleichheit, kulturelle Unterschiede. Verhandlungen des 32. Kongresses der Deutschen Gesellschaft für Soziologie in München, 2004. Frankfurt a. M./New York: Campus Verlag, S. 2702-2716
Hardach-Pinke, Irene (1993): Kindheit in Bewegung. Aus zwei Jahrhunderten deutscher Sozialgeschichte. In: DJI (Hrsg.): Was für Kinder. Aufwachsen in Deutschland. Ein Handbuch. München: Kösel-Verlag, S. 35-42
Hardach-Pinke, Irene/Hardach, Gerd (1981): Kinderalltag. Reinbek: Rowohlt Verlag
Harvey, Liz (1986): Die Jugendfürsorge in der Endphase der Weimarer Republik. In: Sünker, H./Otto, H.-U. (Hrsg.): Soziale Arbeit und Faschismus. Bielefeld: KT-Verlag, S. 291-320
Hasenclever, Christa (1961): Noch einmal: ein ernstes Wort zur RJWG-Novelle. Unsere Jugend, Jg. 13, H. 7, S. 306-312
Hasenclever, Christa (1978): Jugendhilfe und Jugendgesetzgebung. Göttingen: UTB
Hein, Anna Lena (2007): Wohlfahrtsstaatliche Ordnung auf dem Fundament einer sozialen Konstruktion? Eine wissenssoziologische Diskursanalyse der Kinder- und Jugendberichterstattung. Unveröffentl. Diplomarbeit an der Martin-Luther-Universität Halle-Wittenberg, Halle/Saale
Heinz, Wolfgang (1990): Regierungsentwurf zur Änderung des Jugendgerichtsgesetzes. RdJB, Jg. 38, H. 2, S. 133-149
Heinz, Wolfgang (1992): Abschied von der Erziehungsideologie im Jugendstrafrecht? Zur Diskussion über Erziehung und Strafe. RdJB, Jg. 40, H. 1, S. 123-143
Heinze, Rolf G. (2004): Verwissenschaftlichung der Politik? Zur neuen Rolle von Expertenkommissionen. Zeitschrift für Sozialreform, Jg. 50, H. 1/2, S. 51-55
Heitlinger, Carola (2004): Die Altersgrenze der Strafmündigkeit. Eine Untersuchung entwicklungspsychologischer und kriminalpolitischer Aspekte unter Berücksichtigung der neueren Rechtsentwicklung in Europa. Hamburg: Verlag Kovacs
Hendrick, Harry (1994): Child Welfare. England 1872–1989. London/New York: Routledge Publishers
Hendrick, Harry (1997): Children, childhood and English society 1880–1990. Cambridge: Cambridge University Press
Hendrick, Harry (2009): The Evolution of Childhood in Western Europe c.1400–c.1750. In: Qvortrup, J./Corsaro, W./Honig, M.-S. (Hrsg.): The Palgrave Handbook of Childhood Studies. Houndsmill/Basingstoke: Palgrave Macmillan, S. 99-113
Hengst, Heinz (1981): Tendenzen der Liquidierung von Kindheit. In: Hengst, H. u. a. (Hrsg.): Kindheit als Fiktion. Frankfurt a. M.: Suhrkamp Verlag, S. 11-72
Hengst, Heinz (1996): Kinder an die Macht! Der Rückzug des Marktes aus dem Kindheitsprojekt der Moderne. In: Zeiher, H./Büchner, P./Zinnecker, J. (Hrsg.): Kinder als Außenseiter? Umbrüche in der gesellschaftlichen Wahrnehmung von Kindern und Kindheit. Weinheim/München: Juventa Verlag, S. 117-134
Hengst, Heinz (2002): Von der Lebensphase zur Lebensform? Zum gegenwärtigen Wandel von Kindheit und Kindheitsmuster. In: Rathmayr, B. (Hrsg.): Kindheit – Neue Perspektiven. Theorie, Lebenswelt, Erziehung, Politik. Innsbruck: STUDIA Universitätsverlag, S. 73-93

Hengst, Heinz (2003): Was für Zeitgenossen. Über Kinder und kollektive Identitäten. In: Hengst, H./Kelle, H. (Hrsg.): Kinder – Körper – Identitäten. Theoretische und empirische Annäherungen an kulturelle Praxis und sozialen Wandel. Reihe Kindheiten, Bd. 23. Weinheim/München: Juventa Verlag, S. 333-346

Hengst, Heinz (2005): Kindheitsforschung, sozialer Wandel, Zeitgenossenschaft. In: Hengst, H./Zeiher, H. (Hrsg.): Kindheit soziologisch. Wiesbaden: VS-Verlag, S. 245-265

Hengst, Heinz (2008a): Die (zeitliche) Entgrenzung von schulischem und außerschulischem Lernen. Zum Verlust des Lernmonopols der Schule. In: Zeiher, H./Schroeder, S. (Hrsg.): Schulzeiten, Lernzeiten, Lebenszeiten. Pädagogische Konsequenzen und zeitpolitische Perspektiven schulischer Zeitordnung, Weinheim/München: Juventa Verlag, S. 71-79

Hengst, Heinz (2008b): Kindheit. In: Willems, H. (Hrsg.): Lehr(er)buch Soziologie. Für die pädagogischen und soziologischen Studiengänge. Bd. 2. Wiesbaden: VS-Verlag, S. 552-581

Hengst, Heinz (2009): Generationale Ordnungen sind nicht alles. Über kollektive Identität und Erfahrungskonstitution heute. In: Honig, M.-S. (Hrsg.): Die Ordnungen der Kindheit. Weinheim/München: Juventa Verlag, S. 53-77

Hengst, Heinz/Kelle, Helga (Hrsg.) (2003): Kinder, Körper, Identitäten. Theoretische und empirische Annäherungen an kulturelle Praxis und sozialen Wandel. Weinheim/München: Juventa Verlag

Hengst, Heinz/Köhler, Michael/Riedmüller, Barbara (Hrsg.) (1981): Kindheit als Fiktion. Frankfurt a. M.: Suhrkamp Verlag

Hengst, Heinz/Zeiher, Helga (2000): Die Arbeit der Kinder. Kindheitskonzept und Arbeitsteilung zwischen den Generationen. Weinheim/München: Juventa Verlag

Hengst, Heinz/Zeiher, Helga (Hrsg.) (2005a): Kindheit soziologisch. Wiesbaden: VS-Verlag

Hengst, Heinz/Zeiher, Helga (2005b): Von Kindheitswissenschaften zu generationalen Analysen. In: Hengst, H./Zeiher, H. (Hrsg.): Kindheit soziologisch. Wiesbaden: VS-Verlag S. 9-23

Herz, Ruth G. (1993): Eine Jugend in Deutschland? Anmerkungen zum Diskurs über den Erziehungsgedanken im Jugendstrafrecht. In: Albrecht, P.-A. (Hrsg.): Festschrift für Horst Schüler-Springorum zum 65. Geburtstag. Köln/Berlin/Bonn/München: Heymann Verlag, S. 291-306

Hessisches Innenministerium (1952): Erste Erfahrungen mit dem Gesetz zum Schutz der Jugend in der Öffentlichkeit. Erfahrungen in Hessen. Unsere Jugend, Jg. 4, H. 9, S. 342-343

Hinrichsen, Kurt (1952): Badehosen, Sechstagerennen und Jugendhilfe. Unsere Jugend, Jg. 4, H. 7, S. 265-266

Hinrichsen, Kurt (1954): Venus und die Kinder. RdJ, Jg. 2, H. 9, S. 135

Hoffmann, Dietrich (2004): Frühkindliche Bildung – ein neues Konzept? Zur Entwicklung frühpädagogischer Einrichtungen in Ost- und Westdeutschland vom Zweiten Weltkrieg bis heute. In: Kirchhöfer, D./Neumann, K./Neuner, G./Uhlig, C. (Hrsg.): Bewahranstalt oder Kreativschule? Bildung in der frühen Kindheit in Deutschland im 20. Jahrhundert – Empirie, Theorie, Utopie. Berlin: trafo Verlag, S. 35-56

Honecker, Martin (1985): Sozialstaat in der Krise. Köln: Bachem Verlag

Honig, Michael-Sebastian (1993): Sozialgeschichte der Kindheit im 20. Jahrhundert. In: Markefka, M./Nauck, B. (Hrsg.): Handbuch der Kindheitsforschung. Neuwied/Kriftel/Berlin: Luchterhand Verlag, S. 207-218

Honig, Michael-Sebastian (1998a): Entwurf einer Theorie der Kindheit. Frankfurt a. M.: Suhrkamp Verlag
Honig, Michael-Sebastian (1998b): Wissenschaftliche Kontroversen um eine Politik für Kinder. Kind, Jugend, Gesellschaft. Zeitschrift für Jugendschutz, Jg. 43, H. 1, S. 12-16
Honig, Michael-Sebastian (2002): Geschichte der Kindheit. In: Krüger, H./Grunert, C. (Hrsg.): Handbuch der Kindheit und Jugendforschung. Opladen: Verlag Leske + Budrich, S. 309-332
Honig, Michael-Sebastian (2003): Institutionen und Institutionalisierung. In: Fried, L./Dippelhofer-Stiem, B./Honig, M.-S./Liegle, L. (Hrsg.): Einführung in die Pädagogik der frühen Kindheit. Weinheim/Basel/Berlin: Beltz Verlag, S. 86-120
Honig, Michael-Sebastian (Hrsg.) (2009a): Die Ordnung der Kindheit. Problemstellungen und Perspektiven der Kindheitsforschung. Weinheim/München: Juventa
Honig, Michael-Sebastian (2009b): Das Kind in der Kindheitsforschung. Gegenstandskonstitution in den childhood studies. In: Honig, M.-S. (Hrsg.): Die Ordnungen der Kindheit.Weinheim/München: Juventa Verlag, S. 24-51
Honig, Michael-Sebastian/Ostner, Ilona (2001): Das Ende der fordistischen Kindheit. In: Klocke, A./Hurrelmann, K. (Hrsg.): Kinder und Jugendliche in Armut. Wiesbaden: Westdeutscher Verlag, S. 293-310
Hornstein, Walter (1995): Geschichte der Rechte des Kindes. In: Bienemann, G./Hasenbrink, M./Nikles, B. W. (Hrsg.): Handbuch des Kinder- und Jugendschutzes. Grundlagen, Kontexte und Arbeitsfelder. Münster: Votum Verlag, S. 72-78
Hornstein, Walter (1997a): Jugendberichterstattung zwischen Wissenschaft und Politik. In: Richter, H./Coelen, T. (Hrsg.): Jugendberichterstattung. Politik, Forschung, Praxis. Weinheim/München: Juventa Verlag, S. 33-47
Hornstein, Walter (1997b): Jugendhilferecht und Sozialpädagogik. Das KJHG oder: vom unaufhaltsamen Eindringen der Sozialpädagogik in das Jugendhilferecht. RdJB, Jg. 45, H. 1, S. 26-34
Hottelet, Harald/Braasch, Peter/Müller-Schöll, Peter/Sengling, Albrecht/Flosdorf, Dieter (1978): Offensive Jugendhilfe. Neue Wege für die Jugend. Stuttgart: Klett-Cotta Verlag
Hüsken, Katrin/Walter, Michael/Wolf, Karin (im Erscheinen): Wahlfreiheit bei der Kinderbetreuung oder Kindergartenpflicht für alle? Ergebnisse aus dem Forschungsprojekt „Kinderbetreuung in der Familie“. In: Bühler-Niederberger, D./ Lange, A./Mierendorff, J. (Hrsg.): Kindheit zwischen fürsorglichem Zugriff und gesellschaftlicher Teilhabe. Wiesbaden: VS-Verlag
Huinink, Johannes/Grundmann, Matthias (1993): Kindheit im Lebenslauf. In: Markefka, M./Nauck, B. (Hrsg.): Handbuch der Kindheitsforschung. Neuwied/Kriftel/ Berlin: Luchterhand Verlag, S. 67-78
Hungerland, Beatrice/Liebel, Manfred/Liesecke, Anja/Wihstutz, Anne (2007): Paths to participatory autonomy. Meanings of work for children in Germany. In: Childhood. A global journal of child research. Vol. 14, No 2, SAGE Publications and NOSEB, S. 258-287
Hungerland, Beatrice/Liebel, Manfred/Milne, Brian/Wihstutz, Anne (Hrsg.) (2002): Working to Be Someone. Child Focused Research and Practice with Working Children. London/Philadelphia: Jessica Kingsley Publishers
Hurrelmann, Klaus (1983): Das Modell des produktiv realitätsverarbeitenden Subjekts in der Sozialisationsforschung. Zeitschrift für Sozialisationsforschung und Erziehungssoziologie, Jg. 3, H. 3, S. 91-103

Hurrelmann, Klaus (2002): Kindheit in der Leistungsgesellschaft. In: Deutsches Kinderhilfswerk e.V. (Hrsg.): Kinderreport Deutschland. Daten, Fakten, Hintergründe. München: Velber Buchverlag, S. 43-62
Ingenhorst, Heinz (2000): Jobben in Westdeutschland. In: Hengst, H./Zeiher, H. (Hrsg.): Die Arbeit der Kinder. Kindheitskonzept und Arbeitsteilung zwischen den Generationen. Weinheim/München: Juventa Verlag, S. 133-143
James, Allison/Prout, Alan (Hrsg.) (1990): Constructing and Reconstructing Childhood. Basingstoke: Falmer Press
Jans, Karl-Wilhelm/Happe, Günter/Saurbier, Helmut/Maas, Udo (2007): Kinder- und Jugendhilferecht mit Sozialgesetzbuch, Allg. Teil (SGB I) sowie Sozialverwaltungsverfahren und Sozialdatenschutz (SGB X). 3. Aufl., 38. Lieferung, Stand Dezember 2007. Stuttgart: Kohlhammer Verlag
Jensen, An-Magritt (2003): For the children's sake: symbolic power lost? In: Jensen, A.-M./McKee, L. (Hrsg.): Children and the Changing Family. Between Transformation and Negotiation. London/New York: Routledge Falmer, S. 134-148
Jensen, An-Magritt/Ben-Arieh, Asher/Conti, Cinzia/Kutsar, Dagmar/Phádraig, Máireu N. G./Warming Nielsen, Hanne (Hrsg.) (2004): Children's Welfare in Ageing Europe. Vol. I und II. Trondheim: Norwegian Centre for Child Research
Jensen, An-Magritt/McKee, Lorna (Hrsg.) (2003): Children and the Changing Family. Between Transformation and Negotiation. London/New York: Routledge Falmer
Jockenhövel-Schiecke, Helga (1990): Jugendhilfe in der DDR: Erste Begegnungen nach den Jahren getrennter Entwicklung. NDV, Jg. 70, H. 5, S. 143-149
Joos, Magdalena (2001): Die soziale Lage der Kinder. Sozialberichterstattung über die Lebensverhältnisse von Kindern in Deutschland. Weinheim/München: Juventa Verlag
Joos, Magdalena (2003): Der Umbau des Sozialstaates und Konsequenzen für die Konstituierung von Kindheit – diskutiert am Beispiel des Gutscheinmodells für Kindertageseinrichtungen. In: Kränzl-Nagl, R./Mierendorff, J./Olk, T. (Hrsg.): Kindheit im Wohlfahrtsstaat. Gesellschaftliche und politische Herausforderungen. Frankfurt a. M./New York: Campus Verlag, S. 121-150
Joos, Magdalena (2008): Kindheit und Soziale Arbeit. In: Hanses, A./Homfeldt, H.-G. (Hrsg.): Lebensalter und Soziale Arbeit. Eine Einführung. Reihe: Basiswissen Soziale Arbeit. Baltmannsweiler: Schneider Verlag Hohengehren, S. 114-130
Jordan, Erwin (1980): Beiträge zur Reform der Jugendhilfe. Münster, Dissertation
Jordan, Erwin/Münder, Johannes (1987) (Hrsg.): 65 Jahre Reichsjugendwohlfahrtsgesetz – ein Gesetz auf den Weg in den Ruhestand? Münster: Votum Verlag
Jurczyk, Karin (2005): Familiäre Kindertagesbetreuung auf dem Weg in die Zukunft. ZfJ, Jg. 92, H. 12, S. 455-461
Jurczyk, Karin (2009): Alltägliche Lebensführung und Soziale Arbeit. In: Kessl, F./Otto, H.-U. (Hrsg.): Soziale Arbeit ohne Wohlfahrtstaat? Zeitdiagnosen, Problematisierungen und Perspektiven. Weinheim/München: Juventa Verlag, S. 53-86
Jurczyk, Karin/Lange, Andreas (2007): Blurring Boundaries of Family and Work – Challenges für Children. In: Zeiher, H. u.a. (Hrsg.): Flexible Childhood? Exploring Children's Welfare in Time and Space. Vol. 2 of COST A19: Children's Welfare. Odense: University Press of Southern Denmark, S. 215-238
Kaiser, Günther (1986): Kinderdelinquenz ohne Kindheit. In: Ostendorf, H. (Hrsg.): Integration von Strafrechts-und Sozialwissenschaften. Festschrift für Lieselotte Pongratz. München: Schweitzer Verlag, S. 41-56
Kaiser, Günther (1997): Zwanzig Jahre Jugendstrafrecht. Recht der Jugend und des Bildungswesens, Jg. 45, H. 1, S. 35-40

Kamerman, Sheila B./Neuman, Michelle/Waldfogel, Jane/Brooks-Gunn, Jeanne (2003): Social Policies, Family Types and Child Outcomes in Selected OECD Countries. OECD Social, Employment and Migration Working Paper, No 6, Paris: OECD
Kaufmann, Franz-Xaver (1980): Kinder als Außenseiter der Gesellschaft. Merkur, Jg. 34, H. 387, S. 761-771
Kaufmann, Franz-Xaver (1982): Elemente einer soziologischen Theorie sozialpolitischer Intervention. In: ders. (Hrsg): Staatliche Sozialpolitik und Familie. Bd. 2 der Reihe Soziologie und Sozialpolitik. München/Wien: R. Oldenbourg Verlag, S. 49-85
Kaufmann, Franz-Xaver (1993): Generationenbeziehungen und Generationenverhältnisse im Wohlfahrtsstaat. In: Lüscher, K./Schultheis, F. (Hrsg.): Generationenbeziehungen in „postmodernen" Gesellschaften. Konstanz: Universitätsverlag, S. 17-30
Kaufmann, Franz-Xaver (1994): Staat und Wohlfahrtsproduktion. In: Derlien, H. U./ Gerhardt, U./Scharpf, F. W. (Hrsg.): Systemrationalität und Partialinteresse. Festschrift für Renate Mayntz. Baden-Baden: Nomos Verlag, S. 357-380
Kaufmann, Franz-Xaver (1995): Zukunft der Familie im vereinten Deutschland. Gesellschaftliche und politische Bedingungen. München: Verlag C. H. Beck
Kaufmann, Franz-Xaver (1996): Modernisierungsschübe, Familie und Sozialstaat. München: R. Oldenbourg Verlag
Kaufmann, Franz-Xaver (1997): Zukunft des Sozialstaats. Frankfurt a. M.: Suhrkamp Verlag
Kaufmann, Franz-Xaver (2001): Der Begriff der Sozialpolitik und seine wissenschaftliche Deutung. In: Bundesministerium für Arbeit und Sozialordnung und Bundesarchiv (Hrsg.): Geschichte der Sozialpolitik in Deutschland. Baden-Baden: Nomos Verlag
Kaufmann, Franz-Xaver (2003a): Sozialpolitisches Denken. Die Deutsche Tradition. Frankfurt a. M.: Suhrkamp Verlag
Kaufmann, Franz-Xaver (2003b): Varianten des Wohlfahrtsstaates. Der deutsche Sozialstaat im internationalen Vergleich. Frankfurt a. M.: Suhrkamp Verlag
Kaufmann, Franz-Xaver (2003c): Sicherheit: Das Leitbild beherrschbarer Komplexität. In: Lessenich, S. (Hrsg.): Wohlfahrtsstaatliche Grundbegriffe. Historische und aktuelle Diskurse. Frankfurt a. M./New York: Campus Verlag, S. 73-104
Kaufmann, Franz-Xaver (2005): Sozialpolitik und Sozialstaat: Soziologische Analysen. Wiesbaden: VS-Verlag, 2. Aufl.
Kelle, Helga (2005): Kinder und Erwachsene. Die Differenzierung von Generationen als kulturelle Praxis. In: Hengst, H./Zeiher, H. (Hrsg.): Kindheit soziologisch. Wiesbaden: VS-Verlag, S. 83-108
Kelle, Helga (2008): „Normale" kindliche Entwicklung als kulturelles und gesundheitspolitisches Projekt. In: Kelle, H./Tervooren, A. (Hrsg.): Ganz normale Kinder. Heterogenität und Standardisierung kindlicher Entwicklung. Weinheim/München: Juventa Verlag, S. 187-205
Kelle, Helga (2009): Kindliche Entwicklung und die Prävention von Entwicklungsstörungen. Die frühe Kindheit im Fokus der childhood studies. In: Honig, M.-S. (Hrsg.): Die Ordnungen der Kindheit. Weinheim/München: Juventa Verlag, S. 79-102
Kelle, Helga/Tervooren, Anja (2008): Ganz normale Kinder. Heterogenität und Standardisierung kindlicher Entwicklung. Weinheim/München: Juventa Verlag
Kersting, Wolfgang (2003): Gerechtigkeit: Die Selbstverewigung des egalitaristischen Sozialstaats. In: Lessenich, S. (Hrsg.): Wohlfahrtsstaatliche Grundbegriffe. Historische und aktuelle Diskurse. Frankfurt a. M./New York: Campus Verlag, S. 105-135

Kessl, Fabian/Otto, Hans-Uwe (2009): Soziale Arbeit ohne Wohlfahrtsstaat? Zeitdiagnosen, Problematisierungen und Perspektiven. Weinheim/München: Juventa
Khiel, Walter H./Salgo, Ludwig (1995): Zum Bericht der Bundesrepublik Deutschland vom August 1994 an die Vereinten Nationen gemäß Artikel 44 des Übereinkommens über die Rechte des Kindes. RdJB, Jg. 43, H. 2, S. 196-203
Kirchhöfer, Dieter (1998): Aufwachsen in Ost-Deutschland. Langzeitstudie über Tagesläufe 10- bis 14jähriger Kinder. Weinheim/München: Juventa Verlag
Kittner, Michael (1982): Sozialstaat und Krise. Gewerkschaftliche Monatshefte, Bd. 33, H. 5, S. 296-309
Kjørholt, Anne Trine (2002): Small is powerful. Discourses on 'children and participation' in Norway. Childhood Vol. 9, No. 1, S. 63-82
KJuG (2000): Editorial. Themenheft: Die Kinderarbeitsschutzverordnung. Jg. 45, H. 2, S. 35
KJuG (2002): Editorial. Jg. 45, H. 4, S. 107
Klönne, Arno (1986): „Wieder normal werden?" – Entwicklungslinien politischer Kultur in der Bundesrepublik. In: Otto, H.-U./Sünker, H. (Hrsg.): Soziale Arbeit und Faschismus. Volkspflege und Pädagogik im Nationalsozialismus. Bielefeld: KT-Verlag, S. 467-476
Knoke, David/Laumann, Edward O. (1982): The Social Organization of National Policy Domains. In: Marsden, P. V./Lin, N. (Hrsg.): Social Structure and Network Analysis. Beverly Hills
Knopp, Anton/Kraegeloh, Wolfgang (1985): Jugendarbeitsschutzgesetz. 4., neubearbeitete Auflage. Heymanns Taschenkommentare. Köln u. a.: Carl Heymanns Verlag
Kohlhaas, Max (1952a): Kind und Alkohol. Unsere Jugend, Jg. 4, H. 8, S. 305-310
Kohlhaas, Max (1952b): Zur Weitergeltung des § 20 JGG. Eine erste Entscheidung des Bundesgerichtshofs. Unsere Jugend, Jg. 4, H. 5, S. 166-168
Kohlhaas, Max (1953a): Betrachtungen zum Gesetz über die Verbreitung jugendgefährdender Schriften. Unsere Jugend, Jg. 5, H. 8, S. 344-347
Kohlhaas, Max (1953b): Die Stellung der Jugendlichen im Strafverfahren. Unsere Jugend, Jg. 5, H. 10, S. 443-448
Kohli, Martin (1985): Die Institutionalisierung des Lebenslaufs. Kölner Zeitschrift für Soziologie und Sozialpsychologie. Jg. 37, H. 1, S. 1-29
Kösters, Winfried (1999): Politik für die kommende Generation: Kinder-, Jugend- und Familienpolitik. Reihe: Geschichte und Staat, Bd. 315. München: Olzog Verlag
Kolbe, Wiebke (2002): Elternschaft im Wohlfahrtsstaat. Schweden und die Bundesrepublik im Vergleich. Frankfurt a. M./New York: Campus Verlag
Kränzl-Nagl, Renate (1998a): Bilder von Kindheit und Kindern. In: Kränzl-Nagl, R./Riepl, B./Wintersberger, H. (Hrsg.): Kindheit in Gesellschaft und Politik. Eine multidisziplinäre Analyse am Beispiel Österreichs. Frankfurt a. M./New York: Campus Verlag, S. 21-32
Kränzl-Nagl, Renate (1998b): Interpretationen und Etikettierungen moderner Kindheit. In: Kränzl-Nagl, R./Riepl, B./Wintersberger, H. (Hrsg.): Kindheit in Gesellschaft und Politik. Eine multidisziplinäre Analyse am Beispiel Österreichs. Frankfurt a. M./New York: Campus Verlag, S. 45-55
Kränzl-Nagl, Renate/Mierendorff, Johanna (2007): Kindheit im Wandel – Annäherung an ein komplexes Phänomen. SWS-Rundschau, Jg. 47, H. 1, S. 5-28
Kränzl-Nagl, Renate/Mierendorff, Johanna/Olk, Thomas (Hrsg.) (2003a): Kindheit im Wohlfahrtsstaat. Gesellschaftliche und politische Herausforderungen. Frankfurt a. M./New York: Campus Verlag

Kränzl-Nagl, Renate/Mierendorff, Johanna/Olk, Thomas (2003b): Die Kindheitsvergessenheit in der Wohlfahrtsstaatsforschung und die Wohlfahrtsstaatsvergessenheit der Kindheitsforschung. In: dies. (Hrsg.): Kindheit im Wohlfahrtsstaat. Gesellschaftliche und politische Herausforderungen. Frankfurt a. M./New York: Campus Verlag, S. 9-55

Kränzl-Nagl, Renate/Riepl, Barbara/Wintersberger, Helmut (Hrsg.) (1998): Kindheit in Gesellschaft und Politik. Eine multidisziplinäre Analyse am Beispiel Österreichs. Frankfurt a. M./New York: Campus Verlag

Krappmann, Lothar/Oswald, Hans (1995): Alltag der Schulkinder. Beobachtungen und Analysen von Interaktionen und Sozialbeziehungen. Reihe Kindheiten, Bd. 5. Weinheim/München: Juventa Verlag

Kreile, Johannes/Diesbach, Martin (2002): Der neue Jugendmedienschutz-Staatsvertrag – was ändert sich für den Rundfunk? Zeitschrift für Urheber- und Medienrecht, Jg. 46, H. 12, S. 849-858

Krüger, Helga/Born, Claudia/Lorenz-Meyer, Dagmar (1996): Der unentdeckte Wandel: Annäherung an das Verhältnis von Struktur und Norm im weiblichen Lebenslauf. Paderborn: Sigma Verlag

Kuczynski, Jürgen (1968): Studien zur Geschichte des arbeitenden Kindes in Deutschland von 1700 bis zur Gegenwart. Berlin: Akademie Verlag

Kuczynski, Jürgen (1981): Geschichte des Alltags des deutschen Volkes, Bd. 2: 1650–1810. Berlin: Akademie Verlag

Kühn, Evelyn/Münder, Johannes/Pfürtner, Stephan H./Raum, Johannes W. (1978): Das Selbstbestimmungsrecht des Jugendlichen im Spannungsfeld von Familie, Gesellschaft und Staat. Bielefeld: Gieseking Verlag

Kuhn, Thomas (1967): Die Struktur wissenschaftlicher Revolutionen. Frankfurt a. M.: Suhrkamp Verlag

Lampert, Heinz (1980): Sozialpolitik. Berlin/Heidelberg/New York: Springer Verlag

Lampert, Heinz/Bossert, Albrecht (1992): Sozialstaat Deutschland. Entwicklung – Gestalt – Probleme. München: Verlag Vahlen

Lange, Andreas/Lauterbach, Wolfgang/Becker, Rolf (2003): Armut und Bildungschancen. Auswirkungen von Niedrigeinkommen auf den Schulerfolg am Beispiel des Übergangs von der Grundschule auf weiterführende Schulstufen. In: Butterwegge, C./Klundt, M. (Hrsg.): Kinderarmut und Generationengerechtigkeit: Familien- und Sozialpolitik im demografischen Wandel. Opladen: Verlag Leske + Budrich, S. 153-170

Lange, Andreas/Mierendorff, Johanna (2009): Methoden der Kindheitsforschung. Überlegungen zur kindheitssoziologischen Perspektive. In: Honig, M.-S. (Hrsg.): Ordnungen der Kindheit. Problemstellungen und Perspektiven der Kindheitsforschung. Weinheim/München: Juventa Verlag, S. 177-204

Lauterbach, Wolfgang/Lange, Andreas (1998): Aufwachsen in materieller Armut und sorgenbelastetem Familienklima. Konsequenzen für den Schulerfolg von Kindern am Beispiel des Übergangs in die Sekundarstufe I. In: Mansel, J./Neubauer, G. (Hrsg.): Armut und soziale Ungleichheit bei Kindern. Über die veränderten Bedingungen des Aufwachsens. Opladen: Verlag Leske + Budrich, S. 106-128

Leitner, Sigrid/Lessenich, Stephan (2007): (In-)Dependance as dependent variable: conceptualising and measuring 'de-familization'. In: Clasen, Jochen/Siegel, Nico (Hrsg.): Investigating Welfare State Change. The 'Dependent Variable Problem' in Comparative Analysis. Cheltenham/Northampton: Edward Elgar, S. 244-260

Lenhardt, Gero/Stock, Manfred (1997): Bildung, Bürger, Arbeitskraft. Schulentwicklung und Sozialstruktur in der BRD und der DDR. Frankfurt a. M: Suhrkamp Verlag

Lenhardt, Gero/Offe, Claus (1977): Sozialstaatstheorie und Sozialpolitik. Politische Erklärungsansätze für Funktionen und Innovationsprozesse der Sozialpolitik. In: von Ferber, C./Kaufmann, F.-X. (Hrsg.): Soziologie und Sozialpolitik. Sonderheft 19 der Kölner Zeitschrift für Soziologie und Sozialpsychologie, Opladen, S. 98-127
Lenzen, Dieter (1985): Mythologie der Kindheit. Die Verewigung des Kindlichen in der Erwachsenenkultur. Versteckte Bilder und vergessene Geschichten. Reinbek bei Hamburg: Rowohlt Verlag
Lenzen, Dieter (2002): Kindheit als soziales Konstrukt. Entdifferenzierungsprozesse an der Wende zum 21. Jahrhundert. In: Rathmayr, B. (Hrsg.): Kindheit – Neue Perspektiven. Theorie, Lebenswelt, Erziehung, Politik. Innsbruck: STUDIA Universitätsverlag, S. 38-58
Lerche, Peter (1963): Verfassungsfragen um Sozialhilfe und Jugendwohlfahrt. Studien und Gutachten aus dem Institut für Staatslehre, Staats- und Verwaltungsrecht der Freien Universität Berlin, Bd. 3. Berlin: Verlag Duncker & Humblot
Lessenich, Stephan (2000): Soziologische Erklärungsansätze zu Entstehung und Funktion des Sozialstaats. In: Allmendinger, J./Ludwig-Mayerhofer, W. (Hrsg.): Soziologie des Sozialstaats. Gesellschaftliche Grundlagen, historische Zusammenhänge und aktuelle Entwicklungstendenzen. Weinheim/München: Juventa Verlag, S. 39-78
Lessenich, Stephan (2003a): Dynamischer Immobilismus. Kontinuität und Wandel im deutschen Sozialmodell. Frankfurt a. M./New York: Campus Verlag
Lessenich, Stephan (2003b) (Hrsg.): Wohlfahrtsstaatliche Grundbegriffe. Historische und aktuelle Diskurse. Frankfurt a. M./New York: Campus Verlag
Lessenich, Stephan (2003c) (Hrsg.): Einleitung: Wohlfahrtsstaatliche Grundbegriffe – Semantiken des Wohlfahrtsstaates. In: ders. (Hrsg.): Wohlfahrtsstaatliche Grundbegriffe. Historische und aktuelle Diskurse. Frankfurt a. M./New York: Campus Verlag, S. 9-19
Lessenich, Stephan (2008): Die Neuerfindung des Sozialen. Der Sozialstaat im flexiblen Kapitalismus. Bielefeld: transcript Verlag
Liebel, Manfred (2005): Kinder im Abseits. Kindheit und Jugend in fremden Kulturen. Reihe: Kindheiten, Bd. 27. Weinheim/München: Juventa Verlag
Link, Jürgen (2005): „Normalisierungsgesellschaft“? „Kontrollgesellschaft“? „flexibler Normalismus“? Über einige aktuelle Gesellschaftskonzepte, mit einem Blick auf die „Reformen“. Kulturrevolution, Jg. 49, H. 1, S. 4- 10
Link, Jürgen (2008): Zum diskursanalytischen Konzept des flexiblen Normalismus. Mit einem Blick auf die kindliche Entwicklung am Beispiel der Vorsorgeuntersuchungen. In: Kelle, H./Tervooren, A. (Hrsg.): Ganz normale Kinder. Heterogenität und Standardisierung kindlicher Entwicklung. Weinheim/München: Juventa Verlag, S. 59-72
Lister, Ruth (2003): Investing in the Citizen-workers of the Future: Transformations in Citizenship and the State under New Labour. Social Policy & Administration, Jg. 37, H. 5, S. 427-443
Lister, Ruth (2006): An agenda for children? Investing in the future or promoting wellbeing in the present. In: Lewis, J. (Hrsg.): Children, Changing Families and Welfare States. Cheltenham UK/Northampton, MA/USA: Edward Elgar Publishing, S. 51-66
Litt, Theodor (1926a): Das Recht und die Grenze der Schule. In: Feldmann, E. (Hrsg.): Mainzer Abhandlungen zur Philosophie und Pädagogik. H. 2, Pädagogische Antithesen. Karlsruhe: Verlag G. Braun, S. 71-72
Litt, Theodor (1926b): Möglichkeiten und Grenzen der Pädagogik. Leipzig: Verlag B. G. Teubner (Insbesondere der Aufsatz: „Die philosophischen Grundlagen der staatsbürgerlichen Erziehung“, S. 61-88 sowie Bildungspolitik, S. 89-96)

Lohmann, Gertrud u.a. (2001): Beteiligung von Kindern und Jugendlichen in der Jugendhilfe. § 8 SGB VIII. Anspruch und praktische Beispiele. Stuttgart u. a.: Richard Boorberg Verlag

Luhmann, Niklas (1981a): Politische Theorie im Wohlfahrtsstaat. München/Wien: Olzog Verlag

Luhmann, Niklas (1981b): Ausdifferenzierung des Rechts. Frankfurt a. M.: Suhrkamp Verlag

Luhmann, Niklas (2005): Das Kind als Medium der Erziehung. In: Die Soziologie und der Mensch. Soziologische Aufklärung 6, 1. Aufl. 1995. Wiesbaden: VS-Verlag

Lüscher, Kurt (1977): Sozialpolitik für das Kind. In: Soziologie und Sozialpolitik. Sonderheft 19 der Kölner Zeitschrift für Soziologie und Sozialpsychologie, S. 591-628

Lüscher, Kurt (1979): Sozialpolitik für das Kind. Stuttgart: Klett Verlag

Lüscher, Kurt (2003): Kinderpolitik: Die Ambivalenzen der Rolle des Kindes gestalten. Entwurf einer Typologie. In: Kränzl-Nagl, R./Mierendorff, J./Olk, T. (Hrsg.): Kindheit im Wohlfahrtsstaat. Frankfurt a. M./New York: Campus Verlag, S. 222-362

Lüscher, Kurt (2007): Kinder und Jugendpolitik im Kontext einer integralen Generationenpolitik. Soziale Sicherheit, H. 4, S. 193-197

Maelicke, Bernd (1990): Neues Denken in der Erziehungshilfe. NDV, Jg. 70, H. 3, S. 80-83

Mahoney, James (2000): Path dependence in historical sociology. Theory and Society, Jg. 29, S. 507-548

Mannheim, Karl (1928): Das Problem der Generationen. In: Kölner Vierteljahreshefte für Soziologie, H. 2, S. 157-185; H. 3, S. 309-330

Mannschatz, Eberhard (1971): Familienerziehung. Einführung in die sozialistische Familienerziehung. Berlin: Volk und Wissen Volkseigener Verlag

Markefka, Manfred (1993): Kinder: Objekte der Politik. In: Markefka, M./Nauck, B. (Hrsg.): Handbuch der Kindheitsforschung. Neuwied/Kriftel/Berlin: Luchterhand Verlag, S. 511-523

Marshall, Thomas H. (1964): Citizenship and Social Class. In: ders. (Hrsg.): Class, Citizenship and Social Development. New York: Doubleday, S. 65-122 (first published 1950, first held 1949 as Marshall Lecture at Cambridge University).

Marthaler, Thomas (2009): Erziehungsrecht und Familie. Der Wandel familialer Leitbilder im privaten und öffentlichen Recht seit 1900. Weinheim/München: Juventa Verlag

Mayntz, Renate (1987): Politische Steuerung und gesellschaftliche Steuerungsprobleme – Anmerkungen zu einem theoretischen Paradigma. In: Ellwein T./Hesse, Joachim J./Mayntz, R./Scharpf, F. W. (Hrsg.): Jahrbuch zur Staats- und Verwaltungswissenschaft, Bd. 1. Baden-Baden: Nomos Verlag, S. 89-110

Mayntz, Renate (1991): Die politische Steuerbarkeit und Reformblockaden: Überlegungen am Beispiel des Gesundheitssystems. In: Staatswissenschaften und Staatspraxis. Rechts-, wirtschafts- und sozialwissenschaftliche Beiträge zum staatlichen Handeln. Themenheft Nr. 1: Die Zukunft der sozialen Sicherung in Deutschland. Baden-Baden: Nomos Verlag, S. 285-305

Mayntz, Renate (1995): Zum Status der Theorie sozialer Differenzierung als Theorie sozialen Wandels. In: Müller, H.-P./Schmid, M. (Hrsg.): Sozialer Wandel. Modellbildung und theoretische Ansätze. Frankfurt a. M.: Suhrkamp Verlag, S. 193-150

Merchel, Joachim (1990): Veränderungen in der kommunalen Jugendhilfepolitik? Auswirkungen des Kinder- und Jugendhilfegesetzes auf das Zusammenwirken verschiedener Träger. NDV, Jg.70, H. 11, S. 377-380

Merchel, Joachim (2002): Zehn Jahre Kinder- und Jugendhilfegesetz – Zwischenbilanz zur Reform der Jugendhilfe. In: Kinder- und Jugendhilfe im Reformprozess, Materialien zum Elften Kinder- und Jugendbericht, Bd. 2, hrsg. v. Sachverständigenkommission Elfter Jugendbericht. München: Verlag Deutsches Jugendinstitut, S. 9-142

Merten, Roland (1998): Sozialarbeit – Sozialpädagogik – Soziale Arbeit: Begriffsbestimmungen in einem unübersichtlichen Feld. In: ders. (Hrsg.): Sozialarbeit – Sozialpädagogik – Soziale Arbeit: Begriffsbestimmungen in einem unübersichtlichen Feld. Freiburg im Breisgau: Lambertus Verlag, S. 11-30

Merten, Roland/Olk, Thomas (1992): Modernisierung der Sozialpädagogik. Sind die utopischen Energien erschöpft? In: Otto, H. U./Hirschauer, P./Thiersch, H. (Hrsg.): Zeit-Zeichen Sozialer Arbeit. Neuwied/Berlin/Kriftel: Luchterhand Verlag, S. 135-144

Meyer, John W./Kamens, David/Benavot, Aaron (1992): School Knowledge for the Masses: World Models and National Curricular Categories in the Twentieth Century. Philadelphia: Falmer

Meyer, John W./Ramirez, Francisco O./Soysal, Yasemin N. (1992): World Expansion and Mass Education. Sociology of Education, Jg. 65, S. 128-149

Meyer, John W./Rowan, Brian (1977): Institutionalized Organizations: Formal Structure as Myth and Ceremony. AJS, Vol. 83, Nr. 2, S. 340-363

Middendorff, Wolff (1953): Ein Schritt vorwärts. Gedanken zum neuen Jugendgerichtsgesetz. Recht der Jugend, Jg. 1, H. 1, S. 12-15

Mierendorff, Johanna (2002): Neue Herausforderungen an die Sozialpolitik. In: Schweppe, C. (Hrsg.): Generation und Sozialpädagogik. Theoriebildung, öffentliche und familiale Generationenverhältnisse, Arbeitsfelder. Weinheim/München: Juventa Verlag, S. 154-169

Mierendorff, Johanna (2008a): Armut als Entwicklungsrisiko? Der politische Kinderarmutsdiskurs. In: Kelle, H./Tervooren, A. (Hrsg.): Ganz normale Kinder. Heterogenität und Standardisierung der kindlichen Entwicklung. Weinheim/München: Juventa Verlag, S. 147-163

Mierendorff, Johanna (2008b): Prekäre Arbeitsverhältnisse – soziale Armut – Bildungsarmut im Spiegel öffentlicher Diskussion. In: Bernhard, A./Keim, W./Kirchhöfer, D./Steffens, G./Uhlig, C./Weiss, E. (Hrsg.): Jahrbuch für Pädagogik 2007: Arbeitslosigkeit. Frankfurt a. M: Peter Lang Verlag, S. 227-238

Mierendorff, Johanna/Olk, Thomas (2002) Gesellschaftstheoretische Ansätze. In: Krüger, H.-H./Grunert, C. (Hrsg.): Handbuch Kindheits- und Jugendforschung. Opladen: Verlag Leske + Budrich, S. 117–142

Mierendorff, Johanna/Olk, Thomas (2003): Kinderwohlfahrtspolitik in Deutschland. In: Kränzl-Nagl, R./Mierendorff, J./Olk, T. (Hrsg.): Kindheit im Wohlfahrtsstaat. Gesellschaftliche und politische Herausforderungen. Frankfurt a. M./New York: Campus Verlag, S. 419-467

Mierendorff, Johanna/Olk, Thomas (2006): Das Spannungsverhältnis von Familie und Jugendhilfe – ein historischer Diskurs. In: Schmidt, N. (Hrsg.): Handbuch Kommunale Familienpolitik. Reihe: Hand- und Arbeitsbücher, Bd. 14. Berlin, S. 70-84

Mierendorff, Johanna/Olk, Thomas (2007): Kinder und Jugendhilfe. In: Ecarius, J. (Hrsg.): Handbuch Familie. Wiesbaden: VS-Verlag, S. 542-567

Mohn, Liz/Leyen, Ursula von der (2007): Familie gewinnt: die Allianz und ihre Wirkungen für Unternehmen und Gesellschaft. Gütersloh: Verlag Bertelsmann Stiftung

Mollenhauer, Klaus (1953): Jugendstrafvollzug heute. Unsere Jugend, Jg. 5, H. 10, S. 451-454

Mollenhauer, Klaus (1959): Die Ursprünge der Sozialpädagogik in der industriellen Gesellschaft. Eine Untersuchung zur Struktur sozialpädagogischen Denkens und Handelns. Berlin: Beltz Verlag

Mollenhauer, Klaus (1998): Was heißt „Sozialpädagogik"? In: Thole, W. u. a. (Hrsg.): KlassikerInnen der Sozialen Arbeit. Neuwied/Kriftel/Berlin: Luchterhand Verlag, S. 307-322

Mollenhauer, Klaus/Brumlik, Micha/Wudtke, Hubert (1975): Die Familienerziehung. Weinheim/München: Juventa Verlag

Momsen, Carsten (2005): Der rechtliche Rahmen für die Verschiebung der Altersgrenzen im Jugendstrafrecht. Zeitschrift für Jugendkriminalrecht und Jugendhilfe, Jg. 16, H. 2, S. 179-185

Müller, Sebastian (1979): Wie ist die „Geschichte der Kindheit" zu lesen? Sozialwissenschaftliche Literaturrundschau, Jg. 19, H. 2, S. 19-23

Müller, Siegried/Otto, Hans-Uwe (Hrsg.) (1986): Damit Erziehung nicht zur Strafe wird. Sozialarbeit als Konfliktschlichtung, Bielefeld: KT-Verlag

Müller, Hans-Peter/Schmid, Michael (Hrsg.) (1995): Sozialer Wandel. Modellbildung und theoretische Ansätze. Frankfurt a. M.: Suhrkamp Verlag

Münder, Johannes (1978): Der sozioökonomische Rahmen rechtlicher Regelungen der öffentlichen Erziehung und deren Reform. Gesellschaftlicher Kontext der Selbstbestimmung von Kindern und Jugendlichen. In: Kühn, E. u. a. (Hrsg.): Das Selbstbestimmungsrecht des Jugendlichen im Spannungsfeld von Familie, Gesellschaft und Staat. Bielefeld: Gieseking Verlag, S. 33-172

Münder, Johannes (1985): Reform des Jugendwohlfahrtsgesetzes. Seine Geschichte aus jugendpolitischer und rechtlicher Sicht. RdJB, Jg. 33, H. 4, S. 32-241

Münder, Johannes (1989): Der Referentenentwurf 1988 für ein Jugendhilfegesetz. Neue Praxis, Jg. 19, H. 1, S. 1-11

Münder, Johannes (1990a): Das Jugendwohlfahrtsgesetz von 1922 – in Kraft getreten 1953. RdJB, Jg. 38, H. 1, S. 43-53

Münder, Johannes (1990b): Das neue Kinder- und Jugendhilfegesetz. Soziale Arbeit, Jg. 39, H. 6, S. 206-213

Münder, Johannes (1991): Ansprüche auf Leistungen im Jugendhilferecht. ZfJ, Jg. 78, H. 6, S. 285-344

Münder, Johannes (1996): Einführung in das Kinder- und Jugendhilfegesetz. Münster: Votum Verlag

Münder, Johannes/Kreft, Dieter (Hrsg.) (1990): Subsidiarität heute. Münster: Votum Verlag

National Coalition (1996): Ergebnisse des ersten Dialogs zwischen dem UN-Ausschuss für die Rechte des Kindes und der Bundesregierung über den Erstbericht zur Umsetzung der UN-Kinderrechtskonvention. Bd. 2 der Reihe „Die UN-Konvention umsetzen". Bonn: AGJ (Eigenverlag)

National Coalition (2002): Ergänzender Bericht der National Coalition zum Zweitbericht der Bundesrepublik Deutschland an die Vereinten Nationen gemäß Artikel 44 Abs. 1 Buchstabe b des Übereinkommens über die Rechte des Kindes. (http://www.national-coalition.de/pdf/Ergaenzender_Bericht_der_National_Coalition.pdf) (Zugriff: 11.06.2009)

Nauck, Bernhard (1993): Sozialstrukturelle Differenzierung der Lebensbedingungen von Kindern und West- und Ostdeutschland. In: Markefka, M./Nauck, B. (Hrsg.): Handbuch der Kindheitsforschung. Neuwied/Kriftel/Berlin: Luchterhand Verlag, S. 143-163

Nauck, Bernhard (1995): Kinder als Gegenstand der Sozialberichterstattung. Konzepte, Methoden und Befunde im Überblick. In: Nauck, B./Bertram, H. (Hrsg.): Kinder in Deutschland. Lebensverhältnisse von Kindern im Regionalvergleich. Opladen: Verlag Leske + Budrich, S. 11-87

Nave-Herz, Rosemarie (1988): Wandel und Kontinuität der Familie in der Bundesrepublik Deutschland. Stuttgart: Enke Verlag

Nave-Herz, Rosemarie (1998): Die These über den „Zerfall der Familie“. In: Jürgens, F./Lepsius, M. R./Mayer, K.-U. (Hrsg.): Die Diagnosefähigkeit der Soziologie. Opladen: VS Verlag, S. 286-315

Näsman, Elisabeth (1994): Individualization and institutionalization of childhood in today's Europe. In: Qvortrup, J./Bardy, M./Sgritta, G./Wintersberger, H. (Eds.): Childhood Matters. Social Theory, Practice and Politics. Aldershot: Avebury, S. 65–87

Neill, Alexander Sutherland (1965): Erziehung in Summerhill: das revolutionäre Beispiel einer freien Schule. München: Szczesny-Verlag

Neumann, Karl (1993): Zum Wandel der Kindheit vom Ausgang des Mittelalters bis an die Schwelle des 20. Jahrhunderts. In: Markefka, M./Nauck, B. (Hrsg.): Handbuch der Kindheitsforschung. Neuwied/Kriftel/Berlin: Luchterhand Verlag, S. 191-205

Neundörfer, Karl (1923): Widerstreitende Mächte in dem Reichsgesetz für Jugendwohlfahrt. Hochland Verlag, Jg. 20, S. 509-529

Neuordnung der sozialen Leistungen. Denkschrift auf Anregung des Herrn Bundeskanzlers erstattet von Hans Achinger, Joseph Höffner, Hans Muthesius, Ludwig Neundorfer. Köln: Greven Verlag, 1955

Nikles, Bruno W. (2002a): Reform oder Einleitung einer neuen Entwicklung? KJuG, Jg. 47, H. 4, S. 108-111

Nikles, Bruno W. (2002b): Immer komplexer. Die Entwicklung der rechtlichen Regelungen zum Jugendschutz. KJuG, Jg. 47, H. 4, S. 119-123

Nikles, Bruno W./Roll, Sigmar/Spürck, Dieter/Umbach, Klaus (2005): Jugendschutzrecht. Kommentar. München: Luchterhand Verlag, 2. überarb. Aufl.

Noppel, Constantin (1924): Das natürliche Erziehungsrecht der Eltern. ZfJJ, Jg. 16, H. 4, S. 67-68

Nothacker,G. (1986): Das sozialisationstheoretische Konzept des Jugendkriminalrechts der Bundesrepublik Deutschland – Ein integrierter jugend-, kriminal- und rechtssoziologischer Beitrag zur Jugenddiskussion. Frankfurt a. M./Bern/New York: Peter Lang-Verlag

Nullmeier, Frank (2000): Politische Theorie des Sozialstaats. Frankfurt a. M./New York: Campus Verlag

Nullmeier, Frank (2001): Neid, Gerechtigkeit und Triumph der Produktivität. Berliner Debatte Initial, Jg. 12, H. 3, S. 8-18

Nullmeier, Frank (2003): Anerkennung: Auf dem Weg zu einem kulturalen Sozialstaatsverständnisses. In: Lessenich, S. (Hrsg.): Wohlfahrtsstaatliche Grundbegriffe. Historische und aktuelle Diskurse. Frankfurt a. M./New York: Campus Verlag, S. 395-418

Nullmeier, Frank/Rüb, Friedberg W. (1993): Die Transformation der Sozialpolitik. Vom Sozialstaat zum Sicherungsstaat. Frankfurt a. M.: Campus Verlag

O'Brien, Martin/Penna, Sue (1998): Theorising Welfare. Enlightment and Modernity. London/Thousand Oaks/New Delhi: Sage Publications

Oberloskamp, Helga (1990): Die rechtliche Stellung von Kindern und Jugendlichen nach dem Regierungsentwurf eines Gesetzes zur Neuordnung des Kinder- und Jugendhilferechts. ZfJ, Jg. 77, H. 3, S. 260-269

OECD (Hrsg.) (2001): Starting Strong: Early Childhood Education and Care. Paris: OECD
OECD (Hrsg.) (2002): Financing lifelong learning. Paris: OECD
OECD (Hrsg.) (2003): Education Policy Analysis. Paris: OECD
OECD (Hrsg.) (2006a): Education at a Glance. Paris: OECD
OECD (Hrsg.) (2006b): Starting Strong II: Early Childhood Education and Care. Paris: OECD
Oerter, Rolf/Höfling, Siegfried (Hrsg.) (2001): Mitwirkung und Teilhabe von Kindern und Jugendlichen. München: Hans-Seidel-Stiftung
Offe, Claus (1998): Der deutsche Wohlfahrtsstaat: Prinzipien, Leistungen, Zukunftsaussichten. Berliner Journal für Soziologie, Bd. 8, S. 359-380
Olk, Thomas (2007): Kinder im Sozialinvestitionsstaat. ZSE, Jg. 27, H. 1, S. 43-57
Olk, Thomas (2009): Ungleichheit und Gerechtigkeit im Generationenverhältnis. Sind Kindheit und Kinder die Verlierer der Sozialstaatsreform? In: Honig, M.-S. (Hrsg.): Ordnungen der Kindheit. Problemstellungen und Perspektiven der Kindheitsforschung. Weinheim/München: Juventa Verlag, S. 127 - 153
Olk, Thomas/Mierendorff, Johanna (1998): Existenzsicherung für Kinder – zur sozialpolitischen Regulierung von Kindheit im bundesdeutschen Sozialstaat. ZSE, Jg. 18, H. 1, S. 38-52
Olk, Thomas/Otto, Hans-Uwe (Hrsg.) (2003): Soziale Arbeit als Dienstleistung. Grundlagen, Entwürfe, Modelle. München: Lambertus Verlag
Olk, Thomas/Wintersberger, Helmut (2007): Welfare States and Generational Order. In: Wintersberger, H./Alanen, L./Olk, T./Qvortrup, J. (Hrsg.): Childhood, Generational Order and the Welfare State: Exploring Children's Social and Economic Welfare. Volume 1 of COST A19: Children's Welfare. Odense: University Press of Southern Denmark, S. 59-90
Opielka, Michael/Huber, Joseph u. a. (Hrsg.) (1983): Die Zukunft des Sozialstaats: Materialien zur sozialpolitischen Diskussion der Grünen/Landesfachausschuß „Soziales und Gesundheit" der Grünen Baden-Württemberg. 2. korrig. Aufl. Stuttgart
Orme, Nicholas (2001): Medieval Children. New Haven: Yale University Press
Ostendorf, Heribert (1992): Das 1. Änderungsgesetz zum JGG – nur ein erster Schritt zur Reform des Jugendstrafrechts. RdJB, Jg. 40, H. 1, S. 2-11
Ostendorf, Heribert (2007): Jugendgerichtsgesetz. NOMOS KOMMENTAR. 7. Auflage, Baden-Baden: Nomos Verlag
Ostner, Ilona (1978): Beruf und Hausarbeit: die Arbeit der Frauen in der Gesellschaft. Frankfurt a. M. u. a.: Campus Verlag
Ostner, Ilona (2004): Wem gehört das Kind? Von der elterlichen Gewalt zum Recht des Kindes. In: Nolte, G./Schreiber, H.-L. (Hrsg.): Der Mensch und seine Rechte. Grundlage und Brennpunkte der Menschenrechte zu Beginn des 21. Jahrhunderts. Göttingen: Wallstein Verlag, S. 151-170
Ostner, Ilona (2007): Whose Children? Families and Children in 'Activating' Welfare States. In: Wintersberger, H./Alanen, L./Olk, T./Qvortrup, J. (Hrsg.): Childhood, Generational Order and the Welfare State: Exploring Children's Social and Economic Welfare. Volume 1 of COST A19: Children's Welfare. Odense: University Press of Southern Denmark, S. 45-57
Ostner, Ilona (2008): Ökonomisierung der Lebenswelt durch aktivierende Familienpolitik? In: Evers, A./Heinze, R. G. (Hrsg.): Sozialpolitik: Ökonomisierung und Entgrenzung. Wiesbaden: VS Verlag, S. 49-66

Ostner, Ilona (2009): „Auf den Anfang kommt es an“ – Anmerkungen zur „Europäisierung“ des Aufwachsens kleiner Kinder. Recht der Jugend und des Bildungswesens, Jg. 57, H. 1, S. 44-62
Otto, Hans-Uwe/Sünker, Heinz (1989): Soziale Arbeit und Faschismus. Frankfurt a. M.: Suhrkamp
Otto, Hans-Uwe/Rauschenbach, Thomas (Hrsg.) (2008): Die andere Seite der Bildung. Zum Verhältnis von formellen und informellen Bildungsprozessen. Wiesbaden: VS Verlag
Penski, Ulrich (1986): Recht als Mittel der Politik. Möglichkeit oder Missverständnis. In: Voigt, R. (Hrsg.): Recht als Instrument der Politik. Beiträge zur sozialwissenschaftlichen Forschung, Bd. 72. Opladen: Westdeutscher Verlag, S. 35-59
Peukert, Detlev J. K. (1986): Grenzen der Sozialdisziplinierung. Aufstieg und Krise der deutschen Jugendfürsorge von 1878–1932. Köln: Bund-Verlag
Peukert, Detlev J. K. (1990): Jugendhilfe: Historischer Rückblick und neuere Entwicklungen. Mat. zum 8. Jugendbericht, hrsg. v. Sachverständigenkommission 8. Jugendbericht. München: DJI
Peukert, Detlev J. K./Münchmeier, Richard K. (1990): Historische Entwicklungsstrukturen und Grundprobleme der deutschen Jugendhilfe, hrsg. v. Sachverständigenkommission 8. Jugendbericht, Mat. zum 8. Jugendbericht, Bd. 1. München: DJI
Peukert, Detlev J. K. (2004): Wohlfahrtsstaat und Lebenswelt – Sozialstaat als Verfassungsrecht. In: Hering, S./Urban, U. (Hrsg.): „Liebe allein genügt nicht“: Historische und systematische Dimensionen der Sozialpädagogik. Opladen: Verlag Leske + Budrich, S. 171-185
Peukert, Detlev J. K./Münchmeier, Richard (1990): Historische Entwicklungsstrukturen und Grundprobleme der deutschen Jugendhilfe. In: Sachverständigenkommission 8. Jugendbericht (Hrsg.): Jugendhilfe. Bd. 1. München: DJI
Pfeiffer, Christian (1991a): Unser Jugendstrafrecht – Eine Strafe für die Jugend. DvJJ-Journal 2, S. 114-130
Pfeiffer, Christian (1991b): Wird nach Jugendstrafrecht härter gestraft? Forschungsbefunde, kritische Einwände der Praxis, kriminalpolitische Perspektiven. Strafverteidiger 8, S. 363-370
Pfister, Wolfgang/Osten-Sacken, Arn von der (Hrsg. im Auftrag der AGJ) (1985): Jugendhilfe zwischen Alltagsgeschäft und Gesellschaftspolitik. Grundprobleme der jungen Generation. 7. Dt. Jugendhilfetag. Darmstadt/Neuwied: Luchterhand Verlag
Picht, Georg (1964): Die deutsche Bildungskatastrophe. Olten: Walter-Verlag
Pilotti, Francisco J. (1999): The historical development of the child welfare system in Latin America. An overview. Childhood, Vol. 6, No. 4, S. 408-422
Popp, Ulrike (2002): „Sozialisation“ – substanzieller Begriff oder anachronistische Metapher? Zeitschrift für Pädagogik, Jg. 48, H. 6, S. 898-917
Postman, Neil (1982/1987): Das Verschwinden der Kindheit. Frankfurt a. M.: Fischer Verlag
Potrykus, Gerhard (1953): Jugendwohlfahrtsgesetz nebst Ausführungsgesetzen und Ausführungsvorschriften der deutschen Länder. Kommentar. München/Berlin: C. H. Beck'sche Verlagsbuchhandlung
Potrykus, Gerhard (1959): Schuldstrafrecht und Erziehungsstrafrecht. RdJ, Jg. 7, H. 5, S. 65-66
Potrykus, Gerhard (1961): Entwurf eines Gesetzes zur Änderung des RJWG. Zentralblatt für Jugendrecht und Jugendwohl, Jg. 48, H. 3, S. 65-70
Potrykus, Gerhard (1976): Verbesserter Jugendschutz. Unsere Jugend, Jg. 28, H. 4, S. 175-176

Preuss-Lausitz, Ulf/Büchner, Peter/Fischer-Kowalski, Marina/Geulen, Dieter/Karsten, Maria Eleonora/Kulke, Christine/Rabe-Kleberg, Ursula/Rolff, Hans-Günther/Thunemeyer, Bernd/Schütze, Yvonne/Seidl, Peter/Zeiher, Helga/Zimmermann, Peter (1983): Kriegskinder, Konsumkinder, Krisenkinder. Zur Sozialisationsgeschichte nach dem Zweiten Weltkrieg. Weinheim: Beltz Verlag

Preuss-Lausitz, Ulf/Rülcker, Tobias/Zeiher, Helga (1990): Selbständigkeit für Kinder – die große Freiheit? Kindheit zwischen pädagogischen Zugeständnissen und gesellschaftlichen Zumutungen. Weinheim/Basel: Beltz Verlag

Prisching, Manfred (2003): Solidarität: Der vielschichtige Kitt gesellschaftlichen Zusammenlebens. In: Lessenich, S. (Hrsg.): Wohlfahrtsstaatliche Grundbegriffe. Historische und aktuelle Diskurse. Frankfurt a. M./New York: Campus Verlag, S. 157-191

Prout, Alan (2000a): Children's participation: control and self-realisation in British late modernity. Children and Society, Vol. 14, No. 4, S. 304-315

Prout, Alan (Hrsg.) (2000b): The Body, Childhood and Society. Houndsmill: Palgrave Macmillan

Prout, Alan (2003): Participation, policy and the changing conditions of childhood. In: Prout, A./Hallet, C. (Eds.): Hearing the voices of children: challenges for a new century. New York: Routledge Falmer, S. 11- 25

Prout, Alan (2004): Herausforderungen für die Kindheitssoziologie. In: Sozialwissenschaftliche Literatur Rundschau, Nr. 48, S. 57-72

Prout, Alan/Hallett, Christine (Eds.) (2003): Hearing the voices of children: social policy for a new century. New York: Routledge Falmer

Qvortrup, Jens (1993): Die soziale Definition von Kindheit. In: Markefka, M./Nauck, B. (Hrsg.): Handbuch der Kindheitsforschung. Neuwied/Kriftel/Berlin: Luchterhand Verlag, S. 109-124

Qvortrup, Jens (1995): From useful to useless: the historical continuity of children's constructive participation. In: Ambert, A.-M. (Eds.): Sociological Studies of children, Vol. 7. Greenwich/Conn.: Emerald Group Publishing Limited, S. 49-76

Qvortrup, Jens (2000): Kolonialisiert und verkannt: Schularbeit. In: Hengst, H./Zeiher, H. (Hrsg.): Die Arbeit der Kinder. Kindheitskonzept und Arbeitsteilung zwischen den Generationen. Weinheim/München: Juventa Verlag, S. 23-43

Qvortrup, Jens (2005a): Kinder und Kindheit in der Sozialstruktur. In: Hengst, H./Zeiher, H. (Hrsg.): Kindheit soziologisch. Wiesbaden: VS-Verlag, S. 27-47

Qvortrup, Jens (2005b): The little 's' and the prospects for generational childhood studies. Vortragsmanuskript auf der internationalen Tagung CHILDHOODS, Juni 2005, Oslo

Qvortrup, Jens (2009): Childhood as a Structural Form. In: Qvortrup, J./Corsaro, W./Honig, M.-S. (Hrsg.): The Palgrave Handbook of Childhood Studies. Houndsmill/Basingstoke: Palgrave Macmillan, S. 21-33

Qvortrup, Jens u. a. (Hrsg.) (1994): Childhood Matters. Social Theory, Practice and Politics. Aldershot et al.: Avebury

Rabe-Kleberg, Ursula/Zeiher, Helga (1984): Kindheit und Zeit. Über das Eindringen moderner Zeitorganisation in die Lebensbedingungen von Kindern. Zeitschrift für Sozialisationsforschung und Erziehungssoziologie, Jg. 4, H. 1, 29-43

Ratsch, Wilhelm (1952): Alkohol und Jugend. Unsere Jugend, Jg. 4, H. 6, S. 213-215

Rauschenbach, Thomas (1991): Fachkräfte in der Jugendhilfe – Bilanz einer vernachlässigten Erfolgsgeschichte. In: Wiesner, R./Zarbock, W. H. (Hrsg.): Das neue Kinder- und Jugendhilfegesetz (KJHG) und seine Umsetzung in der Praxis. Köln u. a.: Carl Heymanns Verlag, S. 401-428

Reich, Wilhelm (1966): Die sexuelle Revolution: zur charakterlichen Selbststeuerung des Menschen. Frankfurt a. M.: Europäische Verlagsgesellschaft
Reichert-Garschhammer, Eva (2002): Anmerkungen zur Reform des Kinder- und Jugendschutzes. KJuG, Jg. 45, H. 4, S. 109-119
Reymann, Jürgen (1997): Die Kinderkrippe in Deutschland. Sozialgeschichte einer umstrittenen Einrichtung. Freiburg i. Br.: Lambertus Verlag
Richter, Helmut/Coelen, Thomas (Hrsg.) (1997): Jugendberichterstattung. Politik, Forschung Praxis. Weinheim/München: Juventa Verlag
Richter, Ingo (2000): Das Kinder- und Jugendhilferecht als Teil des Sozialrechts. RdJB, Jg. 48, H. 3, S. 112-123
Ridge, Tess (2007): Negotiating Child Poverty: Children's Subjective Experiences of Life on a Low Income. In: Wintersberger, H./Alanen, L./Olk, T. Qvortrup, J. (Hrsg.): Childhood, Generational Order and the Welfare State: Exploring Children's Social and Economic Welfare. Volume 1 of COST A19: Children's Welfare. Odense: University Press of Southern Denmark, S. 161-180
Riedel, Hermann (1952): Jugendwohlfahrtsgesetz erläutert für den Bereich der Deutschen Bundesrepublik. Berlin/München: J. Schweitzer Verlag
Riedel, Hermann (1963): Jugendwohlfahrtsgesetz. Kommentar. Berlin: J. Schweitzer Verlag, 3., völlig überarb. Aufl.
Riepl, Barbara/Wintersberger Helmut (1998): Konzeptionelle Überlegungen für eine neue Kindheitspolitik. In: Kränzl-Nagl, R./Riepl, B./Wintersberger, H. (Hrsg.): Kindheit in Gesellschaft und Politik. Eine multidisziplinäre Analyse am Beispiel Österreichs. Frankfurt a. M./New York: Campus Verlag, S. 417-423
Ritter, Gerhard A. (1991): Der Sozialstaat. Entstehung und Entwicklung im internationalen Vergleich. München: Oldenbourg, 2., überarb. u. erheblich. erw. Aufl.
Rödl, Peter (1953): Vom Sinn der Jugendpflege. Ein Sprecher der Jugend zum Reichsjugendwohlfahrtsgesetz (Teil II), RdJ, H. 4, Jg. 1, S. 51-52 (5 Teile zwischen 1953 und 1954)
Roll, Sigmar (1995): Spezielle Rechtsgrundlagen des Jugendschutzes. Gesetz zum Schutz der Jugend in der Öffentlichkeit. In: Bienemann, G./Hasenbrink, M./Nikles, B. W. (Hrsg.): Handbuch des Kinder- und Jugendschutzes. Grundlagen, Kontexte und Arbeitsfelder. Münster: Votum Verlag, S. 96-100
Roll, Sigmar (2002): Das neue Jugendschutzgesetz. Wie wurde das „alte" JÖSchG in das neue Gesetz aufgenommen? KJuG, Jg. 47, H. 4, S. 112-113
Roppelt, Ulrike (2003): Kinder – Experten ihres Alltags? Frankfurt a. M.: Peter Lang Verlag
Rosenbaum, Heidi/Rosenbaum, Wolf (1983): Überlegungen zur Wirksamkeit staatlicher Eingriffe in die Familie. In: Baetghe, M./Eßbach, W. (Hrsg.): Soziologie: Entdeckungen im Alltäglichen. Hans Paul Bahrdt – Festschrift zu seinem 65. Geburtstag. Frankfurt a. M./New York: Campus Verlag, S. 119-132
Rothe, Friedrich (1953): Überblick über die Grundsätze und Ziele des Gesetzes im Allgemeinen und im Einzelnen. In: Rothe, F./Becker, W./Zimmermann, G./Seidel, H. (Hrsg.): Jugendschutz und Öffentlichkeit. Ein Kommentar für den Gebrauch der Jugendämter, Polizei und Justiz, der freien Jugendverbände und Schulen. Beiheft zu „Unsere Jugend", Bd. 5. Düsseldorf/München: Steinebach Verlag, S. 11-29
Rothe, Friedrich (1961a): Das Gesetz für Jugendwohlfahrt vom 11. August 1961. RdJ, Jg. 9, H. 22, S. 337-343
Rothe, Friedrich (1961b): Das Gesetz für Jugendwohlfahrt (JWG). Jugendwohl, Jg. 42, H. 10, S. 362-370

Sachße, Christoph (1996): Recht auf Erziehung – Erziehung durch Recht. Entstehung, Entwicklung und Perspektiven des Jugendhilferechts. Zeitschrift für Sozialreform, Jg. 42, H. 9, S. 557-571

Sachße, Christoph/Tennstedt, Florian (1982): Familienpolitik durch Gesetzgebung. In: Kaufmann, F.-X. (Hrsg.): Staatliche Sozialpolitik und Familie. München/Wien: Oldenbourg, S. 87-130

Sachße, Christoph/Tennstedt, Florian (Hrsg.) (1986): Soziale Sicherheit und soziale Disziplinierung. Frankfurt a.M.: Edition Suhrkamp Verlag

Sachße, Christoph/Tennstedt, Florian (1988): Geschichte der Armenfürsorge. Bd. 2: Fürsorge und Armenpflege 1871-1929. Stuttgart: Kohlhammer Verlag

Sachße, Christoph/Tennstedt, Florian (1992): Geschichte der Armenfürsorge in Deutschland. Bd. 3: Der Wohlfahrtsstaat im Nationalsozialismus. Stuttgart: Kohlhammer Verlag

Sachße, Christoph/Tennstedt, Florian (1998): Geschichte der Armenfürsorge. Bd. 1: Vom Spätmittelalter bis zum 1. Weltkrieg. Stuttgart: Kohlhammer Verlag, 2., verb. und erweiterte Aufl.

Saporiti, Angelo (1994): A Methodology for Making Children Count. In: Qvortrup, J. u. a. (Hrsg.): Childhood Matters. Social Theory, Practice and Politics. Aldershot et al.: Avebury, S. 189–210

Schäfer, Alfred (2002): Kindheit und Jugend in Afrika. In: Krüger, H./Grunert, C. (Hrsg.): Handbuch der Kindheit und Jugendforschung. Opladen: Verlag Leske + Budrich, S. 417-437

Schäfer, Alfred (2005): Einführung in die Erziehungsphilosophie. Weinheim, Basel: Beltz UTB

Schaffstein, Friedrich (1993): Strafmündigkeit ab 16 Jahren? In: Albrecht, P.-A. (Hrsg.): Festschrift für Horst Schüler-Springorum zum 65. Geburtstag. Köln/Berlin/Bonn/München: Heymann Verlag, S. 371-378

Scheiwe, Kirsten (2001): Pointierte Zusammenfassung: Über den Zusammenhang von Verhalten, sozialen Normen und Rechtnormen. In: Haft, F./Hof, H./Wesche, S. (Hrsg.): Bausteine zu einer Verhaltenstheorie des Rechts. Baden-Baden: Nomos Verlagsgesellschaft, S. 110-115

Scheiwe, Kirsten (2009): Slow Motion – Institutional Factors as Obstacles to the Expansion of Early Childhood Education in the FRG. In: Scheiwe, K./Willekens, H. (Hrsg.): Childcare and Pre-school Developments in Europe – Institutional Perspectives. Houndsmill u. a.: Palgrave Macmillan, S. 180-195

Scheiwe, Kirsten/Schuler-Harms, Margarete (2008): Aktuelle Rechtsfragen der Familienpolitik aus vergleichender Perspektive. Reihe: Schriften zum deutschen und europäischen Recht, Bd. 16. Baden-Baden: Nomos Verlag

Scheiwe, Kirsten/Willekens, Harry (Hrsg.) (2009): Childcare and Pre-school Developments in Europe – Institutional Perspectives. Houndsmill u. a.: Palgrave Macmillan

Schelsky, Helmut (1980): Die Soziologen und das Recht. Abhandlungen und Vorträge zur Soziologie von Recht, Institution und Planung. Opladen: Westdeutscher Verlag

Schilling, Robert (1954): Die Verordnung zur Durchführung des Gesetzes über die Verbreitung jugendgefährdender Schriften – Aus der Gesetzgebungsarbeit. RdJ, Jg. 2, H. 7, S. 109-110

Schilling, Robert (1961): Die Novelle zum Gesetz jugendgefährdender Schriften (GjS) (II). RdJ, Jg. 9, H. 7, S. 120-122

Schlipphak, Fritz (1980): Jugendhilferecht im Wandel. Unsere Jugend, Jg. 67, H. 9-11, S. 468-482

Schmidt, Renate (2008): Kinderschutz mit langem Atem. Schwerpunkt: Kindheit in Deutschland. Berliner Republik, Jg. 9, H. 1, S. 24-28

Schmitt, Monja/Kuger, Susanne/Kluczniok, Katharina/Maurice, Jutta von (im Erscheinen): Familiale Anregung während der frühen Kindergartenzeit. In: Bühler-Niederberger, D./Lange, A./Mierendorff, J. (Hrsg.): Kindheit zwischen fürsorglichem Zugriff und gesellschaftlicher Teilhabe. Wiesbaden: VS-Verlag

Schmitt, Renate/Mohn, Liz (2004): Familie bringt Gewinn: Innovationen durch Balance von Familie und Arbeitswelt. 2. Aufl., Gütersloh: Verl. Bertelsmann Stiftung

Schnapka, Markus (Hrsg.) (1991): „Jugendamt kontra Ausländeramt?" Eine Tagung zur Neuregelung des Ausländergesetzes. Tagungsdokumentation. Köln: LVR, Landesjugendamt Rheinland

Scholz, Gerold (1994): Die Konstruktion des Kindes. Über Kinder und Kindheit. Opladen: Westdeutscher Verlag

Scholz, Rainer/Liesching, Marc (2004): Jugendschutz. Kommentar. München: Verlag C.H. Beck

Schuler, Karl-Heinz (1961): Freiheitsentzug zur Erziehung. Recht der Jugend, Jg. 9, H. 2, S. 23-25

Schulte-Langforth, Maria (1965): Der Jugendarbeitsschutz. In der Reihe: Sozialpolitik in Deutschland, Bd. 28. Stuttgart: Kohlhammer Verlag, 2. Aufl.

Schulze, Hagen (1985): Mentalitätsgeschichte – Chancen und Grenzen eines Paradigmas der französischen Geschichtswissenschaft. Geschichte in Wissenschaft und Unterricht, Jg. 36, S. 247-270

Schütter, Silke (2006): Die Regulierung von Kindheit im Sozialstaat. Kinder und Kindheit in New Labours Gesellschaftsentwurf. Neue Praxis, Jg. 36, H. 5, S. 467-482

Scott, Richard W./Meyer, John W. (1982): The Organization of Institutional Sectors. Projektbericht, Stanford University

Schweppe, Cornelia (Hrsg.) (2002): Generation und Sozialpädagogik. Theoriebildung, öffentliche und familiale Generationenverhältnisse, Arbeitsfelder. Weinheim/München: Juventa Verlag

Seehausen, Harald (1989): Familie zwischen modernisierter Berufswelt und Kindergarten. Freiburg i. Br.: Lambertus Verlag

Seeliger, Martina (2003): Entwicklung der Kinderdelinquenz und Folgerungen in Hinblick auf eine Änderung der Strafmündigkeitsgrenze. Frankfurt: Peter Lang Verlag

Seidenstücker, Bernd (1990): Jugendhilfe in der DDR. NDV, H. 8, S. 234-241

Seiler, Eduard (1984): Ansätze einer historischen Anthropologie des Kindesalters. In: Seiler, E. (Hrsg.): Medizinanthropologie. Heidelberg u. a.

Seipp, Paul (1954): Jugendschutzgesetze sind notwendig, die sind aber nicht der Weisheit letzter Schluss! Gedanken zum sittlichen Jugendschutz. RdJ, Jg. 2, H. 9, S. 131-132

Seipp, Paul (1960): Ein erster Überblick zum neuen Jugendarbeitsschutzgesetz. RdJ, Jg. 8, H. 17, S. 261-268

Sgritta, Giovanni (1994): The Generational Division of Welfare: Equity and Conflict. In: Qvortrup, J./Bardy, M./Sgritta, G./Wintersberger, H. (Hrsg.): Childhood Matters. Social Theory, Practice and Politics. Volume 14 in the book series 'Public Policy and Social Welfare'. Aldershot/UK: Avebury, Ashgate, S. 335- 362

Sgritta, Giovanni (2005): Kindheitssoziologie und Statistik. Eine generationale Perspektive. In: Hengst, H./Zeiher, H. (Hrsg.): Kindheit soziologisch. Wiesbaden: VS Verlag, S. 49-64

Silbereisen, (Vorname unbekannt) (1952): Vorwort. In: Wanderer, F. (Hrsg.): Aktion Jugendschutz. Jugendschutzwoche. Grundsätzliches und Tatsächliches. Reihe: Beiträge zur Jugendhilfe. Schriftenreihe der Zeitschrift „Jugendwohl". Freiburg im Breisgau: Lambertus Verlag, S. 5-6

Smeeding, Timothy M./Vleminck, Koen (Hrsg.) (2001): Child Well-being, Child Poverty and Child Policy in Modern Nations: What Do We Know? Bristol: The Policy Press

Solga, Heike (2003): Jugendliche ohne Schulabschluss und ihre Wege in den Arbeitsmarkt. In: Kai S./Cortina, K. S./Baumert, J./Leschinsky, A./Mayer, K. U./Trommer, L. (Hrsg.): Das Bildungswesen in der Bundesrepublik Deutschland. Strukturen und Entwicklungen im Überblick. Reinbek: Rowohlt Verlag, S. 710-754

Sondermann, Ariadne (im Erscheinen): Familie als Ort der Vernachlässigung elterlicher Pflichten? Arbeitslose und die Sorge um die Zukunft ihrer Kinder. In: Bühler-Niederberger, D./Lange, A./Mierendorff, J. (Hrsg.): Kindheit zwischen fürsorglichem Zugriff und gesellschaftlicher Teilhabe. Wiesbaden: VS-Verlag

Söhlmann, Fritz (1953): Welche Situation findet das „Gesetz über die Verbreitung jugendgefährdender Schriften" vor? RdJ, Jg. 1, H. 3, S. 42-44

Späth, Karl (1991): Die Hilfen zur Erziehung. Vom Eingriffsinstrument zum präventiv orientierten Leistungsangebot. In: Wiesner, R./Zarbock, W. H. (Hrsg.): Das neue Kinder- und Jugendhilfegesetz (KJHG) und seine Umsetzung in der Praxis. Köln u. a.: Carl Heymanns Verlag, S. 91-114

Stadelmann, Helmut (1938): Die rechtliche Stellung der NS-Volkswohlfahrt und des Winterhilfswerkes des Deutschen Volkes. München/Berlin: Zentralverlag der NSDAP

Stefen, Rudolf (1971): Das Gesetz über die Verbreitung jugendgefährdender Schriften (GjS) und seine Vorläufer im internationalen Vergleich. Eine Synopse, hrsg. v. BPjS, Bad Godesberg

Stellungnahme der Arbeitsgemeinschaft für Reform des Strafvollzugs zur Reform des Jugendgerichtsgesetzes (1952). Unsere Jugend, Jg. 4, H. 6, S. 210-213

Stellungnahme zur Novellierung des Gesetzes zum Schutze der Jugend in der Öffentlichkeit (JÖSchG), erarbeitet vom Rechtsausschuß der Bundesarbeitsgemeinschaft Aktion Jugendschutz. Jugendschutz, 1982, Jg. 27, H. 5, S. 136-142

Stoffers, Manfred (1985): Hoffnungswert – Bemerkungen zum novellierten Jugendschutzgesetz. Jugendschutz, Jg. 30, H. 1, S. 11-17

Strick, Rainer (2002): Mehr schlecht als Recht. Anmerkungen zum neuen Jugendschutzgesetz aus Sicht der Praxis. KJuG, Jg. 47, H. 4, S. 117-119

Struck, Jutta (1991): Kinder- und Jugendhilfe in den neuen Bundesländern. ZfJ, Jg. 78, Nr. 7-8, S. 352-354

Struck, Jutta/Wiesner, Reinhard (1992): Der Rechtsanspruch auf einen Kindergartenplatz. Wirkungen und Nebenwirkungen in Entscheidungen des Gesetzgebers. ZRP, Jg. 25, H. 11, S. 452 -456

Sünker, Heinz/Swiderek, Thomas (2002): Kinder, Politik und Kinderpolitik. In: Krüger, H.-H./Grunert, C. (Hrsg.): Handbuch Kindheits- und Jugendforschung. Opladen: Verlag Leske + Budrich, S. 703-718

Tennstedt, Florian (1981): Sozialgeschichte der Sozialpolitik in Deutschland. Vom 18. Jahrhundert bis zum 1. Weltkrieg. Göttingen: Verlag Vandenhoeck und Ruprecht

Therborn, Gøran. (1992): Children's Rights since the Constitution of modern Childhood. A comparative Study of Western Nations. Eurosocial Report 47, Vienna, S. 105-138

Tietze, Wolfgang (Hrsg.) (1998): Wie gut sind unsere Kindergärten? Eine Untersuchung zur pädagogischen Qualität in deutschen Kindergärten. Neuwied u. a.: Luchterhand Verlag

Turmel, André (2008a): A historical sociology of childhood: developmental thinking, categorization a graphic visualization. Cambridge u. a.: Cambridge University Press

Turmel, André (2008b): Das normale Kind: Zwischen Kategorisierung, Statistik und Entwicklung. In: Kelle, H./Tervooren, A. (Hrsg.): Ganz normale Kinder. Heterogenität und Standardisierung kindlicher Entwicklung. Weinheim/München: Juventa Verlag, S. 17-58

UNICEF (2005): Child Poverty in Rich Countries. Innocenti Report Card No 6. Innocenti Research Centre: Florence

Verhellen, Eugeen (1994): Das UN-Übereinkommen über die Rechte des Kindes: Entstehungsgeschichte, Inhalte und Ausblicke. Eurosocial Report 50, Vienna, S. 57-74

Verhellen, Eugeen (2000): The Convention on the Rights of Children. In: ders. (Hrsg.): Understanding Children's Rights. Ghent Papers on Children's Rights, No. 6, S. 13-30

Verrel, Torsten (2001): Kinderdelinquenz, ein strafprozessuales Tabu? Neue Zeitschrift für Strafrecht, Jg. 21, H. 6, S. 284-290

Vobruba, Georg (1978): Staatseingriff und Ökonomiefunktion. Der Sozialstaat als Problem für sich selbst. Zeitschrift für Soziologie, Jg. 7, H. 2, S. 130-156

Vobruba, Georg (2003): Freiheit: Autonomiegewinne der Leute im Wohlfahrtsstaat. In: Lessenich, S. (Hrsg.): Wohlfahrtsstaatliche Grundbegriffe. Historische und aktuelle Diskurse. Frankfurt a. M./New York: Campus Verlag, S. 137-155

Voigt, Rüdiger (1986): Grenzen rechtlicher Steuerung. Zur Brauchbarkeit des Rechts als Steuerungsinstrument. In: ders. (Hrsg.): Recht als Instrument der Politik. Beiträge zur sozialwissenschaftlichen Forschung, Bd. 72. S. 14-34

Wabnitz, Reinhard Joachim (Hrsg.) (2004): Kinder- und Jugendhilferecht: SGB VIII – KJHG. Baden-Baden: Nomos Verlag

Wabnitz, Reinhard Joachim (2005a): Rechtsverpflichtungen und Rechtsansprüche, insbesondere im Kinder- und Jugendhilferecht (Teil I). ZfJ, Jg. 92, H. 9, S. 339-345

Wabnitz, Reinhard Joachim (2005b): Rechtsverpflichtungen und Rechtsansprüche, insbesondere im Kinder- und Jugendhilferecht (Teil II). ZfJ, Jg. 92, H. 10, S. 397-407

Wagner, Robert (1992): Zum Entwurf eines Jugendstrafvollzugsgesetzes für Jugendstrafe, Freiheitsstrafe und Untersuchungshaft. ZfJ, Jg. 79, Nr. 7-8, S. 413-417

Waldeck, Manfred (1954): Die Bedeutung der Psychologie für die Anwendung des neuen Jugendgerichtsgesetzes. Recht der Jugend, Jg. 2, H. 1, S. 123-124

Waldeck, Manfred (1961): Elternrecht – Kindesrecht. Unsere Jugend, Jg. 13, H. 9, S. 399-402

Wanderer, Franz (1952): Aktion Jugendschutz. Jugendschutzwoche. Grundsätzliches und Tatsächliches. Reihe: Beiträge zur Jugendhilfe, Schriftenreihe der Zeitschrift „Jugendwohl". Freiburg im Breisgau: Lambertus Verlag

Weber, Max (1980): Wirtschaft und Gesellschaft. Studienausgabe. Tübingen: Artibus

Weber, Max (1904/1988): Die Objektivität sozialwissenschaftlicher und sozialpolitischer Erkenntnis. In: Winkelmann, J. (Hrsg.): Max Weber, gesammelte Aufsätze zur Wissenschaftslehre. 7. Aufl., Tübingen: Mohr Verlag, S. 146-214

Webler, Heinrich (1935): Einleitung, Das Reichsgesetz für Jugendwohlfahrt. Textausgabe mit den wichtigsten preußischen Bestimmungen. Berlin: Carl Heymanns Verlag

Weinschenk, Curt (1984): Beginnt die Schuldfähigkeit wirklich erst mit der Vollendung des 14. Lebensjahrs? Monatsschrift für Kriminologie und Strafrechtsreform, Jg. 67, H. 1, S. 15-24

Wendt, Albert (1983): Margaret Meads Samoa – Eine Anklage. Frankfurter Hefte 38, Jg. 9, S. 45-53
Wicki, Monika (2008): Gleichzeitig – Ungleichzeitig. Stabilität und Wandel von Vorstellungen über Kindheit, Jugend und Generationenbeziehungen. Bern u. a.: Peter Lang Verlag
Wienhold, Hanns (1997): Kinderarbeit in Deutschland. Ein Massenphänomen. Jugendpolitik, Jg. 23, H. 3, S. 16-18
Wiesner, Reinhard (1980): Zur Kontroverse um das Jugendhilferecht. ZfJJ, Jg. 67, H. 9-11, S. 455-469
Wiesner, Reinhard (1987): Überlegungen zur Neuordnung des Jugendhilferechts. ZfJ, Jg. 74, H. 7-8, S. 305-440.
Wiesner, Reinhard (1990): Der mühsame Weg zu einem neuen Jugendhilfegesetz. Zur Geschichte der Neuordnung des Jugendhilferechts. RdJB, Jg. 38, H. 2, S. 112-125
Wiesner, Reinhard (1991): Rechtliche Grundlagen. In: Wiesner, R./Zarbock, W. H. (Hrsg.): Das neue Kinder- und Jugendhilfegesetz (KJHG) und seine Umsetzung in der Praxis. Köln u. a.: Carl Heymanns Verlag KG, S. 1-31
Wiesner, Reinhard (2004a): Recht und Sozialpädagogik am Beispiel des Kinder- und Jugendhilferechts. In: Hering, S./Urban, U. (Hrsg.): „Liebe allein genügt nicht“: Historische und systematische Dimensionen der Sozialpädagogik. Opladen: Verlag Leske + Budrich, S. 125-141
Wiesner, Reinhard (2004b): Das Tagesbetreuungsausbaugesetz. ZfJ, Jg. 91, H. 1, S. 441-476
Wiesner, Reinhard/Zarbock, Walter H. (Hrsg.) (1991): Das neue Kinder- und Jugendhilfegesetz (KJHG) und seine Umsetzung in der Praxis. Köln u. a.: Carl Heymanns Verlag
Wiesner, Reinhard (2003): Die rechtliche Stellung von Kindern im Sozialstaat. In: Kränzl-Nagl, R./Mierendorff. J./Olk. T. (Hrsg.): Kindheit im Wohlfahrtsstaat. Gesellschaftliche und politische Herausforderungen. Frankfurt a. M./New York: Campus Verlag, S. 153-182
Wihstutz, Anne (2007): Wenn Kinder Verantwortung tragen. Haus- und Sorgearbeit in Familie und Gemeinschaft. SWS, Jg. 47, H. 1, S. 100-123
Wihstutz, Anne (2009): Verantwortung und Anerkennung. Qualitative Studie zur Bedeutung von Arbeit für Kinder. Berlin u. a.: LIT Verlag
Wilensky, Harold L. (1983): Political Legitimacy and Consensus: Missing Variables in the Assessment of Social Policy. In: Spirow, S. E./Yuchtman-Yaar, E. (Hrsg.): Evaluating the Welfare State: Social and Political Perspectives. New York: Academic Press, S. 51-74
Wilk, Liselotte (1994): Kindsein in postmodernen Gesellschaften. In: Wilk, L./Bacher, J. (Hrsg.): Kindliche Lebenswelten. Eine sozialwissenschaftliche Annäherung. Opladen: Verlag Leske + Budrich, S. 1-32
Wilk, Liselotte/Bacher, Johann (Hrsg.) (1994): Kindliche Lebenswelten. Eine sozialwissenschaftliche Annäherung. Opladen: Verlag Leske + Budrich
Willke, Helmut (1983): Entzauberung des Staates. Überlegungen zu einer sozietalen Steuerungstheorie. Königstein/TS: Athenäum Verlag
Winkel, Rainer/Lenzen, Dieter (Hrsg.) (1988): Pädagogische Epochen von der Antike bis zur Gegenwart. Düsseldorf: Schwann Verlag

Wintersberger, Helmut (1994): Sind Kinder eine Minderheitengruppe? Diskriminierung von Kindern gegenüber Erwachsenen. In: Rauch-Kallat, M./Pichler, J. W. (Hrsg.): Entwicklungen in den Rechten der Kinder im Hinblick auf das UN-Übereinkommen über die Rechte des Kindes. Schriften zur Rechtspolitik, Band 8. Wien/Köln/Weimar: Böhlau Verlag, S. 73-95

Wintersberger, Helmut (1998a): Ökonomische Verhältnisse zwischen den Generationen – Ein Beitrag zur Ökonomie der Kindheit. ZSE, Jg. 18, H. 1, S. 25-37

Wintersberger, Helmut (1998b): Ökonomie der Kindheit – Wandel der ökonomischen Verhältnisse zwischen den Generationen. In: Kränzl-Nagl, R./Riepl, B./Wintersberger, H. (Hrsg.) (1998): Kindheit in Gesellschaft und Politik. Eine multidisziplinäre Analyse am Beispiel Österreichs. Frankfurt a. M./New York: Campus Verlag, S. 77-103

Wintersberger, Helmut (2005): Generationale Arbeits- und Ressourcenteilung. In: Hengst, H./Zeiher, H. (Hrsg.): Kindheit soziologisch. Wiesbaden: VS-Verlag, S. 181-200

Wissenschaftlicher Beirat für Familienfragen (1998): Kinder und Kindheit in Deutschland. Eine Politik für Kinder im Kontext von Familienpolitik. Stuttgart/Berlin/Köln: Kohlhammer Verlag

Wissenschaftlicher Beirat für Familienfragen (2002): Kinder und ihre Kindheit in Deutschland. Eine Politik für Kinder im Kontext von Familienpolitik. SR Band 154, 2. Aufl., Stuttgart/Berlin/Köln: Kohlhammer Verlag

Wolf, Gerhard (1984): Strafe und Erziehung nach dem Jugendgerichtsgesetz. Kriminalwissenschaftliche Studien. Marburg: N. G. Elwert Verlag

Wolfslast, Gabriele (1997): Strafrecht für Kinder? Zur Frage einer Herabsetzung des Strafmündigkeitsalters. In: Schulz, J. von (Hrsg.): Festschrift für Gunter Bemmann. Baden-Baden: Nomos, S. 274

Zacher, Hans F. (1987): Das soziale Staatsziel. In: Isensee, J./Kirchhof, P. (Hrsg.): Handbuch des Staatsrechts der Bundesrepublik Deutschland, Bd. 1. Heidelberg: Juristischer Verlag, S. 1045-1111

Zacher, Hans F. (1993): Abhandlungen zum Sozialrecht, hrsg. von B. Baron von Maydell/E. Eichenhofer. Heidelberg

Zapf, Wolfgang (1981): Wohlfahrtsstaat und Wohlfahrtsproduktion. In: Albertin, L./Link, W. (Hrsg.): Politische Parteien auf dem Weg zur parlamentarischen Demokratie in Deutschland. Düsseldorf: Droste Verlag, S. 379-400

Zeiher, Helga (1984) Kindheit und Zeit. Über das Eindringen moderner Zeitorganisation in die Lebensbedingungen von Kindern. Zeitschrift für Sozialisationsforschung und Erziehungssoziologie, Jg. 3/4, H. 1, S. 29-43

Zeiher, Helga (1989): Modernisierungen in den sozialen Formen von Gleichaltrigenkontakten. In: Geulen, D. (Hrsg.): Kindheit. Neue Realitäten und Aspekte. Weinheim/Basel: Deutscher Studienverlag, S. 68-85

Zeiher, Helga (1994): Kindheitsräume zwischen Eigenständigkeit und Abhängigkeit. In: Beck, U./Beck-Gernsheim, E. (Hrsg.): Riskante Freiheiten: Individualisierung in modernen Gesellschaften. Frankfurt a. M.: Suhrkamp Verlag, S. 353-375

Zeiher, Helga (1996): Kinder in der Gesellschaft und Kindheit in der Soziologie. ZSE, Jg. 16, H. 1, S. 26-46

Zeiher, Helga (2004): Zeitbalancen. Aus Politik und Zeitgeschichte, Beilage zur Wochenzeitschrift „Das Parlament", 26.7.2004 (B 31-32/2004), S. 3-6

Zeiher, Helga (2005a): Der Machtgewinn der Arbeitswelt über die Zeit der Kinder. In: Hengst, H./Zeiher, H. (Hrsg.): Kindheit soziologisch. Wiesbaden: VS-Verlag, S. 201-226

Zeiher, Helga (2005b): Neue Zeiten – neue Kindheiten? Wandel gesellschaftlicher Zeitbedingungen und die Folgen für Kinder. In: Zeitschrift für Familienforschung, Sonderheft 5, S. 74-91

Zeiher, Helga (2007): Zeitwohlstand in der Kindheit. ZSE, Jg. 27, H. 1, S. 58-72

Zeiher, Helga (2009a): Institutionalization as a secular trend. In: Qvortrup, J./Corsaro, W./Honig, M.-S. (Hrsg.): The Palgrave Handbook of Childhood Studies. Houndsmill/Basingstoke: Palgrave Macmillan, S. 127-139

Zeiher, Helga (2009b): Ambivalenzen und Widersprüche der Institutionalisierung von Kindheit. In: Honig, M.-S. (Hrsg.): Die Ordnungen der Kindheit. Weinheim/München: Juventa Verlag, S. 103-126

Zeiher, Helga/Devine, Dympna/Kjørholt, Anne Trine/Strandell, Harriet (Hrsg.) (2007): Flexible Childhood? Exploring Children's Welfare in Space and Time. Vol. 2 of COST A19: Children's Welfare. Odense: University Press of Southern Denmark

Zeiher, Helga/Zeiher, Hartmut (1994): Orte und Zeiten der Kinder. Soziales Leben im Alltag von Großstadtkindern. Reihe Kindheiten, Bd. 3. Weinheim/München: Juventa Verlag

Zeitler, Helmut (1991): Die neue Regelung zur Zuständigkeit und Kostentragung. In: Wiesner, R./Zarbock, W. H. (Hrsg.): Das neue Kinder- und Jugendhilfegesetz (KJHG) und seine Umsetzung in der Praxis. Köln u. a.: Carl Heymanns Verlag, S. 371-400

Zelizer, Vivianne (1985): Pricing the Priceless Child. The Changing Value of Children. Cambridge: Princeton University Press

Zimmer, Jürgen (1973): Curriculumentwicklung im Vorschulbereich. 2 Bände. München: R. Piper & Co. Verlag

Zinnecker, Jürgen (1987): Jugendkultur 1940–1985, hrsg. vom Jugendwerk der Deutschen Shell. Opladen: Verlag Leske + Budrich

Zinnecker, Jürgen (1990): Vom Straßenkind zum verhäuslichten Kind. Kindheitsgeschichte im Prozeß der Zivilisation. In: Behnken, I. (Hrsg.): Stadtgesellschaft im Prozeß der Zivilisation. Opladen: Verlag Leske + Budrich, S. 142-162

Zinnecker, Jürgen (1996) Soziologie der Kindheit oder Sozialisation des Kindes? Überlegungen zum aktuellen Paradigmenstreit. In: Honig, M.-S./Leu, H. R./ Nissen, U. (Hrsg.): Kinder und Kindheit. Soziokulturelle Muster – Sozialisationstheoretische Perspektiven. Weinheim/München: Juventa Verlag, S. 31-54

Zinnecker, Jürgen (2000): Kindheit und Jugend als pädagogische Moratorien. Zur Zivilisationsgeschichte der jüngeren Generation im 20. Jahrhundert. In: Benner, D./Tenorth, H.-E. (Hrsg.): Bildungsprozesse und Erziehungsverhältnisse im 20. Jahrhundert. Praktische Entwicklungen und Formen der Reflexion im historischen Kontext. Zeitschrift für Pädagogik, 42. Beiheft. Weinheim/Basel: Beltz Verlag, S. 36-68

Zinnecker, Jürgen (2004): Konkurrierende Modelle von Kindheit in der Moderne. In: Geulen, D./Veith, H. (Hrsg.): Sozialisationstheorie interdisziplinär. Aktuelle Perspektiven. Stuttgart: Verlag Lucius & Lucius, S. 293-316

Verzeichnis der verwendeten Quellen

Quellen für das Kapitel Kinder- und Jugendhilfe

Gesetzestexte und Kommentare:

Reichsjugendwohlfahrtsgesetz nebst Einführungsgesetz. Textausgabe. Mit einer Einleitung von Edmund Friedeberg. Berlin: Karl Heymann Verlag 1922

Das Reichsgesetz für Jugendwohlfahrt vom 9. Juli 1922 (RGBl. I S. 633), hrsg. Friedeberg, Edmund mit einem Kommentar von E. Friedeberg und W. Polligkeit. Berlin: Heymann, 1923

Das Reichsgesetz für Jugendwohlfahrt. Textausgabe mit den wichtigsten preußischen Bestimmungen. Zusammengestellt und eingeleitet von Dr. Heinrich Webler. Berlin: Carl Heymanns Verlag 1935

Jugendwohlfahrtsrecht nach dem Reichsgesetz für Jugendwohlfahrt vom 9. Juli 1922 und den übrigen Reichs- und preußischen Landesgesetzen nebst Ausführungsvorschriften, hrsg. v. Landesjugendamt Rheinprovinz, 6. Aufl. Düsseldorf: Verlag L. Schwan 1946

Reichsgesetz für Jugendwohlfahrt (JWG), Textausgabe. Berlin, München, Wien: Urban & Schwarzenberg 1947

Reichsgesetz für Jugendwohlfahrt (JWG), Textausgabe. Berlin, München: Urban & Schwarzenberg 1947 (mit einem Vorwort von Wilhelm Polligkeit)

Reichsjugendwohlfahrtsrecht, zusammengestellt von Dr. Hans Muthesius. Textausgabe. Berlin, München: Urban & Schwarzenberg 1948

Jugendwohlfahrtsgesetz, erläutert für den Bereich der Deutschen Bundesrepublik von Dr. Hermann Riedel. Berlin, München: J. Schweitzer Verlag 1952

Jugendwohlfahrtsgesetz nebst den Ausführungsgesetzen und Ausführungsvorschriften der deutschen Länder. Kommentar von Dr. Gerhard Potrykus. München, Berlin: C.H. Beck'sche Verlagsbuchhandlung 1953

Jugendwohlfahrtsgesetz, Kommentar von Dr. Hermann Riedel. 3. völlig überarbeitete und erweiterte Auflage. Berlin: J. Schweitzer Verlag 1963

Jugendwohlfahrtsgesetz. Kommentar mit systematisch gegliederten Erläuterungen, den einschlägigen Nebengesetzen und ergänzenden Bestimmungen, von Dr. Karl-Wilhelm Jans und Dr. Günter Happe. Deutscher Gemeindeverlag: W. Kohlhammer Verlag

Die Verfassung des Deutschen Reiches vom 11. August 1919 (Weimarer Verfassung). Berlin. Industrieverlag Spaeth & Linde, 1920

Zeitschriften

Unsere Jugend (seit 1949)

Deutsche Jugend (seit 1953)

Zentralblatt für Jugendrecht und Jugendwohlfahrt (ZfJJ) (1924–1983)

Zentralblatt für Jugendrecht (ZfJ) (1984–2005)

Zeitschrift für Kindschaftsrecht und Jugendhilfe (ZKJ) (seit 2006)

Recht der Jugend (RdJ) (1953–1967)

Recht der Jugend und des Bildungswesens (RdJB) (seit 1968)

Quellen für das Kapitel Jugendschutz

Gesetzestexte und Kommentare:

Reichsjugendwohlfahrtsgesetz nebst Einführungsgesetz. Textausgabe. Mit einer Einleitung von Edmund Friedeberg. Berlin: Karl Heymann Verlag 1922

Das Reichsgesetz für Jugendwohlfahrt vom 9. Juli 1922 (RGBl. I S. 633), hrsg. Friedeberg, Edmund mit einem Kommentar von E. Friedeberg und W. Polligkeit. Berlin: Heymann, 1923

Das Reichsgesetz für Jugendwohlfahrt. Textausgabe mit den wichtigsten preußischen Bestimmungen. Zusammengestellt und eingeleitet von Dr. Heinrich Webler. Berlin: Carl Heymanns Verlag 1935

Jugendwohlfahrtsrecht nach dem Reichsgesetz für Jugendwohlfahrt vom 9. Juli 1922 und den übrigen Reichs- und preußischen Landesgesetzen nebst Ausführungsvorschriften, hrsg. v. Landesjugendamt Rheinprovinz, 6. Aufl. Düsseldorf; Verlag L. Schwan 1946

Reichsgesetz für Jugendwohlfahrt (JWG), Textausgabe. Berlin, München, Wien: Urban & Schwarzenberg 1947

Reichsgesetz für Jugendwohlfahrt (JWG), Textausgabe. Berlin, München: Urban & Schwarzenberg 1947 (mit einem Vorwort von Wilhelm Polligkeit)

Reichsjugendwohlfahrtsrecht, zusammengestellt von Dr. Hans Muthesius. Textausgabe. Berlin, München: Urban & Schwarzenberg 1948

Jugendwohlfahrtsgesetz, erläutert für den Bereich der Deutschen Bundesrepublik von Dr. Hermann Riedel. Berlin, München: J. Schweitzer Verlag 1952

Jugendwohlfahrtsgesetz nebst den Ausführungsgesetzen und Ausführungsvorschriften der deutschen Länder. Kommentar von Dr. Gerhard Potrykus. München, Berlin: C. H. Beck'sche Verlagsbuchhandlung 1953

Jugendwohlfahrtsgesetz, Kommentar von Dr. Hermann Riedel. 3. völlig überarbeitete und erweiterte Auflage. Berlin: J. Schweitzer Verlag 1963

Jugendwohlfahrtsgesetz. Kommentar mit systematisch gegliederten Erläuterungen, den einschlägigen Nebengesetzen und ergänzenden Bestimmungen, von Dr. Karl-Wilhelm Jans und Dr. Günter Happe. Deutscher Gemeindeverlag: W. Kohlhammer Verlag 1963

Die Verfassung des Deutschen Reiches vom 11. August 1919 (Weimarer Verfassung). Berlin. Industrieverlag Spaeth & Linde, 1920

Zeitschriften

Unsere Jugend (seit 1949)

Deutsche Jugend (seit 1953)

Zentralblatt für Jugendrecht und Jugendwohlfahrt (ZfJJ) (1924–1983)

Zentralblatt für Jugendrecht (ZfJ) (1984–2005)

Zeitschrift für Kindschaftsrecht und Jugendhilfe (ZKJ) (seit 2006)

Recht der Jugend (RdJ) (1953–1967)

Recht der Jugend und des Bildungswesens (RdJB) (seit 1968)

Quellen für das Kapitel Jugendstrafe

Gesetzestexte und Kommentare

Jugendgerichtsgesetz vom 16. Februar 1923. Erl. Von Wilhelm Kiesow. Mannheim, Berlin, Leipzig: J. Bensheimer Verlag 1923

Reichjugendgerichtsgesetz vom 6. November 1943 mit ergänzenden Gesetzen, Verordnungen und Verwaltungsvorschriften auf dem Gebiet des Jugendstrafrechts. 2. Aufl. zsgest. u. erl von Karl Peters. Berlin: de Gruyter 1944

Strafprozessordnung und Strafgerichtsverfassungsgesetz (Gerichtsverfassungsgesetz) in den Fassungen der amerikanischen und britischen Besatzungszone mit dem Reichsjugendgerichtsgesetz und den wichtigsten einschlägigen Bestimmungen des Besatzungsrechts und des deutschen Rechts. Textausg. Mit Sachverz. 11. Neubearb. Aufl Stand Aug. 1947. München, Berlin: Biederstein 1947

Jugendgerichtsgesetz vom 4. August 1953. Textausgabe mit ergänzenden Gesetzen, Vorschriften u. Materialien. Zsgest. u. eingel. Von Walter Becker. Münster Westf.: Aschendorff 1953

Jugendgerichtsgesetz. Kommentar von Wilhelm Dallinger, Karl Lackner. München, Berlin: Verlag C. H. Beck 1955

Rechtsprechung zum Jugendberichtsgesetz: eine Zusammenstellung von Leitsätzen der bis 1. Juli 1958 veröffentlichten Entscheidungen zum JGG 1953. Wilhelm Dallinger und Karl Lackner. München, Berlin: C. H. Beck 1958

Handbuch des gesamten Jugendrechts, 4. Aufl., Paul Seipp, Karl-Heinz Dutsch, Heinrich Stettner. Berlin, Neuwied/Rhein, Darmstadt: Luchterhand 1959

Jugendgerichtsgesetz vom 4. August 1953. Kommentar. Gerhard Grethlein. Berlin; de Gruyter 1959

Jugendgerichtsgesetz, Kommentar von Heribert Ostendorf, 2., völlig überarb. u. erw. Aufl. Köln, Berlin: Heymann 1991

Jugendgerichtsgesetz, Kommentar von Rudolf Brunner. 9., neubearb. u. erw. Aufl. 1991

Jugendgerichtsgesetz, erl. von Ulrich Eisenberg, 12., vollst. neu bearb. Aufl. München: Verlag C. H. Beck 2007

Jugendgerichtsgesetz, erl. von Ulrich Eisenberg, 13., vollst. neu bearb. Aufl. München: Verlag C. H. Beck 2009 (erschienen 2008)

Zeitschriften/Periodika

Zentralblatt für Jugendrecht und Jugendwohlfahrt (ZfJJ) (1924–1983)
Zentralblatt für Jugendrecht (ZfJ) (1984–2005)
Zeitschrift für Kindschaftsrecht und Jugendhilfe (ZKJ) (seit 2006)
Recht der Jugend (1953–1967)
Recht der Jugend und des Bildungswesens (seit 1968)
Schriftenreihe Jugend im Blickpunkt, Luchterhand Verlag (1957–1974)

Verzeichnis der verwendeten Abkürzungen

AFG	Arbeitsförderungsgesetz
AGJ	Arbeitsgemeinschaft Jugendhilfe
AGJJ	Arbeitsgemeinschaft für Jugendpflege und Jugendfürsorge
ALG	Arbeitslosengeld
AWO	Arbeiterwohlfahrt
BAföG	Bundesausbildungsförderungsgesetz
BAJ	Bundesarbeitsgemeinschaft Jugendschutz
BDM	Bund Deutscher Mädel
BGB	Bürgerliches Gesetzbuch
BKGG	Bundeskindergeldgesetz
BMBF	Bundesministerium für Bildung und Forschung
BMFJ	Bundesministerium für Familie und Jugend
BMFSFJ	Bundesministerium für Familie, Senioren, Frauen und Jugend
BMJFFG	Bundesminister für Jugend, Familie, Frauen und Gesundheit
BMJFG	Bundesminister für Jugend, Familie und Gesundheit
BPrSt	Bundesprüfstelle für jugendgefährdende Schriften
BSHG	Bundessozialhilfegesetz
BTDrS	Bundestagsdrucksache
BZRG	Bundeszentralregister
ErzGG	Erziehungsgeldgesetz (BErzGG – Bundeserziehungsgeldgesetz)
FLA	Familienlastenausgleich
GG	Grundgesetz für die Bundesrepublik Deutschland
GjS	Gesetz über die Verbreitung jugendgefährdender Schriften (bis 1985)
GjS(M)	Gesetzes über die Verbreitung jugendgefährdender Schriften und Medieninhalte (ab 1985)
GSJ	Gesetz zum Schutz der Jugend in der Öffentlichkeit
HJ	Hitlerjugend
HzE	Hilfen zur Erziehung
i. d. F.	in der Fassung
JA	Jugendamt
JArbSchG	Gesetz zum Schutz der arbeitenden Jugend
JGG	Jugendgerichtsgesetz
JHG	Jugendhilfegesetz
JMStV	Jugendmedienschutz-Staatsvertrag
JÖSchG	Gesetz zum Schutz der Jugend in der Öffentlichkeit
JSchG	Gesetz zum Schutz der Jugend in der Öffentlichkeit
JSchuG	Jugendschutzgesetz (ab 2002)
JugArbSchG	Gesetz zum Schutze der arbeitenden Jugend
JuSchG	Jugendschutzgesetz
JWG	Jugendwohlfahrtsgesetz
KICK	Kinderförderungsgesetz
KindArbSchV	Verordnung über den Kinderarbeitsschutz
KJHG	Kinder- und Jugendhilfegesetz
NSV	Nationalsozialistische Volkswohlfahrt
RJWG	Reichsjugendwohlfahrtsgesetz
RSTGB	Reichsstrafgesetzbuch
SFHG	Schwangeren- und Familienhilfegesetz
StGB	Strafgesetzbuch
TAG	Tagesbetreuungsausbaugesetz
VV-Jug	Verwaltungsvorschriften zum Jugendstrafvollzug